JN015324

大学教官歴 42 年・30 冊目記念著作

世界文化論

― アラブ文化を含めて ―

Theory of World Culture
—including Arabic Culture—

中央大学経済研究所客員研究員

木村武雄　著

五絃舎

自　序

　コロナ禍が始まって，今年で3年目になる。2020年は日本では二回目の東京オリンピックという祝福の年である筈だった。前年から武漢（ウーハン）で始まったコロナは，長崎で造船された英国籍のダイヤモンドプリンセス号事件から大問題となった。3月29日ドリフターズの志村けんさん（享年70才）が，4月23日女優の岡江久美子さん（享年63才）が亡くなり，世間にコロナ恐怖を植え付けた。人の集まる出来事が全て中止となった。4月から始まる大学の授業も様変わりした。登校できないので，通信を使う授業になった。教えにいっていた2つの大学でもそうなった。メカに弱い私は頭が白くなった。一つの大学は妻の助けでなんとかなった。それでも受講生の受講した映像記録のチェックは往生した。

　9割以上の受像で出席となる。そこの学則で2/3以上出席してないと単位は取れないことになっている。それと毎回のレポート課題も通信でやる。もうひとつの学校は家からの画像や音声は上手く行かない。その学校へ毎回出向し，一つの教室にパソコンをセットしてもらい授業の画像を生徒さんに毎回送った。100分の授業を椅子にずっと座ってやるのは疲れた。両方の学校も生徒さんからの苦情はみんなメールで送付されてきた。うちのメールは満杯でパンクしてしまった。去年の授業から，正常化した。

　コロナ2年目はワクチンの問題になった。ワクチンはかつては世界最高の技術を持っていた。日本脳炎のワクチン後遺症問題で，最高裁判所の訴訟で国が負けて，日本の医薬製造会社はワクチン製造から手を引いたことが大きい。岸田内閣は新規原発開発に踏み切ったけれど，原発製造の技術者がいるのか疑問である。かつて医者が過剰になることで，医学部の定員を削減する政策を行った。私見として，削減した分は発展途上国の留学生枠にすれば，いいと思った。防衛大学校はその枠があるかどうか確かめたことはないが，将来の平和外交に繋

がる可能性がある。人材はすぐには育たない。資源のない国は軍事費を2倍にする余裕はない。

閑話休題，本書は『10ヵ国語経済・ビジネス用語辞典』，『地方創生と日本経済論』，『地方創生と労働経済論』，『地方創生と社会システム』，『社会システム論』に続く「大学教官歴30年超シリーズ」第6弾である。

本書の構成を次に掲げる。

① 第1部と第2部からなる。第1部は世界文化論で，第2部は文化論各論を扱った。

② 第1部は世界文化論である。第1章は文化論の分析手法を扱い，文化論の定義，世界文化論の枠組，文学からみた文化からなる。

③ 第1部はほかに第2章アラブ文化，第3章欧露文化，第4章アジア文化からなる。第2章はアラブ文化であるが，これはペルシャ文化，トルコ文化，ムガル文化からなる。これらは付録で補った。第3章は欧州，ロシア，ポーランド文化からなる。第4章はインド，中国，日本文化からなる。

④ 第2部文化論各論は労働文化，国際文化からなる。

⑤ 巻末付録として，研究課題，キーワード，世界の諺，アラブ文化100，印欧語文法一覧表，比較宗教一覧表等で完璧を期した。

最後に本書の刊行に際して，株式会社五絃舎の長谷雅春取締役社長を始めスタッフの皆様に大変お世話になりました。記して厚く御礼申し上げます。

そして拙妻福美の理解と献身的な協力も付記したい。

2022（令和4）年10月12日，鎌倉の寓居にて

木村武雄

目　　次

自序

第Ⅰ部　世界文化論

第 II 部　文化論各論

第Ⅰ部　世界文化論

第 1 章　文化論の分析手法

第 1 節　文化論の定義

　文化論を論じる前に，文化とは何か，或いは文明とどう違うかを考察することにする。「文化」とは，民族や社会の風習・伝統・思考方法・価値観等の総称で，世代を通じて伝承されていくものを意味する。各時代にわたって広範囲，特に，哲学・芸術・科学・宗教等の精神的活動，及びその所産を重視する（大辞泉等）。

　「文明」は物質的所産で，人間の知恵が進み，技術が進歩して，生活が便利に快適になる面に重点がある。「文明」は時代・地域とも限定され，経済・技術の進歩に重きを置くというのが一応の目安である。

　「中国文化」というと古代から現代までだが，「黄河文明」というと古代に黄河流域に発達した文化に限られる。

　「西洋文化」は古代から現代にいたるヨーロッパ文化をいうが，「西洋文明」は特に西洋近代に機械文明に限っていうことがある。

　『岩波哲学・思想事典』『研究社新英和大辞典第 5 版』によれば，英語の「culture」はラテン語「colere（コレーレ）^(注1)」（耕す）の意味に由来し，当初は土地を耕す意味だった。1480 年頃古仏語から，英語に入った。英語に入って「心を耕す」意味に敷衍し，そこから「文化」「教養」の意味ができた。

注 1　近代語では，動詞をいう時「不定詞」の形でいうが，ラテン語では，一人称，単数，直接法，能動態，現在の形でいう（村松正俊『ラテン語四週間』大学書林，25 頁）。辞書では「colo（コーロ）私は耕す」で引く。蛇足ですが，英語の veto（ヴィート）というと拒否権であるが，ラテン語「veto（ウェトー）私は拒否する（I refuse）」に由来する。この形で辞書に出ている。不定詞（正確にいうと「能動態・現在・不定詞」）

は「vetare（ウェターレ）（禁止する）」。この形では辞書は引けない。（木村武雄『10ヵ国語経済・ビジネス用語辞典』106-107, 138頁62.）

　同様に英語の「civilization（文明）」はラテン語「civis（キーウィス）」市民に由来し，1387年頃古仏語から，英語に入った。市民化する→都市化する→高度に発達した社会状態にする。これが日本語の翻訳の過程で，文明化＝基督教化という理解から，西欧においてゲルマン土着宗教からキリスト教への改宗が都市化・文明化によって実現されたことを反映している。

　『哲学・思想翻訳語事典』によれば，「文化」は「人類世界の質的な多様性を指示」するもの，「文明」は「近代国民国家体系を超える世界構造を提供」するものと捉える。

第2節　世界文化論の枠組

　世界文化論はアラブ文化圏，欧露文化圏，そしてアジア文化圏からなる。日本文化はアジア文化圏に含まれる。

　アラブ文化圏はエジプト文明，メソポタミア文明が発祥の地であり，アジア文化圏も同様にインダス文明，黄河文明，欧露文化圏もクレタ文明，ミケーネ文明がある。

　地域ではアラブ文化圏（図 1.1.1, 地図参照）は中近東，北アフリカ，西アジア（含小アジア），アラビア半島，アジア文化圏は東・東南アジア，欧露文化圏は欧州，南北アメリカ，旧ソ連，オセアニアが含まれる。

　約46億年前に地球が誕生し，約35~40億年前に生命が誕生し，人類は約700万年前に生まれたといわれている。人類は類人猿から猿人，原人（約200万年前），旧人（約60万年前）と，そして20万年前に現在に繋がる新人といわれるホモサピエンスがある。

　人類の祖とされる猿人・原人・旧人・新人関連は，アラブ文化圏はチャド猿人，アジア文化圏は北京原人，欧露文化圏はハイデルベルク旧人・ネアンデ

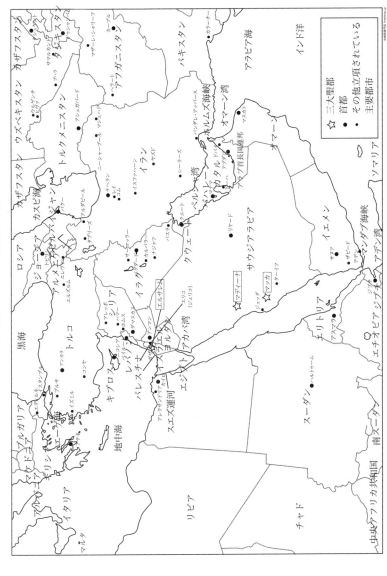

図1.1.1　アラブ文化圏の地図

出所）『岩波イスラーム辞典』などを参考に筆者作成。

表 1.1.1　世界文化論の枠組

内容	アラブ文化圏	欧露文化圏	アジア文化圏
文明	エジプト文明 メソポタミア文明	クレタ文明 ミケーネ文明	インダス文明 黄河文明
地域	中近東・北アフリカ 西亜アラビア半島	欧州・南北米 旧ソ連・豪州	東・東南亜 南亜
猿人原人 旧人新人	チャド猿人	ハイデルベルク旧人 ネアンデルタール旧人	北京原人
人種	ネグロイド (黒色人種)	コーカソイド (白色人種)	モンゴロイド (黄色人種)
言語	セム語族	印欧語族	ウラル・アルタイ語族
文字	アラビア文字	ローマ字・キリル文字	漢字(かな，ハングル)
文字配列	右から左　横書	左から右　横書	左から右　横書(戦前の日本は右から左も) 上から下，右列から左列，縦書
宗教	イスラム教　ユダヤ教	キリスト教(旧・正・新・ユニエイト)	仏教・道教
政治形態	民主制・専制・ イスラム教制	民主制・専制	民主制・専制・社会主義制
経済	市場制・ イスラム教金融	市場制	市場制・社会主義制
法律	普遍法・イスラム教法 (信徒の生活全般の規範)	普遍法	普遍法
文学 (童話)	アラジンと魔法のランプ アラビアンナイト アリババと40人の盗賊 川に捧げられた賢者 ジャスミンの娘 レモンの花嫁	ピノキオ(伊) 裸の王様(丁抹) 赤毛のアン(加) イワンの馬鹿(露) イソップ童話(希) グリム童話(独)	西遊記(中国) 桃太郎 浦島太郎 かぐや姫 因幡の白兎 鶴の恩返し
建築	「岩」のドーム(エルサレム) イマール広場(エスファハーン) アルハンブラ宮殿(グラナダ) トプカプサライ (イスタンブール) レギスタン広場(サマルカンド) タージ・マハル(アグラ)	パルテノン神殿(希) フォルム・ロマヌム(羅) ノートルダーム大聖堂 (ゴチック) サンタマリア大聖堂 (ルネッサンス) ベルサイユ宮殿(バロック) エカチェリーナ宮殿(ロココ)	伊勢神宮(唯一神明造) 出雲大社(神明造) 正倉院(校倉造) 平等院鳳凰堂(寝殿造) 銀閣寺東求堂(書院造) 桂離宮新書院(数寄屋造)
重大事象	ゲルマン民族の大移動，モンゴル来襲，スペイン風，9.11事件		
文化の 諸関係	発生・消滅(自然的・人為的)/融合・吸収・共存・共生・分離(ライシテ) /衝突・摩擦・対立。		
著作等	文明の衝突(ハンチントン1993)，地政学(マッキンダー)，世界システム論(ウオーラスティン)，新ヨーロッパ大全(トッド)，ロシアとヨーロッパ(マサリク)，「文化的枠組」の対立(カール・ホッパー)，「不可共約性」(トーマス・クーン)，華厳哲学の事事無礙法界，「地平融合」(ガダマー)，「オリエンタリズム」(エドワード・サイード)，「ヨーロッパとイスラム世界(サザン)，「地中海世界のイスラム」(ワット)，「コーヒールンバ」。		

出所）筆者作成。

ルタール旧人がある。

　チャド猿人は，2001 年アフリカのチャドで，約 700 万年前に出現した，最古の人類といわれるサヘラントロプス・チャンデンシスである。今まで最古の人類といわれたアウストラロピテクスである説が覆された。二足歩行で簡単な石器をもつといわれていたのが猿人である。北京原人は，1927 年中国・北京郊外の周口店で，200 万〜 50 万年前も出現したといわれる，シナントロプス・ペキネンシス。ハイデルベルク旧人は，1907 年ドイツ・ハイデルベルク郊外で，約 70 万年前〜 20 万年前に生きたとされるホモ＝ハイデルベルゲンシスが発見された。ネアンデルタール旧人は，1856 年ドイツ・デュセルドルフ郊外のネアンデル谷（タールは谷）の石灰岩洞窟で，約 4 万年前にユーラシアに住んでいた旧人類の絶滅種または亜種である。ネアンデルタール人は，遺体を埋葬し，そこに花を供（そな）えたことが考古学的に明らかである。これが人間の宗教心の原点といわれている。

　人種ではアラブ文化圏はネグロイド（Negroid），アジア文化圏はモンゴロイド（Mongoloid），欧露文化圏はコーカソイド（Caucasoid）がこれにあたる。人類を骨格・皮膚・毛髪等の形質的特徴によって 3 種類の人種に大別できる。一般的に皮膚の色により，コーカソイド（白色人種）・モンゴロイド（黄色人種）・ネグロイド（黒色人種）に大別できるが，この分類に属さない集団も多い。

　言語ではアラブ文化圏はセム語族，アジア文化圏はウラル・アルタイ語族，欧露文化圏は印欧語族である。（付録　印欧語・文法参照）

　使用している文字はアラブ文化圏はアラビア文字，欧露文化圏は世界的汎用なローマ字（アルファベ）とロシア文化のキリル文字がある。古代の文明においてフェニキア文字がある。中東の砂漠地帯を舞台にラクダによる貿易で繁栄したアラム人がフェニキア文字を借用してアラム文字を作り，そのアラム文字を更に広めてアラビア文字や現代のヘブライ文字，更にヒンディー語で用いられるデーヴァナーガリー文字へ発展した。（10 頁，世界の文字（図）参照）

　先のフェニキア文字はギリシャ文字からローマ字（ラテン文字）へ発展したのが，現代英語圏をはじめ，世界的に用いられているアルファベ 26 文字であ

る。（フェニキア人のアルファベの貢献のほか，植民貿易活動を通じてオリエントの文明を地中海に伝えたという歴史上重大な貢献がある）（付録　332-33 頁）

　一方，アジア文化圏は基本的漢字文化圏で，欧露文化圏の「ラテン語格」と言っても過言ではない。日本文化では漢字を崩した「カタカナ」・「ひらがな」も併用され，朝鮮半島では 6 〜 7 割が漢字起源とするハングル文字を使用しており，多様性が感じられる（巻末資料にそれらの漢字由来等を記述）。しかしながら，使用している漢字は，　中国では「气」「关」「齿」のような簡体字，台湾，香港，韓国では「氣」「關」「齒」のような繁体字（康煕字典体），日本では「気」「関」「歯」のような略体字（常用漢字）と三種類の漢字が使われている。文字の配列はアラビア文字は右から左で，他の文化圏と際立った特徴がある。横書きである。欧露文化圏のアルファベとキリル文字は左から右で横書きである。アジア文化圏は同様に左から右（日本の戦前は右から左へだった），横書きもあるが，上から下で，その列は右から左の縦書きのもある。したがって，２種類の本（左開きで横書きの本と右開きで縦書きの本）がある。漢字のもつ対称性が，欧露文化圏・アラブ文化圏にない，本の印刷型の多様性を生み出した。

　アジア文化圏に属する日本では，「書道」が職業として成立する。そして書道の数種の流派が存在する。同様にアラブ文化圏で「アラビア書道」も職業として成立し，多くの流派もある。しかしながら，欧露文化圏では文字関連ではグラフィックデザインとしてはあるかもしれないが，「職業」として成立しない。「文化」の相違が存在する。

　宗教は欧露文化圏はキリスト教で，旧教（カトリック）・正教（ギリシャ・ロシア・ウクライナ）・ユニエイト・新教（プロテスタント）に分析できる。アジア文化圏は仏教・道教になる。アラブ文化圏は回教（イスラム教）・猶太教（ユダヤ教）である。（巻末付録　比較宗教参照）

　政治体制は，アラブ文化圏は，民主制・専制・イスラム教制，欧露文化圏は民主制・専制，アジア文化圏は民主制・専制・社会主義制がある。経済は，アラブ文化圏は市場制・イスラム金融，欧露文化圏は市場制，アジア文化圏は市場制・社会主義制である。アラブ文化圏は，普遍法・イスラム法，欧露文化

圏は普遍法，アジア文化圏は普遍法である。

　文化圏を人間関係・風土分析からすると，図 1.1.2（人間関係の比較文化論）からみると，次の様になる。欧露文化圏は外向的・情緒不安定・社会適応型・自制・「任せ」の人間関係が窺われる。アラブ文化圏は外向的・情緒安定・積極的・対抗的・戦闘的の人間関係をみる。

　これに対して，アジア文化圏は内向的・情緒安定・個人適応型・内制型・「受けとめ」の人間関係がある。更にアジア文化圏に属する日本文化は内向的・情緒不安定・消極的・他制型・「認め」の人間関係を呈している。欧露文化圏は狩猟・牧畜文化，アジア文化圏は農耕・モンスーン文化，アラブ文化圏は砂漠文化である。

図 1.1.2　欧露アジア文化比較

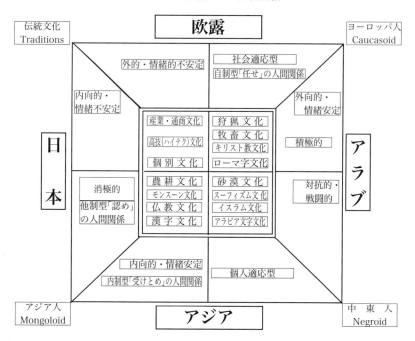

出所）重久剛編著『比較文化史』建帛社，1987 年，3 頁を元に筆者作成。

第 3 節 文学からみた文化 （付録 世界のことわざ参照）

<ruby>諺<rt>ことわざ</rt></ruby> から， 文化圏を分析してみることにする。 アラブ文化圏 （アラビア語），
アジア文化圏 （日本語， 中国語， 韓国語）， 欧露文化圏 （英語, 仏語, 独語, 伊語,
西語, 露語） にほぼ同一の意味をもつものをあげてみる。 ①時は<ruby>金<rt>かね</rt></ruby>なり， ②子
は親の鏡 （この父にしてこの子あり）， ③恋は盲目 （<ruby>痘痕<rt>あばた</rt></ruby>も<ruby>笑窪<rt>えくぼ</rt></ruby>）， ④雨垂れ石を
穿つ， ⑤急がば回れ， ⑥朱に交われば赤くなる， ⑦捕らぬ狸の皮算用， ⑧虎

図 1.1.3 世界の文字 伝播と変遷

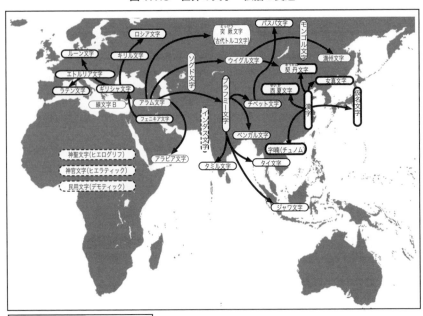

出所） 荒巻豊志『世界史の見取り図』ナガセ， 2002 年を元に筆者作成。

の威を借る狐，⑨二兎を追う者は一兎をも得ず，⑩猫に小判，⑪窮すれば通ず，⑫火に油を注ぐ，⑬類は友を呼ぶ，⑭天は自ら助くる者を助く，⑮溺れる者は藁をもつかむ。

　①はアラビア語の「時は剣，斬らねば切られる」は特殊である。イスラム教徒が支配地域を拡大したことが窺われる。②はアラビア語の「彼らの秘密は子供たちからとれ」も他の文化圏にない。③のアラビア語の「友情があれば相手の欠点は目につかない。また怒りをもてば相手の悪さが現れる。」前段は他の文化圏に共通しているが，後段部分は特殊である。文化的特性がある。④は他の文化圏と同様のものもあるが，「コフルの山も化粧筆で崩される」がある。コフルは中東の女性が化粧で目に塗る黒い粉末。化粧筆は，ガラスや象牙でできた細い針状のもので，コフルを少しずつ取り出して目に塗りつける。これは文化的特性・中東の風土・気候に根指したものである。⑤はどの文化圏にも共通する普遍的な諺である。

　⑥は文化圏を問わず，各言語で全くことなる特性を有する。アラビア語の「病人の病が健康な人に移るのが早い」「人々と 40 日付き合えば彼らの一員となる」。欧露文化圏の欧州諸語は英独仏は共通で「悪い交わりは良い習わしを損なう」。露語と西語は「犬と眠る者は蚤と一緒に起きる」。伊語は「跛とともに歩めば，跛行を覚える」と異なる。アジア文化圏で，日本語「朱〜」と韓国語の「墨〜」の違いがあるが，中国語は両者を折衷した「朱に近づくものは赤くなり，　墨に近づくものは黒くなる」がある点が面白い。

　⑦は例とする動物や人が住んでいる環境や自然で異なる。アラビア語の「まだ海にいるのに魚を売るな」「かごにいれるまでブドウと言うな」と魚やブドウを例としているが，　他の文化圏では熊，卵，ひよこの例が多い。露語，中国語，仏語は熊である。日本と韓国では狸である。伊語，　西語のラテン文化圏，英語圏，露文化圏では卵やひよこの例となる。

　⑧はライオン派と虎派に大きく分かれる。アラブ文化圏と欧州文化圏が珍しく一致する稀有な例。そもそもアジア文化圏にはライオンがいない。寒い露文化圏にもライオンはいない。イソップの影響のある欧州文化圏では「ライオン

の皮をまとったロバ」は定番である。戦国策の「虎の威を借る狐」が漢字文化圏を中心とするアジア文化圏で中国・韓国・日本は共通である。

⑨はアラブ文化圏とそれ以外の文化圏と違う例。アラビア語の「二つの食卓で食べる者は窒息する」。それ以外の文化圏は「二兎を追う者は一兎をも得ず」がある。

⑩は「猫に小判」は日本だけ。アラブ文化圏も「ロバにバラをあげてみなさい。食べてしまうから」「書物を運ぶロバのようなもの」とロバを例としている。これに対して，マタイ新約聖書の「豚に真珠を投げる」は欧露文化圏のキリスト教文化圏である。アジア文化圏の中国は宝玉，韓国は「豚小屋に真鍮の錠」「犬の足に足袋」と独自である。

⑪は易経「窮すれば通ず」は文化圏を超えた人類の普遍的な諺である。

⑫はプラトン「火に油を注ぐ」はアラブ文化圏では「泥に水を増す」は特異性がある。アジア文化圏の中国も韓国も，欧露文化圏と同様の用法がある。

⑬は動物派と人間派に別れる。アリストテレスの「類は友を呼ぶ」は人間派で独仏伊語はそれで，西語・英語圏・アラブ文化圏，韓国語は「鳥」である。露語は「魚」である。中国語は両者の折衷案である。「物は類をもって集まる，人は群をもって分ける」。

⑭は宗教色の強い諺である。したがって，アラブ文化圏は「アッラーは，僕はその兄弟を援助し続ける」。欧露文化圏はエラスムスの「天は自ら助くる者を助く」が共通である。日中韓は西欧由来なので，同様である。

⑮は中国文化だけ特異性がある。中国語「重病になるとやたら医者にかかる」「飢えた時は食べ物選ばず」。アジア文化圏の日韓，アラブ文化圏，欧露文化圏の大体において共通であるが，伊語は剃刀，西語は「困ってる人は焼け釘をも掴む」といささか違う点がある。

文化論文献（発行順）

1.　重久剛編著『比較文化史』建帛社，　1987年。

2.　E・トッド，　石崎晴己訳『新ヨーロッパ大全 I II』藤原書店，1992年。

3.　飽戸弘『コミュニケーションの社会心理学』筑摩書房，1992年。

4.　山内昌之『民族と国家―イスラム史の視点から―』岩波新書260，1993年。

5.　宇治市歴史資料館編『宇治茶の文化史』宇治市教育委員会，1993年。

6.　張承志『イスラム教から見た中国』中公新書1128，1993年。

7.　アラン・ド・リベラ，　阿部一智他訳『中世知識人の肖像』新評論，　1994年。

8.　小杉泰『イスラームとは何か』講談社現代新書1210，1994年。

9.　吉見俊哉『メディア時代の文化社会学』新曜社，　1994年。

10.　C・E・デュフルク，　芝修身他訳『イスラム治下のヨーロッパ』藤原書店，1997年。

11.　吉野耕作『文化ナショナリズムの社会学』名古屋大学出版会，1997年。

12.　山本由美子『マニ教とゾロアスター教』世界史リブレット4，　山川出版社，1998年。

13.　サミュエル・ハンチントン，　鈴木主税訳『文明の衝突』集英社，1998年。

14.　カール・ヤスパース，　福井一光訳『大学の理念』理想社，1999年。

15.　A・ド・リベラ，　阿部一智他訳『中世哲学史』新評論，1999年。

16.　F・ブローデル，　神沢栄三訳『地中海世界』みすず書房，2000年。

17.　上智大学中世思想研究所編訳『中世思想原典集成11，イスラーム哲学』平凡社，
　　2000年。

18.　J・グッドマン，　会田正人訳『ユダヤ哲学』みすず書房，2000年。

19.　K・アームストロング，　塩尻和子他訳『聖戦の歴史』柏書房，　2001年。

20.　作田啓一『価値の社会学』岩波書店，2001年。

21.　青木保『異文化理解』岩波新書（新赤版）740，2001年。

　　｛2001年9月11日ニューヨークの世界貿易センタービルに飛行機による同時多発テ
　　ロ事件｝

22.　T・G・マサリク，　石川達夫訳『ロシアとヨーロッパ I II III』成文社，　2002年，他。

23.　青木保『多文化世界』岩波新書（新赤版）840，2003年。

24.　田中かの子『比較宗教論』北樹出版，2004年。(2011. 新装改訂版)

26.　山内昌之『嫉妬の世界史』新潮新書091，2004年。

27.　T・ソーウェル，　内藤嘉昭訳『征服と文化の世界史』明石書店，　2004年。

28.　成城大学文学部編『国際文化研究の現在』柏書房，2005年。

29.　小林登志子『シュメール―人類最古の文明』中公新書1818，2005年。

30.　佐藤健二他編『文化の社会学』有斐閣アルマ，2007年。

31.　樺山紘一『ルネッサンスと地中海』中公文庫，2008年。

32. P・バーク，　長谷川貴彦訳『文化史とは何か』法政大学出版局，2008 年。(増補版第 2 版 2019.12.2.)[Peter Burke, What is Cultural History ?, Cambridge(UK):Polity Press Ltd, 2004.]

33. 『トルコとは何か』別冊環⑭明石書店，2008 年。

34. H・J・マッキンダー，曽村保信訳『マッキンダーの地政学』原書房，2008 年。(Haloford J. Mackinder, Democratic Ideals and Reality, 1942)

34. M・H・モーガン，　北沢方邦訳『失われた歴史』平凡社，2010 年。

35. P・ケント他編著『グローバル化・地域・文化』ミネルヴァ書房，2010 年。

36. 宮川泰夫『文明と経済の相性』皇學館大学出版部，2011 年。

37. 若松英輔『井筒俊彦 叡智の哲学』慶応義塾大学出版会，2011 年。

38. 神野正史『イスラーム世界の起源』ベレ出版，2013 年。

39. ジョゼフ・ショールズ，鳥飼久美子監訳『深層文化』大修館書店，2013 年。

40. 石田友雄『ユダヤ史』山川出版社，2013 年。

41. 太田尚樹『コルドバ歳時記への旅』東海大学出版部，2014 年。

42. 神野正史『イスラーム三國志』ベレ出版，2014 年。

43. 内田樹他『一神教と国家』集英社新書 0725C，2014 年。

44. 笈川博一『聖地エルサレムの歴史』NHK 出版，2014 年。

45. 山内昌之『歴史とは何か』PHP 文庫 750，2014 年。

46. 松田俊道『サラディン』山川出版社，2015 年。

47. ライフサイエンス『知っておきたいイスラムのすべて』三笠書房，2015 年。

48. 宇山卓栄『経済を読み解くための宗教史』KADOKAWA，2015 年。

49. ゆげ塾『中国・アラブがわかる世界史』飛鳥新社，2015 年。

50. 高橋和夫『パレスチナ問題』放送大学教育振興会，2016 年。

51. 池内恵『サイクル＝ピコ協定』新潮社，2016 年。

52. 立山良治『ユダヤとアメリカ』中公新書 2381，2016.

53. 設楽國廣『ケマル・アタチュルク』リブレット，山川出版社，　2016 年。

54. 祝田秀全『銀の世界史』ちくま新書 1206，2016 年。

55. 広瀬桂司他編著『ユダヤ系文学に見る聖と俗』彩流社，2017 年。

56. 中村圭志『聖書，　コーラン，　仏典』中公新書 2459，2017 年。

57. 山内昌之『歴史家の展望鏡』みすず書房，2017 年。

58. 伊達聖伸『ライシテから読む現代フランス』岩波新書 1710，2018 年。

59. 山内昌之『民族と国家』文春学藝ライブラリー思想 17，2018 年。

60. 神野正史『侵蝕されるイスラーム世界』ベレ出版，2018 年。

61. 宮崎正勝『ユダヤ商人と貨幣・金融の歴史』原書房，2019 年。

62. 松村圭一郎編『文化人類学の思考法』世界思想社，2019 年。

63. かゆみ歴史編集部『日本史の深層』辰巳出版，2019 年。

64. Ｗ・Ｃ・スミス，　中村廣治郎訳『世界神学を目指して』明石書店，2020 年。

65. 板垣雄三『南原繁『国家と宗教』を読みなおす』2020 年。

66. 東京大学教養学部編著『歴史学の思考法』岩波書店，2020 年。

67. 小林登志子『古代メソポタミア全史』中公新書 2613，2020 年。

68. 松村圭一郎編『働くことの人類学』黒鳥社，2021 年。

69. 中村圭志『宗教図像学入門』中公新書 2668，2021 年。

70. 高尾賢一郎『サウジアラビア』中公新書 2670，2021 年。

71. 祝田秀全『建築から世界史を読む方法』河出書房新社，　2022 年。

聖典・事典・地図・年表・図解・資料・ハンドブック等（発行順）

1.　井筒俊彦訳『コーラン（上・中・下）』岩波文庫青 813-1 ～ 3，1957 年。(64.2009 年改版)

2.　加藤勝治編『医学英和大辞典』南山堂，1960 年。(70 年第 10 版，94 年 24 刷)

3.　矢野健太郎他編『数学小辞典』共立出版，1968 年。(2010 年 2 版)

4.　大槻真一郎『科学用語語源辞典ギリシャ語編』同学社，1975 年。(1987 年新版 4 版)

5.　成瀬治監修『カラー世界史百科』平凡社，1978 年。(1995 年増補版 8 刷)

6.　文化出版局『服飾辞典』文化出版局，1979 年。

7.　大槻真一郎『科学用語語源辞典ラテン語編』同学社，1979 年。(1989 年 6 版)

8.　小稲義男他編『研究社新英和大辞典（第 5 版）』1980 年。

9.　大野晋他『角川類語新辞典』1981 年。

10. 黒田壽郎編『イスラーム辞典』東京堂，1983 年。(7 版 1997 年)

11. The World　history, TIMES :London，1986 年。(邦訳『図解世界史』帝国書院，1988 年)

12. 寺沢精哲『文学作品で学ぶ世界史（増補改訂版）』山川出版社，1991 年。

13. 西村貞二『ビジュアル版世界史物語』講談社，1992 年。

14. 世界の文字研究会編『世界の文字の図典』吉川弘文館，1993 年。

15. 梅棹忠夫監修『世界民族問題事典』平凡社，1995 年 (2003 年新訂増補版 2 刷)，32-33 頁。

16. E.R. カステーヨ他，市川裕監修『図説ユダヤ人の 2000 年』同朋舎，1996 年。

17. 浅井信雄『民族世界地図』新潮文庫あ 40-1，1997 年。

18. 『国旗のほん』鈴木出版株式会社，1997 年。(新装版 2019 年)

19. 廣松渉他編『岩波哲学・思想事典』1998 年。(2003 年 2 刷)

20. 『世界遺産の旅』小学館，1999 年。

21. 上智大学中世思想研究所編訳『中世思想原典集成 11，イスラーム哲学』平凡社，2000 年。

22. Ｒ・Ｅ・アシャー他編土田滋監修『世界民族言語地図』東洋書林，2000 年。

23. ドミニク・フォルシュ，菊池伸二他訳『年表で読む哲学・思想小事典』2001 年。
24. 「アラブの料理」『世界の料理・メニュー辞典』学習研究社，2001 年。
　　{ 2001 年 9 月 11 日ニューヨークの世界貿易センタービルに飛行機による同時多発テロ事件}
25. 日本イスラム協会監修『新イスラム事典』平凡社，2002 年。
26. 現代用語検定協会監修『現代用語の基礎知識』自由国民社，2002 年。
27. 大塚和夫他編『岩波イスラーム辞典』岩波書店，2002 年。
28. 片倉もとこ『イスラーム世界事典』明石書店，2002 年。
29. 張頙訓原作，　ラビット・キム訳『韓国史』インターブックス，2002 年。
30. 荒巻豊志『世界史の見取り図』ナガセ，2002 年。
31. Ⅰ・ウオーラーステイン，山田鋭夫訳『世界システム論の方法』藤原書店，2002 年。
32. 石塚正英他監修『哲学・思想翻訳語事典』論創社，2003 年，1, 20.
33. 電通総研編集『世界 60 ヵ国価値観データブック』同友館，2004 年。
34. 関眞興『読むだけイスラム史』学習研究社，2005 年。
35. 茨城県高校歴史部編『資料で学ぶ世界の歴史』山川出版社，2005 年。
36. フェリペ・フェルナンデス＝アルメスト，木畑洋一訳『ヨーロッパ民族事典』2005 年。
37. 小杉泰他編『イスラーム世界研究マニュアル』名古屋大学出版会，2008 年。
38. ルースヴェン他，　中村公則訳『イスラーム歴史文化地図』悠書館，2008 年。
39. 塩尻和子監修『図解宗教史』成美堂出版，2008 年。
40. 小寺聡編著『もういちど読む山川倫理』山川出版社，2011 年。
41. 石井隆之『キリスト教・ユダヤ教・イスラム教の知識と英語を身につける』ベレ出版，2011 年。
42. 大村幸弘他編著『トルコを知るための 53 章』明石書店，2012 年。
43. 石井敏他編集代表『異文化コミュニケーション事典』春風社，2013 年。
44. 黒木英充編著『シリア・レバノンを知るための 64 章』明石書店，2013 年。
45. Oxford Arabic Dictionary,　Arabic-English,　English-Arabic,　Oxford(UK):Oxford University Press, 2014.
46. 木村武雄『10 ヵ国語経済・ビジネス用語辞典』創成社，2014 年。
47. 宇山智彦他編著『カザフスタンを知るための 60 章』明石書店，2015 年。
48. Ｔ・シュライエック他編石谷智樹他訳『文化と宗教基礎用語事典』海鳴社，2015 年。
49. 中村覚編著『サウジアラビアを知るための 63 章（第 2 版）』明石書店，2015 年。
50. 柴宣弘『セルビアを知るための 60 章』明石書店，2015 年。
51. 菊池達也編著『図説イスラム教の歴史』河出書房新社，2017 年。
52. 蔭山克英『人物で読み解く倫理』学研プラス，2019 年。
53. 尾崎貴久子「中世ヨーロッパ料理書にみられるアラビア語名料理」『防衛大学紀要』

（人文科学分冊）第 100 號（22・3）別冊，2020 年。

54. 日本ことわざ文化学会編『世界ことわざ比較辞典』岩波書店，2020 年。

55. 金澤周作監修『論点・西洋史学』ミネルヴァ書房，2020 年。

56. 鈴木薫他編『中東・オリエント文化事典』丸善出版，2020 年。

57. 中山京子他編著『「人種」「民族」をどう教えるか』明石書店，2020 年。

58. 祝田秀全監修『世界史』朝日文庫，2020 年。

59. かみゆ歴史編集部編著『流れが見えてくる世界史図鑑』ナツメ社，2021 年。

60. 吉澤誠一郎他監修『論点・東洋史学』ミネルヴァ書房，2022 年。

世界の児童文学

1. Aladdin, Disney Magikal Stories,　Burbank(CA):Disney Enterproses Inc., 2016.

2. Alibaba,　World Fairy Tales 45,　Hong Kong: Hakushusha, 2020.

3. 臭承恩『西遊記』広州市：広東大音音像出版社，2018.

4. 童趣出版有限公司編『大市天宮』北京：人民郵便出版社出版，2016.6 月 2021.2 月 13 次．

5. Carlo Collodi, Le Avventure di Pinocchio, Milano:L'ippocampo, 2020.

6. Carlo Collodi, Le Avventure di Pinocchio, Milano:Mondadori Libri S.p.A., 2020.

7. L.M.Montgomery, Anne of Green Gables, 1908, New York:Bantam Books, 1998.

8. R.M. モンゴメリー村岡花子訳『赤毛のアン, シリーズ 1 ～ 11』1952 新潮文庫，2008 年，他。

9. R.M. モンゴメリー西田佳子訳『赤毛のアン』西村書店，2006 年。

10. R.M. モンゴメリー山本史郎訳『赤毛のアン』原書房，2014 年。

11. R.M. モンゴメリー岸田衿子訳安野光雅絵『赤毛のアン』朝日出版社，2018 年。

12. Lewis Carroll,　Alice's Adventures in Wonderland, 1865, London:Penguin Books, 1998.

13. レフ・ニコラエビッチ・トルストイ木村浩訳『イワンの馬鹿』講談社，2011 年。

14. M・サルーム他今川訳『アラビアンナイト』から「Aladdin とお菓子」東洋出版，2017 年。

諺（ことわざ）・故事成語辞典（発行順）

1. 渡辺紳一郎『西欧古典語典』東峰出版，1956 年。

2. 渡辺紳一郎『続西欧古典語典』東峰出版，1964 年。

3. 諸橋轍次『中国古典名言事典講談社学術文庫 397，1979 年。

4. 高嶋泰二編著『ことわざの泉　日・英独仏中対照諺辞典』北星堂書店，1981 年。

5. 吉岡正熙『ロシア語ことわざ集』駿河台出版社，1986 年。

6.　尚学図書編集『日本名言名句の辞典』小学館，1988 年。

7.　栗原成郎『スラブのことわざ』ナウカ，1989 年。

8.　梶山健編『世界ことわざ辞典』明治書院，1992 年。

9.　旺文社編集『成語林』旺文社，1992 年。

10.　山口百男『和英・日本ことわざ成語辞典』研究社出版，1999 年。

11.　張福武編著『四ヵ国語共通のことわざ集』慧文社，2005 年。

12.　金丸邦三他著『中国語ことわざ用語辞典』大学書林，2006 年。

13.　山本忠尚『新版　日英比較ことわざ事典』創元社，2007 年。

14.　陳力衛『日本の諺・中国の諺』明治書院，2008 年。

15.　木村武雄『10 ヵ国語経済・ビジネス用語辞典』創成社，2014 年。

16.　江川卓他著『世界の故事名言ことわざ総解説』自由国民社，2017 年。

17.　干美香他著『中国語の慣用句・ことわざ・四字熟語』語研，2018 年。

18.　日本ことわざ文化学会編『世界ことわざ比較辞典』岩波書店，2020 年。

19.　林怡州『中国語四字成語・慣用表現 800』三修社，2020 年。

20.　スマッシュ漢語学習会編著『諺から学ぶ日本語と中国語』風媒社，2022 年。

アラビア語関連文献（発行順）

1.　竹内和夫『トルコ語辞典』大学書林，1989 年。

2.　本田孝一他編『パスポート初級アラビア語辞典』白水社，1997 年。

3.　内記良一『日本語アラビア語辞典』大学書林，1999 年。

4.　「アラブの料理（アラビア語）」『世界の料理・メニュー辞典』学習研究社，2001 年。

5.　森本一夫編著『ペルシャ語が結んだ世界』北海道大学出版会，2009 年。

6.　水谷周『アラビア語の歴史』国書刊行会，2010 年。

7.　師岡カリーマ・エルサムニー『アラビア語単語集』NHK 出版，2012 年。

8.　Oxford Arabic Dictionary, Arabic-English, English-Arabic,　Oxford(UK):Oxford University Press, 2014.

9.　木村武雄『10 ヵ国語経済・ビジネス用語辞典』創成社，2014 年。

10.　ケース・フェルステーヘ長渡陽一訳『アラビア語の世界』三省堂，2015 年。

11.　田中博一『現代アラビア語辞典』鳥影社，2017 年。

12.　大川博『ニューエクスプレストルコ語』白水社，2018 年。

13.　浜畑祐子『ニューエクスプレスペルシャ語』白水社，2018 年。

14.　竹田敏之『ニューエクスプレスアラビア語』白水社，2019 年。

15.　「アラビア語のことわざ」『世界ことわざ比較辞典』岩波書店，2020 年。

16.　長沢栄治監修『デイリー日本語・アラビア語・英語辞典』三省堂，2020 年。

17.　依田純和『アラビア語』大阪大学出版会，2021 年。

18.　依田純和『アラビア語別冊』大阪大学出版会，2021 年。

19.　新妻仁一『アラビア語文法ハンドブック（増補新版）』白水社，2022 年。

第2章　アラブ文化

はじめに

　アラブ世界において，イスラム教発生時の歴史を一瞥するとき，二つの質問が発せられる。一つは，このような巨大なエネルギーを放出した新宗教が，7世紀において，人口も疎らなアラビア半島で発生した理由は何か。第二に，不毛の半島の住民であったアラブ人が，僅か1世紀の間に，ユーラシア大陸の半分以上の広大な地域に，どのようにして自分たちの権威と信仰を植え付けることができたのであろうか。この二つの質問に答えるために，先ず，アラビアの地が三大陸交易の中心となったことに注目しなければならない。ササン朝ペルシャ帝国（224-651）とビザンチン帝国（395-1453）との多年の抗争のため，小アジアとイランとを経由する欧州・アジア間の貿易の幹線道路（今だと中国の一帯一路）は途絶えがちであった。このシルクロードを行き交う商人は否応なくアラビア半島を経由した海路を選択せざるを得なくなった。この中継貿易で，アラビア半島の一部の商人は巨万の富を築くものもあらわれた。同時に，その隣のベドウィンたちは昔ながらの貧しい暮しを続けた。貧富の格差のこのような社会状況から新宗教が発生した。

　また，アラブ文化を論ずる前に序節として，世界での人口に占めるイスラム教徒の割合と経済的影響を見てみよう。

序節　イスラムが注目される理由

① 2100 年までに世界最大の宗教人口に！

　米国のシンクタンク「ピュー・リサーチ・センター」の調査によると、2010
年時点でのイスラム教徒は 16 億人（世界人口の 4 分の 1）。これが 2050 年までに
27 億 6,000 万人に増加する。40 年間で 11 億 6,000 万人増える。キリスト教徒
も増加傾向にあるが、イスラム教徒ほどではない。2010 年時点の 21 億 7,000
万人が 2050 年には 29 億 2,000 万人となり、7 億 5,000 万人の増加に留まる。
この数字から、イスラム教徒の増加ペースの凄まじさが窺われる。更に 2100 年
までにイスラム教徒の数がキリスト教徒の数を上回り、世界一の大宗教になると
予想される。

②イスラム経済が世界経済をリードする日。

　2008 年のリーマン・ショックを機に、欧米と日本が世界経済を牽引していた
長年の構図は崩れ、中国をはじめ新興諸国が世界経済の表舞台に躍り出た。その
中に、アラブ圏の国々が多数含まれている。石油や天然ガスを輸出して得た産油
国の資金を「オイルマネー」という。中東の産油国の場合、オイルマネーは国家
財政に組み込まれ、公務員の給与や公共事業の費用、無料で提供されている教
育費・医療費等に使われるが、すべて使い切れるわけではなく、余剰分は政府の
口座に溜まっていく。特に原油価格が上昇しているときには、莫大な余剰オイル
マネーが生じる。産油国の政府系ファンドとして、アラブ首長国連邦（UAE）・
アブダビ投資庁（ADIA, 資産額 7,730 億ドル）、サウジアラビアのサウジアラビア
通貨庁(SDMA, 7,572 億ドル)、クウェートのクウェート投資庁(KIA, 5,480 億ドル)、
カタールのカタール投資庁（QIA, 2,560 億ドル）等が知られており、中東の政府
系ファンドだけで運用資産は約 2 兆 7,000 億ドルにのぼる。これは世界全体の
約 4 割に相当する。

第1節　分析手法

1. イスラム教成立以前の宗教小史

A. 古代オリエント文明

　人類最初の都市文明は今から5000年前，アラブ文化圏のメソポタミアとエジプトで始まった。両文明はともに，農耕を経済的基盤にしたため，豊穣と平和を願って多くの神々が創造された。人々の神や死に対する畏怖の念は両文明においてみられるが，エジプトは再び蘇ると信じられ，壮大なピラミッドが建設された。

B. ゾロアスター教とユダヤ教

　多神教信仰が普通であったオリエント世界で，特異な存在がユダヤ教とゾロアスター教である。ゾロアスター教はペルシャ（現在のイラン）で生まれた宗教であり，善と悪の二神の対立を考えることから二元論とされるが，最終的には善神が勝利するため一神教とも解釈できる。この悪という概念がユダヤ教やキリスト教の悪魔の概念に受け継がれていくと言われる。ユダヤ教はバビロン捕囚という歴史的試練のなかで，民族宗教として成立し，今日に至る。

C. キリスト教の成立

　前1世紀のユダヤ人もローマ帝国の支配を受けることになったが，彼らの中にはローマ帝国から独立を願う者もいた。ユダヤ教はユダヤ人の心の支えになっていたが，当時，ローマ帝国で大きな影響力をもっていたコスモポリタニズムにより，その選民思想を批判し，人間の普遍的な愛を説く新しい宗教も生まれた。それがキリスト教である。

D. 3宗教（ユダヤ教・キリスト教・イスラム教）の違い（図参照）

　3つのユダヤ教・キリスト教・イスラム教は，「兄弟」のような関係である。なぜなら，三宗教とも同じ神を崇めているからである。イスラム教ではアッラー，ユダヤ教ではヤハウェ等，各宗教では呼称は違うものの，人類に啓示を与える唯一の神を崇拝していることには違いない。成立した場所もみな中東で，「砂漠の

一神教」と，纏めて表現されることもある。エルサレムに三宗教の聖地が集まっている。イスラム教は偶像崇拝を禁止している。それゆえ無生物のアラベスクがある。だから墓も粗末なもの。教会も聖職者もいない。豚肉と酒は禁止。金に利息を付けて貸してはならないとされている。

表 1.2.1　世界の文字　伝播と変遷

宗教名	ユダヤ教	キリスト教	イスラム教
信仰対象	神(ヤハウェ)	神，　イエス・キリスト	神(アッラーとは the God のことで神の名ではない)
創唱者の性質	預言者(人間)	神の子，　救い主	最後の預言者(人間)
聖典	ヘブライ語聖書 モーゼの五書	ヘブライ語聖書と新約聖書	クルアーン(＋ムハンマドの言行録，　ハディース)，　ヘブライ語聖書の モーゼの 五書，　ダビデの詩篇,新約聖書のイエスの福音書
信徒	イスラエルの民 (ユダヤ人)	人類	人類
行為規範 の源	タルムード	(精神的規範)	シャリーア(イスラーム法)
教団組織・ 聖職者階級	宗教的指導者としての ラビ	教会，　教団 聖職者としての教皇，　司祭,神父(プロテスタントでは牧師)	教団組織も聖職者階級も原則としてない。 (イマームは礼拝の指導者,ウラマーはイスラーム法学者，　時には宗教的指導者の役割ももつ)
理想的な 社会との関係	政教一致の契機をもつ (約束の土地)	政教分離(霊肉の分離)	政教一致(信仰生活と社会生活の一致)
聖日 (安息日)	シャバト(金曜日の日没から土曜日の日没まで)	日曜日	金曜日(正式には木曜日の日没から金曜日の日没まで),合同礼拝の日
暦	閏年を設けた太陰暦を使用	太陽暦，　グレゴリオ暦ともいう西暦	ヒジュラ暦(純粋な太陰暦,太陽暦より１年で約11日少ない。四季に一致しない)
主な食物規定	コーシェルという厳格な規定がある。豚肉も食べない	原則として食物規定はない	豚肉，　酒類，　規定に則って処理されていない食肉などの禁止規定がある

出所) 塩尻和子『イスラームを学ぶ』NHK 出版，2015 年，88 頁。

2.　中東＝イスラム圏(イスラム教圏)＝アラブではない

　中東（Mid East）は欧州の視点からの概念で，インドを「東」，バルカン半島あたりを「近東」とした場合，「東」と「近東」の中間の地域なので，「中東」と呼ばれた。これまでは，アラビア半島と西アジア（小アジア・イラン・イラク・シリア・ヨルダン・レバノン・パレスチナ等）である。

　イスラム圏（イスラム教圏）は，中東でアラブ人のムハンマドによって誕生した宗教。しかし現在では，イスラム教は中国から西は欧州，アフリカまで広がっている。世界最大のイスラム教徒人口を抱えているインドネシア（2億900万人）は，中東でもアラブでもなく，東南アジアの国である。

　「アラブ」とは，基本的にアラビア語を母国語とする人々が生活する地域を指す。地理的には，アラビア半島から北アフリカに跨る地域がアラブとなる。

3.　政教分離(世俗主義とイスラム主義)

　イスラム教という宗教は個人の内面的信仰に留まらず，社会や国を統治する枠組にまで作用する。イスラム教主義とは，文字どおりイスラム教を国家や社会の統治基盤にしようとする考えを意味する。欧米諸国や日本においては主権は国民に属するか，君主に属するかで国家体制が決められる。それに対して，イスラム教主義を標榜するイスラム教国家においては，主権は人間ではなく唯一絶対の神であるアッラーに属すると考える。実際は，政治指導者がイスラム教法学者を傍らに置き，イスラム教法の解釈と運用を行いながら国家を運営していく。その典型がサウジアラビアである。サウド王家が政治指導者となり，シェイク家がイスラム教法を専門とする宗教指導者となり国家運営している。一方，イスラム教徒の中にも信仰は個人のレベルに留め，政治とは切り離すべきと考える人や国もある。この考えを世俗主義という。イスラム教諸国における世俗主義の代表格として，トルコが挙げられる。オスマン帝国時代のトルコはイスラム教の教えに基づく国家運営を行うイスラム教国家で，イスラム教世界の指導的立場にあった。1923年のトルコ革命の際，ケマル・アタチュルクは近代化を進めるため，世俗主義を選択した。憲法からイスラム教を国教とす

る条項を削除し，ヒジュラ歴から西暦に，アラビア文字からラテン文字に変更し，男子のトルコ帽子や公の場で女性がスカーフを被ることを禁止する等，脱イスラム教・欧米化を図った。発足当初，周辺のイスラム教諸国から孤立したが，政治は安定し経済的にも大きく発展し，次代の経済大国とまで言われるよ

表 1.2.2　世俗主義とイスラム主義の違い

世俗主義		イスラム主義
政教**分離**	政治体制	政教**一致**
憲法を基本とする	規範	**イスラム教** （シャリーア）
国民	主権者	**アッラー**（神）
選挙で選ばれた**国民の** **代表者**が政治を行う	統治者	**政治指導者**がイスラム 法学者の助力を得て 政治を行う
国民の幸福を実現すること	目的	**イスラム国家**を実現 すること
トルコ，エジプト，シリア， **パキスタン，インドイネシア** **など**	代表国	**イラン，　サウジアラビア** など
世俗主義の国は宗教的な 縛りが緩い		イスラム主義の国はイスラ ムの教えに厳格

出所）ライフサイエンス『知っておきたいイスラムのすべて』三笠書房，
　　　2015 年，105 頁を元に筆者作成。

表 1.2.3　OSCE 諸国での憲法と宗教の関係について

国名	条文	憲法制定	宗教条項	国教指定	政教分離条項	信徒率	国民投票条項	憲法規定実施	備考
ドイツ	146 ヵ条	1949	第 140 条	非宗教国③		P43% C45%	有り	無し	
イギリス	非成典			英国国教会		P44%C9.8%	（有り）	必要	
フランス	92	1958	第 2 条	非宗教国		C76% イスラム 6.3%	有り	無し	
イタリア	139	1947	第 7・8 条	ローマ・カトリック	教会と国家の分離	C83% 無 16.2%	有り	無し	
スペイン	184	1978	第 16 条	非宗教国		C95%	有り	必要	
オランダ	171	1983	第 6 条		教会と国家の分離	P14%C33% 無 39%	有り	無し	
ベルギー	198	1970	第 21 条		政教分離	C90% 無 7.5%	有り	無し	
ポルトガル	298	1976	第 41 条		教会と国家の分離	C92%	有り	無し	
ギリシャ	120	1975	第 3 条	東方正教		98%	有り	無し	
スウェーデン	152	1975	経過規定	福音ルター教会 政教分離		福音ルター 86% C1.9%	有り	無し	
オーストリア	151	1994	第 4 条			C78% 無 8.6%	有り	必要	
デンマーク	89	1953	第 4 条	福音ルター		福音ルター 87%	有り	必要	
フィンランド	13	1999	第 76 条	福音ルター②		福音ルター 86%	有り	無し	
アイルランド	50	1937	前文	神の存在が前提③		C92% 国 2.3%	有り	必要	
ルクセンブルク	121	1868	第 22 条		国家と宗教の分離	C95% P1.1%			

国名	番号	制定年	条項	宗教	政教関係	宗教割合	欄1	欄2
ポーランド	243	1997	第25条	カトリック	教会と国家の分離	C91%	有り	無し
チェコ	113	1992	不明		政教分離	C39% 無40%	有り	
ハンガリー	79	1989	第60条		教会と国家の分離	C63% P26%	不明	
マルタ	124	1964	第2条	ローマ・カトリック		C93%		必要
スロヴァキア	156	1992	第24条		国家と宗教の分離	C60% P7.9% 無9.7%	不明	
リトアニア	154	1992	第26条		国家と宗教の分離	C79% ロシア正教15%	不明	
ラトヴィア	116	2003	第99条		教会と国家の分離	P17% C15% ロシア正教8%	不明	
エストニア	168	1992	第40条		教会と国家の分離	エストニア正教19% 福音ルター14%	不明	
スロヴェニア	174	1991	第7条		国家と宗教団体の分離	C86%	不明	
キプロス	186	1960	第18条		国家と宗教の分離	東方75% C1.4% P6.9%	不明	
ルーマニア	152	1991	第29条		国家と宗教の分離	ルーマニア正教87% C5%	不明	
ブルガリア	178	1991	第13条	②	国家と宗教の分離	ブルガリア正教86% イスラム教12%	不明	
クロアチア	147	1990	第41条		国家と宗教の分離	C72% セルビア正教14%	不明	
トルコ	177	1982	第1条	非宗教的		スンニー派99% キリスト教0.3%	不明	
ノルウェー				福音ルター				
スイス		1874	第49条	④				
セルビア			第10条			セルビア正教65% イスラム教19%		
ボスニア・ヘルツェゴビナ						イスラム教40% セルビア正教31% C15%		
マケドニア		1991	第19条		正教宗教団体の国家からの分離	マケドニア正教67% イスラム教30%		
アルバニア		1950	第18条		教会と国家からの分離	イスラム教70% ギリシャ正教20%		
ロシア		1993	第4条	ロシア正教	宗教的組織の国家からの分離			
ウクライナ			第35条			ウクライナ正教, ギリシャローマ, ロシア正教		
ベラルーシ			第16・31条			ロシア正教, C		
モルドヴァ		1994				東方正教		
ジョージア			第14・19条			ジョージア正教, イスラム教		
トルクメニスタン		1992	第1条	非宗教国				
カザフスタン		1993	前文	非宗教国				
キルギスタン		1993	第1条	非宗教国				
ウズベキスタン		1992	第31条	④				
アルメニア			第23条					
アゼルバイジャン			第18条		国家と宗教の分離			
タジキスタン			第8・26条					
モンテネグロ		1994	第11条		国家と宗教の分離			

出所）坂本進『ヨーロッパ統合とキリスト教』新評論，234頁。浦野起央『地政学と国際戦略』三和書籍，64頁［原著］ICL 国際憲法ライブラリによる各国憲法英文訳。西修「各国憲法と宗教条項」（小林昭三代表著『憲法における欧米的視点の展開』成文堂，1995 年所収)，他。
①国教を規定指定している国。②準国教国。
③特定の宗派に特別の順位を付与していないものの，神の存在を前提とすることを明記している国。
④単に宗教の自由，宗教による差別の禁止を規定している国。
　表中，C はカトリック(旧教)，P はプロテスタント(新教)，G はギリシャ正教(東方正教会)，SU はスンニ派，SH はシーア派。

うになった。つぎに世界主要国の憲法と宗教の関係について纏めてみた。

4. イスラム教国圏の国旗

　イスラム教諸国の国旗には，いくつかの特徴がある。

　トルコ，アルジェリア，パキスタン等の国旗は，月や星があしらわれたデザインが多い。月と星を選ぶ理由は，中東の砂漠において，夜に月と星が出現すると，過ごしやすくなり，そこから 月と星は安定感や平和の象徴とみなされるようになったからである。月が三日月なのは，新月を表そうとする意図がある。 新月はイスラム教の象徴とされている。

　サウジアラビア，リビア，イラン等では緑色を使用している国旗が多い。
預言者ムハンマドのターバンの色に因んでいる。砂漠では緑色は貴重な植物をイメージさせるため， 特別視されている。

図 1.2.1　イスラム教国の国旗

アラブ統一旗	緑色	月と星
 エジプト	 サウジアラビア	 トルコ
 アラブ首長国連邦	 レバノン	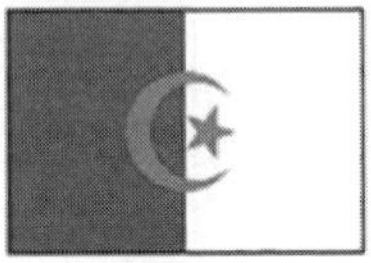 アルジェリア
 クエート	 イラン	 パキスタン

エジプト，アラブ首長国連邦，クウェートなどでは白・黒・赤・緑の四色を用いた国旗が多い。20 世紀初頭にアラブ諸国が団結してオスマン帝国に対抗した際に作られた「アラブ統一旗」と呼ばれる旗がルーツである。国旗の白は平和や希望を表し，黒と赤は戦いと流された血である。

5.　サイクス・ピコ協定(1916.5.16)　Sykeys-Picot Agreement

　英・仏・ロシアはサイクス・ピコ協定と呼ばれる秘密協定を締結し，オスマン帝国の一部を三国で分割し，各自の勢力範囲と，パレスチナの統治形態は三国及びマッカのシャリーフ間の将来の協議に委ねることを決めた。サイクス（Mark Sykey,　1879-1919）英国外交官とピコ（Francois Marie Denis Georges-Picot, 1870-

図 1.2.2　サイクス = ピコ協定

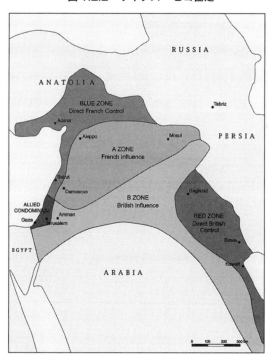

出所）wikipedia より。

1951)仏外交官の名に因む。1917 年，革命後のボリシェヴィキ政府がこれを暴露し，アラブの独立を約したフセイン＝マクマホン書簡 (1915)，1917 年英国がパレスチナにユダヤ人国家の建設を約束したバルフォア宣言と互いに矛盾するものだった。英国の三枚舌外交とも言われている。今日の紛争の多くはこのことに発するものが多い。1948 年イスラエル国建設で中東戦争が起こる。国無き民，クルド人問題も発生した。反十字軍の英雄サラディン (1138-1193)，　トルコのオザル大統領 (1927-1993) もクルド人だった。IS (Islamic State) はその戦闘の根拠にこのサイクス・ピコ協定を挙げている。

6. イスラム教国家群

　　イスラム教国家群については，　図 1.2.3 を参照のこと。

図 1.2.3　イスラム教国家群

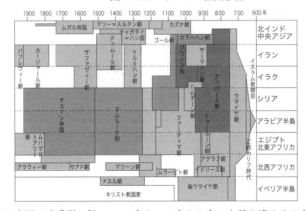

(注) 1. 本図は時系列に従って，　向かって右から左へと読み進めること。2. 空白になっているところもあるが，　ここでは省略している。
出所) 関眞興『読むだけイスラム史』学習研究社，　2005 年より。

7. アラビア由来の英語

　　アラブ文化は，7 世紀から 17 世紀にかけて，当時の世界で最も知的完成度が高く，今日の人類が日々の暮しの中で，現代文明の礎を確立した文化である。この時期はキリスト教がマイナスに振れ，欧州は暗黒の中世で科学等の文化は

廃れていた。そして14世紀のルネッサンスはギリシャ文明を敷衍させたアラブ文化から受け取って再スタートした。その証拠は欧州諸語にはアラビア語由来の単語が山ほどある。アルコール，ナス，綿，米，レモン，砂糖，コーヒー，アルカリ，代数，科学，化学，倉庫・雑誌，小切手等。植物・果実・香辛料・学術名等。算用数字は「アラビア数字」と呼ぶ。現代世界でもアラブ文化の世界的な一体化性の名残を見ることができる。この文化の中でも，錬金術から発展した化学，イブン・スィーナーに代表される医学，フワーリズミーに始まる代数学等は特筆される。現代でも計算法をアルゴリズムというが，フワーリズミーの名前からきた言葉である。アラブ文化では，製紙法の発展，火薬の製造，羅針盤の実用化，天文表の作成，天球儀の作成等も特筆され，ほぼ1000年にわたって，世界でも科学技術を享受していたのである。

表1.2.4 アラビア語から英語に入った単語の例

日本語	英語	ローマ字化された アラビア語
アルコール	alcohol	al-kuhāl
バナナ	banana	banānah
コーヒー	coffee	qahwah
レモン	lemon	laymūn
砂糖	sugar	sukkar
哲学	philosophy	al-falsafah
化学	chemistry	al-kīmiyā
ゼロ	zero	sifr
太鼓	drum	tunbūr
ギター	guitar	qithārah
ラクダ	camel	jamal

出所）塩尻和子『イスラーム文明とは何か』明石書店などを参考に筆者作成。

第2節 本 編

1．アラブ文化関連年表

アラビア文化に関連する年表を以下に示す。

前 5500 頃	最古シュメール文明　前 4000 頃　エジプト文明起こる
前 2700 頃	メソポタミアに都市国家出現
前 18 世紀頃	ハンムラビ王はじまる
前 334	アレクサンドロス大王の東征，前 330　アケメネス朝滅亡させる
前 312	シリアにセレウコス朝起こる
前 304	エジプトでプトレマイオス朝起こる
3 世紀頃	ゾロアスター教がササン朝(226-651) の国教に
313	ローマ帝国，キリスト教国教化。
529	東ローマ皇帝ユスティニアヌス，ギリシャのアテネ・アカデメイア閉鎖(前 385-)
610 頃	ムハンマドによってイスラム教起こる，622 ヒジュラ(聖遷)
650 頃	イスラム教の聖典『コーラン』が完成
661	イスラム教徒初の帝国であるウマイヤ朝起こる「アラブ人至上主義」
726	東ローマ皇帝レオ 3 世，　偶像崇拝禁止令
750	アッバース朝が成立。「イスラム教徒平等主義の王朝」
756	コルドバ (西)を首都に後ウマイヤが成立
786	ハールーン＝アッラシード，アッバス朝全盛期
909	北アフリカチュニジアにシーア派のファーティマ朝(〜 1169)成立
946	シーア派のブワイフ朝がバグダッドに入城
1038	スンナー派トルコのセルジューク朝成立
1062	セルジューク朝がブワイフ朝を滅ぼす
1099	第 1 回十字軍がセルジューク朝から聖地奪還
1187	エジプトのアイユーブ朝創始者サラディンが十字軍を破りエルサレムを奪還
1250	エジプト・シリアにマムルーク朝(トルコ系奴隷軍団)が建国
1258	フラグ率いるモンゴル軍がアッバース朝を滅ぼす
1258	フラグがイラン・イラク地域にイル＝ハン国(モンゴル系)を起こす
1299	小アジア・ブルサにオスマン帝国成立(〜 1922)
1370	中央アジアサマルカンドにテイムール朝(トルコ＝モンゴル系イスラム教)
1453	オスマン帝国がビザンツ帝国を滅ぼす，1517 マムルーク朝を滅ぼす
1501	サファヴィー朝(〜 1736)都タブリーズ，十二イマーム派(国教)(シーア派)
1509	ディーウ沖海戦。シルクロード終焉→大航海時代到来
1526	印度デリーにスンナー派ムガル帝国(〜 1858)(モンゴル系)成立。公用語ペルシャ語
1529	オスマン帝国がウィーンを包囲
1699	カルロヴィッツ条約締結(ハンガリー喪失)
1914	第一次世界大戦(〜 1918)が勃発
1936	モントルー条約(トルコ領内のボスポラス海峡等の通航条約)
1945	第二次世界大戦が終結。

1948	イスラエル国建国
1948	第一次中東戦争(第四次 1973)
1979	イラン革命
1980	イラン・イラク戦争
1991	湾岸戦争
2001	9.11 事件(米国同時多発テロ事件で日本人 24 名含む 2977 名が犠牲)
2003	イラク戦争

2.　預言者ムハンマド

Anno Domini（紀元）356 年頃アラビア半島のイェーメンで，キリスト教の伝道が始まった。A.D.5 世紀末　クライシュ部族がメッカを征服。

A.D.6 世紀中頃　クライシュ部族民，　遠隔地通商に乗り出す。

A.D.570 頃　（南アラビアとシリアを結ぶ隊商路沿いの要地の）メッカで，　商人の子としてムハンマド誕生。父は生まれる前に既に亡くなっており，ムハンマドは 6 才で母を失い，祖父や叔父に育てられた。彼が孤児に深い同情を持ったのは，幼くして世の辛酸をなめた自分の境遇に起因するのであろう。長じてから隊商に加わってシリア方面へ行き来するうち，ユダヤ教やキリスト教の感化を受けた。

A.D.595 頃　25 才で裕福な商人の未亡人ハディージャと結婚，商人として，幸福な家庭を築く（3 男 4 女）。

A.D.610 頃　当時，修道主義が支配的だったシリア・キリスト教会の慣習にならい，メッカ郊外にあるヒラー山の洞窟に籠って妄想することがアラブ人庶民の間で流行。その一人として独居していたムハンマドに大天使ジブリール（ガブリエル）が現れ，神の啓示を示す。ハディージャ，最初のイスラム教信徒となる。

A.D.614　メッカで，唯一神への帰依を説く「イスラム教」の預言者として布教を開始した。アラブ人先祖伝来の神々を祀っていたカーバ神殿への参拝者の落とす金で潤っていたクライシュ族から，猛反発を受けた。ムハンマドはその為，迫害を被り，メッカを追われてメディナに移住（A.D.622）。メディナにはユダヤ人が沢山いて，ヘブライ的人格的唯一神教に慣れていたし，キリスト

教徒もいて，アラビア古来の多神教的偶像崇拝は，ここでは衰えていたので，ムハンマドの宗教を受け入れやすかった。メディナで勝利を得たムハンマドは630年にメッカに戻り，カーバ神殿の偶像をたたき壊す。メッカは以後イスラム教の聖都となる。それから，アラビア半島の諸民族を征服し，イスラム教を普及させた。預言者ムハンマドは軍人・政治家に変貌した。

3.　イスラム教拡大の理由

　ムハンマド亡き後，政治と宗教の両権を掌握したカリフ（教主）がイスラム教徒を指導して大征服事業を始め，大成功を博することになるが，短期間に広範な地域にイスラム教勢力が伸びた理由は何か。政教一致という強みの他，馬や駱駝を利用した戦闘の機動性もあるが，アラブ人が元来，商業民族だったことが重要だった。砂漠に住むアラブ人は，商業を行う他に生計の道が立たない。隊商を組んで商業活動したのもその為である。従ってイスラム教を単に砂漠の民の宗教というだけでは充分でない。メッカは商業都市であり，何よりも先ずムハンマドは商人の子だった。商人的宗教と言っても過言ではない。そう考えると，「コーランか剣か」という句が疑わしくなる。イスラム教徒が他の国を攻めるとき，「イスラム教を受け入れよ，さもなければ剣で無理強いしたり殺したりするぞ」と脅したというのである。しかしこの句はキリスト教徒が言いふらしたものなのであり，被征服地の民族が貢納すれば，彼らの信仰も古くからの習慣も寛大に承認した。イスラム教は確かにユダヤ教やキリスト教以上に厳格な一神教ではあるが，別の顔をもっていたことを見逃してはならない。

　ササン朝ペルシャとビザンツ帝国は，絹の道沿いの中東地区で何十年も互いに国力をすり減らすような長期にわたる戦争をし，両国とも疲弊していた。しかしながら，たまたまイスラム教勃興時は両勢力の空白期と一致していた。ペルシャでは，派閥争いが起きたのに加え，洪水で農業が壊滅的打撃を受けていた。しかもササン朝の軍人は大半がアラブ人かその子孫で，アラブ人が攻めてくると相手側に寝返った。一方ビザンツ帝国では，ビザンツの中核地方のアナトリアへの進出はできなかったものの，シリアと北アフリカの属州ではギリ

シャ正教会の宗教的不寛容のせいで地元住民が離反しており，アラブ人が攻め
ても帝国を助けようとはしなかった。

4. ローマ帝国と古代ペルシャ

ローマ帝国の最大版図であったトラヤヌス帝（在位 98-117）の領土は北アフ
リカ・アラビア半島・シリア・メソポタミア・アルメニア・小アジアを含んで
いた。これらはイスラム教の普及した地域でもある。またローマ帝国の東端は
多くの時代ペルシャ系王朝と境を接していた。つまりイスラム教が普及するま
ではローマ系（欧州）とペルシャ系（アジア）の勢力争いの場であった。ペルシャ

図 1.2.4 古代イランの変遷

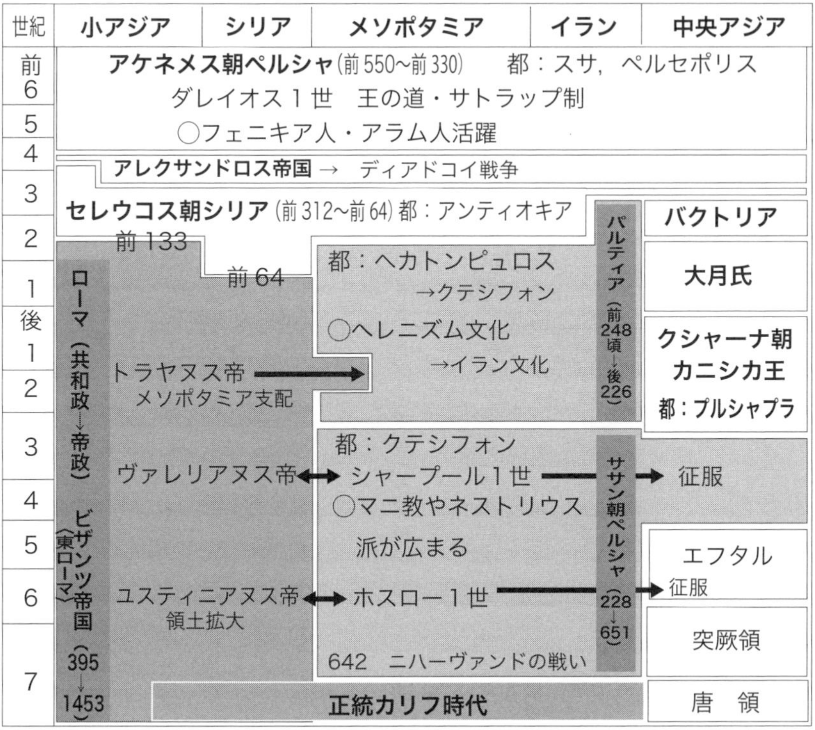

世紀	小アジア	シリア	メソポタミア	イラン	中央アジア
前6	アケネメス朝ペルシャ（前550〜前330）　都：スサ，ペルセポリス				
5	ダレイオス1世　王の道・サトラップ制				
4	○フェニキア人・アラム人活躍				
3	アレクサンドロス帝国 →　ディアドコイ戦争				
2	セレウコス朝シリア（前312〜前64）都：アンティオキア			パルティア（前248頃〜後226）	バクトリア
1	ローマ（共和政→帝政）	前133　前64	都：ヘカトンピュロス →クテシフォン		大月氏
後1			○ヘレニズム文化		クシャーナ朝 カニシカ王 都：プルシャプラ
2	トラヤヌス帝 メソポタミア支配		→イラン文化		
3	ヴァレリアヌス帝 ←		都：クテシフォン シャープール1世	ササン朝ペルシャ 228〜651	→ 征服
4	ビザンツ帝国（東ローマ）		○マニ教やネストリウス 派が広まる		エフタル
5					征服
6	ユスティニアヌス帝 ← 領土拡大		ホスロー1世		突厥領
7	395↓1453		642　ニハーヴァンドの戦い		唐　領
	正統カリフ時代				

出所）『プロムナード世界史』浜島書店などを参考に筆者作成。

図 1.2.5　トラヤヌス帝時

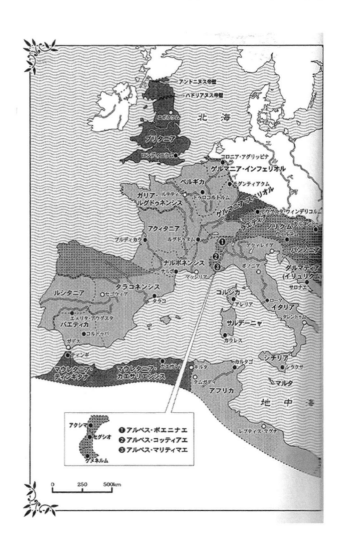

出所) エドワード・ギボン著，中倉広喜訳『新約ローマ帝国衰亡史』PHP 研究所，2000 年

代のローマ帝国最大の版図

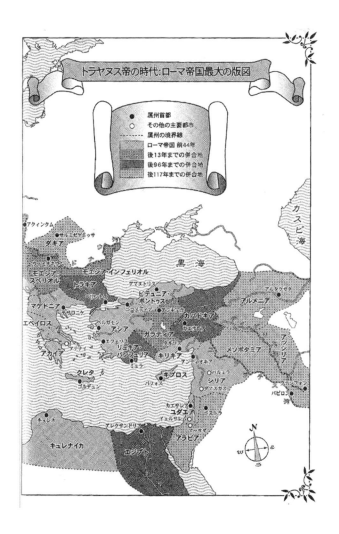

はアケメネス朝・パルティア・ササン朝と政権は変わっている。アケメネス朝はアレクサンドロス大王に滅ぼされた。紀元前53年ローマ将軍クラッススはパルティアにより敗死した。260年エデッサの戦いでローマ皇帝ヴァレリアヌスは，ササン朝シャープール1世との一騎打ちの末，捕虜になった。

5. イスラム教基礎用語

表1.2.5を参照のこと。

表1.2.5 イスラム基礎用語比較一覧

日本語	アラビア語	ペルシャ語	英語
アッラー	Allah	Allāh,Khodā	Allah
イスラーム	Islām	Eslām	Islam
預言者	nabī	peyghambar	prophet
礼拝	salāt	namāz	prayer
巡礼	ḥajj	ḥajj	pilgrimage
モスク	masjid, Jāmi	masjed	mosque
スーフィズム	taṣawwuf	taṣavvof	Sufism

6. スーフィズム(井筒俊彦(1914-1993))

　イスラム神秘主義。原語Tasawwuf タッサウフ。スーフィズムは英語。タッサウフは羊毛（スーフ）の粗衣を纏って禁欲的修行に専念する行者，神秘家を指すスーフィーという語に由来するというのが通説。反世俗的精神主義として早くもウマイヤ朝初期に起こり，多くの行者が出現。世俗的要素を全て払拭し，言わば素裸になって神に接し，肉欲・情欲の誘惑を退け，そうした努力により神のうちに帰一し合一して魂の救済を体験しようとする。最も基本的な典礼的要素はズィクル（神の名を唱えて，無念無想の瞑想三昧に没入すること）であり，今日に至るまでスーフィズム諸集団の行事の中核をなしている。また，倫理的要素としては，タワックル（依存），つまり絶対者への帰依，従順の態度を極端まで推し進めた，いわば絶対的受動の境地に没入する。この境地に達するとズィクルの段階に進む。ズィクルにより神と一体化した境地に，ファナー（忘却・

恍惚）に達するのである。この境地に達したスーフィーは聖者として，尊ばれ，師として慕われる。こうした聖者の墓には，特別の恩恵を齎す力（バラカ）があると信じられ，　ジャーラ（聖者廟詣）が行われたりする。

7.　六信五行

　イスラム教徒の義務（六信五行）。六信は信仰・崇拝の対象。唯一絶対神の①「アッラーの存在」。霊的な②は「天使（マラーイカ）や使徒（ルスル）の存在」。アッラーが，自ら創造した人間を正しく導こうとして遣わすものが諸々の「使徒」であり，彼らに携えられて，人々に伝えられた神の啓示が諸々の「啓典（クトゥブ）」である。③「ムハンマドとそれ以前の預言者の存在」。④「クルアーン（コーラン）等の聖典」。ここで注意したおきたいことは，ムハンマド・クルアーンだけを③・④の信仰箇条とするだけでなく，アダム・イブ・モーセ・ダビデ・イエスキリスト等のムハンマドに先行する使徒，及びモーセの律法・ダビデの詩篇・イエスの福音書等のクルアーンに先行する諸啓典の存在を信じることを求めている点である。このことが，ユダヤ教徒とキリスト教徒を啓典の民と考える思想の背景にある。⑤「来世」，最後の審判の日のこと。⑥「天命」。この世の出来事は全てはアッラーの意志によるものだとする。

　次に五行とは，　①「信仰告白」②「礼拝」③「喜捨」④「斎戒」⑤「巡礼」。①は「アッラーの他に神なし。ムハンマドはアッラーの使徒なり」。②は1日五回，決めた形式で祈りを捧げる。③は他者への施し，イスラム教世界を連帯させる助け合いの義務で，年収や貯蓄の2.5%以上とされる義務の喜捨と，善意による任意の喜捨に分けられる。④は年に1回，断食をして心身を清めること。⑤は一生に一度は聖地メッカへ巡礼することを意味する。

8.　イスラム法（シャリーア）

　イスラム法（シャリーア）は，イスラム教の教えに基づく法律のこと。原義は「水場に至る道」で，クルアーンのなかでは「われ（アッラー）は汝をシャリーアの上に置いた故，それに従え」とされる。シャリーアは礼拝・断食等日常生

活の儀礼規範（イバーダート）と経済活動・結婚・相続・刑罰・訴訟等の法的規範（ムアーマラート）がある。では何を法源とするか。

4つの根拠がある。まずは①聖典『コーラン』。これに書かれたことが最優先。次に預言者ムハンマドの②言行録『ハディース』。シーア派は宗教者指導者イマームの言行も重視される。この二つの法源で解決出来ない時は，イスラム教共同体（ウンマ）の③合意（イジュマー）に基づき判断。それでも判断できない時は，過去の事例から④類推（キャース）から判断する。

原則として，全てのイスラム教徒はイスラム法に従わなければならないが，実際は国によって運用姿勢が異なる。例えば，サウジアラビアやイランのように厳格にイスラム法を適用している国もあれば，トルコのようにイスラム法を廃止し，欧米的な法体系を採用している国もある。

世俗化を追求したケマル・アタチュルクのトルコは民法はスイス，刑法はイタリア，商法はドイツから導入した。1937年の憲法改正で，政治分野での宗教排除（政教分離）（ラーイキリキ政策）が確立した。

9. ヒジュラ暦（イスラム暦）とイスラム教徒のタイムスケジュール

欧米諸国や日本では西暦を採用している。一方，イスラム教圏ではヒジュラ暦（イスラム暦）を用いている。ヒジュラ暦は月が地球の周りを一周する時

表 1.2.6 ビジュラ暦の月

月	月の名称	おもな行事
1	ムハッラム Muharram	10日：アーシュラー
2	サファル Safer	
3	ラビーウ・アウワル Rabī al-Awwal	12日：預言者生誕祭
4	ラビーウ・サーニー Rabī al-Thānī	
5	ジューマーダー・ウーラー Jumādā al-Ūlā	
6	ジューマーダー・アーヒラ Jumādā al-Ākhira	
7	ラジャブ Rajab	
8	シャアバーン Shaban	
9	ラマダーン Ramadan(断食月)	1ヶ月間：断食
10	シャウワール Shawawai	1日：断食明けの祭
11	ズー・アル＝カアダ DhualQada	
12	ズー・アル＝ヒッジャ Dhu al-Hijija	8-12日：巡礼（ハッジ），10日：犠牲祭

出所）『岩波イスラム辞典』380頁。

図1.2.6　イスラムのタイムスケジュール

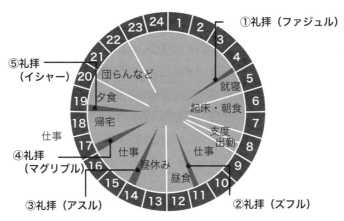

8時〜13時、16時〜19時の2部制をとる会社もある。

出所）ライフサイエンス『イスラムのすべて』三笠書房, 2015年, 212頁」。

間を基準にした太陰暦で，月の満ち欠けのサイクルを一カ月とする。一カ月は29.5日となり，十二カ月を29日の月と30日の月で構成するため，一年は354日となる。そもそもヒジュラとは，聖地メッカで迫害を受けた預言者ムハンマドが，メディナに移住した「聖遷」を意味する。この年は西暦では622年にあたるが，イスラム教では最も記念すべき出来事とし紀元元年としている。日本で元号と西暦が用いらるように，イスラム教圏では新聞にはヒジュラ暦と西暦の2つの日付が併記されている。

10.　スンナ派とシーア派

　スンナ派はイスラム教の多数派で，正統派とも言われる。『クルアーン』と預言者ムハンマドのスンナ（確定された慣行）とを信仰の基礎とし，カリフの歴史，つまりイスラム教世界の現実的，歴史的発展をそのまま承認する立場をとる。

　シーア派の，シーアは党，派を意味する。元来シーア・アリー（アリー派）として用いられた。シーア派は，アリーのその後裔，つまり預言者ムハンマド

家の人々（アフル＝ル＝バイト）こそ預言者の正当な後継者であり，ウンマ（イスラム教共同体）の指導者であると信じ，彼らに誓う人々のこと。

11. カリフとスルタン

　カリフは，アラビア語ハリーファの訛。これは代理者の意味。預言者ムハンマドの代理人，つまり宗教的権威者。

　スルタンは支配者，王，権威を意味する。イスラム教史上初めてスルタンに任命されたのは，ガズニー朝のマフムード（999-1030）であるが，この称号を初めて公式に用いたのはセルジューク朝の支配者達である。スルタンの登場について歴史的背景の説明を要する。アッバース朝の後期には，政教両面の長であったカリフは実質的無力となり，カリフ職は世俗的権力者の政争の具に使われた。オスマン帝国のスルタンはカリフの権威をあわせもっていた。

12. ジズヤとハラージュ及びマワーリーとズィンミー

　正当カリフ時代は，アラブ人であろうと，異民族であろうと，イスラム教徒であれば，税金の義務はなかった。異教徒は課税された。旧ビザンツ帝国領に課せられた税を「ジズヤ」，旧ササン朝領では「ハラージュ」と呼び分けていた。国家（ウンマ）の運営は異教徒（ズィンミー）からの税を充てていた。イスラム教が占領地に普及しだすと，旧支配者より安かったため，イスラム教徒への改宗者が爆発的に増加した。そのため，財政改革の必要に迫られた。マワーリー（異民族のイスラム教徒）がズィンミー（異教徒の非イスラム教徒）同様の課税対象となった。アラブ人のイスラム教徒のみが課税対象からはずれたため，イラン人のイスラム教徒の不満が爆発した。このアラブ人優先主義により，ウマイヤ朝は滅亡することになる。

表 1.2.7　ジズヤとハラージュ

	ムスリム				異教徒	
	アラブ人		異民族			
			マワーリー		ズインミー	
	Jizya	Kharaj	Jizya	Kharaj	Jizya	Kharaj
正統カリフ時代	✕		✕		○	
ウマイヤ朝（5 代〜）	✕		○		○	
アッバース朝（2 代〜）	×	○	×	○	○	○

(注) ウマイヤ朝：アラブ人優先主義，　ムスリム：アッラーの前のムスリムの平等

出所) 神野正史『イスラーム世界の起源』ベレ出版，　2013 年，　142 頁を修正。

表 1.2.8　現在のスンナ派とシーア派（主流派）の内容

	スンナ派	シーア派・一二イマーム派
正式名称	スンナとジャマーアの民［預言者の慣行と共同体の合意を尊重する派］	預言者一族の派［預言者の家系のイマームを奉ずる派］一二イマーム派
現在の位置づけ	イスラーム世界の多数派	シーア派の主流派
	互いに正統なイスラームの範囲内と認める	
啓典	クルアーン	
聖地	マッカ，　マディーナ，　エルサレム	
		（イマームにまつわる聖地としてナジャフ，　カルバラ，　マシュハドなど）
ハディース（預言者言行録）	預言者言行録にクルアーンに次ぐ権威を認める。正統なハディース集として「六正典」を認める ブハーリー(870 年没)『真正集』 ムスリム(875 年没)『真正集』 イブン・マージャ(886 年没)『スンナ集』 アブー・ダーウード(889 年没)『スンナ集』 ティルミズィー(892 年没)『スンナ集』 ナサーイー(915 年没)『スンナ集』	預言者言行録にクルアーンに次ぐ権威を認めるが，その中にイマームの言行も含める。正統なハディース集として「四正書」を認める クライニー(939 年没)『十全なる集成』 イブン・バーバワイフ(991 年没) 　　　　　　　　『法学者いらずの書』 トゥーシー(1067 年没)『伝承の判断の書』 同　　　　　　　　『諸規定改善の書』
法学（ ）内は開祖	信徒は四大法学派のいずれかに属する ハナフィー学派(アブー・ハニーファ，　767 年没) マーリク学派(マーリク，　795 年没) シャーフィイー学派(シャーフィイー，　820 年没) ハンバル学派(イブン・ハンバル，　855 年没)	ジャアファル学派 (第 6 代イマーム・ジャアファル，　765 年没)

出所) 小杉泰『現代イスラーム世界論』名古屋大学出版会，2006 年，80 頁より。

イスラム関連文献表 2022.7.11.（発行順）

1. 井筒俊彦訳『コーラン（上・中・下）』岩波文庫青 813-1 〜 3, 1957 年。(64.2009 年改版)
2. 矢島佑利『アラビア科学の話』岩波新書, 1965 年。
3. ジョン・キムチ, 田中秀穂訳『パレスチナ現代史』時事通信社, 1974 年。
4. 前嶋信次『生活の世界歴史 7　イスラムの陰に』河出書房新社, 1975 年。(文庫版 1990 年)
5. R・W・サザーン, 鈴木利章訳『ヨーロッパとイスラム世界』岩波現代選書 42, 1980 年。〔R.W.Southern, *Western Views of Islam in the Middle Ages*, Cambridge(MA) : Harvard University Press, 1962〕
6. 井筒俊彦『イスラム哲学の原像』岩波新書（黄版）119, 1980 年。
7. 黒田壽郎編『イスラーム辞典』東京堂, 1983 年。
8. W. モンゴメリー・ワット, 三木亘訳『地中海世界のイスラム』筑摩書房, 1984 年。
9. アミン・マアルーフ, 牟田口義郎他訳『アラブが見た十字軍』リブロポート, 1986 年。)
10. ジョン・マレンボン, 加藤雅人訳『後期中世の哲学』勁草書房, 1989 年。
11. 岩波講座・東洋思想第 3・4 巻『イスラーム思想 1・2』1989, 1988 年。
12. 岩村忍他『インドと中近東』河出書房新社, 世界の歴史 19, 1990 年。
13. 井筒俊彦『イスラーム生誕』中公文庫 762, 1990 年。
14. 井筒俊彦『イスラーム思想史』中公文庫 1095, 1991 年。
15. 後藤明『マホメットとアラブ』朝日文庫 450, 1991 年。
16. 井筒俊彦『イスラーム文化』岩波文庫青 185-1, 1991 年。
17. 小杉泰『イスラームとは何か』講談社現代新書 1210, 1994 年。
18. 東長靖『イスラームのとらえ方』山川出版社, 1996 年。
19. ハイム・ガーバー, 黒田壽郎訳『イスラームの国家・社会・法』藤原書店, 1996 年。[Haim GERBER, State, *Soiety, and Law in Islam*, New York:State University of New York Press, 1994]
20. C・E・デュフルク, 芝修身他訳『イスラム治下のヨーロッパ』藤原書店, 1997 年。
21. 中村廣治郎『イスラーム教入門』岩波新書 538, 1998 年。
22. A・Y・アルハサン他, 多田他訳『イスラム技術の歴史』平凡社, 1999 年。
23. 佐藤次高『イスラームの生活と技術』世界史ブックレット山川出版社, 1999 年。
24. 『比較文明研究』第 5 号, 麗澤大学比較文明研究センター, 2000 年。
25. 坂本勉『イスラーム巡礼』岩波新書（新赤版）677, 2000 年。
26. 上智大学中世思想研究所編『中世思想原典集成 11, イスラーム哲学』平凡, 2000 年。
27. K・アームストロング, 塩尻和子他訳『聖戦の歴史』柏書房, 2001 年。{ 2001 年 9 月 11 日ニューヨークの世界貿易センタービルに飛行機による同時多テロ事件}
28. 佐藤次高『イスラーム地域研究の可能性』東京大学出版会, 2003 年。

29. L・ハーゲマン，八巻和彦他訳『キリスト教とイスラーム』知泉書館，2003 年。

30. 深見奈緒子『イスラーム建築の見かた』東京堂出版，2003 年。

31. 大塚和夫『イスラーム主義とは何か』岩波新書（新赤版）885，2004 年。

32. 大川玲子『コーランの世界』河出書房新社，2005 年。

33. D・ジャカール，吉村作治監修『アラビア科学の歴史』創元社，2006 年。

34. 仮屋園巌編『イスラーム世界』山川出版社，2006 年。

35. 小杉泰『現代イスラーム世界論』名古屋大学出版会，2006 年。

35. 桜井啓子『シーア派』中公新書 1866，2006 年。

36. 歴史教育者協議会編『中東 I II』青木書店，2006 年，他。

37. 塩尻和子『イスラームを学ぼう』秋山書店，2007 年。

38. 塩尻和子『イスラームの人間観・世界観』筑波大学出版会，2008 年。

39. 山内昌之『近代イスラームの挑戦』中公文庫 1524，2008 年。

40. 飯塚正人『現代イスラーム思想の源流』山川出版社，2008 年。[Peter Burke, *What is Cultural History ?*, Cambridge(UK):Polity Press Ltd, 2004.]

41. 森本一夫『ペルシャ語が結んだ世界』北海道大学出版会，2009 年。

42. 竹下正孝他編『イスラーム哲学とキリスト教中世，I 理論哲学』岩波書店，2011 年。

43. T・アンサリ，小沢千重子訳『イスラームから見た「世界史」』紀伊国屋書店 2011 年。[Tamin Ansary, *Destiny Disrupted A History of the World Through Islamic Eyes*, Massachusetts : PublicAffairs, 2009]

44. 竹下正孝他編『イスラーム哲学とキリスト教中世，II 実践哲学』岩波書店，2012 年。

45. 山内昌之『中東　新秩序の形成』NHK ブックス 1188，2012 年。

46. 水谷周『イスラームの善と悪』平凡社新書 640，2012 年。

47. 青木健『古代オリエントの宗教』講談社現代新書 2159，2012 年。

48. 中国ムスリム研究会編『中国のムスリムを知るための 60 章』明石書店，2012 年。

49. 井筒俊彦『『コーラン』を読む』岩波現代文庫「学術」283，2013 年。

50. 内藤正典『イスラム戦争』集英社新書 07770B，2015 年。

51. 鎌田繁『イスラームの深層』NHK 出版，2015 年。

52. 大塚和夫『イスラーム的』講談社学術文庫 2306，2015 年。

54. 山内昌之編著『中東と IS の地政学』朝日新聞出版，2017 年。

55. 私市正年他編著『中東・イスラーム研究概説』明石書店，2017 年。

56. 小杉泰他『イスラームという生き方（上)』NHK 出版，2017 年。

57. カレン・アームストロング，小林朋則訳『イスラームの歴史』中公新書 2453，2017 年。

58. 長縄宣博『イスラームのロシア』名古屋大学出版会，2017 年。

59. 末近浩太『イスラーム主義』岩波新書（新赤版）1698，2018 年。

60. 臼杵陽『「中東」の世界史』作品社，2018 年。

61. 内藤正典『イスラームからヨーロッパをみる』岩波新書 1839，2020 年。

62. 羽田正『＜イスラーム世界＞とは何か』講談社学術文庫 2647, 2021 年。

63. 飯山陽『イスラム教再考』扶桑社, 2021 年。

64. 塩尻和子『イスラーム文明とは何か』明石書店, 2021 年。

65. 西尾哲夫他編著『中東・イスラーム世界への 30 の扉』ミネルヴァ書房, 2021 年。

66. 内藤正典『なぜ, イスラームと衝突し続けるのか』明石書店, 2021 年。

67. 山崎祐輔『アラビアのマリア・テレジア銀貨』渓流社, 2022 年。

68. ハシャン・アンマール『イスラーム経済の原像』ナカニシヤ出版, 2022 年。

69. 今井宏平『教養としての中東政治』ミネルヴァ書房, 2022 年。

70. 宮田律『イスラムがヨーロッパ世界を創造した』光文社新書 1199, 2022 年。

第3章　欧露文化

　本章は，欧州ロシアの普遍主義に関して，時代的，国際的な流れの追求を目的とする。まず，ギリシャ思想とキリスト教の大きな流れの背景を解説し，普遍或いは普遍主義の定義を明らかにし，欧州中世における哲学・宗教上の論争を説明する。次に当初は抵抗しつつも，結果的に国内改革の為に，西欧化の潮流を受け入れたロシアについて取り上げる。ロシアにおける西欧化受容は，ピョートル大帝の時代と，ソ連崩壊時の2度あった。この受容は，日本の明治維新と比較することができる。古来からの文化と，西欧文化受容の齟齬が国内の衝突を齎した。そして，明治時代にロシア文学が流行ったのは，そうした国内固有の伝統ある文化を廃棄し，国の発展の為西欧文化を取り入れる苦悩が，日本とロシアとにおいて，共通の体験だったことによる所が大きい。そして，現代でも，イラク戦争を巡って，国連の対決の場となった，「新しい欧州対古い欧州」論争[1]も実は，名を変えた普遍論争だった。

第1節　欧州文化[2]

1. ギリシャのテトラド思想とローマのトライアド思想[3]

　西欧は，封建時代，ルネッサンス，市民革命を経て，近代にいたる。しかしながら，ロシアはギリシャ正教というギリシャ文明に浴し，ギリシャ正教を摂取した後，長い封建時代の後，ルネッサンスも市民革命も経ずロシア革命を経て，近代を迎えることになる。そこで，キリスト教・ラテン系思想とギリシャ的思想との，基本的な違いが重要になる(図1.3.1参照)。

　ロシアのスラヴ主義者イワン・アクサーコフは欧州を，ローマ・ゲルマン世界とギリシャ・ロシア世界の対立する2世界に分け，西欧はラテン・ゲル

マン世界であり，東欧はギリシャ・スラヴ世界であるとし，ロシアは東欧の代表であるとした [4]。

ローマ・カトリック (キリスト教) においては，三位一体 (父〔天の神〕・子〔キリスト〕・精霊〔洗礼者の〕) をはじめとして 3 つの対神徳 (信仰, 希望, 愛)，三重の三一性としての位階秩序等，その思想体系を「三」(トライアド) が支配しているのに対して，ギリシャ的・異教的思考には，「四」(テトラド) の構造が隅々にまで浸透している。「熱冷湿乾」を軸としたエンペドクレスの四性論，一から四までの数をもとにして「点・線・面・立体」を導きだすピュタゴラスの数的宇宙論，さらに知恵，勇気，節制，正義の四枢要徳を主張するプラトンの倫理学，そしてアリストテレスの四原因論等，ギリシャ思想にはその始めから，「四」の着想

図 1.3.1　欧州の東西断層線，「多様な欧州」の境界線

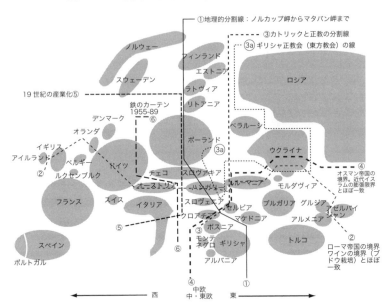

出所) ノーマン・デイヴィス『ヨーロッパ I　古代』共同通信社，2000 年，59 頁より作図。
　　 Norman Davis, *Europe, A History*, Oxford University Press, 1966, p.18.
引用文献：山内進編『フロンティアのヨーロッパ』国際書院，80 頁。

が深く刷り込まれているように見える。

　このギリシャ的な四性の思想に対応して，ラテン西方世界においては，自然界の法則性が，算術，幾何学，音楽，天文学の「四科」によって探究され，更にボエティウスによって，連続量，非連続量，静止量，運動量といった量の基本的区分を基に基礎づけられる「四原質論」に至った。

2. 欧州における普遍，普遍主義 [5]

　普遍とは，遍く広く行き渡っていることを意味する。万物に広く及ぶことであり，論理的には様々な特殊を包括する上位の階層にある名辞を言う [6]。因みに，欧州各国語における表記は，universalis（ラテン語），universal（英），allgemein(独)，universel(仏)となる 。

　普遍は論理的には特殊と個に対する概念で，個から共通の性質を取り出していく過程を普遍化乃至概括という [7]。経験的実在性を持つ個を指示する個体概念は，固有名詞と同様に，概念とは認められず，真の概念は普遍のみであるとする考えがある。哲学においては，普遍的なものを探究しようとして，プラトンの「イデア」やアリストテレスの「形相と質料」，カントの「法則」，ヘーゲルの「理念」等に至る。普遍について，全てこの普遍的なものは経験的に直接捉えることが出来ないので，そのような普遍が果して存在するか否かを巡り普遍論争があった。

　欧州における重層的な普遍の確定は，欧州の境界をどこに置くかに大きく依存する（図1.3.2参照）[8]。欧州の文化の中心は，法の支配，ヒエラルキー，ローマ・カトリック，合理主義であり，これらが欧州の普遍を形成する。思想として捉えれば，普遍主義となる。因みに，カトリック(catholic)の語源である，ギリシャ語のkatholikosには普遍 (general, universal) の意味が含まれている。kata- はギリシャ語の「完全に」の意味，holos は「全体の」whole の意味である [9]。

　又カトリックにおける「普遍主義」としては，「(聖書の) 普遍主義，biblical universalism，神の救済意志はイスラエルの民だけでなく，他国民をも含むという，イスラエル人の国粋主義反対を説いたヘブライ人預言者たちの教え。とくに預言者ヨナはこの点を強調した」[10] という考え方もある

図 1.3.2　円の重なり合いとしてとらえた欧州文化（M. Shannan による）

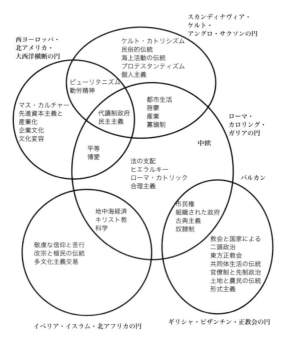

スカンディナヴィア・
ケルト・
アングロ・サクソンの円

ケルト・カトリシズム
民俗的伝統
海上活動の伝統
プロテスタンティズム
個人主義

西ヨーロッパ・
北アメリカ・
大西洋横断の円

ピューリタニズム
勤労精神

都市生活
啓蒙
産業
寡頭制

ローマ・
カロリング・
ガリアの円

マス・カルチャー
先進資本主義と
産業化
企業文化
文化変容

代議制政府
民主主義

平等
博愛

中欧

法の支配
ヒエラルキー
ローマ・カトリック
合理主義

バルカン

地中海経済
キリスト教
科学

市民権
組織された政府
古典主義
奴隷制

教会と国家による
二頭政治
東方正教会
共同体生活の伝統
官僚制と先制政治
土地と農民の伝統
形式主義

敬虔な信仰と苦行
改宗と植民の伝統
多文化主義交易

イベリア・イスラム・北アフリカの円

ギリシャ・ビザンチン・正教会の円

出所）ノーマン・デイヴィス『ヨーロッパ I 古代』共同通信社，2000 年，43 頁より作図。
　Norman Davis, *Europe, A History*, Oxford University Press, 1966, p.1238.
引用文献：山内進編『フロンティアのヨーロッパ』国際書院，79 頁。

が，これは聖書のなかの「普遍主義」であり，本小論の哲学的課題とは異なる。

3.　キリスト教の分裂過程 （表 1.3.1, 1.3.2 参照）

　西暦 70 年のユダヤ戦争でローマ軍に敗れたユダヤ人がエルサレムから追放
されると， 原始キリスト教の中の中心だったエルサレム教会も壊滅的な打撃
を受け， キリスト教の中心はローマに移った[11]。このようにユダヤ教から生
まれたキリスト教は，皇帝崇拝と対立したため当初ローマ帝国内で禁止されて
いた。しかしながら，燎原の火の如く普及したキリスト教をローマ帝国は，統
治の手段として利用するようになった。キリスト教は，ローマ皇帝の支配下で，

表 1.3.1　ギリシャ正教とローマ・カトリック（1）

ギリシヤ正教（東欧ロシア） Greek Orthodox Church		ローマ・カトリック（西欧） Roman Catholic Church
自らの教義が正統的なキリスト教（オーソドックス）で異端ではない	自称の由来	自らの教義が時代を超え，民族の違いを超え，普遍的（カトリック）なキリスト教
ヘレニズム，ヘブライズム	文化圏	ラテン語文化圏
ギリシャ語	典礼言語	ラテン語
思弁的　形而上的　瞑想的	思想傾向	倫理的　実践的　活動的
コンスティノープル総主教	宗主権	ローマ教皇
皇帝教皇主義（ケザロパピズム） （皇帝が政治・宗教の両権を掌握）	聖俗分離	政治権力と宗教権力の分離 教皇皇帝主義（使徒継承説，教皇首位権）
コンスティノープル→モスクワ 〔15世紀以降（第三ローマ）〕	総本山 （中心）	ローマ （サン＝ピエトロ大聖堂）
国家ごと，民族ごとのギリシャ正教教会は独立した組織	教会組織	ローマ教皇を頂点とする位階制（ハイアラーキ），国際的
聖像禁止令（726 ～843） →イコン（聖像画）崇拝，平板	聖像崇拝	聖像崇拝を布教に利用（ゲルマン族布教の為）
父からのみ発する→ 1438 年フィレンツェ公会議でカトリック側と一時妥協後，破棄。	精霊発出論争	父（神）と子（キリスト）より発する（フィリオクエ）→431年エフェソス公会議違反だが済し崩し的に流布
○原始キリスト教の精神を継承 　（義よりも愛，十字架よりも復活，罪よりも救い） ○信仰体験・復活祭を重視	教義	○体系的・思弁的な神学が発達（13世紀，スコラ哲学の完成＝信仰と理性の統一）
○額，胸， 　右肩，左肩の順	十字架の切り方	○額中央部（「父」と），胸中央部（「子」と），左肩「精霊との」，右肩「御名によって」の順に中指の腹で触れ，最後に胸中央部で合掌する（「アーメン」）
市販の食パン	聖餐式で使うパン	ホスチア（イースト菌を使わない平たいパン）
女性聖職者は認めない。聖職者の一部の妻帯は認める。	聖職者	女性聖職者は認めない。聖職者の妻帯は認めない。
正当な理由があれば，再婚是認	離婚	認めない→英国国教会1534年
否定	煉獄の存在，マリアの無原罪の懐妊，教皇の優越権（不謬説）	承認
セム系一神教，グノーシス思想，ビザンツハーモニー，イコノクラスム（イコン破壊運動），世俗に対抗する「内面（良心）の自由」の欠如，静寂主義，修道院，単性論（イエスの神性か人性尊重，両性論（神性と人性両性の並立），無からの創造，三位一体論，善の欠如，教父哲学，ミッレト制，マスジド（モスク）	キーワード	7つの秘跡〔洗礼，堅信，告解（懺悔），婚姻，聖体，品級，終油〕，僧職者の婚姻禁止，事効論（サクラメント自体に有効性），人効論（サクラメントの効果は人物による）。異端尋問，異教弾圧，原罪論，純粋父性への回帰，呪術からの解放，肉体の聖化，聖書福音主義，免罪符，ウナム・サンクタム

出所）『ニューステージ世界史書詳覧』浜島書店，宇都宮輝夫他著『面白いほどよくわかるキリスト教』日本文芸社，小滝透『神の世界史キリスト教』河出書房新社他。

表 1.3.2　ギリシャ正教とローマ・カトリック (2)

ギリシャ正教	英語	カトリック
イイスス・ハリストス	Jesus Christ	イエズス・キリスト
ローマ総主教	pope	(ローマ)教皇
主教	bishop	司教
司祭	priest	司祭
輔祭 (ホサイ)	deacon	助祭
機密	sacrament	秘跡
聖洗	baptism	洗礼
聖体礼儀	Holy Communion	聖体 (拝領)
神品 (シンピン)	ordination	叙階
奉神礼 (ホウシンレイ)	liturgy/worship	ミサ (聖祭)
大斎 (ダイサイ)	Lent	四旬節 (シジュンセツ)
全地公会議	ecumenical council	公会議
籍身 (セキシン)	incarnation	託身
聖神	Holy Spirit	聖霊
生神女 (ショウシンジョ) マリア	Blessed Virgin Mary	聖母マリア
天主経	Lord'Prayer	主祷文 (シュトウブン)
信経	creed	信条

出所) 山我哲雄『新装版図解これだけは知っておきたいキリスト教』洋泉社, 2011 年, 他。

アレクサンドリア, エルサレム, アンティオキア, コンスタンティノープル, ローマの 5 総主教座 (五大教会) が分管する形で発展した (7 世紀に前 3 者が回教世界に入った)。帝国内の余りにも広範に敷衍したため教義の統一が必要になった。皇帝は度々全教会会議 (公会議) を開催して教義の統一, 論争の収拾を図った。森安達也によれば, ギリシャ正教は, 東西両教会で合意した 757 年までの第 7 回までの公会議で決定された教義を基盤とする, 共通の典礼儀式や習慣をもつキリスト教の総称なのである。

(1) ニカイア公会議 (325 年) と三位一体説 (表 1.3.3 参照)

　4 世紀にはキリスト教は, ローマ帝国の公認宗教 (313 年) となり, 最終的には国教となる (392 年)。

　コンスタンティヌス帝が神学上の論争を収拾するため, ニカイアで召集した

表 1.3.3　キリスト教公会議

回数(開催年)開催地　主な議題と論点,決定事項, 関係人物等
第1回(325)ニカイア(第1回)(トルコ 北西部, 現イズニク) コンスタンティヌス ローマ 皇帝主催(コンスタティヌス帝はその時キリスト教徒ではなかった) アリウス派「キリストは神に最も似た,最高の被造物だが,創造者の神自体と異質」 アタナシウス派「神とキリストは,その本質において同一」(同一本質論) ○ニカイア信条　→神の子は, 父なる神と同一実体(アリウス派排撃,復活日制定)
第2回(381) コンスタンティノープル(第一回)(現イスタンブール) テオドシウス1世ローマ 皇帝主催(テオドシウス帝の死後, ローマ帝国は東西に分裂) 「精霊」は神自体か,神と区別された,神に従属する別の存在(天使)か。 ○ニカイアの場合と同様の「同一本質説」により,精霊に完全な神性が認められた。 カッパドキア派:父・子・精霊は絶対的な統一体(ウーシア) →正統教義。(→後の 三位一体説の理論根拠)→アポリナリウス派排撃(379～395),マケドニオス派排撃
第3回(431) エフェソス(トルコ 西部)　　　　ネストリウス派(中国へ伝わり景教) 聖母マリアが生んだのは「神」か「人」か。 ○キリストの神性と人性の両性論確立→マリアは, 真に「神の母」。 対立したネストリウス派「マリアが生んだのは「人」としてのキリストだけ」→排撃
第4回(451) カルケドン(トルコ 西部)単性派(コプト, アルメニア, エチオピア, ヤコブ派)排撃 ○カルケドン主義(キリストの神性と人性の両性論)が確認された→正統教義。 →単性論(キリストにおいては, 人としての性質は神の性質に吸収される)異端排撃 ペテロ(天国への鍵番人)がローマに教会を設置した→ローマが名誉的首位権。
第5回(553) コンスタンティノープル(第2回) 　　　三章論争→ネストリウス派排撃
第6回(680～81) コンスタンティノープル(第3回) 　　　キリスト単性論排撃
第7回(787) ニカイア(第2回) 　　　受肉(キリストにおいて神が人となった) 論→聖像崇拝承認 第8回(869～70) コンスタンティノープル(第4回)フィティオス離教 第9回(1123)ラテラノ(ローマの1地区名)(第1回)　叙任権論争の解決 第10回(1139)ラテラノ(第2回)　ブレシアのアルノルドゥスとの教皇分裂 第11回(1179)ラテラノ(第3回)　教皇選挙法 第12回(1215)ラテラノ(第4回)　ワルドー派・教会改革・十字軍・化体説 第13回(1245)リヨン(第1回)　　神聖ローマ帝国フリードリヒ2世の破門 第14回(1274)リヨン(第2回)　教会再合同・聖地回復 第15回(1311 ～12) ヴィエンヌ　　テンプル騎士団・聖地回復 第16回(1414 ～18) コンスタンツ　教会改革・フス火刑 第17回(1438 ～12) フィレンツェ　フス派問題・教会改革・東方正教会との合同 第18回(1512 ～17) ラテラノ(第5回)教会改革 第19回(1545 ～63) トリエント　　プロテスタント問題・教会改革・教義の確定 第20回(1869 ～70) バチカン　　教皇無謬説 第21回(1962 ～65) バチカン　　教会改革

(注) 第8回公会議以降は, ローマ・カトリック教会のみが認める。

出所) 山我哲雄『これだけは知っておきたいキリスト教』洋泉社 2011 年, 53 頁他。

表 1.3.4　ユダヤ教とキリスト教

	ユダヤ教	キリスト教
性格	民族宗教　一神教	世界宗教　一神教
信者数	1512 万人 (ブリタニカ国際年鑑 2007)	21 億 7318 万人 (ブリタニカ国際年鑑 2007)
成立世紀	紀元前 13 世紀	1 世紀
創始者	(モーゼ)	イエス
信仰対象	神(ヤハウェ)	神，イエス，精霊
聖典	ヘブライ語聖書(旧約聖書) タルムード	旧約聖書 新約聖書
儀礼・戒律	厳しい戒律 安息日，割礼， 食事のタブー(コーシェル)	洗礼，聖体，堅信等 精神的規範
特徴	選民思想，契約	原罪，贖罪，愛
行事	過越祭，仮庵祭，律法祭	イースター，ペンテコステ， クリスマス
信者用施設	シナゴーク(会堂)	教会
聖地	エルサレム(イスラエル)	エルサレム（イスラエル）， バチカン(バチカン市国)， サンディアゴ・デ・コンポス テラ(スペイン)
主な宗派	正統派，保守派，改革派	カトリック(旧教)， プロテスタント諸派（新教）， 東方正教会（ギリシャ正教）， ユニエイト(ギリシャ・カトリック)
律法	律法の遵守(律法主義)	形式的な律法より心を重視せ よと批判(イエス・キリスト)
選民	選民思想(自分達は神に選ばれた 民である) 蔑視の対象(病人，罪人，サマリア 人，ローマ人，徴税人，売春婦)	民族を超越し，病人，罪人等 全ての人を救済する。
姦淫	姦淫は最も重い罪	原罪思想に基づき，姦淫した 者を咎める者を批判
隣人愛	愛憎「隣人を愛し，敵を憎め」	「敵味方なく隣人を愛せ」
復讐	「眼には眼を，歯には歯を」 『旧約聖書』「出エジプト記」21 章 24 節	復讐の禁止「右の頬を打たれ たら，左の頬を出せ」

出所) 塩尻和子他監修『図解宗教史』成美堂出版，2008 年。

宗教会議で，父なる神，子キリスト，聖霊は同質であるとした三位一体説を採るアタナシウス派を正統，キリストに人性を認めるアリウス派を異端とした。アリウス派は，帝国外のゲルマン人に普及した。395 年にローマ帝国は西ローマと東ローマ帝国(ビザンツ)に分裂した。

(2) エフェソス公会議 (431 年)

イエスの神性を否定するネストリス派は，エフェソスの宗教会議で異端とされ，新たな信条の作成を禁止した。

(3) カルケドン公会議 (451 年) と両性説

イエスの神性と人性の位格的一致(両性)を確認した。教会内部にはこれを支持するカルケドン派と反カルケドン派(単性派，イエスには神性しか認めない)の対立が残った。476 年に西ローマ帝国は滅亡した。

(4) 聖像禁止令 (726 年) と東西両教会

ビザンツ皇帝レオン 3 世は，偶像を禁ずる回教の影響を受けた小アジア領民の支持を保ち，修道院・教会(聖像容認)の勢力を抑制する為聖像禁止令を発し，ローマ教会はゲルマン人の布教から聖像を容認した。第 7 回公会議 787 年ニカイア(第 2 回) で東西両教会とも聖像崇拝を承認した。

(5) カトリック側の信条違反とフィリオクェ論争 (9 世紀)

エフェソス公会議 (432 年) で，新たな信条の作成を禁止した。それにも関わらず，カトリック側は信条にフィリオクェ (filioque[12)][及び子から]) を追加した (最初はスペインで7世紀，ついでカロリング朝フランクで)。つまり，精霊が「父から出る」が「父と子から出る」に変えられた。これが慣習に止まっているうちは良かった(6世紀末典礼時での信仰告白にフィリオクェの語を追加した)。しかし，ローマ教会がそれを是認し，その影響がブルガリアまで及んだ為，コンスタンティノープル総主教フォティオスがローマ教皇ニコラウス 1 世を破門(867 年)。ここから，フィリオクェ論争が始まった。

(6) キエフ公国建国 (882 年)

862 年リューリックがノヴゴロド国建国。882 年キエフ公国(キエフ・ルーシ) 成立。989 年 ウラディミール 1 世 (在位 980 頃 -1015) ギリシャ正教に改

宗。1237 年バトウ麾下のモンゴル軍が侵入（タタールの軛（–1480）始まる）。1240 年バトウ，キエフ占領。キプチャク＝ハン国（1243–1502）成立。

(7) 文化的相違から東西両教会完全分裂（1054 年）

北方から南イタリアに進出したノルマン人の海賊行為で苦悩していたビザンチン皇帝がローマ教皇レオ 9 世と共闘すべく，1053 年にローマから特使を招いた。コンスタンティノープルに着いて，フンベルトス特使が，妻帯し，髭をのばした聖職者たちが，典礼のパンに酵母が入れられているのに仰天した。文化的摩擦が発端で神学論争まで発展。1054 年東西教会は相互に破門宣告し，分裂。

(8) 第 4 次十字軍のコンスタンティノープル教会冒瀆行為（1204 年）

1204 年，進路をそれた（聖地をイスラム勢力から奪還することが目途の）第 4 回十字軍(カトリック側)が(同じキリスト教の正教側の)コンスタンティノープルに乱入し，市街で略奪行為，教会を冒瀆し，イコンを叩き壊した。聖遺物（不朽体）は不浄の場所に捨てられ，総主教の玉座には娼婦が座り込んで，卑猥な歌をわめきちらした。教皇インノケンティウス 3 世は十字軍の暴行を非難したが，一方で（十字軍の運送を請負い，共同出資者の）ヴェネツィア人をコンスタンティノープルの総主教に任命した。ビザンツの人々はカトリックに不信感を持った。精霊の問題(フィリオクェ)によって，ローマは正しい信仰から離反したが，今や，この問題で解決する真実の基準さえも失ってしまったと，正教側に強く印象付けた。(塩野七生『海の都の物語』第 3 話第 4 次十字軍，新潮社)

(9) モスクワ公国成立（1462 年）

1448 年ロシア正教会がコンスティヌポリス総主教座より独立。モスクワ府主教が格上げで，実質的に東方正教会の中心となる。1453 年ビザンチン帝国滅亡。1462 年にイワン 3 世がモスクワ大公国成立。1589 年モスクワ総主教座創設。1721 年ピョートル大帝が総主教制廃止し宗務院創設。

4.　欧州中世における普遍論争 [13)]

欧州における普遍主義の背景にはローマ帝国による広大な領土を統治すると

いうテーマが存在した。その思想的支柱としてスコラ哲学があった。

　狭義の中世哲学は，西方において 9 世紀から 15 世紀にわたって学校(スコラ)を場として学僧としての旅人によって形成されたので，スコラ哲学と呼ばれた [14]。

　スコラ哲学は，キリスト教教理(アウグスティヌス(354–430))と，イスラム世界から逆輸入された [15] アリストテレス(紀元前 384–322) [16] の哲学を融合させた哲学であり，そこではプラトンの観念論は抑圧されることになる。

　中世初期の苦闘の時代を過ぎ越し開花した「12 世紀ルネサンス」と呼ばれるこの中期スコラ哲学 [17] 時代には，商工業の発達とともに都市化も進み，従来の農村型修道院付属学校に代わって都市型の司教座聖堂付属学校で哲学が模索された。「都市の空気は自由にする」といわれたパリでは，後にエロイーズとの恋物語で有名となったアベラルドウスが弁証論の大家として所謂「普遍論争」 [18] を仕掛けた [19]。彼はポルピュリオスがアリストテレスの『カテゴリー入門』で問い，ボエティウスによってラテン的問題となった「普遍(類, 種)」は実在するか否や，もの(res)や音声(vox)という問いを思索したのである [20]。

　ここで当時の普遍論を大略概観すると，以下の 3 つに分けられる。

　(1)実在論：信仰は理性に先立ってある(ante rem)とする教説(極端な実在論としてのプラトン的イデア論，アウグスティヌスの範型論等)，初期スコラ哲学。

　(2)概念論：信仰は理性の中にある(in re)とする教説(個体の中に分割されてあるとするアンセルムスの実在論や，個体の本性に基礎を持つとする緩和されたシャルトル学派の実在論等)，アリストテレス，アベラール(新カント派的立場にたつ)

　(3)唯名論：理性を重視し，信仰の後にある(post rem)とする唯名論(普遍を「音声の風 flatus vocis 」とするロスケリヌス，オッカム等)の 3 つに大別される。ゼノン及びストア派学派アベラール(アベラルドウス)の著作は唯名論的色彩が強い。

　普遍論争は，信仰と理性のどちらが優先するか(実在論対唯名論)の論争で，11 世紀から約 300 年にわたって神学界に展開された論争である。13 世紀のトマス・アクィナス(1225 –1274)の理性と信仰はお互いに補うものであり，理性は信仰に仕えるべきものであるという，両方の折半した形の概念論で一応収拾するが，その後も燻りつづけていた。詳しく説明すると，次のようになる。

　アベラルドウス自身は，普遍がものを表示する言葉 (sermo) であってものの状態を表示するとして，普遍を事物や概念と区別された言語論の次元で模索して唯名論者の域を越え，現代哲学と共鳴している[21]。しかし当時の哲学は，事実上，狭義の弁証論に限られ，三段論法的推理の合理性をそのまま根拠に至る道とした点は否めない。それ故，既にペトロス・ダミアニ(11世紀) のように，弁証論的「哲学は，神学の侍女」という弁証論への不信を表明した人がいた訳であり，シトー会士のベルナルドウスは，弁証論より十字架の謙遜を学んで意志・愛を通じた根拠に帰郷する道を説いた。弁証論と信愛の哲学を「知解を求める信」の方法によって止揚統合した人こそ，「スコラ哲学の父」と称されるカンタベリーのアンセルムスであった。この折衷案が出て，ひとまず論争は中断するが，依然燻り続けることになる。そして，中世には神だけに向けられた哲学的関心が，15 〜 16 世紀における東方世界への視野拡大に伴って，ギリシャ的古典思想の再生（ルネサンス）を迎えることになる。人間そのものの「グローバル」な理解を目指そうとする人間主義的関心へと転化する[22]。

　西欧近代哲学の祖と言われるデカルトにあっては，他の存在を必要としない実体としての全知全能の神でさえ，その存在が「我思う」という人間精神を梃子にして証明される。そうして神観念のごときが人間にとって「生得観念 (idea innata)」であるか否か，また数学的合理性にどのような位置づけを与えるかを巡って，西欧近代哲学はスピノザやライプニッツ達の欧州大陸「合理論」（理性の哲学）と，ロックやバークリーやヒュームらの英国「経験論」に分岐していく。経験論は諸観念が人間の経験からのみ派生すると考える点で人間中心主義を徹底させたと言えるが，しかし「あらゆる認識は経験とともに始まる……が，全てが経験から派生するのではない」として合理論と経験論との融合を図ったのがカント[23] であった。所謂ドイツ観念論にあっても，あらゆる経験や思考の主体たる自我の何たるかが哲学研究の中心課題となる[24]。

第 2 節　ロシア文化（1）[25]

　国家としてのロシアは長い間巨大な農奴制の上に成立していた。その統治にあたってスラヴ的な伝統的ナショナリズムと普遍的価値の対立・統合というサイクルの繰り返しが続いた[26]。農奴制の上に成立した貴族的な風土から生まれた思想は王権と貴族による統治の構造を強化することとなった。

　ロシアは，ローマ帝国と全く無関係であった為，古代文明を相続しなかった。人格の自由，人間性の発展といった人文主義の思想はロシアに根をおろさなかった。これがロシアが 20 世紀に至るまで，アジア的暴君ツァーリの専制を甘受した理由の一つである。又ロシアはローマ法王の勢力圏外にあり，ギリシャ正教をとった為，教権は最初から政権に従属しており，アジア的祭政一致を具現化した。その結果教権に対する自由な個人の反抗が，国民国家に支援されて爆発するという西欧の宗教改革は，ロシアには無縁であった。このことが，近代文明の推進力である自主的先取的精神の芽生えを永く抑圧したことはいうまでもない[27]。

1.　ビザンツ文化とタタールの軛

　15 世紀ロシアの精神生活には 2 つの主要な伝統が認められる[28]。

　主に農民や農奴の間で根づいた古スラヴ的と呼んでもよい古代的伝統と，主に貴族的インテリ層に広まった，より新しいビザンツ的，キリスト的，普遍的伝統とである。古スラヴ的な宗教観念や祖先崇拝は人々の精神や心に深く刻み込まれていた。この古代的基盤の上に，10 世紀になってからキリスト教（ギリシャ正教）が重ねられたのである。公的にはキエフ時代に全てのロシア人が改宗したことになっているが，キリスト教がしっかり根を張ったのは都市の中だけで，農村には教会も少なかった[29]。そして，キリスト教に，ロシアなりの味付けが成された。ロシアはもともとユーラシア的背景をもち，また 1243 年から 1480 年までの長い間「タタールの軛」[30]と言われるようにモンゴル人に支

配されてきたので，この時代のロシアの生活や文化は，東方からかなりの大き
な影響があったと考えられる。とはいえ，キリスト教とイスラム教との間には
尖鋭的な対立があったから，ロシアの宗教生活に決定的な影響を与える可能性
はなかった[31]。むろん，モスクワ公国の行政制度や軍隊組織等は多くの点で
モンゴル式を真似たものだった。財政に関する一連のロシア語はタタール語か
らの借用である(例えば，タムガ＝関税[32]，デニガ＝貨幣[33])。ロシアとカトリッ
ク的西方の基盤は共通だったが，ギリシャ正教とローマ・カトリック教会との
分裂がロシアと西方との文化的障壁を割り出す結果になった。そして，キエフ
公国が，当時のビザンチン帝国からギリシャ正教を受け入れた時，正教と対立
するカトリックに対する激しい憎悪や不信も入ってきた。そして，その２つの
こと(ギリシャ正教への熱烈な帰依と，カトリックに対する激しい憎悪)がロシア人の
メシア意識を生み出す重要な原因となった[34]。ロシアはより西方のポーラン
ドやリトアニアと違い，西方(ローマ・カトリック)からの影響が最も微弱だった。
その原因は，一つにはモスクワが西方から遠隔の土地であったという地理的背
景もあったし，もう一つには東ロシアのモンゴル支配が西ロシアのそれに比べ
て一世紀も長く続いたことにもあった。また，モスクワ国家の形成に正教会が
極めて重要な役割を負ったこと。14世紀中葉以降は，正教会はタタールに対
するロシアの抵抗と独立闘争における精神的指導者になっていた[35]。正教会
が当時のロシアの普遍主義を形成した。

2. 第３ローマ論[36] (16世紀初頭における政治理論)

　ロシアは自らの民族や社会や国家を神聖化する傾向が強い。「第３ローマ」
論もそうである。例えば，モスクワを「第３ローマ」とする考え方である。第１
のローマは，ローマ帝国のローマはカトリックであるが，「異教化して滅亡」し，
第２のローマの(東ローマ帝国の首都の)コンスタンティノープルはトルコ人によ
り陥落，第３のローマであるモスクワが，本当の意味でローマの役割を果た
すというものである。

　1448年ロシア正教会，コンスタンティノポリス総主教から独立。1453年，

表 1.3.5　ニーコンの改革と古儀式派（文理派，旧教徒）

ニーコン改革（1654年）		改革以前及び古儀式派（分派）
動乱後の国内安定の為，ギリシャ正教会の基準に合わせる目的。手工業部門の活動的で企業家精神に富む臣民の多くがこの信者。分派弾圧の為，正教会の分裂で国家の弱体化を招いた。	改革理由反駁理由及び社会的影響	もしロシアが聖なるロシア，モスクワが第三ローマなら，フィレンツェ宗教会議で正教の本義を裏切ったギリシャ人に範を採らねばならないのか。我々の信仰はギリシャの信仰でなく，キリスト教の信仰（ロシア正教）である。
ギリシャ人と同じ3回に	礼拝のハレルヤの回数	2回
「アリルイヤ」:「アリ」は父,「イリ」は子,「ウイヤ」は精霊		
ギリシャ人と同じ3本指で（＋親指）	十字架を切る指の数	2本指（人指し指,中指）（『モロゾヴァ大貴族夫人』画
ИИСУС（И＋）正しい発音に近づける為	イエスの綴り	ИСУС
5個	聖体礼儀の聖餅の数	7個
「ギリシャ十字」上下左右の腕木の長さが等しい。普通の十字架。	十字架	「ロシア十字架」（「八端の十字架」）普通の十字架の横棒の上と下に短い横棒がついていて，下の横棒は右端を斜め下に傾けている。上の横棒は，キリストがゴルゴダの丘で磔刑に処された時，額に打ちつけられた「我はユダヤの王」と記した板を，下の横棒は足台を表現。
主イエスを表す大きな葱坊主を中心に，福音書を記した4使徒ルカ，マタイ，マルコ，ヨハネを象徴する4つの葱坊主がそれを囲む形	教会の葱坊主状の屋根	1つの素朴な葱坊主形。葱坊主は，火焔を表し，教会内での精霊の活躍を象徴している。
太陽の歩みと反対，つまり反時計回り。	儀式後,教会の回りを一周する際の方向	太陽と同じ方向（時計回り）（ポーソロニ）
「教会」を「寺院」へ「寺院」を「教会」へ	経典の中の名称の変更	「教会」:ツェルコフィ「寺院」:フラム
スラヴィネツキー「ギリシャ的」教養，シメオン・ポロツキイ「ラテン的」教養。スコラ的理性	理論的支柱	キリストからのみ得られた簡明とへりくだりを旨とした知恵（理論的な脆弱性）。スコラ哲学やギリシャ哲学に対する理論的反駁が難しい。
新しいもの,欧州,異端（プリヤディ）,ローマ・カトリック,ローマの犬（ピヨス）,よそ者のロシア人のドイツっぽども（ドルギヤ・ネムツイ・ルスキヤ）,理性。	キーワード	伝統的なもの，ロシア，正統，正教，終末論，反キリスト（666），ユロージヴィ（佯狂者ようきょうしゃ）〔・フリスター・ラージ〕，アヴァクム神父，ウニヤ，スカルガ，モギーラ，信仰，ポサード（郊外商工地区），フィロカリア，静寂主義者ヘシカスト，神のエネルゲイア，スタロオブリャーツィ，ラスコーリニキ，秘跡。

出所）原卓也監修『ロシア』，御子柴道夫『ロシア宗教思想史』他。

ビザンツ帝国滅亡。ロシア皇帝イワン3世（在位1462-1505）は1472年ビザンツ帝国最後の皇帝コンスタンティノス11世の姪ゾエ（ソフィア）との婚姻により，モスクワを人類史上最後のキリスト教世界帝国の首都とするものであ

る。プスコフの僧フィロフェイ Filofei がヴァシーリー 3 世らモスクワ大公ら
に宛てた書簡のなかで表明された。彼によれば，ローマ帝国とビザンチン帝国
(二つのローマ)は真の信仰から逸脱したために滅亡したが，モスクワ・ロシア
はその後継国家として，世界を終末の時に至るまで支配する，という。

　この思想は聖職者としての立場から表明されたものであり，これを直ちにモ
スクワ国家当局の世界支配への野望とすることはできない。だが，それが当時
モンゴルの支配を脱して，欧州の国際政治の舞台において重要な役割を果たし
始めていたモスクワ・ロシア国家の発展と相まって，初めて可能となったもの
であることも確かである。この思想は，当時のモスクワ・ロシア社会に高まり
つつあったロシア民族主義的風潮(例えば<聖なるロシア>という考え)と一体となっ
て，近世初頭のロシア思想の一潮流をなすと考えられる。17 世紀中葉の総主教
ニーコンの典礼改革がロシア正教会の伝統と優位性を否定した時も，古儀式派の
間でこの思想は保持されたが，ピョートル大帝時代にその現実性を失った。

3.　ニーコンの改革 [37] (1654 年) (表 1.3.4 参照)

　モスクワ総主教ニーコン(在位 1652-66)が皇帝アレクセイ・ミハイロビチの
信を得て，ノヴゴロド府主教からモスクワ総主教に就任。当時懸案の典礼改革
に取り組み，典礼書の誤りと典礼上の慣行をオスマン帝国下の東方の教会の例
にならって改め，それを全教会に強制した。更に俗権に対する教権の優位を主
張したため，皇帝の寵を失い，1658 年に総主教を辞任し，66-67 年の主教会
議で正式に罷免された。ニーコンの改革自体は強制的に実施されたが，これに
反対する多数の聖職者，修道士，信者は破門された総称をラスコニーリニキと
呼ぶ。ラスコニーリニキは分離派の意味だが，分離の理由として旧来の典礼に
固執したために古儀式派とも呼ばれる。

　最初キリスト教徒は一本指で十字を切り，そうすることによって，異教の多
神教に対する唯一神信仰を強調していた。ニカイアの公会議 (315 年) で，キリ
ストのなかの 2 つの本性は同質であるという教義が公認されてのち，キリスト
教徒は二本指で十字を切るようになった。ロシアがキリスト教に帰依したとき，

ビザンチン帝国ではまだ二本指で十字を切っており，その慣習がロシアにも入ってきたのである。その後 11 世紀になると，神の三位一体性を否定する新しい異端が現れた為，それに対抗すべく三本指（三位一体のシンボル）で十字を切るように定められた。しかしロシアはビザンチンから隔たっていた為，この慣習はニーコンの頃まで，まだロシアへ入ってきてなかった。旧教徒たちは，ビザンチンにおける教会文化のその後の発達について何一つ知らず，頑固に二本指を主張するようになった（ゼルゲイ・レヴィーツキイ，高野雅之訳『ロシア精神史』264 頁注 9）。

4. ピョートル大帝と西欧思想

　18 世紀初頭，帝政ロシアの礎を築いたピョートル大帝（在位 1682-1725）が古いロシアを改革しようとした時，彼はそれまでのモスクワ公国的な土着のロシアに，当時としては普遍主義と言ってもいい西欧の文化や科学，技術，制度，生活様式を導入して，政治体制もロシアの生活も西欧的に改めようとした[38]。

　だがこの「文明開化」の改革は当時のロシアの伝統的な社会からは，自分達が守ってきた基本的価値，或いはアイデンティティを否定する行為と受け止められ，危機感をもって迎えられた。特にロシア正教を墨守していた人々は，キリスト者のシンボルである髭を蓄えていることを禁止したり，髭に課税したりしたピョートル大帝を「悪魔の手先（アンチクリスト）」と呼び，また大王が欧州の建築家を招いて作り上げた，モスクワとは全く異なるバタ臭い西欧的都市サンクトペテルブルクを「悪魔の町」とみたほどである[39]。この土着的（或いは古スラヴ的）なロシア・ナショナリズムと普遍主義的な西欧文明のぶつかり合いのなかで両者のアマルガム（合金）として生まれたのが，「帝政ロシア」という新しい伝統，新しいナショナリズムだった。トルストイの『戦争と平和』には，西欧文化とロシア愛国主義の融合した帝政ロシアの新しいナショナリズムの雰囲気が見事に描かれている[40]。

5. 啓蒙思想とロマン主義

(1) 啓蒙主義

　欧州の 17 ～ 18 世紀市民革命・市民社会形成の屋台骨となったのは啓蒙思

図 1.3.3 中世欧州とロシア

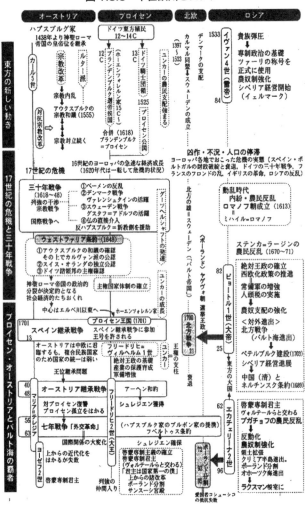

出所）谷澤信也編『山川ヒストリカ』山川出版社，106-107 頁。

想である。啓蒙思想とは人間理性によって人民・社会をよりよい文明へと進歩させるものとしてあった。とりわけフランスのサロン的土壌の中で，啓蒙思想はスコラ哲学・教会権力への抵抗から革命の予兆を孕み，思想，国家，法律，

道徳，人類史とあらゆる領域の批判と刷新を図る。英国経験主義や独ロマン主義と呼応し，反発する側面を持っている[41]。

　18 世紀欧州における啓蒙主義に対抗してロシア啓蒙主義を確立した思想家にラジーシチェフ（1749–1802）がいる。1790 年に農奴制を激しく批判した『ペテルブルクからモスクワへの旅』を自宅の印刷所で印刷し，出版したが発禁処分となり，逮捕され，死刑を宣告された。後に 10 年のシベリア流刑に減刑された。この著で，彼は一旅行者の手記の形を借りて，農奴制下の農民の悲惨な生活を描き，改革の必要を訴えている。ロシア啓蒙思想を代表する著作である[42]。

　19 世紀の際立った特徴の一つは，イデオロギー（観念形態）としてのナショナリズムが，欧州の中心とする，政治的，文化的影響力をもつようになったことである[43]。こうした現象が，フランスの市民革命が典型的に示しているように，当時の広汎な経済的，社会的，文化的な変化にも起因するものであったことは言うまでもない。欧州の辺境に位置するロシアも，ナショナリズムという新しい政治的イデオロギーの影響から逃れられなかった[44]。

　民族的覚醒を強要されたロシアの「応答」が始まるのはこの時点からである。欧州の「挑戦」に対する「応答」としてのロシア・ナショナリズムの思想形成は，欧州の感化を受けて，何よりも先ず第一に，怒濤のように押し寄せた「ドイツ・ロマン主義」の波に洗われて齎されることになる[45]。

(2) ヘルダーのドイツ・ロマン主義[46]

　言語に基づく民族主義を初めて唱えたのは，東プロイセン出身の哲学者ヨハン・ゴット・フリート・ヘルダー（Johann Gottfried Herder, 1744–1803）であった。理性の万能性を強調する 18 世紀末の合理主義思潮に対して，古典主義とロマン主義は理性を越えた人間の能力，すなわち本能，幻想及び過去への礼賛を強調した。ケーニヒスベルク大学で，イマヌエル・カント（Immanuel Kant）とヨハン・ゲオルグ・ハーマン（Johann Georg Hamann）に師事した。スピノザの影響を受けて汎神論者だったハーマンは，人類は神の創造秩序の内にあり，美と真実は自然と歴史を通じて表現され，人類は時と場所に係わらず神の創造と相関関係にあると考えた。ヘルダーは又ライプニッツの単子(モナド)論を借用し

て人間個人を最小の単子に準え，それぞれの単子が家族，民族，人類と順により大きな単子を形成して，最大の単子である神に近づくと考えた。これが人間性発展の理論で，個人の社会に対する行動は，人間性に対する行動として捉えた。人間性は全世界的な存在であるが，その部分である民族は地域ごとに相違する。そこでヘルダーは民族間の相対性，平等性を唱え，選民概念を否定したのである。民族の重要な構成要素は，教育を受けた市民層であった。ヘルダーは教育を，政治的自由の達成を目指す社会的発展の為の最も重要な推進力だと考えた。国家に対して彼は，「自然（有機的）な国家は民族性を有する民族」であると規定した。民族と国家は相互に機能し合うが，有機的には民族が国家を形成するので，民族の方が国家よりも重要であった。

(3) 後発の利益とドイツ・ロマン主義

そして 19 世紀の 20 年代 30 年代になると，ロシアの思想家達は，西欧より遅れて発達したロシアは「後発の利益」を享受でき，西欧が陥っている誤りを避けて通れるとさえ，思うようになった[47]。例えば，このころの思想的状況を描いた一種の哲学小説『ロシアの夜』の作者オドエフスキは，「19 世紀はロシアのものだ」「ロシアは欧州の肉体だけでなく，魂も救わねばならない」と，自信をもって自分の主人に叫ばせている[48]。そう叫ばせた背景にあるのは，後発の有利さを利用すれば西欧の欠点を避けて通れる，という消極的なロシアの特権意識だけではない。ドイツ・ロマン主義の影響も大きい。

1820 年代，ロシアの思想家がドイツ・ロマン主義に熱中したのは，外からの影響のものとして，ナポレオンの進入があり，国内的原因としてデカブリスト達の運動の挫折，ニコライ皇帝の専制的統治の始まりがあった。哲学や文芸の新しい理念であるロマン主義は，18 世紀末に，それまで主流だった啓蒙主義や古典主義への反動として西欧に広まった。

一般的に言えば，ロマン主義は，啓蒙主義の特徴だった理性の尊重とか，理性万能の考え方に反対した[49]。人間の理性を開発していけば，人類には無限の進歩が約束されているという考え方に反対して，理性だけでは認識できないような非合理的な世界，理性だけでは解明できないような有機的な統一をもっ

た世界，そういう世界こそが本当の姿であり，そこにこそ目を向けなければならないと主張した[50]。

　また，ロマン主義は，啓蒙主義の特徴だった普遍主義にも反対した。理性を開発して得られる無限の進歩は，国民や民族の違いを越えて，世界中へ，全人類へ，遍く適用し広げていくことができるという，普遍主義的な考え方に反対し，そういう普遍主義では律しきれない個別のもの，「個」の独立性や重要性を強調した[51]。

　普遍的な欧州世界全体についての関心より，自分の祖国に対する関心の方が思索の中心となり，どの国やどの民族にも共通な法則ではなく，自分の国だけの特殊性が探究されるようになった[52]。

6. ナポレオンとメシア思想

　1812年，モスクワまで進入したナポレオン軍を，ロシアは追い出した。敗走するフランス軍を追って，今度はロシア軍が欧州の中まで入り込んだ。ロシアは初めて西欧と対決し，しかもその最大勢力に勝利した。そればかりではなく，旧秩序に戻った欧州で，ロシアは自由主義や革命勢力を抑える憲兵の役を任され，解放者としての自信を持ち，そうした自信から新しいナショナリズムを生み，それがまた，世界の歴史においてロシアが果たすべき役割についての新しいメシアニズム（救世主）を，やがて生み出すことになる[53]。1853年7月，ロシア軍は4万の兵力をドナウ川の南岸へ送り，（英仏の支援した）トルコとのクリミア戦争になった。これはそもそも，フランスのナポレオン3世が口火を切ったことから始まった。それまで，正教徒が握っていた，トルコ占領下のパレスチナの宗教的管理権をカトリック教徒に譲るようにトルコに請求した。ロシアのニコライ1世は，トルコ領内の正教徒の安全保護をトルコ政府に要求するという形で，これに応酬した。実際には，聖地巡礼者が落とす莫大な金は誰が握るか，近東の利権や海峡の支配権は誰が握るかという争いだった。しかしロシア政府の掲げた旗は宗教戦争の旗だった。回教徒トルコ人の支配下で苦しむバルカンのスラヴ人正教徒を解放し保護するという，十字軍の旗が翻った。ロシア社会の世論は，そ

れに迎合し，これは「聖戦」なのだという，官民一体の叫びが高まった[54]。

　19 世紀に澎湃（ほうはい）として興ったロシア・ナショナリズムが，スラヴ主義の宗教哲学や社会哲学によって深化し，またある程度体系化されたことは疑いのない所である[55]。ドイツ・ロマン主義哲学によって播種されたスラヴ派のナショナリズム思想は，ロシア正教の精神的風土の中で生まれ育ったロシアの貴族階級が耕し，施肥（せひ）した「モスクワ」ロシアの土壌に発芽したものであったといえよう。その思想的核心は何よりも第一に，「啓蒙主義時代」に対する反動であり，18 世紀欧州が体現した抽象的な「コスモポリタニズム」に向かって放たれた抗議の声であり，欧州とは異質なロシアの民族的個性と歴史的使命の認知を求める民族主義的な衝動であった[56]。

7.「狂人の弁明」と普遍論争

　1825 年 12 月，デカブリスト（12 月党員）[57]と呼ばれる若い貴族達がフランス革命に心酔して，やはり普遍主義的な思想，詰まり啓蒙主義や立憲主義に鼓吹されて，帝政ロシアを政治的に改革しようと蜂起したが失敗に終わった。

　19 世紀後半のクリミア戦争後にも農奴制を中心とする様々なロシア社会が欧州社会と比べて矛盾点が明白になると，ナロードニキと呼ばれる人民主義者やアナーキー（無政府主義者），社会主義者が，そして 20 世紀初頭にはカデット（立憲君主党）と呼ばれる自由主義者達もが，保守化した帝政ロシアの体制崩壊を企てた。社会主義も無政府主義も自由主義も共に，特定の国や民族の文化とか価値を特に称揚する訳ではないという意味で普遍主義的な思想であり，それらは啓蒙主義の落とし子でもある[58]。

　西欧派とスラヴ派が分裂する契機となった著作は，ピョートル・チャーダエフによる「第 1 の哲学書簡」（1836 年）と「狂人の弁明」（1837 年）である[59]。前者によって　，カトリック教会を正当なキリスト教と考え，正教を異端視した。正教を国教とするロシアは，神に忘れられ，世界史で何の役にも立たない，無意味な国であり，ロシア人は創造性のない，精神内部が分裂した孤独で不幸な人々と決めつけた。このチャーダエフの余りにも自虐的な母国批判は，ロシア

表 1.3.6　ロシアにおける普遍論争

ロ シ ア に お け る 普 遍 論 争		
スラヴ派（スラヴァノフィールィ）		西欧派（ザーパドニキ）
19世紀露の国粋的思潮とこれに属する人々	定義	1840年代から50年代に掛けて，露で西欧派の近代化の必要を唱えた人々
キレェフスキー（思想家） サマーリン（リベラリズム） ドストエフスキー（大地主義） アクサーコフ（パン・スラヴ主義） ベルジャーコフ ポニャコーフ チュッチェフ（詩人）	代表的論客	チャーダエフ カヴェーリン（右派，体制内改革派） チチェーリン ゲルツェン（左派の貴族，デカブリト派） ベリンスキー
ナポレオン戦争の民族主義の高揚とドイツ・ロマン主義の影響	思想背景	18世紀以降の西欧の革命運動に触発
ピョートル大帝の改革以前の社会，特にミール（農村共同体）を基盤とする社会，ツァーリの支配は容認。西欧型の官僚制には批判的。	理想とする社会	西欧型市民社会，ピョートル大帝の近代化政策を更に発展させた改革を行い，立憲制の導入と農奴制の廃止も目標。
君主の家父長的国家	国家観	法治国家
反合理主義　有機体 反西欧　ロマン主義 反近代　後発の利益　救世主 正教　第三ローマ　霊体共同体 瘋癲行者信仰（ユロージヴィ） 農奴制　死せる魂 反ユダヤ主義，謙譲（スミレーニェ） ロシアの後進性 国家主義　大国意識　社会的連帯 専制　禁欲主義 宗教的純粋性　法の独裁　愛郷主義 （パトリオティズム）	キーワード	合理主義 西欧　ローマ帝国　宗教改革 近代化　文明　文芸復古 普遍主義　人文主義 個人主義　啓蒙主義 物質主義 無神論　唯物論 余計者　俗物性（メンチャンストヴォ）
ロシア指導の下，スラヴ民族の統一を説く ＜パン・スラヴ主義＞へ プーチン政権で復活。	後世への影響	体制内での改革派と更に急進的な革命派に分裂。ロシア革命で唯物・無神論派が勝利し，以後70数年続く。

出所）原卓也監修『ロシア』，御子柴道夫『ロシア宗教思想史』，原卓也監修『最新世界史図説タペストリー』帝国書院，186頁他。

　思想界をショックに陥れ，ニコライ1世は彼を狂人呼ばわりした。そこで，翌年(1837)に転向とみられる弁解である「狂人の弁明」を発表したのである[60]。

　チャーダエフは「狂人の弁明」の中で，ロシアは西欧のような歴史的経験が欠

如しているが，これはロシアが西欧のような過去の重荷なしに未来を築ける特権であると，自国を持ち上げている。この思考法は，「第 1 の哲学書簡」にあった市民革命が進行する西欧に対して後進的な専制政治下にあるロシアの劣等感と裏腹に，ジャコバン派の恐怖政治に代表される，フランス革命の暴虐に対する恐怖心と，自国の平和な社会への愛着が動機として存在する。彼の「後進国の特権」思想は，市民社会の経験のない若いロシアが，市民革命で混乱を極めている西欧を救済できるという主観的で預言者的な発想を，西欧派とスラヴ派の両方に植えつけたのである [61]。

　西欧派はロシアを文化的に西欧化しようとする人々で，哲学的には唯物論（フォイエルバッハ），実証主義（コント），悲観主義（ショーペンハウエル），宗教的には無神論者（ニーチェ）であり，政治的には当然帝政ロシアに反対し，より自由主義的な国家を求める。このような傾向は欧州の近代が本質的なものである以上，容易に理解できることである。これに対して，スラヴ派はロシアの土着文化の価値を尊重する立場であるが，ロシアの土着文化はロシア正教と切り離せない。従ってロシア正教を弁護するというよりも，西欧的近代主義の中には見出しえない解答をロシア正教の中に見出そうとする。その代表者がドストエフスキー [62] とか，神学者ではソロヴィヨフ（1853-1900）等である。彼らがロシア正教の中に欧州のニヒリズムに対する解答を見出したのは，ロシア正教が近代西欧の二元論を越えた神を求めているからである [63]。

　19 世紀のロシアは前述の如く文化的に二分されていた。即ち，スラヴ派と西欧派である。

8. スラヴ派

　スラヴ派とは，ナポレオン戦争勝利後のロシアで生じた，ロマン主義運動の一形態である [64]。ピョートル大帝が開始して，エカチェリーナ 2 世が推進した西欧化政策の下で，西欧文化に被（かぶ）れ自国の文化に無関心だったロシアの知識人達は，ナポレオンのフランスを打ち破ってメッテルニヒ体制を護持する「欧州の憲兵」になった自国の強大さと後進性の矛盾を痛感したのである。ここか

らロシアを西欧化させようとする西欧派と，ロシアの独自性を守ろうとするスラヴ派が分かれたのである。西欧派（ザーパドニキ）が西欧化された首都ペテルブルクに地盤を置いて大都市の知識層から支持されたのに対して，スラヴ派（スラヴェナフィーリィ）はロシア伝統文化の中心であるモスクワを拠点として農村部の地主貴族層から支持された。

　スラヴ派というロシアナショナリズム主義派が，欧州近代にロシアの発展モデルを発見した西欧派との論争を通じて，その思想を整備していった[65]。

　スラヴ派の代表的思想家イヴァン・キレエフスキー（1806–56）によれば，欧州・ロシア文化の差異は，宗教的なものにより本質的なものを発見するとした。欧州が「合理主義的，唯物論的，形式論理的，分裂的で，個人主義と人間存在の外的形式を重視する文明」なのに対して，ロシアは，「有機的，伝統的，神秘主義的で，精神的に統一された精神文化」である，とした[66]。

　スラヴ派の思想には，没落しつつある「俗なる」欧州に対する，一体的な精神を保持する「聖なる」ロシアの優位というテーマが「強迫観念」のように固着している。そしてそれは，今日のロシア民族主義達が繰り返し唱和している主張である。スラヴ派の主張によれば，ロシアはキリスト教信仰が最も純粋な形で具現化された世界であって，そこでは個人は全て教会という「霊的共同体（ソボールノスチ）」のうちに包摂されるのであり，そして全てこの共同体にこそ民族的一体性を実現する基礎を見出すことが可能であるとした。そして，「没落しつつある」欧州を，共通のキリスト教を基盤に，「聖なる」ロシアが救済しなければならないとする，メシア思想をスラヴ派思想はもっている[67]。

　スラヴ派の思想は又中世的調和への郷愁を基調とするが，ドイツの保守的ロマン主義と共通点が多く，概して，近代市民社会の暗黒面を目の当たりにした，後発的資本主義国に固有な復古的ユートピアの一種と規定することができる。そのため，農奴解放後のロシアが資本主義への道を本格的に歩みはじめると，この思潮は反資本主義のイデオロギーとしての性格を失い，リベラリズム（自由主義運動）（サマーリン）やパン・スラヴ主義（I.S. アクサーロフ，N.Y. ダニレフスキー）へと転化し，他方，スラヴ派本来の性格を保持しようとした部分はド

ストエフスキーらの大地主義（ポーチヴェンニチェストヴォ）や K.N. レオンチェフの極端な反動主義へ，分岐していった。しかし，反西欧・反合理主義・反近代というスラヴ派のモティーフは近代文明の危機が叫ばれる折から，今なお存在理由を失っていない[68]。

　なお，ソ連時代の反体制派知識人の中には，ソルジェニーツィンを筆頭として，新スラヴ派と称される潮流があったが，ソ連崩壊後はこの潮流が堰を切ったように勢いを増し，この潮流のみならず，20 世紀初頭のロシア・ルネッサンス期の類似の潮流の思想家達の著作も大量に出回り，80 年に及ぶ唯物論と無神論の支配から，内面的に脱出しようと願う人々の心を癒している。

9. 西欧派 [69]

　西欧派は，当時ニコライ 1 世治下のロシアで顕在化した専制と農奴制の危機に対応して，彼らは立憲制の導入や農奴制の廃止を含む〈上からの改革〉によって平和裡に解決することを望んだ。1855 年のニコライ 1 世の死亡と，クリミア戦争の敗北後，カヴェーリンやチチェーリンは〈ロシアの自由主義者〉を自称し，その綱領的覚書で新皇帝アレクサンドル 2 世の“上からの”改革を支持し，ゲルツェンやオガリョフらの社会主義的傾向を批判した。更に，貴族階級の支配的役割を認め，“下からの”改革を拒否して，農奴制廃止後のロシアの資本主義的発展を肯定した。61 年の農奴解放令を巡って両者の分裂は決定的なものとなり，前者は体制内改革派として専制政府を支持し，後者はチェルヌイシェフスキーらの急進的な改革派を支持して，革命的運動に荷担する。両者を西欧主義と総称する史家もあるが，ソヴィエト史学では，後者を人民の利益を代弁し西欧派と対立する独自の思潮とみなし，ベリンスキーを含めて〈革命的民主主義者〉と呼んでいる。

10. ロシアにおける普遍論争

　ロシアにおける普遍論争については，67 頁の表 1.3.6 を参照されたい。

11.　ドストエフスキーと反近代思想

　ドストエフスキーはロシア正教の思想を代弁している。既に述べたようにロ
シアでは西欧主義者とスラヴ主義者が対立し，ドストエフスキーは後者に属して
いた。西欧主義とは当時の欧州の近代主義的思想(即ち唯物論，実証主義，悲観主義，
無神論等) であり，その基本的な立場は無神論である[70]。ドストエフスキーの主

図 1.3.4　帝政末期ロシア

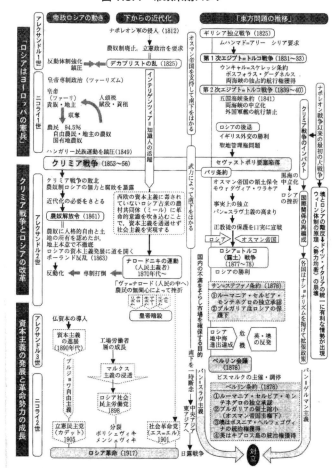

出所) 谷澤伸也編『山川ヒストリカ』山川出版社，124-125 頁。

張の一つは，このような欧州の合理主義と，その背後にある神を忘れた人間の自
己主張は，人間の破壊を齎すだけだということである[71]。ドストエフスキーに
よると，神を見失うと人間は破滅に陥る。『カラマーゾフの兄弟』のイヴァンがそ
の典型である。それに対して，「神人」を代表しているのがアリョーシャである。
強要されたり命令されたりした愛は愛ではないのであって，その意味で神すら
が，人間の自由かつ自発的なものでなければ，人間の応答を受け入れられないと
いう，神と人間との相互性，同時性が，これらの人物を通じ描かれている。要す
るにカトリック，プロテスタントを含めて，西方教会のように神と人間とを二元
論に捉える場合，キリスト教は基本的には神と人間の主導権争いになる。その結
果は，トレンチに見られるようにキリスト教の解体に連なるか，又は近代のカト
リックのような偏狭さになりがちである。ロシア正教はこの欧州的構図とは別
の枠組みで欧州の近代主義を批判し，それによってキリスト教に対して一つの示
唆を与え，更に東洋思想との対話の可能性すら暗示している[72]。

12.　パン・スラヴ主義とロシア

(1)　パン・スラヴ主義

　パン・スラヴ主義は，民族主義思想が台頭した 19 世紀に，東欧，中欧に居住
する，中小のスラヴ諸民族を国境を越えて団結させようとした思想である[73]。

　パン・スラヴ主義には，オーストリア・スラヴ主義，ポーランド・メシア
ニズム，ユーゴスラヴ主義，ロシアのパン・スラヴ主義の，4 つの相違する
思想がある[74]。

　オーストリア・スラヴ主義は，チェコ人の言語文化復興運動に始まり，オースト
リア帝国の護持に協力することにより，現状の体制への妥協性が強い思想である。

　ポーランド・メシアニズムは，伝統的なポーランド王国の復活を念頭に，カ
トリック教徒のスラヴ諸民族を解放しようとする，ポーランド中心主義な思想
である。しかしながら，18 世紀後半ポーランド三分割の過程で，ポーランド
がロシア帝国へ編入されるに従い，反ロシア的色彩を帯びてきた。

　ユーゴスラヴ主義は，クロアチア人とセルビア人が中核となって文化・宗教

の違いを越えて，南スラヴ諸民族の連邦を作ろうとする思想である。

　パン・スラヴ主義のうち，ロシアのパン・スラヴ主義は，正教信仰と伝統的な生活を顕彰してロシアの西欧に対する独自性を擁護するスラヴ主義にはじまり，ロシア帝国の軍事力をバルカン半島に進出させて南スラヴ諸民族を解放しようとした，欧州の国際政治におけるロシアの覇権を求めたメシアニズム思想である。

　ロシアのパン・スラヴ主義は，第二次世界大戦におけるソ連のナチス・ドイツに対する勝利から来る民族意識の高揚によって，マルクス主義と混淆（こんこう）して，ソ連を盟主とするワルシャワ条約機構の成立（1955年5月）から1991年7月の同機構解体まで曲がりなりにも成立していた。第二次世界大戦後，新たにソ連の勢力圏に入った東欧，バルカン半島のスラヴ諸民族との民族的連帯を求めるため，従来インターナショナルから「ブルジョワ民族主義」として忌避されてきたパン・スラヴ主義が，マルクス主義に継ぎ木され，ワルシャワ条約機構の精神的支柱となったものと考えられる[75]。

（2）ロシアにおけるパン・スラヴ主義

　ハプスブルク帝国の被支配民族だった，チェコ人やスロヴァキア人と違って，スラヴ族唯一の独立国で欧州の大国だったロシアにおいて，パン・スラヴ主義は19世紀後半まで公式に認められていなかった[76]。19世紀に民族主義理念が登場するまでは，ロシアの他のスラヴ人に対する連帯感は，民族的というよりも宗教的なものであった。第一次露土戦争（1768-74）でウクライナをトルコから獲得してからロシアのバルカン方面への南下政策が本格化した。ロシア社会が他のスラヴ人との連帯に関心を抱いたのは，ナポレオン戦争後のアレクサンドル1世の時代である。しかしながら，政治的なパン・スラヴ主義は，ドイツ，イタリアで台頭していたロマン主義に基づく民族統一運動と，フランスの革命思想と交流する危険性から，メッテルニヒ体制を支援するニコライ1世から敵視された。教育相のセルゲイ・ウヴァーロフ伯爵は，「正教, 専制, 民族」を，ロシアの国是として打ち出した。ロシアでは，国際的なパン・スラヴ主義の代わりに，国粋主義的なスラヴ主義が育ったのである[77]。ロシアのパン・スラヴ主義にとって最大のジレンマだったのはポーランド問題だった。全スラ

ヴ人を糾合しようとするロシアが，スラヴ世界ではロシア人に次ぐ大民族だっ
たポーランド人を抑圧したのは，矛盾だった[78]。

(3) シェリングの有機体論

　ロシアのスラヴ主義者は，チェコ人，スロヴァキア人のパン・スラヴ主義者
と違い，強大国である祖国を持ち，自国語が抑圧された歴史がないので，ヘル
ダーの言語民族主義を受け入れなかった[79]。彼らはドイツ・ロマン派の哲学
者で自然哲学を標榜したフリードリヒ・ヴィルヘルム・ヨゼフ・シェリング
(1775-1854) の有機体理論を受容した。シェリングはヴュルテンベルク出身だ
がヘルダーと同じルター派で，スピノザの汎神論とライプニッツの単子論を受
容して，自然を形而上学的に解明しようとした。ドイツ・ロマン派の先輩思想
家ヨハン・ゴットリープ・フィヒテの知識学の影響を受けたシェリングは，デ
カルト以来の科学的な自然観に対抗して，自然の生命力の根源を自己の目的
を実現させようとする精神だと考えた。そして自然の中で精神的に最も高度
なのは，意識を持った有機体 (organische Produkte) であり，自然は有機体を含
む物質同士が相互に関連しながら発展するとする，神秘的な自然観を唱えて，
1797 年に「自然哲学の理念」を書いたのである。欧州文明におけるロシアの位
置を模索し，その存在を強調するスラヴ主義者達は，ロシアを独立した有機体
の一つとして，欧州文明という自然界を発展させる一員にすることができる，
シェリングの有機体理論を歓迎したのである[80]。

13. 唯物・無神論思想とユーラシア主義

　1917 年 4 月 3 日亡命先のスイスからドイツ軍ルーデンドルフ将軍の封緘列
車を利用して警備されロシアへ入国したレーニンにより，帝政ロシアが打倒さ
れ，ロシア共産党政権が出来た。つまり，表面的には共産主義というインター
ナショナルな普遍主義が，伝統的なロシアを倒したのである[81]。

　しかし，革命に成功したとはいえ共産主義の理念も帝政ロシアに育ったロシ
アの民衆にとっては，疎遠なもの或いは何か違和感を抱かせる異質なものだっ
た。ロシアでは，決して共産主義の理念が広範な民衆を捉えたのではなかった。

人々が共産党を支持したのは，戦争と混乱，無秩序と貧困にうんざりした彼ら
が「平和と土地」のスローガンに強く惹かれたからであり，又その頃ロシアでは
共産党が唯一秩序を齎すことのできる政治勢力だったからであった[82]。

　アナトール・レルア＝ボリューによれば，ロシアは二面の女神で，一方が東
にもう一方が西に向いており，これが矛盾や反対を発生させ，二面的な政治を
説明している。そして地理上でもユーラシア大陸の殆どはロシアであった。欧
州的性格とアジア的性格を併せ持っている[83]。

　ユーラシア主義の思想は，1920 年代，ロシア革命によって欧州への亡命を
余儀なくされたロシア知識人の中から生まれた[84]。ユーラシア主義は先ず何
よりも，ロシアを「欧州でもアジアでもない，ユーラシア」であると宣言したテー
ゼとして知られる。19 世紀以来，ロシアの自己認識を巡って，100 年近くも
の間「西欧かスラヴか」という枠組みの中に収まり続けていた。

　欧州をモデルとした近代化や国家形成は，地域に本来あるべき多様性を破壊
し，これを画一化し，更には，社会・文化におけるエリート層と民衆層を引き
裂く結果を齎した。ユーラシア主義が案出した「ユーラシア」は「欧州」へのアン
チ・テーゼとして論ぜられ，前者は多様性，後者は(国民国家を形成する) 画一性・
均一性の特質が提示された。ロシアのユーラシア主義者は，排他的で狭量なナ
ショナリズムや分離主義に対抗することを目的に，多様性を内包する広大な多
民族地域「ユーラシア」への帰属意識を提唱した。この点で，ユーラシア主義は，
脅威を排除することよりも，より大きな総体の中にこれを包摂することで，対
立を乗り越えようとした思想である。しかし，この広大なユーラシアを統治し
ようという志向が，ともすれば一種の覇権主義に陥る危険性を秘めていること
は否定できない[85]。

14.　スターリン主義と反体制派

　1924 年秋，スターリン[86]が一国社会主義の理論を唱え，1930 年代にはス
ターリン主義がロシアを席巻するようになる。これはマルクス主義という社会
主義と，帝政ロシアの伝統的ナショナリズムが融合して生まれたロシア独特のナ

ショナルな社会主義，すなわち新たなソヴィエト・ナショナリズムであった[87]。

スターリン主義というナショナリズムも，暫くすると，新たな普遍主義の挑戦を受けることになる。1960年代後半から80年代初めに掛けてのブレジネフ時代に，統制経済の非効率，官僚制の弊害，社会的沈滞等様々の問題が噴出した。フルシチョフのスターリン批判から，穏やかな自由化路線をスタートしたが，これに刺激されてサハロフやソルジェニーツィンらの反体制知識人達が人権擁護とか自由とか民主主義の理念を掲げた。ただ，60年代には，こういった普遍主義の理念は一般大衆にとってもまだまだ疎遠なもので，70年代まで共産党の影響下にあった人々は反体制知識人を売国奴として敵視した[88]。

ブレジネフは，制限主権論（ブレジネフ・ドクトリン）を主張して，1968年8月にチェコスロヴァキアに軍事介入してその自由化を抑えた。制限主権論とは，社会主義共同体の全体の利益は，構成国の利益に優先すると主張する理論である。チェコスロヴァキアというロシア人と同じスラヴ人のチェコ人とスロヴァキア人の住む国の自由化を抑えた。

15. ペレストロイカとエネルギー帝国主義

やがて1980年代になると，82年11月，18年間続いたブレジネフ時代が終焉した。その後を継いだアンドロポフ書記長(1914–84)は1年3ヵ月，チェルネンコ書記長（1911–1985）は1年も経たない内に相次いで死去した。高齢の書記長ではこの国は持たないと悟った政治局は，85年3月50代そこそこのゴルバチョフ（1931–2022）に書記長を託した。ゴルバチョフはペレストロイカという大胆な民主化改革路線を打ち出したが，これはソヴィエト的ナショナリズムの伝統に対して普遍主義的な原理をぶつける試みだった[89]。彼は社会主義の枠内で民主化と経済の市場化を進めようとしたが，結局この路線は経済的に破綻をきたし，社会的混乱を極め，そして政治の自由化路線は連邦構成している共和国の独立化を促して連邦を崩壊させ連邦大統領である彼自身をも失脚させた。

ゴルバチョフ時代，或いはエリツィンの時代に掲げられた改革の理念，民主化理念は，伝統のソヴィエト・ナショナリズムに突きつけられた普遍主義の刃

であった[90]。2000年以降政権の座についたプーチン（1952–）は，チェチェン紛争の勝利を足掛かりに政治的基盤を強化し，石油の価格高騰とともに経済的基盤が強化され，国内の政治的権力を磐石のものとした。彼の掲げた旗は，ソヴィエト・ナショナリズムに訴える路線で，前の政権の普遍主義的政策とは，違う。しかしながら，経済自由化の方向性を堅持しつつも，若干揺り戻しがある。スラヴ主義が強い時代には往々にして極端な反ユダヤ主義に陥ることが，ロシアの歴史では度々登場する。帝政ロシアのポグローム，スターリンのトロツキーを始めとするユダヤ系指導者の追放，そして現代ロシアのプーチンのホドロフスキーを始めとするユダヤ系新興財閥指導者の相次ぐ追放・逮捕である。

　E.H. カーによれば，ロシアは「上からの革命」（イワン雷帝の統治，ピョートル改革，大改革，スターリンの国家社会主義化，ペレストロイカ）の間に革命（1905年の失敗した革命，1917年の革命，1991年の8月革命）が挟まっている。「上からの革命」の連鎖が革命によって破られるのが，ロシア史のパターンとした（和田春樹「ロシア史の二元性」）。

　プーチン政権を支えるのは，武闘派（出身母体の治安・軍関係者），出身地のサンクト・ペテル・リベラル派，エリツィン時代に隆盛を極めた新興財閥派のトロイカ方式だった。前期は武闘派（シロヴィキ）主導で，新興財閥派（オリガルヒ）を政権中枢から排除するのが主な構図だった[91]。ユコス事件では，国際テロ問題並びに税金天国地を利用した資金洗浄問題が焦点だった。シロヴィキの力を利用して，オリガルヒを一掃し，エネルギー部門を実質的に国家管理に置くのに成功した。これに対して，欧米メディアは，ホドロフスキーの逮捕は，プーチン政権の民主主義の抑圧や国家による反ユダヤ主義，その延長上にあるウクライナやチェチェン問題へのロシア影響力強化を狙ったものとの論調が多い。

　プーチン外交は，①「対テロを軸に米国との戦略的関係」と②「エネルギーを軸にドイツとの戦略的関係」が柱になっている[92]。①の反対勢力は，米国のネオコン派とイスラエルだった。②の背景には，パイプラインの通過国であるポーランド，ウクライナやベラルーシとロシアとの確執がある。

　プーチンの高い支持率は，ロシアの安定性というよりも，混乱・無秩序に対

する不安感から秩序を求めるということだと思われる（袴田茂樹「ロシア・東欧の歴史と現代（政治）」）。

第3節　現代における欧露文化[93]

　渡邊啓貴によると，米国の「冷戦勝者」の意識は，先進文明を象徴する「西(ウエスト)」＝「西側世界」の担い手は今や米国であるという議論に良く示されているとされる[94]。欧州側は西欧文明の継承者は自分達と思っている。ところが，冷戦に勝利した米国は今や国際社会における価値観そのものが米国的になってきており，米国こそが西欧文明の継承者であり，発展の任を一身に担っていると主張しているとされる。

　そして，古矢洵によると，米国の外交理念は，「普遍主義」に支えられているとした[95]。彼によると，アメリカニズムの起源として，①「辺境」，②「聖地」，③「理念国家」，④「人種主義」，⑤「排他主義」という意味で19世紀的な歴史文化に言及している。

　これらの幾つかの論点は，前節のスラヴ派の主張と合い通じる議論である。違う点は，ロシアのスラヴ派は欧州普遍主義に対抗した思想とした点で，これに対して米国の思想は欧州普遍主義の継承者とした点が異なる。ロシアは欧州の辺境であり，汚れた欧州に比べて，「聖地」メシアのロシアという点では，米国も妥当する。一国主義[96]や大国主義や孤立主義的側面も妥当するかもしれない。そして20世紀にはいり，米国の経済的，軍事的援助による「世界民主主義の救済」という名目のもとに「介入主義」「国際主義」が肯定された。これは，ロシアのクリミア戦争の同じ価値観をもつ人々の救済という名目（米国の場合，民主主義をもつ人々の救済）で戦争を正当化した点も共通である。世界の警察として国際紛争に軍事介入することが20世紀の米国外交の特徴である。建国以来，清教徒精神に基づくこの理想主義的な普遍主義は民主党でも共和党でも基本的に同じである。　滝田賢治によれば，このような米国外交を，①法律家的・道徳家的発想，②共産主義の拡大を懸念したフランクリン・ルーズベルト大統

領の「隔離演説」に見られる国家や世界を生物や病原菌のアナロジーで認識する
傾向，③真珠湾攻撃に見られる外国からの奇襲攻撃に対処する為の国防力の保
持という強迫観念，④米国の例外主義として纏めている [97]。

　これらは，いずれもブッシュ大統領の外交政策に明瞭となっている。自由主
義の極端な理想化，テロや大量破壊兵器の脅威に備えた「悪の枢軸」や「不安定
の弧」という発想は自らに対抗する敵の勢力拡大への過剰な迄の警戒感と防衛
力の強化も齎すが，それは米国だけの例外と解釈されるのである。

　2003 年 1 月中旬，イラク軍事介入を巡って国連の場で，2 つの普遍主義の
対立した極度の緊張が予想された。それは，安保理決議 1441 に従って，前年
11 月 26 日に開始された軍事施設の査察の最終報告が予定される 1 月 27 日が
近づいてきたからであった。

　査察を確認してからとする独仏の慎重姿勢を揶揄して，対イラク強硬派米国の
ラムズフェルド国防長官は，彼らを「古い欧州」と言い放った。ラ長官は，「私は
独仏を欧州と考えてない。それは「古い」欧州だと思う。欧州全体を見回すと，そ
の重心は東に移っている。(……)欧州の多くの国を考えてご覧なさい。それらの
国々は，フランスやドイツと一緒ではない。米国とともにある」と語った [98]。

　米国政権内では，東欧出身(多くはユダヤ系)の要人が，対欧州政策の立案者
である。かつてのキッシンジャー，オルブライト，ブレジンスキ，ホルブルッ
ク，ブリンケン等である。リトアニアで 1998 〜 2002 年大統領を務めた米国
移民のアダムクス，ラトヴィアでは 1999 年以来，米国と同盟国のカナダから
再帰化したフライベルカが大統領を務めたごとく，バルト三国出身の米国系が
続々と帰国しており，政財官界の指導層を形成している。ジョージアの大統領
のサーカシビリは，米国のコロンビア大学法学部を出て，ニューヨークで弁護
士をしていた。米国の普遍主義の浸透に彼らは旧社会主義国で貢献しているの
かもしれない。　欧州側から言わせれば，米国は欧州からの移民で形成された
国で，普遍主義の本家・本元は欧州自身と思っている。歴史的に見れば，合理
主義や民主主義，人権等は，欧州が発祥の地であるからである。

表 1.3.7　普遍主義の概要

☆中世の普遍主義

教義	内容	ラテン語	関連教説及び論者
実在論	信仰は理性に先立っている	ante rem	プラトン的イデア論(極端な実在論) アウグスティヌスの範型, 初期スコラ哲学
概念論	信仰は理性の中にある	1n rem	アンセルムス(個体の中に分割されたとされる) シャトル派(個体の本性に基礎を持つ) アリストテレス アベラール(新カント派的立場)
唯名論	理性を重視し, 信仰の後にある	post rem	ロスケリヌス(普遍を「音声の風」とする) オッカム ゼノン アベラルドウス(ストア派学派)

☆米国の普遍主義

	米国の普遍主義	ロシアのスラヴ派(現在はプーチン派が継承)
辺境	欧州の辺境(欧州を追われた清教徒がつくった国)	露は欧州の辺境(ナポレオン時代は特に)
聖地	ベトナム戦争等で「民主主義の救済」(南ベトナムは汚職に塗れていたが)	汚れた欧州でない 露(帝政露時代) 共産主義国の救済(旧ソ連時代)
理念国家	民主主義国(チリのアジェンデ政権を倒した)	社会主義国(旧ソ連時代)
一国主義	モンロー主義(19世紀) 孤立主義(対欧州, 南米は自分の勢力分野)	一国社会主義(一国だけで 経済計画の資源を賄うことができる)
人種主義	多民族国家	多民族国家
排他主義	反共産主義(冷戦初期)(反アラブ的→9.11)	反ユダヤ主義(スラヴ主義が強い時)
西欧文明	継承者(欧州が二度の世界大戦で影響低下)	反西欧
冷戦	勝者(相手が自滅したためで)	敗者(冷戦時代は米国のカウンターパート)
西側世界	担い手(リーダー) 冷戦後は世界のリーダー?(露, 中国に足元をすくわれている)	かつては東側のリーダー
価値観	自らが決定(民主主義)	かつてはマルクス・レーニン主義
普遍主義	継承(法の精神, 合理主義, 人権尊重) 清教徒精神に基づく理想主義	対抗者 有機体理論, 正教信仰

国際法	重視(国連の分担金を一時ボイコットした)	場合によるご都合主義で利用
民主主義	重視(しかし，議員は政治献金に左右される。韓国系により慰安婦の像建設)	抑圧的(マスコミ，資源会社を強引に政府支配下に置く)
対反対派	言論の自由，結社結成の自由を保証	場合によっては殺害(アンナ・ポリトコフスカヤ　アレクサンドル・リトビネンコ) **現在プーチン派の特徴** 初期　武闘派(出身母体の治安・群軍関係者)シロヴィキ 　　　出身地サンクト・ペテルブルクのリベラル派 　　　新興財閥(ユダヤ系)オリガルヒのトロイカ方式 ユコス事件以降，シロヴィキの力を利用し，オリガルヒを一掃し，エネルギー部門を実質的に国家管理下に

　普遍主義は，当初はローマ・カトリック教会の思想であった。中世の時代は，「宗教生活が価値観の全てを決定しているが如く」であった。しかしなから，当時のインテリは，宗教関係者に限られ，思想を一般民衆に大量伝播する手段も欠けていた。これは，日本の仏教伝来は，僧侶によって齎されたのと同様である。読み書きというリテラシィは，僧侶という当時の唯一のインテリ層に限られていた。普遍主義は，西欧において多くの戦争や革命を通じて成熟していった。西欧では，法の精神，合理主義，人権尊重など共通の価値観の普遍主義が行き渡っていた。

　遅れて発達したロシアは，近代化するに当たり，普遍主義の受け入れは避けがたかった。ピョートル大帝はそれを強制性をもって導入した。その結果，それまでに構築されたロシア独自の文化との齟齬を生じさせることになった。しかしながら，これらの融合は，長い歳月をかけてロシア的味付けをもって，ひとつのものとして形成されていった。

　ドイツ・ロマン派であるシェリングの自然哲学にある有機体理論を用いて，神を理性で測ろうとするスコラ哲学の影響がない敬虔な正教信仰(ホミャコフ)，

個人主義や合理主義といったローマ法の影響のない伝統的農業社会(キレエフスキー)，そしてロシア人は非政治的だという前提に基づいて君主を国家と政治，人民を伝統的社会の2つの世界に住み分ける二元論(コンスタンチン・アクサコフ)等の諸理念を形成したのであった[99]。

　社会主義政権ができると，これまでのロシア的文化と融合して，ひとつの普遍主義であるソヴィエト・ナショナリズムが形成された。以後フルシチョフのスターリン批判，ゴルバチョフのペレストロイカの波を浴びたが，現代のプーチン政権では，逆にスラヴ派の思想という反普遍主義(反西欧主義)が全面に出てきている。

　現代の外交面で，普遍主義はイラクの大量破壊兵器の査定を巡っての国連での米国と独仏の「新旧欧州論争」というコンテクストで使われている。言わば，普遍主義の本家論争となっていった。

第4節　ロシア文化 (2)

　近代国家の道を歩み始めた日本に，ロシアが立ちはだかった。そして，日露戦争に至った。太平洋戦争前夜，ゾルゲ事件が発覚した。後に分かったことだが，独ソ戦の戦局を左右する重要な情報だった。戦後は懸案事項としてシベリア抑留，北方領土の問題が横たわった。極東経済は，日露の現代及び将来の課題でもある。

1.　日露戦争[脚注1]

(1) 日本の国家像

　アジアでただ一つ生まれたばかりの「小さな『近代国家』日本は，当時欧米中心の力の世界政治のなかで，その存在を認められようと懸命になり，日露戦争の勝利を経て漸くその目標にひとまずは到達した(井口和起『日露戦争』62頁)。日露戦争での薄氷の勝利が，その後，ロシアの戦力を侮り，ノモンハンで大敗する。この事実は国民には第2次大戦敗戦まで伏せられた。そして，この日露

脚注1) 井口和起『日露戦争　世界史から見た「坂の上」』東洋書店，2005年。

戦争による成功体験が，軍部の増長を許し，情報を軽視し，外交努力を無に来すことになっていった。

(2) 何故，日露戦争は起こったか

　明治維新によって近代国家への道を歩み始め，欧米の先進資本主義国に必死に追いつこうとしていた日本は，中国の属領化と化している朝鮮半島への支配権確立を虎視眈々と狙っていた。当時の為政者達は，朝鮮（韓国〔1897-1910〕）を支配下に置くことは，日本本土を守る国防上からも絶対に必要であり，又欧米列強に伍し中国大陸に進出する前線基地として欠かせないものと考えていた。ロシアは，すでに建設中のシベリア鉄道を延長して満州縦貫鉄道（東清鉄道の本線は，満州里・ハルピン・綏芬河と，ハルピン・大連の支線）を完成させ，満州は勿論朝鮮半島をその勢力下におこうと考えていた。そのロシアにとって，日清戦争で日本が勝利を収めたことは大きなショックだった。いままで，推し進めた極東進出政策の見直しを迫られたからである。清国は，日清戦争後締結された下関条約で日本へ多額の賠償金を支払うことになった。しかし日本との戦争の費用さえ，英独からの借金で賄っていた清国にそんな余裕はなかった。英仏独といった列強の「貸し付け強要」の見返りに，清国から租借地や鉄道敷設権，鉱山採掘権等の権益を得た。こうした各国からの借入―戦費は，中国国民に重くのしかかった。義和団という「扶清滅洋」を旗印に，西欧列強に対する民衆運動が起こった。しかし，この北清事変の収拾も，清国が連合国側に6億3千万円の賠償金を払うことで解決した。1900年には日本もロシアも義和団の鎮圧の為，出兵した。この時，ロシアは満州に大軍を送り込み，事変終了後も暴徒によって攻撃された東清鉄道を守るためと称して撤兵しなかった。ロシア政府内部には，この満州占領を巡って意見が二分した。蔵相ヴィッテと外相ラムズドルフは強攻策に反対し，官房長官ベゾブラソーフや内相ブレーヴェらは満州と朝鮮半島への侵略を主張した。後者は日本との小さい戦争に勝利することによって，ロシア国内の不満をそらし，革命を予防することを狙っていた。アジアにおけるロシアの覇権を願い，また日本の力を過小評価していたニコライ二世は，ベゾブラーゾフ派を支持し，ヴィッテは蔵相を辞任した（外川継男『ロ

シアとソ連邦』294-295 頁, 一部変更）。日本政府は, 1903 年 8 月から, ロシアと和解を模索し, 満韓交換を提案し, 協議を重ねたが, 04 年 1 月 31 日, 2 月 2 日期限つき回答をせず, 1 月下旬ロシアは極東及びシベリアの軍隊に動員令を下した。ここにおいて日本は 2 月 6 日, ロシアに国交断絶を通知し, 8 日仁川に上陸を開始し, 旅順港外のロシア艦隊を攻撃し, 2 日後の 2 月 10 日にロシアに宣戦布告した。

（3）英国の戦略

英国は,（金やダイヤモントが発見された）ボーア戦争 (1899- 1902) で, 40 万の兵力を南アフリカへ派兵し国力が疲弊してしまい, 極東において単独では露の南下を抑えることが出来なかった。そこで日本を露の防波堤として利用しようとした。1900 年 8 月の義和団反乱に対して, 列強 8 カ国が送り込んだ 4 万の兵力の内, 半分は日本軍だった。この日本軍の目ざましい活躍に着目したのが, 英国だった。地理的に最も近く, 大軍を送りこむことができるのは, 日本だけだった。英国の世界戦略に, 日本が組み込まれた。1890 年半ばまでは, 独・墺洪 (オーストリア / ハンガリー)・伊の三国同盟 (1882 年) とそれに対抗する露仏同盟 (1891 年) を軸に, どの国とも同盟せず「名誉ある孤立」の立場を採っていた英国の 3 極構造だった。1902 年の日英同盟から孤立政策を放棄して, 04 年の英仏協商, 07 年英露協商にいたって, 欧州は 2 極構造に変質した。1898 年のアフリカでのファショダ事件を境として, アフリカ分割を巡る仏と英の立場が変わり始め, 両国の妥協の可能性が生まれた。一方, 独の小アジアへの進出が強まり, 同時に, 独の大海軍の建設が本格化した。これが英国に大きな脅威を与え, 欧州での英国の主要な敵は仏ではなく独に替わっていく。米国は 1898 年のスペインと米西戦争でラテンアメリカ地域を勢力下に置き, 次いでフィリピンを植民地とし, また同じ頃ハワイを併合した。清国の分割競争に出遅れた米国は 1899 年に「門戸開放」宣言を出しただけだったが, ロシアにある程度の打撃を与えた後, 日本の「満州」への進出を抑えることが「門戸開放」に適うと考えた。米国が「満州」市場へ進出することがセオドア・ルーズベルト大統領の戦略だった。

図 1.3.5 日露戦争勃発までの国際関係

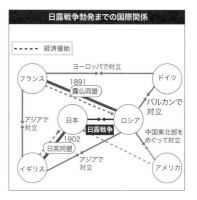

出所）谷澤伸也編『山川ヒストリカ』山川出版社，2004 年，148 頁より。

（4）日露の兵力

1895 年当時ロシアは最大の陸軍国で，その総兵力は，90 万以上で，欧州に主力を配備し，中央アジアにも兵力をさかねばならない。極東へ動員可能な兵力は，15 ～ 6 万と推計。このロシア軍に対抗するため，要塞守備部隊を加え，概ね 20 万の野戦軍が必要。それには平時から 14 個師団を設置の必要性あり。日清戦争当時，日本陸軍は，近衛師団及び第一～第六師団合わせて，7 個師団を有しており，野戦兵力総数は約 12 万 3 千人であった。1895 年 4 月 15 日陸相山縣有朋の軍備拡充意見書（兵力 1.5 倍の増強案）の奏上の直後の 4 月 23 日露主導の三国干渉があり，同年 9 月師団を倍増する計画が立案されたが，清国から賠償金を含めた軍備予算を算定したものの，財政逼迫のため，修正して，同年 10 月に 13 師団とするに決定した。1 師団は，2 個の歩兵旅団，砲兵連隊，工兵，騎兵，輜重兵の各大隊よりなり師団長は天皇に直属した。海軍の拡張も，三国干渉と深く関係している。干渉直後，海軍軍務局長の山本権兵衛は，主力艦隊を 1 万 5 千トン級の戦艦 6 隻，9 千トン級の一等巡洋艦 6 隻を備えた，所謂「六・六艦隊」を提案した。補助艦や沿岸防禦等を含めた総経費が 2 億円を上回るので，一等巡洋艦を 4 隻に削減して，総計 92 隻からなる拡張案が承認された。96 年には，当初の山本案を復活させ，96 年 12 月の議会で議決した。六・六艦隊の建造にあたり，日本

表 1.3.8　陸軍常備団体配置表

【明治 32 年現在。(　)は所在地】

師団	旅団	歩兵連隊	その他の部隊
近衛師団 (東京)	近衛第 1 (東京)	近衛第 1(東京) 近衛第 2(東京)	騎兵連隊，野戦砲兵連隊 工兵大隊，軽重兵大隊
	近衛第 2 (東京)	近衛第 3(東京) 近衛第 4(東京)	(いずれも東京)
	騎兵第 1 (習志野)		騎兵第 13 連隊(習志野) 騎兵第 14 連隊(習志野)
	砲兵第 1 (東京)		砲兵第 13 連隊，第 14 連隊， 第 15 連隊(いずれも東京)
第 1 師団 (東京)	第 1 (東京)	歩兵第 1(東京) 歩兵第 15(高崎)	騎兵連隊(東京) 野戦砲兵連隊(国府台)
	第 2 (東京)	歩兵第 2(佐倉) 歩兵第 3(東京)	工兵・軽重兵大隊(東京) 東京湾要塞砲兵連隊(横須賀)
	騎兵第 2 (習志野)		騎兵第 15 連隊(習志野) 騎兵第 16 連隊(習志野)
	砲兵第 2 (国府台)		砲兵第 16・17 連隊(国府台) 砲兵第 18 連隊(下志津)
第 2 師団 (仙台)	第 3 (仙台)	歩兵第 4(仙台) 歩兵第 29(仙台)	騎兵連隊(仙台) 野戦砲兵連隊(仙台)
	第 15 (新発田)	歩兵第 16(新発田) 歩兵第 30(村松)	工兵大隊(仙台) 軽重兵大隊(仙台)
第 3 師団 (名古屋)	第 5 (名古屋)	歩兵第 6(名古屋) 歩兵第 33(名古屋)	騎兵連隊(名古屋) 野戦砲兵連隊(名古屋)
	第 17 (豊橋)	歩兵第 18(豊橋) 歩兵第 34(静岡)	工兵大隊(名古屋) 軽重兵大隊(名古屋)
第 4 師団 (大阪)	第 7 (大阪)	歩兵第 8(大阪) 歩兵第 37(大阪)	騎兵連隊・野戦砲兵連隊(大阪) 軽重兵大隊(大阪)
	第 19 (伏見)	歩兵第 9(大津) 歩兵第 38(伏見)	工兵大隊(伏見) 由良要塞砲兵連隊(由良・深山)
第 5 師団 (広島)	第 9 (広島)	歩兵第 11(広島) 歩兵第 41(広島)	騎兵連隊・野戦砲兵連隊(広島) 工兵大隊・軽重兵大隊(広島)
	第 21 (山口)	歩兵第 21(浜田) 歩兵第 42(山口)	呉要塞砲兵連隊(広島) 芸予要塞砲兵大隊(忠海)
第 6 師団 (熊本)	第 11 (熊本)	歩兵第 13(熊本) 歩兵第 45(鹿児島)	騎兵連隊・野戦砲兵連隊(熊本) 工兵大隊・軽重兵大隊(熊本)
	第 23 (大村)	歩兵第 23(熊本) 歩兵第 46(大村)	佐世保要塞砲兵連隊(佐世保・長崎)
	対馬警備隊	歩兵大隊(厳原)	対馬要塞砲兵大隊(鶏知)
第 7 師団 (旭川)	第 13 (旭川)	歩兵第 25(札幌) 歩兵第 26(旭川)	騎兵連隊(旭川) 野戦砲兵連隊(旭川)
	第 14 (旭川)	歩兵第 27(旭川) 歩兵第 28(旭川)	工兵大隊・軽重兵大隊(旭川) 函館要塞砲兵大隊(函館)

第 8 師団 (弘前)	第 4 (弘前)	歩兵第 5(青森) 歩兵第 31(弘前)	騎兵連隊(弘前) 野戦砲兵連隊(弘前)
	第 16 (秋田)	歩兵第 17(秋田) 歩兵第 32(山形)	工兵大隊(弘前) 輕重兵大隊(弘前)
第 9 師団 (金沢)	第 6 (金沢)	歩兵第 7(金沢) 歩兵第 35(金沢)	騎兵連隊(金沢) 野戦砲兵連隊(金沢)
	第 18 (敦賀)	歩兵第 19(敦賀) 歩兵第 36(鯖江)	工兵大隊(金沢) 輕重兵大隊(金沢)
第 10 師団 (姫路)	第 8 (姫路)	歩兵第 10(姫路) 歩兵第 40(鳥取)	騎兵連隊(姫路) 野戦砲兵連隊(姫路)
	第 20 (福知山)	歩兵第 20(福知山) 歩兵第 39(姫路)	工兵大隊・輕重兵大隊(姫路) 舞鶴要塞砲兵大隊(舞鶴)
第 11 師団 (善通寺)	第 10 (松山)	歩兵第 22(松山) 歩兵第 44(高知)	騎兵連隊(善通寺) 野戦砲兵連隊(善通寺)
	第 22 (善通寺)	歩兵第 12(丸亀) 歩兵第 43(善通寺)	工兵大隊(善通寺) 輕重兵大隊(善通寺)
第 12 師団 (小倉)	第 12 (小倉)	歩兵第 14(小倉) 歩兵第 47(小倉)	騎兵連隊(小倉) 野戦砲兵連隊(小倉)
	第 24 (久留米)	歩兵第 24(福岡) 歩兵第 48(久留米)	工兵大隊・輕重兵大隊(小倉) 下関要塞砲兵連隊(下関)

出所）平塚柾緒『図説 日露戦争』河出書房新社，42 頁。

の造船技術は欧米に遅れているため，又国内生産よりコストを安く，早期に完成するため，殆どを英国へ発注した。とにかく，日露戦争勃発前年の 1903 年までに，海軍拡張計画は完了し，日本は極東で最大の海軍国となった。

(5) 日英同盟の軍事協力

　1895 年にマルコーニによって発明された無線電信は，有線と違って航海中でも即座に電報を打つことが可能だった。日本は，1901 年に最初の無線機「三四式無線電信機」を完成させたが，当時の技術水準では，まだ電波の到達距離が短く，到底実戦に耐えうるものでなかった。1902 年 5 月 27 日，伊集院五郎 (英国に 10 年間留学し，英海軍大学を卒業した日本海軍きっての英国通，「伊集院信管」を開発したごとく技術にも明るかった) 率いる遣英艦隊の巡洋艦「浅間」と「高砂」は，地中海に浮かぶ英国領マルタ島 (1814-1964 年英国領) で，英国地中海艦隊司令長官ジョン・フィッシャー提督より，最高品質の無線機器を特別に借りた。(エドワード 7 世の戴冠式に出席するため，小松宮様をロンドンまで送り届ける途中だった) マルタ島から目的地までの航海中，実験を繰り返し，帰国までに 70 頁に及ぶ報告書を作成した。この報告書に基づいて，03 年末改良型の「三六式無線機」が完成し，04 年中

には，海軍のすべての艦船に搭載済となる。05年5月27日未明，仮装巡洋艦「信濃丸」が北上するバルチック艦隊を東シナ海で発見した。直ぐさま，巡洋艦「厳島」を経由して，対馬海峡の北岸の鎮毎で待ち構える連合艦隊の東郷平八郎司令官に，「タタタタ（敵艦見ユ）」で始まる電文を無線で報じた。1902年チリ海軍の軍艦2隻を財政難で購入できない日本に代わり，英国が購入して，ロシアが購入しようとするのを阻止した。イタリアで建造中のアルゼンチンの2隻の軍艦の購入にも英国が日本政府の購入に仲介し，イタリアから日本までの航行にロシアの妨害を避けるため，英国がサポートした。この2隻の軍艦は「日進」と「春日」で，日本海戦で活躍した巡洋艦である。

(6) 戦費の調達

日露戦争で，日本はおよそ20億円（10年前の日清戦争のおよそ10倍），ロシアも15億2,400万ルーブリ（日本と殆ど同じ約21～22億円）を費やした。日本は国民に対する増税や国債で賄ってもとても足らない額で，外債で7億円，35%(臨時軍事費の4割)を賄ったことになる。

(7) 日本の外債募集

日本は開戦に踏み切るかどうかを決断する前から，この外債募集に成功するかどうかひどく心配していた。外債に頼らずに戦争が出来ないことは分かり切っていたからである。2月17日閣議決定した。そこで，開戦と同時に政府は（セオドア・ルーズベルト大統領とハーバード大同期生である）金子堅太郎を米国に，末松謙澄を英国に派遣して，外国での親日世論を起こさせ，高橋是清日銀総裁を欧米に回させて，外債募集にあたらせた。当時の日本の経済力はそれほど大きくなく，国際市場で日本公債の価格はロシア公債の価格に到底及ばなかった。高橋の努力で，1904年4月に第一回目のロンドンでの総額500万ポンドの募集に目処がたった。以後11月，翌3月，8月の4回の募集ですべて英貨公債で受け取れることができ，その合計が7億円弱だった。

(8) 戦局

1904年2月4日の御前会議で開戦決定。小倉の第12師団は韓国へ派遣命令。5日在ソウル海軍武官の吉田は，ソウル以北の電信線を切断し，韓国におけるロ

シア側の通信を妨害した。6日ロシアに国交断絶通知。8日仁川に上陸し，旅順港外のロシア艦隊を攻撃。10日ロシアに宣戦布告。8月14日蔚山沖海戦で，ウラジオストック艦隊壊滅。25日遼陽会戦始まる。10月9日沙河会戦始まる。10月15日バルチック艦隊，リバウ軍港を出帆。12月難攻不落を誇った旅順の203高地が148日の激しい戦いで，遂に日本軍の手に落ちた。05年1月2日，日露両全権委員，旅順開城規約の本調印。1月22日，首都ペテルブルクで「血の日曜日事件」。5月27日日本海海戦始まる。28日バルチック艦隊壊滅。6月1日高平駐米公使，訓令によりリルーズベルト米大統領に日露講和の幹旋を要望。6月7日ロシア皇帝ニコライ二世，米国の講和条約を内諾。米大統領は，金子堅太郎に日本軍の樺太占領を勧める。7月7日日本軍，樺太南部に上陸。31日，樺太のロシア軍降伏，日本は樺太全島に軍政施行。8月10日ポーツマスで講和会議開始。29日日本が，軍費要求と樺太の北半分を放棄して講和成立。9月1日日ロシア休戦に関する議定書調印。5日日ロシア講和条約調印（10月16日公布）。東京・日比谷公園で講和条約反対国民大会大荒れ，焼き打ち事件起こり，全国で抗議運動。この戦争は，日露はそれぞれ27万の死傷者を出す。そのうち，日本は8万6千人（乃木大将の2人の息子も戦死），ロシアは5万余名の戦死者を出す。陸上の戦争は，主に平壌より北の朝鮮半島・満州の黄海側だった。日露が両軍見えたのは，両国の間にあり，戦争当事者の確定した領土ではなく，双方ともに外国にあたる地方だった。そして，戦争の指揮を執る露皇帝の住むベテルブルクから，9,000キロ離れた場所であり，日本の東京からは海を隔てた場所でもあった。

(9) 対外的影響

　日露戦争の結果は，ロシア支配下のフィンランドや英国支配下のインドの独立運動を鼓吹した。フィンランド製ビールには，髭面の東郷平八郎元帥の写真がラベルに印刷されている。ネール自伝にも日本の活躍が載っている。

(10) ロシアの軍事的軽視

　日露戦争後，日本軍はソ連軍の実力を見くびり，ソ満国境沿いで日本は軍事的侵犯を繰り返す。張鼓峯事件（1938年7月29日 - 8月11日），ノモンハン事件（1939年5月11日 - 8月31日）では，日本は大敗したのに，長い間その事実

図 1.3.6　日露戦争の日本軍進路と日露戦力比較

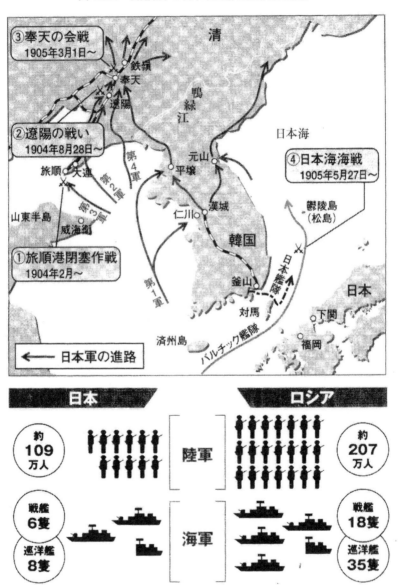

出所）後藤寿一『図解早わかり近現代史』PHP 研究所，27 頁。

は伏せられていた。

2．ゾルゲ事件(1941年10月18日ゾルゲ逮捕)『ロシアの20世紀』[脚注2]

　R．ゾルゲと尾崎秀実を中心とするソ連の対日諜報機関関係者の検挙事件。太平洋戦争開戦前夜に発覚し，諜報団は逮捕された。ゾルゲらは国家の最高機密を盗みだしただけでなく，綿密な分析を加え，的確な判断と見通しを暗号化した無線で，クレムリンに通知していた。1941年6月の独ソ戦開始を予告したが，スターリンは無視した。9月6日の御前会議で，ソ満国境の日本軍は南進するとの情報を得る。スターリンは今度はこれを信用した。10月4日ソ連の極東の26師団をモスクワの防衛戦へ。12月5日モスクワ近郊で赤軍反攻開始。12月8日真珠湾攻撃。ソ連赤軍第4本部に所属し諜報活動に従事していたゾルゲは，偽装の為ナチス党へ入党，ドイツの新聞社の日本特派員として1933年9月に来日し，ドイツ大使館から絶大な信頼を勝ち得た。尾崎は朝日新聞社特派員として上海に滞在中の1930年にゾルゲと知り合い，34年5月に再会して諜報グループを結成。その後尾崎は，中国問題の高名な評論家としての地位を築く一方，昭和研究会に入会，37年第1次近衛文麿内閣のもとで内閣嘱託を務めるなど近衛のブレーンとして活躍し，近衛内閣退陣後は南満州鉄道嘱託となり，諜報活動に従事した。諜報員はゾルゲ以下3名の外国人(ユーゴ人の優秀な無線技師も)，日本人13名。その情報網は政界上層，ジャーナリストから右翼や無産団体の一部にまで及んだ。

3．シベリア抑留[脚注3]

(1) シベリア抑留― いま問われるもの

　満州事変，日中戦争，大平洋戦争と続いた日本の「15年戦争」はアジア各国に多くの惨禍をもたらしただけでなく，日本国民にも今日なお癒えることのない傷跡を残している。64万の日本将兵が，ホツダム宣言という無条件降伏を

脚注2) 加藤哲郎『ゾルゲ事件』平凡社新書，2014年。三宅正樹『スターリンの対日情報工作』平凡社新書，2010年。川端香男里他監修『ロシア・ソ連を知る事典』平凡社，1994年。稲子恒夫編著『ロシアの20世紀』東洋書店，2007年。
脚注3) 堀江則雄『シベリア抑留―いま問われるもの―』東洋書店，2001年。

受け入れたのにかかわらず，ソ連に戦争捕虜として零下40度も珍しくないシベリアに連行され，ほとんどの人が強制労働を強いられ，6万の人が帰らぬ人となった。黒柳徹子さんや松島トモ子さんの父君や演歌歌手の故三波春夫がそうであった。黒柳さんの父君や三波春夫は過酷な体験をしたが無事に日本へ帰国した。松島さんは，かつてライオンに首を嚙まれ，瀕死の重傷を負ったが，シベリアで亡くなった父君の御霊が，命を救ったのかもしれない。

(2) 国際法違反

　ソ連は1945年8月8日午後11時（日本時間），米英両国とのヤルタ協定に基づき，対日宣戦通告を行い，マリノフスキー元帥を総司令官とする極東ソ連軍はその1時間足らず後の翌9日午前零時（同），満州の関東軍に対する電撃的攻撃を開始した。その後，北朝鮮，樺太（サハリン），千島の日本軍への攻撃を始めた（このソ連の攻撃で，日本軍は8万人の戦死者を出した）。この攻勢は日本がポツダム宣言を受諾した8月14日以降も続いて，ほぼ全域を制圧し，9月1日には北海道の一部である歯舞，色丹を占領，9月21日の東京湾上のミズリー号での日本の無条件降伏調印後も，9月5日まで国後，択捉は，樺太方面から来たソ連の部隊によって，軍事占領による既成事実が作り上げられた。

　当時，日ソ間には日ソ中立条約が存在したが，スターリンはその国際条約も無視した。ソ連は45年4月5日に日ソ中立条約の破棄を通告したが，同条約はその1年後の46年4月5日まで有効だった。ソ連の対日参戦を取り決めたヤルタ協定は，このことを百も承知の上で取り結んだものだった。ソ連軍が60余万の日本軍将兵を自国領土に捕虜として連行し，長期間にわたり強制労働を強いたのは，連合国のポツダム宣言に真っ向から違反した行為である。ポツダム宣言第9項「日本国軍隊は完全に武装を解除せられたる後，各自の家庭に復帰し平和的かつ生産的の生活を営むの機会を得しめらるべし」と明記しており，ソ連もこれに参加し，日本も受諾した宣言が完全に無視されたのである。捕虜に関する国際条約であるジュネーブ条約（1949年）の第118条「捕虜は，実際の敵対行為が終了した後遅滞なく解放し，かつ，送還しなければならない」という規定に違反している。

（3）ソ連に抑留された軍事捕虜の国別内訳（1941 年 6 月〜 45 年 9 月）

独の 239 万人，日本の 64 万人，ハンガリー 51 万人，ルーマニア 18 万人，墺 15 万人等の 24 カ国，417 万人にのぼった（表 1.3.9 参照）。スターリンの計画経済の一貫として，この捕虜の強制労働が組み入れられていた。

（4）捕虜に対する日本の当時の考え

『日本の兵士, 若い士官の心得』〔戦陣訓〕の中で，日本の軍事・政治指導部は「戦場で死ぬることは軍人の義務」と規定。東京裁判で東条英機が何度も証言しているとおり，捕虜に対する日本人の態度は欧米人の態度と異なり，遠い昔より，日本人は捕虜になって降伏することを恥ずべきことと見なした。従って，全兵士は，死に赴く命令を受け，決して捕虜にならないのである。「生きて虜囚の辱めを受けず」の戦陣訓が生きており，玉砕戦法，自決にいたっている。

（5）捕虜と抑留

日本は，「捕虜」という言葉を意識的に避け，「抑留」としている。抑留はフランス語の「interner」から生まれたもので，「定住」を意味する。国際法では，抑留は，<u>「軍人でない市民の一方側の戦闘国による強制的な他の戦闘国或いは中立国による戦闘軍人による拘束</u>」である（『軍事百科事典』モスクワ，1986 年，293 頁）。

（6）棄兵・棄民政策と関東軍重要文書

関東軍とソ連との秘密文書がソ連崩壊後出てきた。8 月 26 日付の日本大本営朝枝繁春参謀の「関東軍方面停戦状況ニ関スル実現報告」と，8 月 29 日付の同報告に対する秦総参謀長の「同意見所見」，8 月 26 日付の関東軍総司令官部の「ワシレフスキー元帥ニ対スル報告」。「実現報告」「同意所見」もソ連側に提出されており，「ワ元帥報告」は山田関東軍総司令官の決裁を受けた極東ソ連軍の最高司令官にあてた陳情書である。これらの文書から，日本の大本営と関東軍は武装解除された日本軍の将兵と民間人をソ連軍の労働使役に従事させるよう申し出ており，満州等大陸に残留する日本人の国籍変更についてまで容認していたのである。

（7）二重苦（酷寒，飢餓，重労働）

シベリアの酷寒は満州以上で，零下 40 度を越すことも度々。防寒服，防寒靴も貧弱，日本人はこんな寒さに慣れていない。1 日の食料は，貧弱な黒パン

表 1.3.10　ソ連に抑留された軍事捕虜の国別内訳（1941年6月〜45年9月）

ド　イ　ツ	2,389,560
日　　　本	639,365
ハンガリー	513,767
ルーマニア	187,370
オーストリア	156,682
チェコスロバキア	69,977
ポーランド	60,280
イ　タ　リ　ア	48,957
フ　ラ　ン　ス	23,136
ユーゴスラビア	21,822
モ　ル　ダ　ビ　ア	14,129
中　　　国	12,928
コ　　ダ　　ヤ	10,173
朝　　　鮮	7,785
オ　ラ　ン　ダ	4,729
モ　ン　ゴ　ル	3,608
フィンランド	2,377
ベ　ル　ギ　ー	2,010
ルクセンブルグ	1,652
オランダ・ダッチ	457
ス　ペ　イ　ン	452
ジ　プ　シ　ー	383
ノ　ル　ウ　ェ　ー	101
ス　ウ　ェ　ー　デ　ン	72
24ヵ国　合　国	4,172,042人

出所）堀江則雄『シベリア抑留』12頁

表 1.3.9　抑留者の数

ソ連内務省次官に対する
ソ連内務省軍事捕虜・抑留者担当総局からの報告

		1 日本人	2 中国人	3 朝鮮人	4 モンゴル人	5 満州人	6 ロシア人	7 マレー人	合計
軍事捕虜把捉総数		609,448	15,934	10,206	3,633	486	58	11	639,776
内訳	将官	163	24	1	3	-	-	-	191
	上・下級将校	26,573	8	1	1	-	-	-	26,583
	下士官・兵卒	582,712	15,402	10,204	3,629	486	58	11	613,002
解放・総計		546,752	15,796	10,134	3,629	486	58	11	576,886
内訳	将官	112	24	1	2	-	-	-	138
	上・下級将校	25,728	3	1	1	-	-	-	25,733
本国帰還	下士官・兵卒	(a)20,912	15,796	10,133	3,626	486	58	11	(a)20,995
									(a)は不明
死亡	合計	61,855	138	71	4	-	-	-	62,068
内訳	将官	31	-	-	1	-	-	-	32
	上・下級将校	607	5	-	-	-	-	-	612
	下士官・兵卒	61,217	133	71	3	-	-	-	61,424
56.10.13拘禁終結	合計	841	-	1	-	-	-	-	842
内訳	将官	20	-	1	-	-	-	-	21
	上・下級将校	238	-	-	-	-	-	-	238
	下士官・兵卒	583	-	-	-	-	-	-	583

注　日本軍捕虜抑留の極秘指令

スターリンが早くから、かなり入念に日本軍捕虜の抑留・強制労働を計画していた決定的証拠が有る。日本が無条件降伏を表明してから八日目の八月二三日、国家防衛委員会議長スターリンの名で出された「日本軍捕虜五〇万人の受け入れ、配置、労働利用について」という極秘指令である。この極秘指令に従って、満州、北朝鮮、樺太、千島の中間終結地に武装解除・終結させられていた日本軍将兵は移動を開始、同じ八月の末にはソ連領へ進駐する作業大隊が有ったほどとの迅速さで移動作業が続けられたのである。

出所）堀江則雄『シベリア抑留』31頁

300 グラムと茶碗一杯の粥だけで，慢性的な栄養不足，飢餓地獄。銃剣をもった警備兵の監視下の重労働で，ノルマ未達成だと，劣悪な食料がカットされた。鉄道建設では，枕木 1 本に人柱 1 本が立ったと云われた。日本軍隊の厳格な階級制度が下級兵士に取り分け過酷な条件を強いた。捕虜という屈辱的運命を背負わされ，帰国の希望がもてないまま，精神的に追い詰められた。念願の帰国者も，米占領下の日本では，「思想調査」が行われ，就職，生活再建にも言われなき差別が待ち受けていた。

(8) スターリンのシベリア抑留の決定

ソ連が崩壊して，今まで秘密となっていた，ソ連側の情報が分かってきた。45 年 2 月のヤルタ協定で，米国フランクリン・ルーズベルト大統領は，スターリンに，対日参戦の見返りに領土要求を満たす必要性があった。米国が当初考えていた案は，米ソによる日本の分割占領案で，ソ連軍はクリル列島，北海道，本州東北地方となっていた。日本占領をソ連にも負わすことにより，占領コストを半減できる利点。しかし，ル大統領が 4 月 12 日病死し，反共主義のトルーマン大統領に替わると，ソ連の 8 月 18 日予定の北海道上陸作戦の撤回となり，その報復として，日本人の捕虜による強制労働（シベリア抑留）となった。米ソ冷戦構造の結果であるが，どちらに転んでも日本にとって不幸だった。

4. 極東経済[脚注4)]

極東とは，ヨーロッパから見て，東の外れを指す。帝政ロシアによってユーラシア大陸の東の外れまで，開発された歴史がある。極東は，ロシアの行政区域でいうと，沿海地方，サハリン，カムチャッカを含む 621 万平方メートル（日本の 16 倍）の地域を指し，人口は 763 万人（95 年，全ロシア人口の 5%）である。91 年 800 万人をピークに 92 年より人口流出が続いている。

極東は，自然条件が厳しいので，人口が少ない。人口密度は 1.3 人 / 平方キロであり，そのため労働力不足になる。そこで，僻地手当等で住民を優遇する必要がある。また国土の 90% 以上が凍土であり，農産物の自給は困難である。

脚注 4)　木村武雄『経済体制と経済政策』120–125 頁。

図 1.3.7 極東ロシア

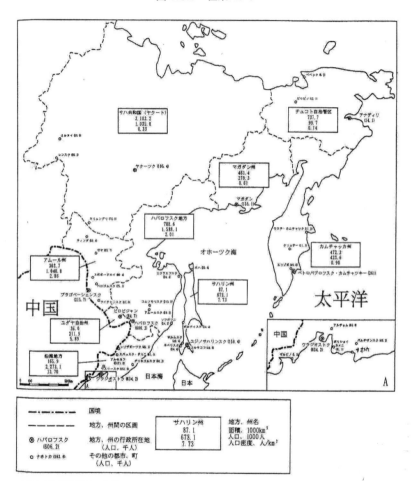

1. 都市人口は1994年1月1日現在。
   （出所）ロシア国家統計委員会『ロシア連邦の都市、村、地区別人口』より作成。
2. 州、地方の面積と人口は1995年1月1日現在。

出所）環日本海経済研究所編『北東アジア』毎日新聞社，1996年。

(1) 地域の人口構成

①沿海地方 227 万人（ウラジオストック（65 万人）），②ハバロフスク地方 158 万人（ハバロフスク（61 万人）），③サハ（ヤクート）共和国 104 万人（ヤクーツク（119 万人）），④アムール州 104 万人（ブラコベーシェンスク（22 万人）），⑤サハリン州 67 万人（ユジノサハリンスク（16 万人）），⑥カムチャッカ州 42 万人，⑦マガダン州 27 万人，⑧ユダヤ自治州 21 万人，⑨チェコト自治管区 9 万人。（極東地域の内訳；共和国 1，自治州 1，地方 2，州 4，自治管区 1）

なお，イルクーツク州は，東シベリアに含まれる。

(2) 極東地域の経済状況

ロシア科学アカデミーによると，2006 年のロシア極東の地域総生産（GRP）は前年比 3.9% 増となった。成長は継続しているが，GRP の伸び率は 4 年連続で減少しており，ロシア全体の実質 GDP の成長率との拡差は増大している。

体制転換前は，僻地なので，中央政府の厚い支援があった。優遇賃金により人口（特に若年層）が他地域から流入し，冷戦下においては，重要な軍事拠点であったこともあり，ソ連崩壊前まで，毎年ソ連邦全体より高い成長率（1 ～ 2%）で人口が増加した。しかしながら，体制転換直後の 92 ～ 94 年に掛けて，国内運賃（94 年最初の 8 カ月で 6 倍）や燃料エネルギー価格が高騰し，産業の生産が低下した。これらの産業の産出物と交換で得られる筈の国内物資が入荷されなくなった。財政赤字に苦しむ中央政府が，地方への補助金をカットしたことも追い討ちを掛けた。その結果，極東政府は外国貿易に活路を見いだすしか方法が無かった。極東の貿易は，ソ連邦崩壊後，太平洋を中心に拡大傾向にあり，95 年には輸出が 24 億ドル，輸入が 16 億ドルに達した。

92 ～ 95 年のこの地方の輸出の半分は日本向けで，特に海老・蟹の海産物が多かった。92 ～ 93 年の輸入の半分は，中国が占めていたが，中国商人に対する入国規制による国境貿易の低迷で，94 年以降は，米国，韓国，日本，中国の 4 国が 10 ～ 20% 台で推移している。食料品と消費物資が輸入の半分を占めている。

(3) 資源開発

　極東地方が経済的に自立するためには，豊富な天然資源を活用するしかない。そのためには，外資を引きつける投資に関する法律が必要であるが，1995 年 12 月に生産分与法（Production sharing）が成立した。現在，極東地区には，3 つの大きな国際的プロジェクトが進行している。それはサハリン I 〜 III グループである。

〔サハリン I〕

　これは日本が官民出資している SODECO（サハリン石油ガス開発），エクソン等の日米露 4 社連合のプロジェクトである。1995 年に PS 契約調印し，投資総額は 150 億ドルになる。契約の発効は 97 年 6 月 29 日で，事業開始は 96 年 6 月である。石油埋蔵量は 25 億バーレル（3.6 億トン），天然ガスは 4,200 億 m^3。鉱区はオドウド，チャイウオ，アレクトン・タギの 3 鉱区である。

〔サハリン II〕

　これは三井物産，三菱商事，ロイヤル・ダッチ・シェル等の日米欧 5 社連合のプロジェクトで 1994 年 6 月に PS 契約した。総額 100 億ドルの投資である。契約発行は 96 年 5 月 22 日で，事業開始も同時，97 年に開発を開始し，99 年に生産開始の予定である。石油埋蔵量は 7.5 億バーレル（約 1 億トン），天然ガスは 4,000 億 m^3。鉱区はピストン・アストフ，ルシスンコの 2 鉱区である。

〔サハリン III〕

　これはモービル，テキサコ，エクソン（米系メジャー国際石油資本）の企業連合であり 1996 年 5 月 29 日に PS 契約し，97 年より採掘を開始。1.5 億ドルの投資額で，鉱区はサハリン I 及び II を取り囲む北東海域である。

　参考までに，93 年度の日本の原油総輸入量は 2.1 億トン，93 年同天然ガス 520 億 m^3 である。

　その他の資源は以下のとおり。

○石炭

ロシア全体の埋蔵量	2,011 億トン	（世界 2 位）
内　　　　極東	200	（94 年生産）

内	サハ	93	1,140万トン
	アムール	39	430
	沿海地方	27	1,000

（日本93年1.1億トン石炭輸入〔無煙炭・瀝青炭のみ〕）

○金

	極東	ロシア全土
93年	90トン	
94年	83トン /	132トン
	63%　←（サハ）	

○ダイヤモンド

ロシアは世界最大の埋蔵量を誇る。そして，その98％がサハにある。

〔ザルビノ港開発〕

ザルビノ港開発のプロジェクトは，総合商社を含む日本の企業17社，さらに新潟県などの自治体が参加し，「ザルビノFS（Feaslbility Study: 事業化調査）実施協議会」として，1996年4月に発足した。予算総額は2.4億米ドルである。

97年に開発に着手し，2005年までに施設を整備し，取扱い能力を現行の120万トンから297万トンにアップすることを目標としている。

また中国吉林までの鉄道整備も予定されており，それによって吉林－ザルビノ間の距離は15kmとなる。交通の便は圧倒的に良くなる。

(4) 資源開発の問題点

ロシア資源開発の問題点は次の7点に集約される。①政府は国内外の投資家に対して平等ではない。②PS法で税免除されるものが，現行税制では税免除になっていない等の国内法の未整備がある。③パイプラインの使用料が安定的なものになっていない。④石油，電力料金はコストを反映していない料金設定である。⑤資源利権が有力な政治家の対立の構図を反映しており，将来一方に加担した方がその抗争に捲き込まれ汚職で摘発される危険性がある。⑥国と地方両政府に許認可を取る必要があり，その事務量も膨大である。サハリンI

では 1,038 件の許認可が必要だった。⑦将来，ロシアが約束を反故にする可能性がある。日本が，ソ連から合法的に買収した満鉄を日ソ中立条約を促した戦争で奪取し，無償で中国側に譲渡した。

5.　北方領土 ^{脚注5)}

(1) 北方領土とは

　北方領土とは，国後，択捉，色丹，歯舞群島を指す。総面積は 4,996km^2（千葉県とほぼ同じ），人口は終戦時 1 万 6,700 人，1991 年 1 月 1 日現在，行政上「クリリスク区域」に入る択捉は 1 万 1,100 人，「ユジノクリリスク地区」の行政地区に入る国後，色丹，歯舞群島は合わせて 1 万 3,000 人である。歯舞群島は国家保安局 KGB に所属する国境警備隊が駐留しており，民間人はいない。主な都市人口は国後のユジノクリリスク 6,500 人他である。90 年夏における北方 4 島の現状は次のとおりである。

　①軍事施設内は別として舗装道路はない。②町中に深さ百メートル程度の共同井戸があり，それにより各住宅に給水している。郊外はすべて井戸を使用している。③電話は 1,500 台あり，すべてダイヤル式。④労働者の給料は，安定政策としての僻地手当で，同種，同条件のモスクワの 2.8 倍である。⑤主要産業は漁業でサケ・マスの養殖が中心。農業は，芋，人参，林檎，梨などがある。⑥島には，温泉が 2 カ所ある。鉄道はない。⑦国後，択捉には，それぞれ軍民兼用の飛行場がある。サハリンの州都ユジノサハリンスクから日曜を除く毎日プロペラ機(40 人乗り)が運航している。軍備は地上軍が 8,000 人(3 島に師団規模)，ミグ 23 約 40 機(択捉島)，攻撃ヘリ 10 機(同)，国境警備隊 3,000 人で，輸送機・ヘリ数機，警備艇十数隻である。96 年 3 月 20 日プリマコフ外相は北方領土の兵力は 3,500 人と明言した。

(2) 北方 4 島の動向

　94 年 10 月 4 日，北海道東方沖地震が発生し，死者 8 人の犠牲を出した。95 年 5 月 27 日にはサハリン地震があり，死者 1,989 名以上というぅ大惨事に

脚注5)　本村武雄『経済体制と経済政策』125-130 頁。

図1.3.8　北方領土

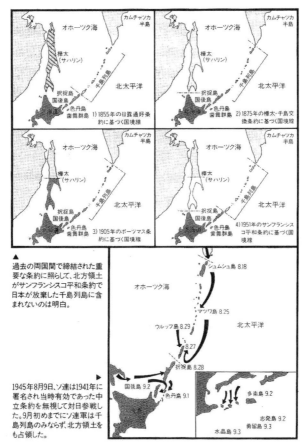

出所）外務省大臣官房国内広報課『われらの北方領土』1995年版。

なった。

　冷戦の終結は兵力削減をもたらし，それによる経済的零落が起こった。予算削減や市場経済化により，軍需経済に頼っていた住民の生活は困窮した。

　97年5月12日，ロシア政府は国後島へのインフラ援助として，94年の地震で崩壊した数百トン規模の中型船舶が利用可能な船着場を再建した。人道援助の枠内での援助であった。

(3) 日露間の条約に関する歴史的展望

1855年日露通好条約が締結され，樺太は両国の共同領有になった。千島列島において，択捉島及びそれ以南を日本領，ウルップ島及びそれ以北をロシア領とした。日本はロシアに対して，箱館(函館)，下田，長崎を開港した。

1875年千島・樺太交換条約締結(サンクト・ペテルブルク条約)。

1904～5年日露戦争，1905年日露講和（ポーツマス）条約締結。北緯50度以南の南樺太が日本領となった。1918～25年シベリア出兵，38年張鼓峰事件，39年5月ノモンハン事件。

1939年8月独ソ不可侵条約締結，9月第二次世界大戦勃発。

1941年4月13日日ソ中立条約締結。第1条で相互の領土不可侵，第2条で相手国が第三国に軍事行動を起こした場合，中立を守ることを確認。5年間有効とした(46年4月25日に失効した)。6月独ソ戦開始。

1941年11月26日択捉島の単冠湾（ひとかっぷ）より，6隻の空母（戦闘機・爆撃機350機搭載）を中心とする連合艦隊が12月8日の真珠湾攻撃に向けて出発した[脚注6]。太平洋戦争勃発(～45年)。

1945年2月ヤルタ秘密協定。米，英，ソ連が署名。「ソ連，米，英は，ドイツ降伏後，3カ月後，日本にソ連が左記の条件で，参戦することを決めた」。これには日本領になっている南樺太と隣接諸島のソ連への返還，千島列島の引渡しも含まれていた。4月5日ソ連が日ソ中立条約，不延長通告。5月7日ドイツ降伏，8月14日日本ポツダム宣言受諾，日本軍の無条件降伏。15日ソ連軍司令部は千島侵攻作戦を開始，進駐でなく戦闘攻撃命令であった。カムチャッカ半島のロパートカ岬から，占守島（しゃむしゅ）を砲撃して南下し，8月27日ウルップ島まで来て反転し，一時北方に引き上げた。当時の千島師団の作戦参謀が，ソ連軍の参謀に尋ねたところ，択捉島以南はアメリカ担当地区と答えたという。その後，択捉，国後は，これより少し遅れて，新たに樺太方面からの別部隊が占領し，軍事占領による既成事実を作りあげた（9月5日完了，9月2日，日本降伏文書に署名）。ソ連

脚注6) 江口圭一『大系 日本の歴史⑭　2つの戦争』小学館，1993年。ゴードン・プランゲ，千早正隆訳『トラトラトラ』リーダーズダイジェスト社，1969年。

はトルーマン大統領に留萌と釧路を結ぶ北海道の北半分の割譲を千島列島ととも
もに要求した。

　1951 年 9 月サンフランシスコ平和条約（ソ連は調印せず）。同第 2 条 C 項に，
日本が放棄した「千島列島」に北方 4 島は含まれないと銘記されていた。 日本
政府のとった立場は① 1875 年の樺太・千島交換条約でも， 千島列島に北方 4
島が含まれていない， ②カイロ宣言の領土不拡大原則を踏まえれば， 千島列島
の範囲の拡大は認められない， というものであった。 さらに③ 57 年 5 月 23
日付けソ連政府宛書簡で米国は「ヤルタ協定」「サンフランシスコ平和条約」にい
う千島列島には， 北方 4 島は含まれていないことを言明。 また， ソ連は平和
条約を調印しておらず， 何らの権利を主張しうる法的地位はない。これに対し
て， ソ連政府は，「千島」には北方 4 島を含むとしている。

　1956 年 10 月日ソ共同宣言。両国は歯舞・色丹の返還に同意， 国後・択捉は，
平和条約締結交渉に待つという相互了解に至った。当時国内は鳩山派（2 島返
還）と（米国国務長官ダレスから圧力が掛かった）吉田派（4 島返還）に二分されてい
た。これをソ連に見透かされ， 日本側が譲歩 した。同年 12 月 日本は国連に
加盟した。

　1960 年 1 月 新日米安保条約調印。グロムイコ外相は， 非難の対日覚書を送った。

　1973 年 10 月田中首相訪ソ。ブレジネフ書記長は戦後未解決の諸問題に北方
領土問題があることを認めた。

　1991 年 4 月海部首相とゴルバチョフ大統領による日ソ共同声明。玉虫色の決
着であった。主な内容は①領土問題の存在を認める。②歯舞・色丹， 国後・択捉
が領土問題に含まれ， それを前提に平和条約を締結する， というものだが， 56
年の共同宣言の再確認はできず， 間接的表現にとどまり， 2 島返還， 4 島返還の
潜在主権も認められなかった。原因のひとつにはゴルバチョフ政権の国内基盤
の弱さもあった。

　1993 年 10 月 11 ～ 13 日エリツィン大統領は「日露関係に関する東京宣言」
において領土の対象が当該 4 島の帰属問題と明記し，「両国が合意した文書」
と「法と正義の原則」を基盤に平和条約の早期締結へ向けて交渉を継続する旨を

盛り込んだ。また日本と旧ソ連が結んだ「全ての条約，その他の国際約束」の有効性を確認，大統領は署名後の記者会見で，この「国際約束」のなかには色丹・歯舞2島の返還を明記した1956年の日ソ共同宣言が含まれることを明言した。

96年10月22日ロシアは，領土問題を棚上げにして，北方領土を共同開発するフォークランド方式（英領フォークランドをアルゼンチンと英国が共同開発する）を提案した。

96年12月6日エストニアはEU，NATO加盟を優先し，ロシアに対して領土問題で大幅に譲歩した。これはロシアの極右派を勢いづかせ，日本にとっては不利な材料となった。

96年末北方領土周辺水域での日本漁船の安全操業枠組み協定が妥結した。

97年11月エリツィン・橋本のクラスノヤルスク合意（2000年までに平和条約を締結）。

98年1月23日ロシアが「北方4島での共同経済活動」を提案した。2月中旬，モスクワで投資保護協定の締結交渉が開始された。

(4) 北方領土の現況

北方領土の現況について，やや悲観的に展望すれば，領土の固定化と問題の後退が指摘できるかもしれない。以下，ポイントを整理してみよう。

①北方領土への外国企業の進出が顕著になった。香港，ドイツ，韓国等の企業家が，国後，択捉，色丹等に魚類加工や観光等の目的で設備を建設し，既成事実化が進んでいる。（またロシア・マフィアが返還を睨んで，既得権確保のため，北方領土に進出している）

②北方領土周辺海域で国境警備隊の警戒が，冷戦下より厳しく，日本漁船の越境操業に対してだ捕や威嚇射撃といった強硬姿勢を打ち出している。

③北方領土問題で日本が国際社会の理解を得るのは難しくなってきている。

(5) 日本政府の努力

北方領土に関する日本政府の動向を以下のように整理してみた。

①北方領土問題解決促進特別措置法が82年8月成立し，83年4月1日施行された。これにより国後，色丹，択捉3島の戸籍事務掌握者を根室市長（歯

舞群島はすでに実施済）とし，北方領土内に限らず日本人なら誰でも本籍地を移せることとなった。日本政府の目的は，（1）返還の世論作り，（2）元島民援助の充実，（3)北方領土隣接地域の振興，にある。

　②北方墓参に関しては，64 〜 75 年にかけて実施され，10 年間のブランクの後 86 年 8 月歯舞・色丹，89 年国後，90 年択捉と再開された。

　③北方 4 島ビザなし渡航が実現された。91 年ゴルバチョフ合意に基づき，92 年 4 月ロシア側，同 5 月日本側(旧島民，返還運動関係者，報道陣)ビザなし渡航を実施した。

【参考文献】

1.　井口和起『日露戦争 世界史から見た「坂の上」』東洋書店，2005 年。
2.　石井修『国際政治史としての 20 世紀』有信堂，2000 年。
3.　稲葉千春『暴かれた開戦の真実：日露戦争』東洋書店，2002 年。
4.　小山勝清『明石大佐とロンア革命』原書房，1984 年。
5.　塩崎智『日露戦争もう一つの戦い—アメリカ世論を動かした 5 人の英語名人』祥伝社新書，2006 年。
6.　外川継男『ロンアとソ連邦』講談社学術文庫，1991 年。
7.　『新詳世界史図説』浜島書店，2003 年改訂版(初版 1993 年)。
8.　『ネール自伝』
9.　平塚柾緒『図説 日露戦争』河出書房新社，1999 年。
10. 松村正義『日露戦争 100 年—新しい発見を求めて—』成文社，2003 年。
11. 児島襄『日露戦争(全 5 巻)』文藝春秋，1990 年 7 月。小説。
12. 司馬遼太郎『坂の上の雲』文藝春秋，1969 年。小説。
13. 後藤寿一監修『図解早分かり近現代史』PHP 研究所。
14. 露版『露日戦争』2006.[В.В. ГлушковИ.Т.Д., Русско—японская　война 1904-1905{ г. Москва：Ин ститут руссиискои инстории, 2006.
15. デーベー・パヴロフ他，左近毅訳『日露戦争の秘密』成文社，1994 年，[Д.Б.Павлов и.т.д., Тайны русско—японской война Москва:Прогресс, 1933]
16. 斎藤六郎『シベリア捕虜志』波書房。
17. 堀江則雄『シベリア抑留— いま問われるもの—』東洋書店，2001 年。
18. エレーナ・カタソノワ，臼井久也訳『関東軍兵士はなぜシベリアに抑留されたか』社会評論社，2004 年。[Епена Леонидовна Катасонова, Японские военнопленныев СССР：Большая игра вельких держав]
19. 小川和男他著『環日本海経済圏とロンア極東開発』ジェトロ，1994 年。

20. 環日本海経済研究所編『北東アジア』毎日新聞社，1996 年。
21. 環日本海経済研究所編『ロシア極東バイカル地域長期発展プログラム』1997 年。
22. 『ジェトロ貿易投資白書 2007 年版』2007 年。
23. 日本国際問題研究所『ロシア連邦極東研究』平成 6 年度外務省委託研究報告書，1995 年。
24. 北海道北方博物館交流協会編『20 世紀の夜明けの沿海州』北海道新聞社，2000 年。
25. ロシア科学アカデミー極東支部歴史・考古・民族学研究所編，村上昌敬訳『ロシア沿海地方の歴史』明石書店，2003 年。
26. John Channon, The Penguin Historical Atlas of Russia, 1995.
27. M.S. ヴィフーコフ他，板橋政樹訳『サハリンの歴史』北海道撮影社，2000 年。
28. ボリス・スラヴィンスキー，加藤幸廣訳『千島占領』共同通信社，1993 年。
29. ビースボート北方四島取材班編『北方四島ガイドブック』第三書館，1993 年。
30. 和田春樹『北方領土問題』朝日新聞社，1999 年。

第 5 節　ポーランド文化 [100]

　ポーランド史を展望すると，現在のポーランド国民がもっている問題意識はとても重要である [101]。それは「過去においてポーランドが，欧州の大国であった」という矜持であり，「ポーランド人にとって政治が優先する」ということを意味している。この民族意識は 5 つの視点（テーマ）に辿り着く。つまり「欧州の砦」，「コスモポリタン的性格」，「シュラフタ民主主義 [102]」，「キリスト教（カトリック）」と地政学的な「独露の間」である。

1.　ミェシュコ 1 世の洗礼 [103]

　西スラヴ人のポーランド地域には，いくつかの部族同盟が存在した。877 年頃マウォポルスカ地方のヴィスワ族が大モラヴィア国に征服された後，政治的統一の中心となったのは，ヴィエルコポルスカ地方のポラニ族である。その君主，ミェシュコ 1 世 Mieszko I（在位 960 頃 -992）の名が初めて歴史に登場するのは 963 年である。彼は，交易路との関連で，バルト海へ勢力拡大を図り，ゲルマン族の国神聖ローマ帝国に対抗するため，965 年同じ西スラヴ族のボヘミア侯ボレスラフ 1 世 Boleslav I（在位 929- 967）と同盟を結んだ。

　当時，955 年にレヒフェルトの戦いでハンガリー人を敗ったドイツ国王オットー 1 世 Otto I (在位 936-973) は，戦勝で確立した権威を背景に，962 年ローマ皇帝の地位に就いた。すなわち，神聖ローマ帝国の成立である。また，同じ年，スラヴ人に対する布教の根拠地としてマグデブルクに大司教座の設置が認められていた。ポーランドにとって，西方からの脅威であった。

　ミェシュコ 1 世は，965 年にボヘミアのボレスラフ 1 世の娘ドゥヴラフカを妃に迎えた。キリスト教徒であった妻の感化やドイツ人宣教師の影響により，翌 966 年に洗礼した。その結果，彼は文明世界の君主としての地位を得て，ザクセン家のオットー大帝と友好関係を築くことができた。しかし改宗に際しては，彼は明らかにザクセン系の聖職者の影響下に入ることを避けている[104]。ザクセンの聖職者は，当時，東方のスラヴへの布教を目的としてマグデブルク大司教座の設置 (968 年) を準備していたが，ミェシュコは，おそらく，ザクセンと対立関係にあったと思われるバイエルンの聖職者から洗礼を受けた。また，968 年にポズナニに設置された司教座はローマに直属し，991 年には教皇に臣従の文書を提出した。当時の教会は国家機関の一部であった。ミェシュコの周到な教会政策には，神聖ローマ帝国への配慮とともに，帝国から独立性を守ろうとする意図を窺うことができる。ポラニの国がこのように比較的自由な外交を展開できた理由の 1 つ には，エルベ川とオドラ川の間に原始宗教に留まる西スラヴ系の部族連合が存在し，皇帝はその戦いのためにミェシュコの協力を必要としたことがあったからである。

　ミェシュコの息子，勇敢王ボレスワフ 1 世 BoleslaW I Chrobry (在位 992-1025) は，父の意志を継いでポーランド統一の事業を推進した。彼はオドラ川西岸のルサチア地方からモラビア地方までポーランドの版図を拡張した。また紀元 1000 年にはグニエズノ大司教座を置き，神聖ローマ帝国から宗教的独立を果たした。グニエズノ大司教座は，今日でもポーランド教会の首座司教座となっている[105]。

　以後のポーランド史において，「キリスト教 (カトリック)」の存在がいかに大きいかが理解できると思う。

2.　強国ハンガリーとモンゴル来襲（13世紀中葉）[106]

　1240年11月モンゴルの将軍バトゥはキエフ公国（ロシア）を撃破し，その支配下に置いた（以後1480年まで，ロシアは「タタールの軛（くびき）」というモンゴル支配が続く）。モンゴル軍に敗れた（黒海北岸の）クマン人とロシア人の諸公をハンガリーとポーランドが受け入れたことが，両国に対するモンゴル軍の侵略の理由であった（侵略原因であった当のクマン人はモンゴル侵入直前ブルガリアへ去った[107]。）翌年レグニツァ（Legnica，別名ヴァールシュタット，Wahlstatt戦場の町。現シロンスク[108]，Śląsk）の戦いで，シロンスク公ヘンリク2世敬虔王Henryk Ⅱ Pobożny（在位1238–1241）のポーランド・ドイツ軍が完敗した。ヘンリク2世は麾下のチュートン騎士団長・団員9名を含む500名の重騎兵とともに戦死した[109]。ハンガリー王ベーラ4世Béla Ⅳ（在位1235–1270，クロアチア王としては3世）を追って，ダルマチア沿岸に達した時，本国の大ハン（大汗）オゴタイの訃報に接したバトゥは42年3月全軍に本国帰還を命じた。モンゴル軍はロシア以西の全占領地（ブルガリアとモルダヴィアに太守を残したのを例外に[110]）を放棄して撤退し，翌年，黒海北岸のサライに都してキプチャク汗国を樹立した。その後，欧州は何回か侵略を受けたが，当時の強国ハンガリー（アドリア海沿岸地方も版図）とポーランドがバトゥの侵攻を辛うじて食い止め，欧州への侵略は止まった。これらのことが，ポーランドが欧州のキリスト教国として，「欧州の砦」として，欧州を守った[111]という自負となり，ポーランド人の欧州人としての根拠になっている。

　この戦いで，ハンガリーとポーランドは深傷を負ったが，ボヘミア（チェコ）と神聖ローマ帝国（ドイツ）は無傷だった[112]。これを契機にポーランドの国土は荒廃し，人口が減少する。ポーランドの混乱を利用してドイツ人勢力が拡大し，バルト海沿岸地方のポモージェ[113] Pomorze（ポメラニア）は独騎士団により奪われてしまった。

3.　ヘユナル[114]とモンゴル来襲[115]（13世紀中頃）

　Hejnal（ヘユナル）はハンガリー語の「夜明け」に由来し，「起床ラッパ」にまで

意味が拡がった。ポーランド語に採り入れられ，敵に近づいたことを表わす
「ラッパの合図」となった[116]。

　ポーランドの古都クラコフの町の中心にある「聖マリア教会のファンファー
レ」は毎時毎時，昼も夜も，冬も夏も，東西南北に向け，4 回繰り返されるが，
奇妙なことに最後のカデンツで中断する。1241 年か，1259 年に，ひとりの
ラッパ手がモンゴル軍の来襲を告げている最中，敵の矢で喉を射抜かれ，音が
途絶えた。この合図のお蔭で，市民達は逃げられた。そこで，生存者達はこの
町のラッパ手を，永遠に讃えることにした。

　13 世紀の東欧には，チンギス・ハンのモンゴルが，アジアの大草原から嵐
の如く吹き荒れた。始まりは 1207 年，チンギス・ハンの息子ジュチにより
南シベリア，1222 年ザカスカスを略奪しキエフ軍を圧倒，1236 年から 1237
年に掛けてチンギン・ハンの孫バトゥがウラル山脈を越え，リャザニ，ウラジ
ミール公国を経て，モスクワを破壊し尽くした。40 年キエフ，41 年ガリツィ
ア，クラコフが壊滅状態になる。1242 年 4 月 9 日ヘンリク麾下のポーランド
諸侯軍は，シロンスクのレーグニッツア（ヴァールシュタット）で粉砕された。モ
ンゴル兵士は勝利の証として，死体から切り取った右耳の数で，恩賞を授けた。
別の略奪部隊がハンガリーに侵入した。ベーラ 4 世麾下のマジャール軍諸侯
の軍隊は，ティナ川沿岸で，ポーランド軍と同じ運命に見舞われた。その後バ
トゥ軍は東方に引き返したが，1259 年，1287 年に同様の破壊行為があった。
東欧の場合，一時的な侵略に終わったが，それより西のロシアは 250 年間（1243
〜 1480 年）タタールの軛というモンゴル支配が続いた。

4.　コシツェの特権[117]

　その後，ポーランド王国は，カジミェシュ 3 世 Kazimierz Ⅲ（大王，在位
1310–1370）により統一がなされた（33 年）。嫡子に恵まれなかったカジミェ
シュ大王の後を，70 年彼の姉の子に当たるナポリのアンジュー Anjous 家出
身のハンガリー王ラヨシュ 1 世 Lajos I（在位，ハンガリー王 1342- 82，ポーラン
ド王 1370-82）が継ぎ，ヴェンギェルスキー（ハンガリー人の）ルドヴィク Ludwik

Węgierski と称した。ところがルドヴィクも嫡男に恵まれず，彼は娘のいず
れかにポーランド王位を確保すべく，コシツェ（現スロヴァキア）でシュラフタ
(szlachta，貴族) に譲歩し，最初の特権(コシッェの特権, Koszcyki Przywilej)の約
束をした (74 年)。これによりシュラフタは城砦修理義務と鋤税ポラドルネ (土
地 1 ワン＝約 25 ヘクタールにつき 2 グロシュの税) 以外の税負担の一切の国家義務
を免除された。ポーランドは西欧の絶対主義やモスクワの専制主義とは別個の
道(シュラフタ民主主義)を歩んだ。その後次第に国王の権限が弱まるのに反比例
して，貴族の権限が強くなり，それが外国勢力と結託して，最終的にはポーラ
ンド三分割に繋がっていった。

5.　コッグとハンザ同盟 [118]（13 世紀中頃〜 14 世紀）

　「ハンザ同盟」とは中世バルト海を主な領域としたリューベックを盟主とする
ドイツの都市通商連合を指す。12 世紀以降，北海とバルト海を舞台とする遠
隔貿易が隆昌に向かったが，やがてこの方面の貿易に利害関係を有する諸都市
が結束して一つの連合体を形成した。参加都市の増加とともに漸次勢力を高め，
都市連合それ自体が一個の主権体の如くに行動するようになり，諸王国や封建
諸侯と対等に渡り会って商圏を拡大・強化した。遂にデンマーク王国との戦争
に勝利し，1370 年に都市連合側にデンマーク王の継承権まで関与出来る有利
なシュトラーズズント条約を成立させ，ここに最盛期を迎えるに至った。その
後は専ら既得勢力の保持に努めたが，オランダ・英国・ポーランドといった近
世諸国家の台頭とともに次第に勢力を失い，形式的には 17 世紀中頃迄存続し
たとはいえ，16 世紀末には事実上解体した [119]。

　ハンザは組織性に欠けた為，定義によりまちまちだか，一般的に最も多い時
で 200 もの都市がハンザ都市であったと言われる。

　リューベック，ロストフ，ヴィスマールのほか，プロイセン，ポーランド，
バルト三国地方に掛けて，多数のハンザ都市があった。ダンチヒ (現ポーランド
のグダニスク)，リガ(現ラトヴィア)は，中世においてドイツの都市であった。英
国王室等の富裕層や羊毛の産地であるイングランドのロンドン，毛織業のフラ

ンドルのブリュージュ，当時キリスト教徒は一般的に肉を食べなく，主食だっ
たニシンとタラ（そして南仏産塩がその保存用で不可欠），取引としてノルウェー
のベルゲン，（電気がない時代，夜の照明用として）蜜蝋と毛皮の仕入れとしてロ
シアのノヴゴロドの 4 つの対外商館があった。

　当時商業の技術上の 2 つの発見は，船舶を中心とする商業新時代の幕開け
となった。ひとつは羅針盤で，これにより外洋航行が可能になり，目的地への
最短距離が分かり，かなりの節約になった [120]。

　ハンザの成功のもうひとつは，船の大きさによる [121]。デーン人の船はバイ
キングの伝統として小さく，どこの岸にも接岸できた。これに対してハンザの
cog は下層が膨れた構造で，帆船なので燃料費が殆ど掛からず，海賊船と比べ
て 10 倍の積み荷が可能であった。cog の積載物は他に，スウェーデン産の銅，
プロイセン産の小麦やライ麦があった。穀物の産地は当時ドイツ騎士団に属し
ていた領地にあった。14 世紀では，穀物販売からの利益が，ドイツ騎士団の
主要な収入源となった。その主要な役割はハンザがおい，バルト海商品で最も
古い，琥珀取引の権利も握っていた [122]。

　ハンザ取引は，中世独の活力源として象徴的証拠である。しかしながら，イタ
リア商業と比べると，ハンザ取引は慎ましい部類に入る。ジェノア（ジェノバ）の
取引はリューベック取引の 10 倍もあり，この水準で取引している 4 つのイタリ
アの都市のひとつに過ぎないからである。イタリア経済はドイツのそれより先行
しており，より高い水準からスタートして，莫大な取引量に達していた [123]。

　ハンザの取扱い商品は，毛織物，穀物，木材，海産物，塩等の日常生活必需
品を主に扱う点に特色を有し，東洋産の香料，宝石等珍奇高価な商品の取引を
もって特徴づけられる中世の地中海貿易とは対照的である [124]。このような商
品の特質により一般大衆を相手にすることから，商品価格は低価で，商品量は
大量に，恒常的に取引が必要とされる。この点でも，王侯貴族を主な顧客とし，
少量で高価な商品を扱い，価格づけも恣意的・投機的色彩の濃い地中海貿易と
は大きく違った。ただ，ハンザ貿易にもひとつだけ例外があり，露産の毛皮が，
かなり占くから英国王室御用達であった。

　ハンザ貿易のこうした庶民性ゆえ，この主体を成したのは堅実な利益を追求する多数の中小商人であった。この点でも政治も財力も欲しいままの少数の特権商人（メディチ家等）を有した地中海貿易とは正反対である。薬の語源となった medicine は，メディチ家に由来することからも分かる。その反面ハンザ圏では銀行業，保険業等が発達せず，恒常的大量取引が展開されたのにも係わらず，取引は原則として現金決済か，せいぜい短期信用取引であって，信用制度は確立しなかった。ここでもまた，各種の商事制度を生み出し，国家への貸付をも含む金融業務を大々的に展開させた地中海貿易圏とは対照的である。英語の bank はイタリア語に由来し，為替手形・複式簿記はこの時イタリアで発達して今日に至っている。

6.　ヤゲウォ朝(ポーランドの黄金期)[125]——コスモポリタン的性格——

　ボスニア太守の娘，エルジュビータを母として生まれた，ハンガリー王ラヨシュ 1 世の末娘ヤドヴィガ Jadwiga（1370–1399，在位 1382–1399）は，1382 年に国王に推挙され，ポーランドと同じくドイツ騎士団の脅威に晒されていたリトアニア大公ヤガイラ（Jogaila）との婚姻が決定された。1386 年ヤガイラ（リトアニア王 1377–1392，ポーランド王 1386–1434）はブワディスワフ 2 世ヤゲウォ Władysław Ⅱ Jagiełło としてポーランド王となり，これが以後 200 年続くポーランドの黄金期・ヤゲウォ朝の始まりとなった。ヤドヴィガは 12 歳で，カトリックに改宗した 31 歳のヤガイラと結婚したが，ポーランドのジャンヌ・ダークと呼ばれている（ジャンヌ・ダークのように国内が戦争状態になった訳でも，殉教死した訳でもないが）。彼女は実際国際政治のパワー・ゲームの人身御供であったかもしれない。しかし彼女の性格的強靱さと国を思う深い愛が，彼女にそれ以上のことをさせた。彼女は生まれながらに王女であり，ハンガリー王ラヨシュと，ボスニア太守の娘であるエルジュビータの娘だった。彼女の父ラヨシュはポーランド王位を継承したが，ポーランドの政治に対して無関心を装っていた。　ポーランド人はラヨシュにポーランド自身の王となるよう，ハンガリー王位を退位するよう迫った。彼自身には息子がいないので，次期のポーラ

ンド王に娘のひとりを据えたいと思っていた。ヤドヴィガは姉の死ともうひと
りの姉のハンガリー王位の継承により，なんなくポーランド王位を継ぐことに
なった。未知の国ポーランドへと，故国ハンガリーを後にしたことは，彼女の
ポーランドに対する最初の献身であった。 リトアニア大公との政略結婚は第
二のそれだった。ポーランドとリトアニアの 2 国の関係強化は，その後 200
年にわたるポーランド帝国の礎に貢献した。彼女のヤガイラとの結婚は彼女の
王権を弱めたけれど，彼女は彼との共同の王であり，彼の最も賢いアドバイザー
だった。彼女の女王として最大の功績は，西国境でチュートン騎士団との戦争
状態を平和的解決へ導き，彼女の偉大な大叔父カジミェシュ大王が創設したク
ラクフ大学を再建したことである。1399 年彼女は男子を出産した。まことに
喜ばしいことで，10 年来でポーランド王位最初の嫡男であった。しかし悲劇
的なことに，ヤドヴィガは出産がもとで死亡し，またその子も生後間もなく亡
くなった。彼女はまだ 29 歳の若さだった [126)]。

　これ以降最盛期のヤゲウォ期 (1386-1572) の支配階層は，ポーランド人，リト
アニア人，ウクライナ人，ドイツ人等の雑多な民族からなっていた。民族を問わ
ず 1 つの政治体制に帰属することが「ポーランド人 (国民の意味を含む)」であるこ
とであった。「ポーランド人」のコスモポリタン的性格は，この時期に形成された。
公用語も長い間ラテン語が用いられた。欧州の中央で，広範囲に渡る共通の政治・
経済体制，いわば小 EU が具現された時代でもあった。ポーランド人の「コスモ
ポリタン的性格」の民族性は，このヤゲウォ朝の時代に形成された。

7.　ポーランド黄金期 [127)] とジグムント 2 世アオグスト [128)] (16 世紀)

　ポーランド = リトアニアは，16 世紀と 17 世紀初期にその黄金期を迎えた。
ヤゲウォ朝最後の王国は間違いなく欧州最大の国家だった。そしてその王国は，
当時多くの国々を苦しめたペスト，宗教戦争とオスマン帝国の侵略を，いずれ
も免れていた。ポーランド王，リトアニア大公の両王の君主を兼ねたジグムン
ト 1 世 (1467-1548，在位 1506-1529) とミラノ公の娘ボーナ・スフォルツァとの
間に生まれたのが，ジグムント II 世アオグスト (1520-1572，在位 1548-1572) で

ある。父の存命中の 1529 年に大公位と王位を獲得したが，リトアニアとポーランドを実際に統治したのは，各々 1544 年と 1548 年である。スフォルツァ家は，イタリア，ことにヴェネツィアとの強力な繋がりを享受していた。つまり，クラクフは最も活気あるルネサンスの宮廷と深い繋がりをもつことになる。ボーナの強い権力欲が息子アオグストを苦しめた。

　ジェチポスリータ——「共和国」或いは「連邦」—— は「ルブリンの合同」(1569 年）は現実のものとなった，これは，アオグストが子孫を得ることができない（結局，ヤゲウォ朝の最後の王となった。）ためでもあり，モスクワの勢力拡大の脅威に対抗するためでもあった。そしてポーランド，リトアニア間における利害調整の初期形態ともいえる。リトアニアにとって，ポーランドとの繋がりを失うことは，ドニエプル川下流域を押さえていたオスマン帝国からも，イワン雷帝（在位 1533–1584）のロシアからも脅威に晒されることを意味していた。ポーランドのコローナ（王国）は，代償としてウクライナの広大な王室領有地を接収したとはいえ，リトアニア大公国を対等な相手として認め，大公国は自国の法律，行政組織，軍隊を有することになった。この二重国家は，後の 1867 年のハプスブルクの二重帝国（アオスグライ）の元になったと言われている。この二重国家は，共通な選挙君主制（1573 年）と共通なセイム（身分制議会）によって統治される。この貴族による民主制を立案した支配階級であるシュラフタは，支配的な役割を演じた。中央の議会を牽制するシュラフタの地方会議セイミキ（小会議）を通じて，課税や軍事を決定した。また戴冠の宣誓に伴うパクタ・コンヴェンタ（合意条項）によって，契約に基づいて管理人を雇用するように王に請願できた。更に，武装同盟に明文化されている法的抵抗権によって，王室のあらゆる策謀に対して，自らを防御することも可能だった。全ての審議は，満場一致が適用され，王であっても公共の利益は不可侵だった。これは民主制の大胆な実験であり，絶対主義と宗教闘争の時代に，清新な選択肢を提供した。

8.　ヴァーザ朝 [129) とスウェーデン(17 世紀) [130)

　1555 年のアウグスブルクの和議から，欧州は宗教革命と反宗教革命の混乱

の渦の中にあった。やがて，1618 年から始まる 30 年戦争が終結する迄，混乱
は続いた。こうした中にあって，ポーランド＝リトアニアは別世界だった[131]。
1573 年，ポーランド上院は，カルヴァン派が大部分を占めていたが，ポーラン
ド議会は恒久的且つ普遍的な信教の自由を認める法案が通過した。この寛容か
ら除外されたのはソッツィーニ派だけである。熱烈なイエズス会後援者，ヴァー
ザ家のポーランド王ジグムント 3 世ヴァーザ (在位 1587–1632) の治下，「山 (アル
プス) 向こう派」(教皇権至上派) がカトリックの優位を再び確立しはじめた。トル
コ人とタタール人に対するキリスト教世界の砦，そして欧州最高の信教の自由
の避難所として，その存在を誇ることができた。

　反宗教革命のごり押しを前に，1589 年モスクワ総主教座を設置することをイ
ヴァン雷帝が踏み切った。露正教会の分離独立だったため，隣国ポーランド＝
リトアニアの正教徒に動揺がはしった。多くの正教徒はローマに庇護を求めた。

　1596 年，ブレスト合同において，困惑した正教の主教達は，東方帰一教会 (ギ
リシャ・カトリック教会) の設立を選択した。すなわち，スラヴ語の典礼に従うが，
教会の権威は，ローマ法王を頂くという，政治的妥協である。キエフ，ベラルー
シ，ウクライナの殆どの正教の教会が東方帰一教会に帰属した。

　30 年戦争の際に，ヴァーザ王朝の国王達が直面したジレンマは次に要約で
きる。ハプスブルク家と友好関係を保ち，東方へ進出するか，または仏―プロ
テスタント連合と同盟して，シロンスクとポモージェ回復のために西方へ積極
政策をとるかの二者択一であった。第一の政策は，ジグムントⅢ世がとった政
策であった。第二の政策は，それほど首尾一貫したものでなかったが，その息
子のヴワディスワⅣ世によって成された。二人ともスウェーデン王家の出身で
あったので，ポーランド王を経てジグムント 3 世の父ヨハンⅢ世の後継者と
してスウェーデン王になれることを欲した。

　一方，国王とシュラフタとの関係は，1592 年に国王が父ヨハンⅢ世の死後，
正式にスウェーデン王位に就き，スウェーデンの問題に深入りするに連れて険
悪化した。国王のスウェーデンに対する 1598 年の時期の悪い軍事遠征は失敗
に終わった。パクタ・コンヴェンタの規定に基づいて，国王はスウェーデンに

従属していたエストニアをポーランドに割譲した。これによって，ポーランド
はリヴォニアを巡る新しい戦争に巻き込まれた。ポーランド軍が 1605 年キル
フホムでスウェーデンに大勝する時，これまでの敵対は東方への発展のために
一時的に停止せざるを得なかった。

9.　偽ドミトリー 1 世・2 世事件(1604- 06・1607-1610)[132]

　ロシアでイワン 4 世(雷帝, Иван IV Грозный, 在位 1533- 1584[1547 年以来皇帝])
の後暫くしてリューリク朝が途絶すると，国内が混乱し，偽ドミトリー 1 世・
2 世事件 (1604-1606・1607-1610) が起こり，ポーランドの介入を招いた。ポー
ランド国王ジグムント 3 世 Zygmunt Ⅲ (在位 1587-1632, スウェーデン王家に嫁
いだ，ジグムント 2 世の妹カタジナの子) は，ポーランドに気脈を通じた偽ドミト
リー (イワン 4 世の御落胤) を，ロシア皇帝にすえることに成功した。彼は 1605
年 7 月 20 日にモスクワで「即位」した。次の年 5 月の政変で彼を取り巻く 2,000
人のポーランド人のお伴とともに殺害されるまでクレムリンで王位を維持して
いた。それとは別に，1607 年秋にポーランドを追われた反ジグムント派の偽
ドミトリー 2 世[133] は，クレムリンの西北数 km にトゥシノ政府 (ポーランド人
とカザーク人 (当時ポーランドとロシアの間が彼らの領域) が中心) を樹立し，ロシア
ではモスクワ政府(スウェーデンが後楯)と 2 つの政府が 2 年間対峙し，ロシアの
政治勢力を 2 分していた。スウェーデン軍の介入を口実に，ポーランドのジグ
ムント 3 世は 10 〜 12 年モスクワを占領した。ポーランド人の「政治優位の性
格」は，この時期にも遺憾なく発揮された。

10.　オスマン・トルコの第 2 回ウィーン包囲(1683 年 7 〜 9 月)[134]

　1683 年 7 〜 9 月の 2 カ月間ウィーンはトルコ軍に包囲され，欧州の危機
が勃発した (その 10 年前の 73 年ポーランド領ウクライナ[135] (ドニェプル河右岸) に
オスマン・トルコが侵入し，度々国境を侵害していた。そのためポーランドはプロイセ
ン公国を征服する計画を中断せざるを得なかった)。 2 万 5,000 人で編成された軍
隊を率いたポーランド国王ヤン・ソビェスキ(Jan Ⅲ sobieski, 1629-1696, 在位

1669–1696) は, トルコに対抗して同盟を締結したオーストリアのウィーンに急行した。彼は全部で約 7 万 5,000 人のポーランド – オーストリア – ドイツ連合軍の指揮を執り, 同年 9 月 11 日未明カーレンベルクの尾根より, 18 万 5,000 人のカラ・ムスタファの率いるトルコ軍に襲いかかり, ついにウィーン城の包囲が除かれた。この勝利に際して, ポーランドの重装騎兵が, 他の武装都隊の歩兵隊と砲兵隊と効果的に協力し合い, 重要な役割を果たした。 トルコ軍の陣地は全て, 勝利者の手に落ちた。ソビェスキとポーランド人に対して皇帝が示した遠慮や敵意は, ともかく, 欧州中に広まっていたポーランドへの名声で相殺された。ローマのヴァチカン美術館にソビェスキ王ウィーン会戦の迫力ある画が展示されており, クラクフのヴァールヴェル城にはソビェスキ王勝利を感謝してローマ法王から贈られた, 真珠で鳩を刺繍した赤いビロードの帽子や, ルイ 14 世から贈られた金糸模様を配したガウンが保存されている [136]。ウィーン郊外のカーレンベルクの丘の教会では, 今日でもポーランド語でソビェスキ王の祈祷が行われている [137]。

11.　ザクセン [138] とアウグスト 2 世強王 [139] (18 世紀前半)

　18 世紀のポーランド史は 2 つの時代に区分される。前期はザクセン期 (1697–1763) という衰退期, 後期はスタニスワ・アウグスト治世(1764–1795)の改革・啓蒙・分裂期である。ロシアが強国として発展しつつある時期とも重なる [140]。

　ポーランドの選挙制の王制もいろいろ複雑な要因が交錯した。国内派のソビェスキ派は, 同じポーランド人の嫉妬と憎悪によって潰された。フランスのルイ 14 世は金に飽かせて, フランス人の王候補 (コンチ侯) を立てようとするが, 反ヴェルサイユ連合 (墺, 露, ブランデンブルク, 英, 和蘭) が結成され, ザクセン選挙候を立てて対抗した。結局, ザクセン選挙侯フリードリヒ・アウグスト 1 世 は, ポーランド国王としてアウグスト 2 世 (1670–1733, 在位 1697–1706, 1709–1733)を名乗り, 大国家建設に邁進 した。ルター派の首長ヴェチン(Wettin)王朝が, 「 ワルシャワはミサに値する」として, ローマ・カトリック教への改宗を承認した。これまでの選挙候制が黄金の自由を押さえられなかった。工業の

ザクセンと農業のポーランドが経済的に相互補完的である。この２つの国を隔てている地域（シロンスクとその一部）は，王朝の政治力で可能であると思っていた。王朝の主権がドナウ川流域，リヴォニア或いはクールラントにも及ぶ必要があった。ルイ 14 世に憧れ，フランスの絶対主義的な支配を導入しようとしたが，失敗した。ロシアと提携して，スウェーデンと北方戦争を戦ったのも，スウェーデン領リボニアをポーランド領に併合すれば，シュラフタの歓心を得て，国内政治で主導権を掌握できると思ったからである。緒戦で勝利したスウェーデンのカール 12 世によって 1704 年退位させられるが，1709 年ロシアのピョートル大帝によって復位させられる。ロシアの圧倒的な影響力を排除すべく内政改革に努めるが，ロシアの干渉によって失敗した。

12. ５月３日憲法(1791 年 [141])

　政治優位（貴族優位）の歴史が営まれ，経済がある程度発達しても，政治的不安定のため，その経済の持続が不可能になり，ひいては，国の滅亡も禁じ得なかった。政治が不安定でも，政治思想は同時代のそれと比較しても高度だった。三分割最中の 1791 年５月３日憲法は好例である。1787 年のアメリカ合衆国憲法に後れるものの，1791 年９月制定の第一次フランス憲法の先駆をなし，近代ヨーロッパ憲法史上の偉業の１つとされる [142]。

　18 世紀の三分割は，ポーランドが進歩的民主主義国だったため隣国三国の干渉を招いた結果でもあった。彼らは，ポーランドを危険視し，民主主義は彼らの専制政治を打倒する思想と思われたためであった。ポーランドは早すぎた民主主義の国だった。これは，中世のシュラフタ民主主義の伝統でもある。

　ヤゲウォ朝後 200 年の隆盛は，貴族制の変質の過程で，貴族が外国勢力との結託で，貴族の特権保持を優先したため，ポーランドの国家の終焉で潰え去った [143]。

　国家は無くなっても，「キリスト教（カトリック）」を基盤とした民主主義的国民性は保持された。

13.　三分割時代の民族意識の三様の変質

　プロイセン（ドイツ）領のポーランド人と，ロシア領ポーランド人と，ハプスブルク領ポーランド人とは，同じ「ポーランド人」としての強い「民族」意識をもちながら，文化，社会階層，価値観は互いにそれぞれ微妙に異なっていた[144]。

　ドイツ領ポーランドでは，ゲルマン化の進行の中で，ポーランド人の民族意識は，主に農村労働者・都市労働者による労働運動と結びついて成長した。これに対して，ロシア領ポーランドでは，シュラフタ（士族）の影響が強く，彼らの指導する民族反乱や社会主義者による軍事組織が民族運動の基盤となった。他方ハプスブルク領ポーランド（ガリツィア）では，この地域への帝国の優遇政策の中で，ポーランド人貴族は封建的社会構造の上に比較的ゆるやかな自治を享受していた。これら三地域三様の「ポーランド人」は，互いに融合が困難なほど，変質していた[145]。

　しかしながら，「カトリック」を拠り所にする共通性は常にもち合わせていた。

14.　ポグローム[146]（19 世紀）と反ユダヤ主義[147]

　ポーランドに住んでいたユダヤ人は，1772 年に始まるポーランド分割からロシア帝国に編入された。このユダヤ人はアシュケナジム（中世独に起源をもつユダヤ人）の末裔がその大部分を占める。旧ポーランド領内には多数のユダヤ人が集中していたので，ポーランド分割後のロシアは世界有数のユダヤ人の人口を抱える国となった。1897 年の統計によれば，帝国内に在住するユダヤ教徒は約 521 万人を数えた[148]。19 世紀になると，ロシア各地でユダヤ教徒に対する集団的な略奪・虐殺・破壊の所謂ポグロームが頻発した。特に 1880 年代以降，ポグロームは激しさを増し，20 世紀に入ると＜黒百人組＞による組織的迫害が頻発する。米国ミュージカルの『屋根の上のバイオリン弾き』はこのユダヤ人家族をモデルにしている。反ユダヤ主義は頂点に達した観がある。ポグロームは，ユダヤ教徒の国外脱出を促す一方，都市の知識人を中心とするシオニズム運動を生み，民族意識の自覚を強めることになる。又一部の青年知識人は革命運動反ユダヤ主義に対抗しようとした。

15.　ポーランドのシベリア孤児 [149]（1920年6月）

　第1次世界大戦後の1918年11月14日，ポーランドはベルサイユ条約により独立を達成した直後にシベリア孤児問題がおこった。

　ところが，翌々年の1920年4月25日ソヴィエト＝ポーランド戦争（1921年3月18日）が勃発し，シベリア孤児達をシベリア鉄道で陸路送り返すことは不可能だった。救済委員会（会長ビエルスキエヴッチ女史）の人々は，当初ポーランド系移民社会に保護を求め，とりあえず米国に送り出すことを決意し，欧米諸国にその輸送の援助を要請したが，この試みは悉く失敗し，窮余の一策として救済委員会は日本政府に援助を要請した。

　ビエルスキエヴッチ会長が，1920年6月日本に到着，外務省を訪れシベリア孤児の窮状を訴えて日本政府の援助を要請した。政府は直ちに日本赤十字社に依頼した [150]。

　日赤は，シベリア出兵中の帝国陸軍の支援を得て，7月下旬には，56名の孤児1陣がウラジオストックを発って敦賀経由東京に到着，渋谷にあった孤児養育を事業とする慈善団体の宿舎に収容された。それ以降，翌1921年7月までに5回に渡り全部で375名の児童が日本へ運ばれてきた。

　「日本に収容されたポーランド孤児達は，日本国民朝野を挙げて多大の関心と同情を呼んだ。1921年（大正10年）4月6日には大正皇后陛下も日赤本社病院へ行啓され，奉迎する児童を親しく接見したとされる」（『ポロニカ』1994年恒文社）。日本に着いた時は孤児達は顔面蒼白で栄養不足がたたって痩せこけていたが，日本側のこのような手厚い看護の結果，元気を取り戻すことができた。しかしながら，この時腸チフスに罹患した子供達を看病していた日赤の若い日本の看護婦が被患して，殉職している。

　大阪でも，東京と同様に日赤からいたれりつくせりの看護を受けた。このように日本へ連れて来られたポーランド孤児は全部で765名にのぼるが，さらに日本赤十字社は風俗や言語の異なる孤児達の世話をするにはポーランド人の付添人を付ける方がよいと考え，孤児10名に一人の割合で65名ものポーランド人の大人を一緒に招くという手厚い配慮までした。

16.　ホロドモール(1932 〜 33(又は 1934 年)[151])『世界民族問題事典』

　ホロドモール(ウクライナ語 Голодонóр; ロシア語 Голодомор；英語 Holodomor)は,ウクライナ語で飢え・飢餓を意味するホロド (holodo) と, 殺害, 絶滅, 抹殺,又は疫病を意味するモル (mor) との合成語・造語で, 飢餓による殺害 (death by hunger) を意味する。具体的には, 1932 年から 1933 年 (又は 1934 年) にかけてウクライナ及び隣接するクバン地方, ドン川流域を襲ったもので, 1921 年の飢饉とは違って自然条件による凶作が原因ではなく, 当局の強制的穀物調達が引き起こした人為的な大量餓死事件であり, 救済活動が行われなかったことが犠牲を甚大なものにした。農業集団化に抵抗したウクライナ農民への懲罰と,工業化の為の飢餓輸出というスターリン政府の政策が背景にあった。犠牲者数は欧米の研究者によって 100 万から 1,000 万と幅があり確定できない。R. コンクウェストは控えめな算定として, 1932 〜 33 年の飢饉でウクライナでは 500 万人, 北カフカースとその他の地方で 200 万人が死亡したとしている。500 万人という犠牲者は当時のウクライナ総人口の約 18.8%, 農村人口の約 4分の 1 にあたり, この大飢饉がウクライナ史上前代未聞の悲劇だったことを示している。

　ソ連政府は長い間この出来事をタブーとしてきたが, ペレストロイカ期の 1987 年ころから公然と言及されるようになり, 欧米の研究書の翻訳や資料の発掘が活発に行われた。50 周年にあたる 83 年には国外のワシントンでウクライナ系米人を中心に記念行進と講演が行われただけだったが, 10 年後の 93年には, キエフでクラフチューク大統領(当時)や聖職者等各界の代表が参加して追悼集会と記念碑の除幕が行われた。現在のウクライナでは政治意識, ロシア観, 信仰の地域差が大きいが, この人為的飢饉についてはウクライナ民族の悲劇的体験という共通認識ができているように思われる(阿部三樹夫)。

17.　カチンの森 [152] (1940 年 3 月〜 4 月)

　1943 年 4 月 13 日 21 時 15 分, ナチス・ドイツでベルリン放送は, 次のような衝撃のニュースを伝えた [153]。

「スモレンスクからの報告によると，同地の住民は独当局に 1 万人のポーランド軍将校がボルシェヴィキ（赤軍＝ソ連軍）により密かに処刑された場所を明らかにした。独当局は，スモレンスク西方 12km のコソゴリ（カチンの森の北側の地名）というソ連の避暑地を訪れ，驚くべき事実を発見した。長さ 28m，横 16m の 12 層からなる穴に約 3,000 人のポーランド軍将校の死体が横たわっていたのである。全員，正規軍装を着用し，手を縛られ，首の後ろ側に銃で撃たれた跡があった。（中略）……最終的に処刑者数は，ボルシェヴィキに捕虜に取られたポーランド軍将校の数約 1 万人に達するものと推測される」。これが，カチンの森事件の第一報だった。4 月 15 日にはソ連情報局は，ナチス・ドイツがポーランド将校を虐殺したことをソ連軍の仕業にしているとの声明を発表した。

　独当局は，独立の国際委員会，ポーランド赤十字，独法医学委員会の 3 つの組織が現場で調査する事を提唱した。1943 年 4 月下旬，これらの 3 つの委員会は各自独自に現場での調査を開始したが，調査結果は法医学・生物学等から共通性を有していた。3 つの調査団はいずれも 1940 年春頃殺害との結論を導いた。

　カチンの森事件が発覚すると，ロンドンのポーランド亡命政府は公平な調査結果を期待して，ジュネーヴの国際赤十字に調査を依頼することに決めた。1943 年 4 月 17 日，亡命政府国防相クキェル中将はコミュニケを発表したが，4 月 19 日付け『プラウダ』で，亡命政府を激しく非難した。亡命政府はヒトラーの死刑執行人と共謀して，国際赤十字への調査依頼は敵への加担である，と報じた。4 月 26 日にはソ連はポーランドと外交関係を断行した。

　戦後ポーランドで共産党政権ができたため，長い間真相は闇の中であった。カチンの森には 4,321 名，他の 2 カ所も合め，総計 1 万 5 千人のポーランド人が犠牲となった。犠牲者の 45% は職業軍人，他の多くは予備役で召集された弁護士，大学教授等当時のポーランド社会の自由主義を信奉する中心的な人々であった [154]。そのため，ポーランド人の対ソ感情を悪化させた。ペレストロイカの進展とともにソ連でも歴史の見直しを求める声が高まり，ゴルバ

チョフソ連大統領は 90 年 4 月，事件にソ連内務人民委員部(秘密警察)が係わったことを認め，エリツィン露大統領は，ポーランド人将校の虐殺を命令した 1940 年 5 月の共産党政治局の決定とスターリンの署名を公表した。

18.　杉原千畝 [155]とユダヤ難民(1940 年 8 月) [156]

　杉原千畝は日本の外交官で，1939 年 (昭和 14 年) 7 月 20 日リトアニアの在カウナス領事代理に任命され，8 月 28 日同地着任。国境地帯での独軍の動静を探るための諜報活動が主な目的だった。39 年 3 月 23 日，独はリトアニアのメーメル地方を強制的国家条約で占領し，着任の少し前の 8 月 23 日独ソ不可侵条約を締結しており，9 月 1 日に独軍がポーランドへ進入し，第二次世界大戦が勃発し風雲急を告げる時期でもあった。そして 9 月 17 日にはソ連軍がポーランドを東部から侵略し，9 月 28 日には独ソでポーランドを分割完了した。ヴィリニュス地方が 1923 年以降ポーランド領になっていたが，リトアニアに返還された。ポーランドの国がなくなったため，ポーランド国籍の 300 万のユダヤ人は無国籍になった。

　1940 年 8 月 2 日の夜明け，ポーランドから逃げてきたユダヤ人が，リトアニアのカウナスの日本領事館を取り囲んだ。カウナスの町は，ナチスの兵隊はなく，ソ連の兵隊で溢れていた。ソ連がリトアニアを併合した 40 年の 6 月 15 日以降，多くの人が逮捕された。過去 20 年間共産主義ロシアの地でユダヤ人が経験したのは，恐怖の体験と聞かされているので，一刻も早くカウナスを脱出し，安住の土地へ行くしかなかった。米国への移民は，国毎に割り当てがあって，リトアニア人は何年待ったら，許可がおりるか未知数だった。5 月 15 日オランダが降伏し，6 月 14 日パリが陥落し，ナチス・ドイツとソ連により欧州分割が始まった。

　そんななか，杉原千畝は外務省の指示に従わず，未亡人によると 40 年 7 月 31 日から 8 月 28 日まで (ヴィザ発給は 7 月 9 日〜8 月 26 日の期間) 書き綴ったが，最終目的地オランダ領キュラソー向けの日本通過ヴィザを発行した。後に発見された杉原リストには 2139 名の名前が記されており，その大部分はポーランド人で，ユダヤ系や非ユダヤ系もいる。しかし，このリストも，完全なも

のではない。実際に杉原千畝から受け取った人も含め，子供の分は記載されていない。1万人前後と推計されるが，実際に生き延びたのは，その半数に満たないものとされた。ユダヤ難民は，ソ連・日本を経由して，米国，イスラエル等に逃げ延びた。1947年に杉原は外務省を解雇させられた。杉原の勇気ある人道的行為は長いこと人に知れず埋もれていた。1968年に在日イスラエル大使館に生き延びたユダヤ人の代表者のひとりが，杉原千畝の消息を尋ねて，この事実が一般的に流布される契機となった。親日感情の醸成に寄与した事件でもあった。

19. ワルシャワ「蜂起」[157] (1944年)

　1939年8月23日独ソ不可侵条約締結後，9月1日午前4時45分，ダンチヒを親善訪問中の独巡洋艦シュレスヴィヒ・ホルシュタイン号は，同地のポーランド守備隊に対して，突如砲撃を開始した。これが第二次世界大戦の幕開きとなった。ワルシャワはこれから，1944年夏頃でまる5年目のドイツ占領中にワルシャワ蜂起事件は起こった（ドイツ占領は1945年1月まで続く）。

　スターリングラード戦（1942年7月17日〜43年2月2日）やクールスク戦（1943年7月5日〜8月23日）で独軍に勝利した後，赤軍（ソ連軍）は刻々と東欧諸国の国境に迫りつつあった。44年6月23日，赤軍が開始した大攻勢で破竹の快進撃を見せ，ソ連によるポーランド解放はいよいよ時間の問題となってきた[158]。

　ロンドンのポーランド亡命政権につながる国内軍司令部は，ソ連軍によるワルシャワ解放が目前に迫ったかに思われた44年7月下旬に一斉蜂起を決定，首都の主人としてポーランド主導で解放者を迎えようとした。

　8月1日共産党員を含む殆どのワルシャワ市民が参加のもと一斉蜂起が敢行され，市の中心部が解放された。ソ連は初め蜂起に関心を示したかに見えたが，その反ソ的性格を見抜くやビスワ川対岸で進軍を3カ月間停止して，一切の援助を控え，西側の援助行動に非協力的態度をとった。漸く9月10日以降若干の援助物資を投下し，ポーランド人部隊の渡河作戦を許したが，蜂起を救うには遅すぎ，かつ不十分であった。孤立した蜂起軍と市民は次第に独軍に圧迫され，20万の

死者と全市の破壊という犠牲をもって 10 月 2 日 降伏を余儀なくされた [159]。

　反ソ的なポーランド市民に対して，ソ連軍の援軍を意図的に遅延させることにより，自らの手を汚さず，独軍による殺戮や爆撃を欲しいままにやらせてから，自らが解放者としてソ連軍がワルシャワに乗り込んだ。そして，なに食わぬ顔をして親ソ政権をポーランドに樹立した。狡猾なスターリンのやり口が透けて見える行為であった。ポーランドの反ソ感情の原因のひとつになっている象徴的事件である。

20.　ポーランド社会主義政権 [160]

　冷戦体制の東欧においても有効であった社会主義は，結局カトリックを基盤とした民主主義的国民性ををもつポーランド国民の体質に合わなかった。

　ハンガリー動乱やプラハの春の後のポーランドは，ソ連から政治的譲歩を引き出していた。前者は，ソ連のポーランド内政不干渉を導き出し，後者は，ポーランドで「プラハの春」が起きた場合，西側の干渉をソ連側に認めさせた（1975 年 7 月ヘルシンキ宣言）。ヘルシンキ宣言により，80 年代の連帯運動は人権擁護の点から保証された意義は大きい。

　資本主義政治システムは，独裁政権を除き，基本的には，民主主義的選挙を通じて政権交代が図られる。しかしながら，社会主義政治システムは，内部の権力闘争による以外で政権交代することはなかった。しかも同体制は，情報を統制することにより，外国からの影響も極力抑えられていた。1970 年 12 月ポーランドの食料品値上げ反対に端を発した住民運動は，ゴムウカ政権を退陣に追い込んだ。これはソ連を始めとする他の社会主義諸国にも衝撃を与え，以後生活必需品の値上げは，住民の反発を比較考慮して，政策実施するようになり，財政赤字をますます増加させる原因になった。

　ポーランドの社会主義政権は，1978 年ヨハネス・パウルス 2 世がローマ教皇に就任すると，カトリック教会を国民の政治の安定化のために利用した。カトリック教会の介入により一種の聖域が生まれた。それによって，連帯運動の指導者が逮捕されても，命が守られた。体制転換まで，民主主義の御旗である

連帯運動の幹部の生命が守られたことは，重要な意味をもつ。この連帯運動も結局，ポーランド人の「政治優位性」の民族性そのものといってよい。

21.　円卓会議(1989 年 2 〜 4 月)[161]

　この円卓会議は，ポーランドの行く末を案じた，あらゆる階層の代表者が，この国をどうやったらよいかを話し合う場であった。 当時の社会主義政権下で，与野党の立場の人が，参加者に上下関係がなかったことは画期的事件である。この円卓会議の決定に基づいて同年 6 月の東欧で最初の自由選挙が行われた[162]。そして同年 8 月 24 日戦後初の非共産党政権が誕生した。ここでも「シュラフタ民主主義」の伝統が生きていた。

　今日の経済成長に繋がった，1990 年 1 月〜 91 年 12 月まで実施された緊縮政策を実施したバルツェロヴィチ蔵相が解任され，内閣が替わっても，この政策は継承された[163]。

　連帯系から旧共産党系に政権交代しても，そのまま，IMF との国際公約を，政策が継承された。

　ポーランドではかなり成熟した民主主義が国民の間で培われていると思われる。事実，EU 加盟審査で民主主義の観点では，ポーランドは東欧諸国で，最高の評価を得ている。

【注】

1) 木村武雄「政治経済システムとポーランド国民」，中野守編『現代経済システムと公共政策』中央大学出版部，2006 年，343-363 頁。

2) 木村武雄「普遍主義について」『筑波学院大学紀要』第 4 集，2009 年，93-105 頁。

3) 村井則夫「イメージの回廊」『哲学の歴史』1 巻 11-15 頁，中央公論社，2008 年。

4) 川村清夫『プラハとモスクワのスラヴ会議』中央公論事業出版，2008 年，122 頁。

5) 木村武雄「普遍主義について」『筑波学院大学紀要』第 4 集，2009 年，94 頁。

6) 石塚正英他監修『哲学思想翻訳事典』論創社，2003 年，243 頁。

7) 同上書，243 頁。

8) ノーマン・ディヴィス『ヨーロッパ』共同通信社，邦訳 II 27-105 頁。Norman Davies, *Europe:A History*, Oxford University Press, 1996.

9) 小稲義男他編『研究社 新英和大辞典(第 5 版)』研究社，1980 年。〔catholic〕

10) ジョン・A・ハードマン編著，浜寛五郎訳『現代カトリック事典』，エルデルレ書店，1982 年，〔普遍主義 (聖書の〜)〕，John A.Hardon, S.J., *Modern Catholic Dictionary*, New York: Doubleday and Co.Inc., Garen City, 1980.

11) 『キリスト教の本(下) 』学習研究社，1996 年，24 頁。

12) -que は，木村武雄『経済用語の総合的研究第 7 版』102 頁④ラテン語。

13) 木村武雄「普遍主義について」『筑波学院大学紀要』第 4 集，2009 年，94 -95 頁。

14) 山本巍他『哲学 原典資料集』東京大学出版会，1993 年，76 頁。

15) 清水誠「ヨーロッパの思想」武蔵大学編『ヨーロッパ学入門 (改訂版) 』朝日出版社，2007 年(初版 2005 年)，235 頁。

16) 木村武雄「経済思想と環境倫理」『高崎経済大学論集』48 巻 2 号，2005 年，80 頁。

17) 伊東俊太郎「近代科学の源流 スコラ哲学と近代」堀米庸三編『西欧精神の探究革新の 12 世紀』日本放送出版協会，1978 年，273-308 頁。
   エドワール・ジョノー，二宮敬訳『ヨーロッパ中世の哲学』文庫クセジュ，白水社 , 1964 年，Edouard Jeauneau, *La Philosophie Médiévale*, Presses Universitaires de France, 1963.

18) 山内志朗『普遍論争 近代の源流としての』平凡社，2008 年。

19) 山本巍，前掲書，77 頁。

20) 同上書，77 頁。

21) 同上書，77 頁。

22) 同上書，105 頁。

23) 木村武雄『EU と社会システム』創成社，2008 年，167-173 頁。

24) 山本巍，前掲書，105 頁。

25) 木村武雄「普遍主義について」『筑波学院大学紀要』第 4 集，2009 年，96-101 頁。

26) 袴田茂樹『プーチンのロシア　法独裁への道』NTT 出版，2 頁。

27) 猪木正道『ロシア革命史　社会歴史的研究 』中公文庫，1994 年，25-26 頁。

28) G. ヴェルナツキー，松木栄三訳『東西ロシアの黎明』風向社，10 頁，George
Vernadsky, *Russian at the dawn of the Modern Age*, Yale Univ.Press, 1959.

29) 同上書，10 頁。

30) 木村武雄『経済体制と経済政策』(5 刷版)(初版 1998 年)創成社，2003 年，50，131 頁。

31) G. ヴェルナツキー ，前掲書，11 頁。

32) 木村武雄『経済用語の総合的研究(第 6 版)』創成社，2008 年(初版 2001)8-9 頁。

33) 同上書 10 -11 頁。

34) 高野雅之『ロシア思想史』早稲田大学出版部，1998 年，14 頁。

35) G. ヴェルナツキー，前掲書，12 -13 頁。

36) 栗生沢猛夫「モスクワ第三ローマ論」，川端香男里他監修『新版ロシアを知る事典』平
凡社，2004 年。

37) 森安達也「ニコン」，川端香男里他監修『新版ロシアを知る事典』平凡社，2004 年。
N.M. ニコルスキー，宮本延治訳『ロシア教会史』恒文社，1990 年。T.G. マサリク，
石川達夫他訳『ロシアとヨーロッパ I 〜 III』成文社，2002, 2004, 2005 年。ゼルゲイ・
レヴィーツキィ，高野雅之訳『ロシア精神史』早稲田大学出版部，1994 年。野口和重
『ロシア精神史への旅』彩流社，2009 年。マルク・ラエフ，石井規衛訳『ロシア史を読
む』名古屋大学出版会，2001 年。ジェフリー・バラクフ，上智大学中世思想研究所
監修『図説キリスト教文化史 I-III』原書房，1993, 1994 年。小滝透『神の世界史キリ
スト教』河出書房新社，1998 年，オリヴィエ・クレマン，冷牟田修二他訳『東方正教会』
白水社文庫クセジュ，1977 年。

38) 袴田茂樹，前掲書，2 頁。

39) 同上書，2 頁。

40) 同上書，2 -3 頁。

41) 石塚正英他監修『哲学・思想翻訳事典』論創社，2003 年，92 -93 頁。

42) 川端香男里他監修『新版 ロシアを知る事典』平凡社，2004 年。

43) 廣岡正久『ロシアを読み解く』講談社，1995 年，56 頁。

44) 同上書，56 頁。

45) 同上書，56 頁。

46) 川村清夫『プラハとモスクワのスラヴ会議』中央公論事業出版，2008 年，32 頁。

47) 高野雅之，前掲書，72 頁。

48) 同上書，72-75 頁。

49) 同上書, 73 頁。

50) 同上書, 73 頁。

51) 同上書, 74 頁。

52) 同上書, 74 頁。

53) 同上書, 75 頁。

54) 同上書, 167 頁。

55) 廣岡正久, 前掲書, 64 頁。

56) 同上書, 64 頁。

57) ネクラーソフ, 谷耕平訳『デカブリストの妻』岩波文庫, 1950 年。

58) 袴田茂樹, 前掲書, 4 頁。又亀山郁夫はドストエフスキー『罪と罰』の最終部には, 二人の女性を殺害した主人公が「歓喜と幸福にむせんで」広場の地面に接吻するシーンがあるとした。かつて『罪と罰』と言えば, ナポレオン主義に託つけた選民思想に被れ, 二人の女性を殺害した青年が, ある娼婦との心の触れ合いを通して罪の意識に目覚める, という大凡の理解だった。寧ろその理解に誤謬はない。しかし, それは余りにも一面的過ぎはしないか。と疑問を呈している。亀山郁夫,「ペテルブルクの48時間」『日本経済新聞』2008 年 10 月 12 日付け朝刊 。

59) 川村清夫, 前掲書, 109 頁。

60) 同上書, 110 頁。

61) 同上書, 110 頁。

62)『ユリイカ』2007 年 11 号 (39 巻 13 号, 通巻 542 号) 特集ドストエフスキー, 青土社及び『人類の知的遺産 51 ドストエフスキー』講談社, 1978 年。

63) 小田垣雅也『キリスト教の歴史』講談社学術文庫, 1995 年, 231-232 頁。

64) 川村清夫, 前掲書, 109 頁。

65) 廣岡正久, 前掲書, 64 頁。

66) 同上書, 65 頁。

67) 同上書, 65-66 頁。

68) 長縄光男「スラヴ派」, 川端香男里他監修『新版ロシアを知る事典』平凡社, 2004 年。

69) 今井義夫「西欧派」, 川端香男里他監修『新版ロシアを知る事典』平凡社, 2004 年。

70) 小田垣雅也, 前掲書, 235 頁。

71) 同上書, 236 頁。

72) 同上書, 236 -237 頁。

73) 川村清夫, 前掲書, 2 頁。

74) 同上書, 7 頁。

75) 同上書, 9 頁。

76) 同上書，107 頁。

77) 同上書，109 頁。

78) 同上書，123 頁。

79) 同上書，110 頁。

80) 同上書，110 -111 頁。

81) 袴田茂樹，前掲書，4 頁。

82) 同上書，4 頁。

83) 西欧文化の二面性については，モーリス・デュヴェルシュ，宮島喬訳『ヤヌス　西欧
の二つの顔』木鐸社，1975 年，Maurice Duverger, *Janus:LES DEUX FACES DE
L' OCCIDENT*, HOLT, RINEHART AND WINSTON, 1972.

84) 丘由樹子『「ヨーロッパ」と「アジア」の狭間—「ユーラシア」地域概念の再考—』，ロシ
ア・東欧学会，2008 年共同大会，報告要旨集 39-41 頁。

85) 丘由樹子，前掲書，41 頁。

86) 木村武雄『戦略的日本経済論と移行期経済論 (第 2 版)』五絃舎，2008 年 (初版
2005 年)，125 頁及び木村武雄『EU におけるポーランド経済』創成社，68-69 頁。

87) 袴田茂樹，前掲書，5 頁。

88) 同上書，6 頁。

89) 同上書，7 頁。

90) 同上書，8 頁。

91) 畔蒜泰助『「今のロシア」がわかる本』三笠書房，2008 年，27 頁。

92) 同上書，42 頁。

93) 木村武雄「普遍主義について」『筑波学院大学紀要』第 4 集，2009 年，101-105 頁。

94) 渡邊啓貴『ポスト帝国 2 つの普遍主義の衝突』駿河台出版社，74 頁。

95) 古矢洵『アメリカニズム 「普遍国家」のナショナリズム』東京大学出版会，2002 年。

96) 木村武雄『EU と社会システム』創成社，2008 年，36-56 頁。

97) 滝田賢治「ブッシュ外交の方向性」『海外事情』2001 年 2 月号。

98) Rumrsfeld, Donald, "Press Briefing of the Foreign Press Center", January
22.2003, www.defenselink.mil/news/January/t61232003.

99) 川村清夫『プラハとモスクワのスラヴ会議』中央公論事業出版，2008 年，187 頁。

100) ステファン・キュニユーヴィチ編，加藤一夫他訳『ポーランド史』恒文社 ;1986 年[
Stefan Kieniewicz, History of Poland, Warszawa:PWN, 1979 (2nd edi)]。

101) 木村武雄『欧州におけるポーランド経済』創成社，2000 年 2 月，19-20 頁。

102) ここでいう「シュラフタ民主主義」の民主主義とは，近代で使う，全国民が享受す
る意味の民主主義ではない。啓蒙思想家のルソーは，18 世紀末のポーランドについ

て，「ポーランド国民は，全てであるシュラフタ，無である町民，無以下である農民
の３つの身分からなる」と述べている。シュラフタは家柄と領地を有したが，ポーラ
ンドでは，シュラフタ身分に属する者はその領地に関わらず対等に扱われ，セイム（二
部制議会）では同じように１票を行使した。そのため，この身分に属する者は相互に
平等である意識が強かった。つまり，町民や農民を除いた貴族の間では，平等だった
ことを「シュラフタ民主主義」と称した。これは 200 年以上続いた制度でもある。

103)　木村武雄『ポーランド経済―経済体制の観点から―』創成社，2003 年 4 月，20-
　　21 頁。

104)　伊東孝之他編『ポーランド・ウクライナ・バルト史』山川出版社，1998 年，44 頁。

105)　アンリ・ボグダン，高井道夫訳『東欧の歴史』中央公論社，1998 年，45 頁［Henry
　　Bogdan, Histoire des pays de L'Est-des origines à nos jours-，Paris : Editions
　　Perrin, 1990］。

106)　木村武雄『経済体制と経済政策』創成社，1998 年，55-56 頁。及び木村武雄「波蘭
　　（ポーランド）という国」『月報 富士』第 375 号,富士短期大学,1999 年 6 月,32- 31 頁。

107)　矢田俊隆編『東欧史(新版)』山川出版社，1977 年，74 頁。

108)　ドイツ名はシュレジェン Schlesien, 英語名は Silesia(正確な音はサイリーシア)。
　　後年プロイセンとオーストリアの係争地となる。

109)　蓮見節「バトゥとリーグニツァの戦い」『世界英雄と戦史』(別冊歴史読本 13, 第 13
　　号) 新人物往来社，1999 年 3 月，115 頁。

110)　細川滋『東欧世界の成立』山川出版社，1997 年，30 頁。

111)　他に 732 年のトゥール・ポワチェの戦いでカール・マルテルがイスラム軍を撃
　　退して，欧州の危機を救った事実がある。

112)　木村武雄『経済体制と経済政策』55 頁。

113)　ポーランド語の po は，「～に沿って」という前置詞，morze は海。沿海地方とな
　　り，ロシア語のプリモーリエ(沿海州[慣用で州となっているが本当は地方が正しい])
　　に当たる。第二次世界大戦前までは，ドイツ領だった。ポメラニアンという犬は，こ
　　の地方原産で，スッピッツ系で毛の長い愛玩犬である。

114)　ノーマン・ディーヴィス，別宮貞徳訳『ヨーロッパ』II共同通信社，2000 年 5 月，
　　135 頁。[Norman Davies, Europe A History, Oxford:Oxford University Press,
　　1996]。

115)　前掲書，132 頁。

116)　木村武雄『EU におけるポーランド経済』創成社，22-23 頁。

117)　木村武雄『ポーランド経済(最新第 2 版)』創成社，2005 年 3 月，22-23 頁。

118)　高橋理『ハンザ同盟』教育社，1980 年。高橋理「ハンザ同盟」川北稔編『歴史学事

典1 交換と消費』引文社，1994 年，680-685 頁。

119) 木村武雄『EU におけるポーランド経済』創成社，2009 年 5 月，20-22 頁。

120) フレデリック・ドルーシュ編，DELOUCHE, edi, Histoire de l'Europe, revised and update edition, Paris:Hachette Livre, 1997]。

121) Colin McEvery, The New Penguin Atlas of Medieval History, London : Penguin Books, 1992, p.88.

122) Ibid., p.88.

123) Ibid., p.88.

124) 高橋理「ハンザ同盟」『歴史学事典1』前掲書，683 頁。

125) Steven Otfnoski, Poland, New York:Facts On File, Inc., 1995, pp.11-15. 特に Queen Jadwiga(p.12)。及び木村武雄，前掲論文，31-30 頁。

126) 木村武雄『ポーランド経済―体制転換の観点から―』創成社，2003 年 4 月，22-23 頁。

127) ノーマン・ディーヴィス，前掲書，455 頁。

128) 「ジグムントⅡ世アオグスト」『東欧を知る事典(増補)』平凡社，2001 年。

129) ステファン・キェニェーヴィチ編『ポーランド史』前掲書，207-241 頁。

130) 木村武雄『EU におけるポーランド経済』24-25 頁。

131) ノーマン・ディーヴィス，前掲書，364 頁。

132) 木村武雄『欧州におけるポーランド経済』24-25 頁。

133) 1 世とは別人で，同じドミトリーと僭称したことから，区別する為便宜上的な呼称。

134) 木村武雄『ポーランド経済(最新第 2 版)』25 頁。

135) ウクライナ(ガリツィア Галиця〔リボフ，クラクフ〕，ヴォルイニ Волынь〔ルック〕の一部)は，1340・48 年よりポーランド(リトアニア)に併合され，18 世紀後半のポーランドが三分割されるまで，300 年以上ポーランド領だった。ウクライナはポーランド人にとり，特別思い入れのある土地である。戦間期，ピウツsスキがこの領域をポーランド国に加えたのも偶然ではない。

136) 加藤雅彦『東ヨーロッパ』日本放送出版協会，1968 年，113 頁。

137) 加藤雅彦『図説ハプスブルク帝国』河出書房新社，1995 年，35 頁。

138) ステファン・キェニェーヴィチ前掲書，274-316 頁。

139) 「アウグストⅡ世強力王」『東欧を知る事典(増補)』平凡社，2001 年。

140) 木村武雄『EU におけるポーランド経済』25-26 頁。

141) 山本俊一朗，井内敏夫『ポーランド民族の歴史』三省堂，1980 年，63-65 頁。

142) 中山昭吉「5 月 3 日憲法」『東欧を知る事典』平凡社，1993 年。

143)　木村武雄『ポーランド経済』25-26 頁。

144)　木村武雄『ポーランド経済(最新 2 版)』26-27 頁。

145)　羽場久美子『統合ヨーロッパの民族問題』講談社，1994 年，135 頁。

146)　川端香男里他編「ポグロム」『ロシアを知る事典(新版)』平凡社，2004 年。

147)　木村武雄『EU におけるポーランド経済』26-27 頁。

148)　川端香男里他編「ユダヤ人」『ロシアを知る事典(新版)』平凡社，2004 年。

149)　兵藤長雄『善意の架け橋　ポーランド魂とやまと心』文藝春秋, 1998 年, 19-30 頁。

150)　木村武雄『EU におけるポーランド経済』27-28 頁。

151)　阿部三樹夫「ウクライナ大飢饉」『世界民族問題事典』平凡社，2003 年，新訂増補
　　　2 刷。

152)　渡辺克義『カチンの森とワルシャワ蜂起』岩波書店，1991 年。

153)　木村武雄『EU におけるポーランド経済』28-29 頁。

154)　伊東孝之「カティン事件」『東欧を知る事典（新訂増補）』平凡社，2001 年，及
　　　び Под общей Рεдакциεй Акаъемика А.Н.Яковлева,КАтынь Пленники Нεобъвжннοй
　　　Войны, Москвε：МεжпунАрοд《ДЕМОКРАТТИЯ》，1997.

　　　　И.С.Яжбοрοдская, Катыский Синдром в сοвεтскο-пοльских И рοссийскο-пοльских
　　　οтнοшεиях, Москва：Рοсспэн, 2001.

155)　川端香男里他編「杉原千畝」『ロシアを知る事典(新版)』平凡社，2004 年。宮崎満
　　　教『杉原千畝の真実　ユダヤ人を救った外交官の光と影』文苑堂，2007 年。杉原幸子
　　　『6 千人の命のビザ（新版）』大正出版，1993 年。杉原誠四郎『杉原千畝と日本の外務
　　　省』大正出版，1999 年。ヒレル・レビン，諏訪澄他監修・訳『千畝――一万人の命を救っ
　　　た外交官の謎』［Hillel Levin, In search of Sugihara, New York:THE FREE PRESS,
　　　1996］

156)　木村武雄『EU におけるポーランド経済』29-30 頁。

157)　伊東孝之「ワルシャワ蜂起」『東欧を知る事典(新訂増補)』平凡社，2001 年。

158)　木村武雄『EU におけるポーランド経済』29-30 頁。

159)　同情書 31 頁。

160)　木村武雄『欧州におけるポーランド経済』27 頁。

161)　伊東孝之「円卓会議」『東欧を知る事典』平凡社，1993 年。

162)　同上書。

163)　木村武雄『ポーランド経済(最新 2 版)』27-28 頁。

第4章　アジア文化

第1節　インド文化

はじめに

　インド文化において，仏教の重要性は言うまでもない。しかしインドは仏教発祥の地であるが，21世紀においてはインドの仏教信仰は殆ど消滅してしまった。仏教は大文化圏（漢字）の中国で体系化されて我が国に伝わった。しかしながらインド文化圏の影響がどこかに残っている筈である。輪廻転生と業の思想は，仏教以外のインド思想に見られる。ジャイナ教・ウパニシャッド哲学・ヒンズー教にも，輪廻転生からの解脱が最終目標はインド思想の共通点である。ジャイナ教は極端な不殺生主義を採った。これは日本の江戸時代綱吉の生類憐みの令（1685年）を彷彿させる。興福寺の阿修羅像はインドのヴェーダ時代（バラモン教）の呪術の神であるAsuraに由来する。

1.　分析手法

(1) 枢軸の時代（ヤスパース，1883-1969）

　(Roger J. Davies, *Japanese Culture*, pp.130-132)

　枢軸の時代とはヤスパースが『歴史の起源と目標』(Karl Jaspers, Vom Ursprung und Ziel der Geshichte, 1949) で示した概念である。紀元前800年から紀元前200年までに，中国・インド・西洋の3つの主要文明で並行して，人類の精神史上に決定的な意義をもつ革新が行われたとし，その転機の時代を指して「枢軸の時代」die Zeit der Achse (the Axial Age) と呼ぶ。世界の宗教史や思想史を文明論的な文脈で論じる際に有益な概念として，多様されている。彼は仏

教・ゾロアスター教の発生やキリスト教を先取りするユダヤの預言者の宗教性，儒家や道教の教え，ギリシャの哲学者や悲劇詩人が得た認識等を念頭に置いている。これらはいずれもが，存在や人間がもつ根本的な限界の認識と，それに基づく深い反省と，超越的なもの（無制約的なもの）の観念を齎したものとする。1980 年代以降，西欧中心の普遍主義の限界が顕^{あら}わになると共に，世界の諸文明の存在基盤に回帰する動きが顕著になり，枢軸の時代の意義が問い直されている。世界各地の宗教復興勢力や合理主義者はこの時代に確固たる足場があると主張するのに対して，ある種のポストモダン的な思潮は，枢軸の時代に確立した前提を疑い，覆そうと主張する（島薗進）。枢軸の時代で提示された人物は全部で 10 人。イザヤ（前 742-701）［ユダヤ教大予言者］，エレミヤ（前 627-587）同，エゼキエル（前 593-563）同，ゾロアスター（〜前 650）［拝火教］，老子（〜前 600-500）［道教］，孔子（前 551-479）［儒教］，釈迦（前 564-484）［仏教］，ソクラテス（前 470-399）［ギリシャ哲学］，プラトン（前 428-347）同，アリストテレス（前 384-322）同が活躍した。次の分析で，ほぼ同時代に生きた釈迦と孔子の人生行路を見ることにする。

(2) 比較分析（中村元，1912-1999）（表 1.4.1 参照）

　仏教は発展の過程で，ヒンズー教の民間信仰に強い影響を受け，その結果，密教というヒンズー教化された大乗仏教の形態が生まれた。中国とその近隣の国々では，仏教はしばしば儒教や道教の述語によって解説されている。日本仏教では儒教に加えて神道の要素は重要である。ここでは釈迦（仏陀）と孔子の生涯の比較を試みる（釈迦と孔子の生年月日，死亡年月は諸説あるが最も有力なものを採用した）。釈迦と孔子はほぼ同時代に生まれながら，出生時は対照的である。釈迦は王族の生まれ，孔子はその出生を憚る私生児^{はばか}（母親は巫女だとされる）であるらしい。両人とも当時としては珍しく長生きである。釈迦は 81 歳，孔子は 74 歳で天寿を全うしている（蛇足ですが，尊敬する鈴木大拙先生は 95 歳，中村元先生は 86 歳に永眠されました）。釈迦は 16 歳で，孔子は 19 歳で結婚している。当時としては早いのか，遅いのか分からないが，両者とも 10 代で結婚している。

表 1.4.1　釈迦と孔子の生涯の比較

釈迦(前 564-484)	孔子(前 551 − 479)
前 564　釈迦生(0 歳)ネパールのピラヴァストゥで釈迦族の王子として。誕生 7 日後母マーヤー死去。	
前 551　釈迦(13)	孔子生(0 歳)魯の国，孤児で，母はおそらく巫女であろう
前 548　釈迦(16)結婚(ヤソーダラーフラと)。女子ラーフラ生まれる。	孔子(3)父(享年 67)
前 535　釈迦(29)出家，6 年間苦行	孔子(16)
前 534	孔子(17)母(享年 32)　(17)魯の大夫李氏が饗宴を主催
前 532	孔子(19)結婚
前 531	孔子(20)男子誕生
前 529　釈迦(35)悟りを開く。以後 45 年間説法	孔子(22)
前 517　・苦行をやめる	孔子(32)魯の南宮敬淑と周に行く。而立
前 515-・ブッダガヤで悟りを開き、伝導を開始	孔子(36)斉の国へ亡命
前 512	孔子(39)斉の国へ亡命
前 503-・ベナレス郊外のサルナート (鹿野苑)で最初の説法を行う	孔子(48)魯の大夫陽虎の専制　不感
前 506	孔子(50)魯に帰国。定公は中都の宰で優遇
前 498　・教団(サンガ)の成立	孔子(53)夾谷の会
前 496　・カッサパを三兄弟が弟子入り・女性の出家をみとめる	孔子(55)失脚。14 年間亡命生活　衛→宋→陳・菜→葉→衛→魯
前 495	孔子(56)匡の国で拘束される
前 494	孔子(57)不倫？　霊公の妻南子と
前 492	孔子(59)桓魋，孔子を襲う
前 490　最後の伝道の旅へ	孔子(61)
前 484　釈迦(80)逝去〈入滅〉	孔子(67)耳目
前 482	孔子(69)魯に帰国
前 481	孔子(70)一人息子鯉(享年 50)
前 480	孔子(71)高弟顔回死去
前 479	孔子(74)逝去

出所)　中村元『ブッダ伝』，白川静『孔子伝』他。

諸国を放浪し，或いは伝道し，多くの弟子を残した点は共通している。多くの弟子があった為に，その思想が2500 年を経て，現在でも脈々と受け継がれているのである。釈迦も孔子も紀元前 6 世紀の人間である。もう一つ重要なことは，その思想が漢字文明に浴して，理論的・体系的・精緻化・分派化して発展したことも共通である。両思想とも，時代により，政治勢力との関わり方に強弱あり，当該の政権分析に欠かせない要素でもある。

(3) 風土分析 (和辻哲郎, 1889-1960)

　和辻哲郎『風土』（1935）によれば，自然環境（風土）は①モンスーン型（亜細亜, 日本）は湿潤で気紛れな自然から, 受容的・忍従的性格を育む。②砂漠型（中東, 北アフリカ）は過酷な自然から, 対抗的・戦闘的性格を育む。これにより厳格な一神教が成立する。③牧場型（欧州）は, 穏やかで規則的自然から合理性を育む。

　インドは雨季と乾季の差が著しく, モンスーンがあっという間に 農作物を流し去ってしまうような厳しい自然環境である。「インドの年間総降水量と主要都市の雨量を見てみよう。モンスーンは 6 月頃から 3 ヶ月程, 連日雨が降り続き, その間にその雨量はだいたい 1 年分の降雨量に相当する。例えば, ムンバイ（旧ボンベイ）では, 6 〜 9 月に年間総雨量 2200 ミリの殆どが集中し, 連日豪雨に見舞われる」（山下博司『古代インドの思想』32 頁）。そこから, 「輪廻」というインド思想に共通する発想が発生。アーリア人は死者の魂は現世での行為である「業」（カルマ）に応じて再生し, 生と死の無限の連鎖が続くと考えられた。ウパニシャッド哲学は, 自らのうちにあるアートマンが宇宙ブラフマンから生まれ, ブラフマンと一体であることを悟ることによって, 大きな宇宙の根源と一体となり（梵我一如）, 輪廻の苦しみから解脱して永遠を得ることができる。煩悩に打ち勝ち, 我執から自己を解放することによって, 悟りの境地（涅槃）に達する。岡倉天心は, 西欧との比較において, 日本の宗教は, 世俗と浄土の概念に大きな違いがあるとした（『日本の覚醒』）。

(4) シンクレティズム (Syncretism) 分析 (『クレタ島』文庫クセジュ)

　Syncretism は宗教学や文化論での融合を意味し神仏習合が充てられるが, この語源は地中海の「クレタ島の人」に由来する。Syn は together という意味の接頭辞。Cretism がクレタ島化を意味している。クレタ島の面積は 8,336 m^2（東京都 2,191, 神奈川県 2,416, 埼玉県 3,798 = 8,405 m^2）。東地中海の中心にあるクレタ島は, 北にギリシャ, トルコ, イタリアの欧州・亜細亜, 東にシリア, パレスチナの中東, 南にエジプト, リビア, チュニジアのアフリカ大陸

がある。紀元前 2000 〜 1400 年頃クレタ文明。ギリシャ神話の宝庫で，迷宮（ラビュリンス）はクノッソス宮殿の数百の部屋や複雑な構造から由来する。クレタ文字の線文字 A は未解読。（しかしギリシャ本土のミケーネ文字の線文字 B は 1952 年ヴェントリスが解読した）紀元前 1 世紀にローマ帝国の支配下。東西分裂後はビザンツ帝国に。820 年代アラブ人の支配下。1204 年ヴェネツィアの支配は 17 世紀まで続く。1645 –1669 年のクレタ戦争でオスマン帝国領。独立したばかりのギリシャ王国は名目的にはオスマン帝国の臣下でありつつ事実上独立していたエジプトのムハンマド・アリ朝であった。この争いは 20 世紀初頭にギリシャによる領有が確定した。第二次世界大戦中は一時ナチス・ドイツにより占領された。そのめまぐるしい歴史過程で，宗教的（旧教・正教・回教）・文化（ギリシャ・ローマ・イスラム）融合が進んだ。これが語源の由来である。クレタ島で宗教や文化が融合されたことから，宗教・文化の融合を意味するようになった。日本ではこの用語は神仏習合に当たる。神仏習合はそれ程昔のことでない。例えば鎌倉の鶴岡八幡宮では明治初年まで「別当」と称する僧侶が全てを管理していた。明治政府の神仏分離令（1868 年）により，神社が仏像を御神体にすることを禁じた。政府の通達で，僧侶を復飾（還俗）させ，神社に勤めることを命じた。鎌倉の八幡宮でも維新前僧侶だった人物が分離令後還俗して総神主となり，境内の大塔や仏像等仏教的な事物を取り除く計画書を神奈川県庁に提出。仏教色を持つ建物は僅か 10 日程で破壊された（読売新聞，令和 3 年 8 月 3 日夕刊「日本史アップデート」）。

(5) 神の概念 中村元（1912-1999）（表 1.4.2 参照）

　「天空」は印欧語所属で，共通で，ヴェーダ詩人は天に向かって「天なる父よ」，ギリシャ人は「ゼウスなる父よ」，ローマ人は「天空のイェピテルよ」に対応する（中村元『東洋の心』14-15 頁）。このことを発見したのは，マックス・ミュラー（Friedrich Max Muller 1823-1900）である。天空デイヤウスが初期の印欧語族の最高神であったように，ヴァルナはインドとイランに分化する以前のインド・イラン人の最高神であったかもしれない（上村勝彦『インド神話』24 頁）。

表 1.4.2　自然神と仏教用語

	インド	ギリシャ	中国	日本	仏教
天	Dyaus	Zeus	天		
太陽	Surya Visnu	Apollon Helios	日 (義和が 10 個 の日を生む {山海経})	天照大神 蛭子	日天(十二天)
月神	Candra　Soma		西王母(好娥が 月の中に入る)	月読神(尊)	月天(十二天)
暴風神(雷神)	Indra	Pallas-Athene		素戔嗚尊	帝釈天(十二天)
風神	Vata Vayu		湘君と湘夫人 飛廉	志那都比古命	風天(十二天)
地神	Prthivi	Gaia Ge Demeter	盤古 (天地を作った)	大国主命 大地主命	地天(十二天)
水神	Ap (Apas) Varuna	Poseidon (海神)	河伯 (黄河の神)	大綿津見神 (海神)	水天(十二天)
火神	Agnis	Hephaistos (火と鍛冶の神) Hestia (女神)	炎帝 竈神	火結神 (火山神) 興津比古 興津比売	火天(十二天)

出所)　中村元『東洋のこころ』東京書籍，1985,17 頁，仏教語は筆者が加筆した。

(6) 言語学的接近（印欧語族）（表 1.4.3・表 1.4.4 参照）

　アーリア人が所属すると思われるインド・イラン語族はこの語族に分類される。インドに定住するまで，遊牧民であったことが，家畜名（羊・山羊・馬）に関してこの語族はその諸言語間に高い類似性があり，穀物（稲・小麦）や農水産物（綿・米・鶏肉・魚）の名称には見られないことから分かる（原楕円「印度文化と希臘及び西南亜細亜の文化との交流」『東洋思潮』9，1934 年）。

表 1.4.3　梵語（サンスクリット語）と他の印欧諸語の音価（音声）類似性

	梵語	古典ギリシャ語	ラテン語	ドイツ語	フランス語	英語	備考：古典ギリシャ語
父	pitar	pater	pater	Vater	père	father	πατηρ
母	matar	mater	mater	Mutter	mère	mother	ματηρ
兄弟	bhratar	phrayer	frater	Bruder	frère	brother	φρατηρ
7	sapta	hepta	septem	sieben	sept	seven	ηϵρτα
名前	naman	onoma	nomen	Name	nom	name	ογομα
新しい	nava	neos	novus	neu	nouveau	new	γεοσ
ある	asti	eimi	sum	sein	être	be	ειμι

（備考）古典ギリシャ語はギリシャ文字をラテン文字に翻字した。

出所）木村武雄『10 カ国語経済・ビジネス用語辞典』創成社。

表 1.4.4　梵語（サンスクリット語）と他の印欧諸語の文法類似性

	梵語	古典希臘語	ラテン語	ドイツ語	フランス語	英語
名詞の性	男女中	男女中	男女中	男女中	男女	無
単数・複数	単・複・双	単・複・双	単・複	単・複	単・複	単・複
格変化	8	8	6	4	無(3)	無(3)
態	能・受・中	能・受・中	能・受	能・受	能・受	能・受
	（反射態）	デポーネンティア	デポーネンティア			
法	直・可・命	直・接・条	直・接	直・接	直・接・条	直・仮
	使役・希求	命・不・分	命・不	命・不	命・不	命

（備考）名詞の性：男性・女性・中性，単数・複数：単数・複数・双数，格変化：格変化の数を表す。
　　　　梵語は主格，属格，奪格，与格，為格，具格，対格，呼格の8格。古典ギリシャ語は，主格，
　　　　属格，奪格，与格，処格，具格，対格，呼格の8格。ラテン語は，主格，属格，奪格，
　　　　与格，対格，呼格の6格。ドイツ語は，主格，属格，与格，対格の4格。フランス語，
　　　　英語は格変化は無いが，主格・（直接・間接）目的格はある。以前はドイツ語のように格
　　　　変化があったが，発展の過程で退化した。態：能動態・受動態・中動態・デポーネンティ
　　　　ア。中動態は古典ギリシャ語特有の形で，能動態に比べ主語の利害，再帰的，相互的を
　　　　強調する。デポーネンティアは能動態欠如動詞。　法：直接法・可能法・命令法・使役
　　　　法・希求法・不定法・条件法・仮定法・分詞法。

出所）木村武雄『10 カ国語経済・ビジネス用語辞典』創成社，106-107 頁（主要印欧語文法用
　　　語対照表），2014.11.20，及び J. ゴンダ，鎧淳訳『サンスクリット語初級文法』春秋社，
　　　1974(2008. 新訂 18 刷)。

(7) ブラーフミー文字（紀元前 3 世紀頃）（『世界の文字の図鑑』普及版）

　ヴェーダ時代は文字が無く，口誦伝承が厳密に行われた。インドに文字が普及したのは，正に仏教の興起時であった。それがブラーフミー文字で，ブラーフマー（梵天）所説の文字の義である。ウェーバー及びビューラーの研究によると，北セム系文字の古形に源を発し，古代フェニキアの碑文並びにメシャ王碑文あたりを契機としてメソポタミアを経，前 8 世紀頃，通商者の手によって海路もたらされたものであるという。このセム系文字の流れを受け，インドのサンスクリットに適合するように改良が加えられた。現在のインド連邦では，ヒンディ語を公用語とし，ブラーフミー文字を祖とするデーヴァナーガリー文字をつかっている。パキスタンではアラビア文字を，バングラデシュではベンガル文字，スリランカではシンハラ文字を各自公式に用いている。

(8) ヴェーダ時代（紀元前 10 世紀頃）のバラモン教の神々

　①火の神（アグニ Agni）は，後世の仏教名は，火天（十二天）南東の守護神。ラテン語の ignus（火），英語の ignition（点火）の語源である。『リグ・ベーダ』の全体の五分の一はこの神への賛歌。

　②太陽神（スーリア Surya）は，後世の仏教名は，日天（十二天）である。インド神話では 3 つの眼をもち，万物を見守る存在。

　③風の神（ヴァーユ Vayu）は，後世の仏教名は風天（十二天）である。

　（なお①から③はバラモン教の三大神である）

　④雷神（インドラ Indra）は，後世の仏教名は，帝釈天（十二天）東の守護神。本来のインドラ神は，阿修羅とも戦闘したという武勇の神であったが，仏教に取り入れられて，成道前から釈迦を助け，またその説法を聴聞したことで，梵天と並んで仏教の二大護法善神となった。

　⑤死の神（ヤマ Yama）は後世の仏教名は閻魔天（十二天）南の守護神。地獄，冥界の主。冥界の王として死者の生前の罪を裁く神。

　⑥月の神・酒の神（ソーマ Soma）は，後世の仏教名は月天（十二天）。『リグ・ヴェーダ』第 9 巻全体がソーマ賛歌。ヒンズー教では月が神々の酒盃と

みなされた為に，ソーマは月の神ともみなされる。

⑦司法神（ヴァルナ Varuna）は，後世の仏教名は水天（十二天）。西の守護神。
　ミトラと同様にその起源は古く，ヴェーダ時代以前からその存在が確認さ
　れていた。天空の水に住む神であり，その水を恵みの雨として降らせる豊
　穣神として祀られている。上記の神格に加え，創造神，司法神としての役
　割をもつ最高神に等しい存在であったが，時代が下ると，司法神はヤマに，
　創造神はブラフマーに奪われ，最終的には西方を守護する護神にして水や
　海を司る神に落ち着いた。

⑧悪霊（ヤクシャ Yaksa）は，後世の仏教名は夜叉（八部衆）。梵名ヤクシャ
　は暴悪の意味。鬼神で男はヤクシャ，女はヤクシーと呼ばれた。仏教では
　護法善神（仏教を守護する天の神々）の一尊。

⑨富と財宝の神（クヴェーラ Kuvera）は，後世の仏教名は毘沙門天（十二天）
　北の守護神。地下に埋葬されている財宝の守護神であり，ローカパーラの
　一人として北方の守護神とされる。日本では2通りに伝わる。1）Vaisvana
　で，バラモン教の富と財宝の神で「七福神の毘沙門天」の基になった。2）
　中国に伝わって，仏法の北の守護神の性格から武神とされ，上杉謙信がこ
　の毘沙門天を軍神と崇めたのは有名な話。　越後は京や関東から北である．

⑩安産・子育ての女神（ハーリティー Hariti）は，後世の仏教名は鬼子母神。
　ヒンズー教では，子授け，安産，子育ての神として祀られている。

⑪魔神（アスラ Asura）は，後世の仏教名は阿修羅（八部衆）北西の守護神。『リ
　グ・ヴェーダ』に見られるように，古代インドにおいてアスラは悪役的な
　要素はない。時代が下ったところではアスラは魔族として扱われた。「ア
　スラはア（a＝非）・スラ（sura＝生）である」という俗語源説もある。

(9) ヒンズー教時代（紀元前後）のヒンズー教の神々

①太陽光の神，繁栄の神（ヴィシュヌ Visnu）ヴィシュヌは10の化身（アヴァ
　ターラ）となり，世界を混迷から救うとされた。マツヤ，クールマ，ヴァー
　ラー，ヌリシンハ，ヴァーマナ，パラシューマ，ラーマ，クリシュナー，ブッ

ダ，カルキ。第9の化身がブッダで，仏教の開祖のブッダである。

②破壊神（時に両性具備）（シヴァ Siva）は，後世の仏教名は大自在天。シヴァ
　の別名がマハーカーラ Mahakala の漢訳が大黒天で戦闘・財宝・冥府の3
　つを司る。日本では七福神の大黒天の起源である。

③創造神（ブラフマー Brahma）は，後世の仏教名は梵天（上を担当の十二天）。
　ウパニシャッド哲学の「梵」の元になった。宇宙の根源原理。

④音楽の女神，水の女神（サラスヴァーティ Sarasvati）は，後世の仏教名は
　弁財天。後年，日本の七福神の唯一の女神の弁天様となった。

⑤軍神（スカンダ Skanda）は，後世の仏教名は韋駄天。仏教に取り込まれる
　と，四天王の増長天の八将軍のうちの一人になり，韋駄天と呼ばれた。彼
　は誰よりも早く駆け付け，仏や神々を護った。スカンダはアレクサンドロ
　ス大王の東方における呼び名イスカンダル Iskandar に由来すると言われ
　ている。太宰治の『走れメロス』にも韋駄天が出てくる。

⑥幸福・豊穣の女神（ラクシュミー Laksmi）は，後世の仏教名は吉祥天。

2. 古代インド史（仏教を中心に）

(The World:an illustrated history, Times Books Limited)

　現在5億3,000万人のインド信者を擁しているヒンズー教の基本的要素は，
まず前1500年頃インドへのアーリア人の侵入に認められる。しかし，『ヴェー
ダ』として知られた梵語（サンスクリット）の宗教的賛歌が集成されたのは，
かなりのちのことである。ヴェーダはヒンズー教の信仰上の諸規律の基となっ
た。カーストという概念がインド人の生活を規制するに至った基本的社会組
織が確立されたのは，アーリア人が侵入してから1000年もあとのことであっ
た。ヒンズー教徒は多くの神々を崇拝しているが，そのうち最も重要なのは
ヴィシュヌ神とシヴァ神である。ヴィシュヌ神はラーマやクリシュナの英雄を
含め，多くの化身として現れる。宇宙の柱であり，永遠に遍在する霊である。
沢山の腕は救済の活動と普及を表している。シヴァ神は破壊と同時にヨガ行者
の神でもある。神力の予測し難い側面を表し，この世の移ろいやすい性格を

もっている。シヴァ神の妃である母神は，優しいパールヴァティ女神であると同時に荒々しいカーリ女神でもある。ヒンズー教社会は厳格な身分階層社会（欧州人はカースト caste と呼んだ，インド人自身は生来の身分をジャーティ（生まれ）と呼んでいたが，ポルトガル人が系・血統を意味するカスタということからカーストの言葉が生まれた）。カースト組織の起源は創造主であるブラフマの体の4つの部分に対応する社会の4区分に遡る。即ちブラフマの口から生まれた祭司及び知識階級のバラモン，腕から生まれた貴族や武士のクシャトリヤ，太ももから生まれた農民や商人のヴァイシャ，足から生まれた貧農や労働者のシュードラの4つの身分階層である。このカースト組織の外にある人々は「不可触民untouchable」と知られた。一連の再生を通じた魂は善行（カルマ）によりその他の地位を改善し，また善行を欠くことによって地位を下げることもあった。このような多様な儀礼を持つ多くの祭式が，ヒンズー教の中に併存した。またヒンズー教は多くの神々を崇拝しながら，修行・瞑想等によって信仰の奥義に到達する種々の方法を提供した。それは単なる一つの宗教以上のものであり，完全な生き方に関わるものであった。しかし紀元前6世紀には，やはりその信仰に批判者が現れた。ヒンズー教の最も重要な改革者の二人，マハーヴィーラとガウダマ＝シッダールタは共に貴族の生まれであった。

(1) 定　義

　インド哲学・宗教史において取り扱う「インド」は，今日行政上のインドとは違う。古来，そこに居住する人々が，ある共通の意識と一定の文化を構築した地域としてのインドであり，今日のインド連邦共和国よりも遥かに広範な地域［パキスタン・バングラデシュ・セイロン（スリランカ）・ブータン・ネパール・アフガニスタン・イラン・ビルマ（ミャンマー）・タイ・カンボジア（世界遺産アンコールワットは12世紀ヒンズー教の寺院）・インドネシア（ジャワ島のボロブドゥールの仏教遺跡,8-9世紀）］ベトナム（チャンクォック（仏教),ミーソン（ヒンズー教））に渡っている。

(2) 歴史区分（D. D. Kosambi, 1907-66）

①先史時代インダス文明の時代（前 2600 - 前 1800 頃）

　紀元前 30 〜 15 世紀，ドラヴィダ人がインダス河流域に築いたインダス文明の遺跡からは，インド神話の源流とされる神像等が発掘されている。前 13 世紀頃，黒海とカスピ海に挟まれたカフカス（コーカサス）地方を現住所とする騎馬民族アーリア人は，欧州と中央アジアへと幾つかのグループに分かれ移動し，パンジャブ地方に定住した。これがインド・アーリア人と呼ばれた。先住民ドラヴィダによるヒンズー教の源流となるインド土着の信仰が誕生した。インド神話の破壊王シヴァのプロット・タイプや牛の像が作られた。

②古代前期　バラモン教　ヴェーダの宗教（前 1800 - 前 500）

③古代中期　仏教興起時代（前 500 - 後 320）

④古代後期　ヒンズー教の成立（320 - 520）

⑤中　　世　グプタ朝崩壊前後の分裂期を経て，イスラムのムガール帝国による支配に至る。(520-1858)

⑥近　　世　英国によるインド統治時代（1858-1947）

⑦近代・現代インド　1947 年の独立以降。

(3) 本　編

　インドでは，紀元前 1500 年〜紀元前 1000 年頃に掛けて，中央アジアから北西インドに侵入したアーリア人によって，バラモン教という自然神崇拝の信仰体系が形成された。更に前 1000 年頃，アーリア人はガンジス河の上・中流域へと移動すると同時に，元来の遊牧民的生活から定住型の農耕生活へと推移した（分析手法 6. 言語学的接近参照）。その過程で，アーリア人と先住民ドラヴィダとの間の階層化が進展し，カースト制の基となるヴァルナ制が成立し，その頂点に君臨するのが，司祭階級であるバラモンである。次にアーリア人侵入前にあったインダス文明について記す。

1）インダス文明の特徴（金岡秀友『古代インド哲学史概説』）

　①均質・統一的保守性

　インダス文明は紀元前 2500 年 〜紀元前 1500 年頃に存在したが，その遺跡が広範に分布しているが，その文化や生活において，時間的（歴史的）・空間的（地域的）な隔差，断層が殆ど見られない（ミルチア・エリアーデ『世界宗教史 1』185-191 頁）。文化の発展性・進化性が殆ど認められない。つまり，時間が止まった如くであるということである。

　②インダス文字が未解読

　古代文字で未解読なのは，エーゲ文明の線文字 A とインダス文明のインダス文字がある。今後の研究の進展が望まれる。

　③都市文明

　文明を支えたのは農民と商人であった。インダス河の小さい支流にダムは作られ，灌漑用水に活用され，大規模な農業生産を可能にし，その集積地として都市が発達したと想像される。リグ・ヴェーダの神話にインドに侵入したアーリア人がこのダムを破壊したことが載っている。

　④非軍事性

　文明の遺跡から，武器は数が少なく，特に防御用武器が散見できない。長い間，外敵の侵入を受けず平和を謳歌したと言える。

　⑤宗教統治

　軍事的統治でなく，宗教をもって人々を統治したと想像される。遺跡には，樹霊や動物崇拝等の痕跡が残っている。

　以上のような特徴を持つインダス文明であったが，ヒンドウクシュ山脈を越えて侵入した遊牧民であるアーリア人の怒涛のような勢いの前に屈服した。文明滅亡の原因は，（未解読文字がある以外を除く）先の特徴の全てのアンチ・テーゼであった。勿論，アーリア人の軍事的優位は否めないが，インダス文明が平和時の，農耕民族による閉鎖的・均質的文明で，頑なに同一性を墨守し，時代的・空間的変化に即応し難い保守的文明であったことが悲劇だった。

次にアーリア人について てみよう。

2）アーリア人の概念と実態（松波誠達『ウパニシャッドの哲人』）

考古学の成果から，確実に言えることがある。アーリア人の故地はカフカス地方であること。人種的には，白色のコーカサス人種に属している。インドに定住するまで，彼らの生活が遊牧生活だったこと。比較言語学では，印欧語族の根源に共通の祖語として原インド・欧州語があったと想像される。因みに，アーリア（arya）は「浄める」を意味する動詞語幹リ（√r）から派生。「高貴」な意味もあり，カースト制の最上位の３カースト（ブラーフマン・クシャトリヤ・ヴァイシャ）を意味していた。インドやイランに侵入した彼らの一部は，自らアーリアと称したことが言語学的・文献的に確認されている。彼らにより，ガンジス河上中流域の開発が進展し，前６世紀頃多くの都市国家が成立。「16 王国時代にバラモン教による祭式至上主義を批判する新しい思想が続々誕生する。

表 1.4.5　インドカースト制度

日本語 梵語 漢訳 内容	ヴァルナ Varna 姓	ブラーフマン Brahmana 梵天 バラモン階級 （僧侶階級）	クシャトリヤ Ksatriya 殺帝利 王族階級	ヴァイシャ Vaisya 毘舎 庶民階級	シュードラ Sudra 首陀羅 奴隷階級

出所）平川彰『インド仏教史（上）』春秋社，1974 年（新版 3 刷 2019 年，19 頁）。

3）バラモン教

アーリア人の原始宗教を基に成立。明確な体系を持たず，『ヴェーダ』を聖典とし，犠牲をする祭式を尊重している。祭式を執行するバラモン教の言行は神々以上の重みを持っていた。アーリア人がインドにおける優位性を確立する為に，バラモンを最上位とするヴァルナ制を作る。

4）ウパニシャッド哲学（金岡秀友『古代インド哲学史概説』142-151 頁）

ウパニシャッドとは，「座す」を意味する動詞語幹シャッド（√sad）に接頭辞 のウパ（upa-，～の方向へ）とニ（ni-，下に）を付けた「誰かの近くに座る」が導出された。本来は伝授を目的として師と弟子との信頼に結ばれた座を意味している。「秘教」の意味に転じた。日本語では「奥義書」と訳されるのはそう

いう所から由来する。奥義書によれば，宇宙の根本原理である梵（ブラーフマン）と，自己の本体である我（アートマン, atman）とが，本質的に一体であること（梵我一如）を理解した時に，解脱が可能となる。しかし，厳格なカースト制度の下で，修行できるのは，バラモン教だけだった為に，不満や批判があった。紀元前 6 世紀頃，バラモンの権威を否定して合理的な考えを説く，自由思想家と呼ばれた集団が現れた。ヴァルダマーナ（前 549-477）は徹底した苦行（アセティシズム, asceticism）と不殺生（アヒンサー, ahimsa）の実践を説き，ジャイナ教を開いた。ブッダは苦行の原因とその解決策を提示して回った。

5）ジャイナ教(The World:an illustrated history)

　バラモン教の祭祀と階級制度を否定。極端な不殺生主義を採り，厳しい戒律を守り，徹底した苦行による解脱が目標。不殺生の教えから，農業に従事することが許されず，信者はヴァイシャ，特に商人に広まった。根本教義は，魂は全てのもの——風や石，火にさえ——の中に捕えられるという信念であり，彼らは非暴力の理念に帰依するのである。ジャイナ教徒は厳格な菜食主義者で，道を歩くときに虫を踏みつぶさないように小さい箒（ほうき）を携帯しなければならず，偶然に吸い込んでしまってハエを殺してしまうのを避けるために，ヴェールをまとわなければならない。この非暴力主義は，マハトマ＝ガンディー（1869-1948）の生き方や活動にも大きな影響を与えた。

6）ブッダの教え　基本原理（Reishaur, E.）

　万物は流転する（＝諸行無常），不変の実体を持つものもない（＝諸法無我）。これが真理なのに，我々は事物に執着心（＝煩悩）を持ってしまう。それにより，真理が見えなくなる（無明）。だからその事物が失われると，苦しみが増大する。ならば真理を悟って煩悩を捨てれば，心の安らぎ（涅槃 nirvana）を得る。

7）ブッダの普遍的教え（梵天勧請）（保坂俊司『宗教と情報』78-96 頁）

　ブッダは，梵天の依頼を受け入れて，悟りの境地から一歩進んで自らの体験を客観視し，他者に語るという新たな段階に進むことができたのである。つまり，仏教が生まれる為には，ブッダの悟り体験だけで不充分で，既存の宗教の働きかけが不可欠である。仏教は他の宗教（ヒンズー教）を自らの宗教教理に取り入

れることで，他者との共生関係を築いてゆくという宗教構造を持っていた。

8) インドで仏教が衰退した理由（平川彰『仏教史 下 』5-31 頁）

　バラモン教の階級制を否定するブッダが創設した仏教は次第に世界各地で普遍
的になった。しかし 7 世紀頃からバラモン教を土台とする多神教のヒンズー教が
中心になり，インド社会に根付いていった。仏教衰退の理由を纏めるとこうなる。

　　①グプタ朝（320~550）はバラモン教を国教として採用した。ヒンズー教も
　　　バラモン教の哲学や習俗を採り入れ，バラモン教と習合し，それによって
　　　社会の上層階級の支持を受け，急速に拡大した。
　　②バラモン教と民間信仰が習合したヒンズー教の儀式等が密着することに
　　　よって，庶民階級にも流布された。
　　③商人からの経済的支援を失った。
　　④熱烈なヒンズー教信仰が起こり，仏教の排斥が起こった。
　　⑤仏教が高度な学問へと発展し，一般庶民の日常生活から離れた難解な思想
　　　となった。

9) 何故死滅したインダス文明が永続したか（中村元『古代インド』49 頁）

　アーリア人の侵入とともに，インダス文明は死滅した筈である。後世のイン
ド文明のうちにその影響が認められるのは何故か。インダス文明は都市文明で
ある。都市の基盤が脆弱であるので，外来侵入民族の暴力によって完膚なきま
でに破壊された。しかし，その周辺にある後背地（ヒンターラント）としての
農村はなかなか滅びない。インドの農村が後世に及ぼした可能性がある。

おわりに

　仏教は紀元前 5 世紀頃，インド北部のガンジス河流域で釈迦（本名 ガウタマ・
シッダールタ）が興した宗教である。「仏様」というのは，サンスクリット語（梵
語）の buddha（ブッダ）のことで「目覚めた人」「悟った人」という意味である。
仏教は釈迦の死後百年を経て，教義が発展の過程で上座部仏教と大乗仏教に分
かれた。仏教の分派の禅は，梵語の Dhyana（ジャーナ）の音訳で，静かに考

えることを意味している。例えば，柔道剣道等を練磨する広間を道場と言っている。道場は宗教的練習に使われる場所である。その梵語 bodhimandala の原意は「悟りの場所」である。心身を統一し，瞑想する修行方法で，悟りの境地に至るための徳目として重んじられる。インド神話ではアーリア人の戦士，ヴェーダ（バラモン教）では雷神であるが，仏教では帝釈天（十二天）で東の守護神に当たる。インド神話で死者の神，ヴェーダ時代でも死の神で，仏教の閻魔天（十二天）で南の守護神であり，地獄の王である。例の 閻魔様で，舌を抜かれる。ヒンズー教の三大神の破壊王で，一方で福の神の側面もあった。日本では七福神の大黒天に当たる。インド神話で邪悪の指導者神で，ヴェーダ時代は富と財宝の神であったものが，仏教の毘沙門天で，北の守護神。日本では軍神。上杉謙信が戦いの前に武運を祈った神である。この神は七福神の一つで，富の恵みや目標の成就の神でもあるのは興味深い所でもある。

図 1.4.1 インドの宗教

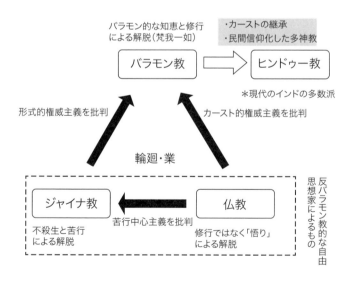

出所）中村隆文『世界がわかる比較思想史入門』ちくま新書，2021 年，97 頁。

図1.4.2　インド文化

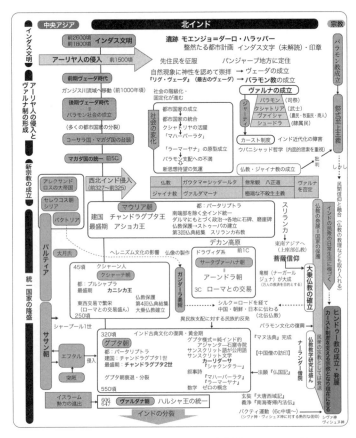

出所）谷澤信也編『山川ヒストリカ』山川出版社，106-107頁。

（引用文献）

1.　青木健『アーリア人』講談社選書メチエ 438，2009 年。
2.　赤松明彦「古代インドにおける世界と魂」伊藤邦武他編『世界哲学史 1』ちくま新書 1460，2020 年。
3.　アンリ・アルヴァン，渡辺照宏訳『仏教』文庫クセジュ 707，白水社，1990 年。
4.　石井公成『東アジア仏教史』岩波新書 1778，岩波書店，2019 年。
5.　井筒俊彦他編『インド思想史 1~3』東洋思想（全 16 巻）岩波書店，1988 年。
6.　岩本裕『ラーマーヤナ』1 東洋文庫 376，平凡社，1980 年。
7.　A. ヴィディヤランカール，中島巌編訳『インド思想との出会い』東方出版，2018 年。
8.　植木雅俊『仏教学者中村元』角川選書 543，株式会社 KADOKAWA，2014 年。
9.　ミルチア・エリアーデ，中村恭子訳『世界宗教史 1~8』ちくま学芸文庫，2000 年。
　　[Mircea ELIADE, Histoire des Croyances et des Idees Religieuses Paris:Editions Patyot,1976]
10.　大林太良『世界の神話』NHK ブックス，1976 年。
11.　岡倉天心，夏野広訳『日本の覚醒』講談社学術文庫 2253，2014 年。[Okakura kuzou,The Awakening of Japan, New York:Century,1904]
12.　岡本隆司『「中国」の形成』岩波新書 1808，岩波書店，2020 年。
13.　沖田瑞穂「インド神話」『世界の神話』岩波ジュニア新書 902，岩波書店，2019 年。
14.　トーマス・カスーリス，衣笠正晃訳『神道』筑摩書房学芸文庫 1300，2014 年。[Thomas P. Kasulis, Shinto, The Way Home, Honolulu, Univ. of Hawai' I Press, 2004]
15.　上村勝彦『インド神話』ちくま学芸文庫，2003 年（16 刷，2017 年）。
16.　金岡秀友『古代インド哲学史概説』佼成出版社，1979 年（新装改題版，2017 年）
17.　かみゆ歴史編集部『インド神話』イースト・プレス，2017 年。
18.　木村武雄「インド・ヨーロッパ語族（印欧語）」「ポーランド歴史年表」『EU におけるポーランド経済』創成社，2009 年。
19.　木村武雄「主要印欧語文法用語対照表」『10 カ国言語経済・ビジネス用語辞典』創成社，2014 年。
20.　木村武雄「ギリシャの神々と英雄」『10 カ国語経済・ビジネス用語辞典』創成社，2014 年。
21.　木村武雄「思想史にみる伝統思想と西欧思想の相克」『地方創生と社会システム』五絃舎，2019 年。
22.　J. ゴンザ，鎧淳訳『サンスクリット語初級文法』春秋社，1974 年（新訂 18 刷，2008 年）。
23.　J. ゴンザ，鎧淳訳『インド思想史』岩波文庫青，2002 年（10 刷，2016 年）。
24.　三枝充真『インド仏教思想史』講談社学術文庫 2191，2013 年。
25.　佐々木閑『大乗仏教』NHK 出版，2017 年（8 刷，2018 年）。
26.　佐藤和彦『インド神々の事典』学研。
27.　菅沼晃『インド神話伝説辞典』東京堂出版。
28.　鈴木大拙，北川桃雄訳『禅と日本文化』講談社，2006 年（原著 Zen Buddhism and its Influence on Japanese Culture, Kyoto:The Eastern Buddhist Society, 1938）。
29.　レイチェル・ストーム，山本史郎他訳『ヴィジュアル版世界の神話百科東洋編』原

書房。
30. 大法輪編集部編『仏教キリスト教イスラム教神道どこが違うか』大法輪，1991 年。
31. Roger J. Davies, Japanese Culture, Tokyo:Tuttle Publishing, 2016, Axial Age.
32. 武光誠『「宗教」で読み解く世界史の謎』PHP 文庫。
33. 手塚治虫『ブッダ』(1 〜 6 巻) 潮出版社，2011 年。
34. 東京外語大学アジア言語研究所編『アジア文字入門』河出書房新社，2005 年。
35. 辻直四郎『リグ・ヴェーダ讃歌』岩波文庫，1970 年。
36. 『中村元生誕 100 年（永久保存版）』(新装新版) 河出書房新社，2005 年。
37. 中村元訳，丸山勇写真，佐々木一憲解説『ブッダの言葉』新潮社，2014 年。
38. 中村元・春日屋伸昌編『比較思想から見た仏教』東方出版，1987 年。
39. 中村元・春日屋伸昌編訳『日本思想史』東方出版，1988 年。
40. 中村元『ブッダ真理のことば・感興のことば』岩波文庫青 302-1, 1978 年。
41. 中村元他訳注『浄土三部経 (上・下)』岩波文庫青 306-1,2,1963 年。
42. 中村元『般若心経・金剛般若経』岩波文庫青 303-1,1960 年。
43. 中村元『ブッダ最後の旅』岩波文庫青 325-1, 1980 年。
44. 中村元『仏弟子の告白』岩波文庫青 327-1, 1982 年。
45. 中村元『尼僧の告白』岩波文庫青 327-2, 1982 年。
46. 中村元『神々との対話』岩波文庫青 329-1, 1986 年。
47. 中村元『悪魔との対話』岩波文庫青 329-2, 1986 年。
48. 中村元『真理のことば (仏典をよむ l)』岩波現代文庫 G373, 2018 年。
49. 中村元『ブッダの生涯 (仏典をよむ 2)』岩波現代文庫 G374, 2017 年。.
50. 中村元『大乗の敦え (上) (仏典をよむ 3)』岩波現代文庫 G373, 2018 年。
51. 中村元『大乗の敦え (下) (仏典をよむ 4)』岩波現代文庫 G376, 2018 年。
52. 中村元『龍樹』講談社学術文庫，2002 年。
53. 中村元『東洋のこころ』講談社学術文庫，2005 年。
54. 中村元『パウッダ』講談社学術文庫，2009 年。
55. 中村元『慈悲』講談社学術文庫，2010 年。
56. 中村元・三技充直『バウッダ (佛教)』講談社学術文庫 1973，2009 年 (原著三技充直著，小学館ライブラリー，1987 年)。
57. 中村元『古代インド』講談社学術文庫，2004 年。
58. 中村元『ブッダ伝』角川ソフィア文庫 19197,2015 年。(原著『NHK こころの時代ブッダの人と思想上下』1995 年)
59. 中村元『仏教語源散策』角川ソフィア文庫，2018 年。
60. 中村元『続仏教語源散策』角川ソフィア文庫，2018 年。
61. 中村元『仏教経典散策』角川ソフィア文庫，2018 年。
62. 中村元『原始仏典』ちくま学芸文庫，2011 年。
63. 中村隆文『世界がわかる比較思想史入門』ちくま新書 544, 2021 年。
64. 納富信留「ヤスパースの「世界哲学」構想」伊藤邦武他編『世界哲学史 1』ちくま新書，2020 年。
65. 服部正明『古代インドの神秘思想』講談社現代新書，1979 年。
66. 原楕円「印度文化と希臘及び西南亜細亜の文化と交流」『東洋思想』9，1934 年。
67. 原田正俊編『宗教と儀礼の東アジア』勉誠出版，2017 年。
68. 平岡聡『浄土思想入門』角川選書 608, 2018 年。

69. 平川彰『インド仏教史（上・下）』（新版）春秋社，1974 年（新版 3 刷 2019 年）。
70. 「仏教を考える」『現代思想』2018 年 10 月臨時増刊号（46 巻 16 号），青土社。
71. 保坂俊司『宗教と情報』北樹出版，2018 年。
72. 松濤誠達『ウパニシャッドの哲人』講談社，1980 年。
73. 宮元啓一他『ビックリ！ インド人の頭の中』講談社，1980 年。
74. 山下博司『古代インドの思想』ちくま新書 1098，2014 年。
75. 宮田洋一『零の発見』岩波新書赤 R-13,1939 年 (115 刷，2019 年)。
76. Edwin Oldfather Reischuer, The Japanese Today, Cambridge, MA:Belknap Press, 1988.

(辞典・事典)
1. 『岩波哲学・思想事典』岩波書店，1998 年。
2. 『20 世紀思想家事典』誠信書房，2001 年。
3. 『岩波世界人名事典』岩波書店，1998 年。

第2節　中国文化

はじめに

　中国では，道教は，儒教・仏教と並んで，紀元前から重要な役割を果たした。漢民族の土着的・民族的宗教である。時の権力者が民衆の道教信仰を採用したこともあった。特に異民族であった，モンゴル族の元王朝（1271-1368）・満州族の清王朝（1616-1912）のときは顕著であった。政治・宗教・思想としてだけではなく，文学・芸術・医術等の分野においても，道教は多大な影響を及ぼした。老子の「道」の思想を出発点に，古代神仙思想，後漢末の太平道と五斗米道，六朝知識人の修養法等，仏教・儒教の思想・大衆運動を取り込みながら習合した。日本には，地下水脈的な影響を残している。七五三祝い・桃の節句・端午の節句・お中元・お守り・風水占いは全て道教に由来する（お宮参り・初詣は神道由来，法事・盆・彼岸は仏教由来）。日本文化の創成期に影響を与えている。平安時代初期空海が『三教指帰』と文を書いて，三教（道教・仏教・儒教）についての自身の考えを述べている。

　この三教論争は中国では秦・漢代から元代に至るまで，皇帝がどの思想・宗教を採用するか最重要課題だった。江戸時代の貝原益軒の『養生訓』には道教的な思想（外丹・内丹）が多く含まれている。

1.　分析手法

1）三教論争（道教故事物語，巻末資料 i-xxiv）

　三教論争（道教・儒教・仏教）が始まった。中国史において，皇帝の政治路線や宗教政策とも絡んで複雑な論争であった。その結果，仏教の論理性から，土着的道教や君主的儒教に影響を与え，また，仏教も漢字文化圏で進化し，より精緻化洗練されたものになっていった。政治が宗教を利用した時代から，政治が宗教と距離を置くようになった。中国が共産党政権になって完全に宗教を等閑視するようになった。寧ろ，共産党が一種の一神教の宗教かもしれない。

520　道士の姜斌と仏僧の曇無最，北魏の光明帝の面前で道・仏両教の優劣について論争

574　武帝，仏・道両教を廃止し，通道館を建立。

580　北周の静帝，詔を発して道・仏両教を復活。

626　唐の高祖，道・仏両教を粛清。

637　唐の太宗，道・仏両教の序列を道先仏後と定める。

690　唐の武則天，道・仏両教の序列を仏先道後と定める。

733　唐の玄宗，『道徳経』を経典の首位に。

742　玄宗，荘子に南華真人，文子に通玄真人の称号。

796　徳宗，道・仏・儒3教の討論会。

827　文宗，道・仏・儒教3教の討論会（白居易「三教論衡」）

845　武帝，仏教を弾圧。

961　北宋朝，道・仏・儒3教の討議禁止。

972　道・仏両教の序列を朝廷では仏先道後，郊外で天帝を祭るときは道左仏右とする。

983　太宗，還俗した道士と仏僧が科挙を受験することを禁止。

1106　徽帝，仏寺や道観に道・仏・儒3教の神像を合祀することを禁止。

1107　徽帝，宮中の序列を道先仏後とした。

1133　高宗，宮中の序列を仏先道後とした。

1142　南宋朝，道士と仏僧への度牒への発給を停止。

1167　王朝陽，全真道を創始。

1188　金の世宗，王朝陽の弟子丘処機を召し，高宗法師の号を授け天長観に住させる。

1190　金の章宗，「衆を惑わし民を乱す」として全真道・仏教・五行を禁止。

1219　丘処機，金の章宗と南宋の寧宗の招請に応じず，モンゴル朝のチンギスカン（元の太祖）の招請に応ずる。

1360　呉王の朱元璋（のちの明の太祖），第42代天師の張正常から「天命，

　　　帰す有り」という符命を受ける。

1391　明の洪武帝，天下の道観と仏寺を統合し，創建を禁ず。

1406　永楽帝，張宇初に道蔵の編集を命ず。(1445『正統道蔵』5305 巻)

1651　満州族の清朝順治帝，第 52 代天師の張応京に正一継大真人の号を授
　　　け，官位を一品。

1702　康熙帝，蜀中の道士の陳清覚に碧洞真人を授け，全真道竜門派碧洞宗
　　　を創始。

1747　乾隆帝，正一嗣教真人の官位を正五品に降格し，朝見を禁止。

1904　張元旭，第 62 代天師に。

1924　張恩簿，第 63 代天師に。

1970　張源先，台湾で第 64 代天師に。

2) 諡号と廟号 (富谷至『中国思想史』21-25 頁)

　中国では名前の呼び名が複雑である。諸葛亮と孔明と忠武は同一人物である。
「亮」は①本名諱であり，「孔明」は②字，そして「忠武」は③諡のカテゴリー
に属し，全て同一人物である。

　① 諱は，親からの付けられた名前。「諱」とも呼ばれている。本来は，死者
の生前の名前を慎んで口にしなかったことから「諱むべき名」といい，死後に
関するものだったのが，秦漢時代以降には，生前の本名を直接に読んだり書い
たりするのを憚ったことから，生前の本名を意味するようになっていく。始皇
帝の本名が政（正）であったため，正月が 1 月と呼ばれるようになり，晋武帝
の伯父司馬師の師を慎んで都を意味する京師が京都になったのも，偉い人の名
と同じ字を直接に使うことを憚ったから生じたものである。

　②字は相手の本名を呼ぶのを避けるのが礼であることから，字（あだ名では
ない）といういまひとつの名称が生まれた。男子は 20 歳の元服をもって，女
子は 15 歳で結婚年齢に達すると，主君と父親以外からは，字をもって呼ばれ
るようになった。周時代，周公の弟「康叔」というのが文献に見える最も古い
字だが，周代にそういう制度，習慣がすでにあったかどうかは決めがたい。た

だ，孔丘（孔子）が仲尼という字であったことからも，春秋時代には字という呼称が定着していたのは間違いない。仲は二男を表し，尼は出身地の曲阜尼山の尼である。「尼山の二男」という意味である。

　③諡は，生前の功績に因んで死者に贈った名で，主として天子，皇帝，諸侯に贈ったもの。歴代皇帝で，文帝，武帝，高帝等である。唐玄宗皇帝の諡は「至道大聖大明孝皇帝」で，長文で実用性がない。それに代わるのが廟号である。皇帝の宗廟は太祖，高祖，太宗，高宗等である。この廟号が諡号の代わりに使われた。国の危機を救ったり，大きな功績を残したりした王は「祖」を，徳を以て国を治めた王は「宗」を冠した。高祖・太祖は王朝の創業者，太宗は第2代目，世祖は遷都とした皇帝である。大宗は（宗法制における始祖の嫡長子孫）直系祖王。なお，明代からは，皇帝ごとに一世一号が使われたので，洪武帝というように皇帝を元号で呼ぶようになった。明太祖洪武帝，清聖祖康熙帝の「洪武」「康熙」は年号にほかならない。

3）十干十二支（『令和3年神宮宝暦』神宮館，10頁）

　中国歴の十干十二支は殷代の暦法による日の数え方だったが，漢代に年を表すことにも用いられるようになった。以下示す十種類の十干と十二種類の十二支の相互の組み合わせで，六十干支があり，60の周期で示す。1甲子，2乙丑，3丙寅・・・10癸酉・・・35戊戌・・・48辛戌・・・60癸酉。

①十干（じっかん）

　1甲（きのえ）　　2乙（きのと）　3丙（ひのえ）4丁（ひのと）

　5戊（つちのえ）　6己（つちのと）7庚（かのえ）8辛（かのと）

　9壬（みずのえ）　10癸（みずのと）

②十二支（じゅうにし）

　1子（ね）　　2丑（うし）　　3寅（とら）　　4卯（う）

　5辰（たつ）6巳（み）　　7午（うま）　　8未（ひつじ）

　9申（さる）10酉（とり）　11戌（いぬ）　12亥（い）

例）西暦4年が甲子である。壬申の乱（672年）は壬申。戊辰戦争（1868年）は戊辰。甲申事変（1884年）は甲申。辛亥革命（1911年）は辛亥。

4) 授時暦と貞享暦

　暦の基本形は①太陽暦で，古代エジプトが最初で，太陽の運行で，季節を加味した365日説。②太陰暦でシュメールが基本形で月の満ち欠けで，354日説。③太陰太陽暦で，古代バビロニア・インド・中国等，広く農耕社会で用いられた。太陰暦に太陽暦を加味した季節調整したもの。

　中国歴は前1300年頃から使われていたが，先進的だったイスラム歴の影響で，元朝の1280年郭守敬が「授時暦」を採用する。これは1年を365.2422日とし，4年に1度閏年とした。日本は江戸時代の1685年の「貞享暦」でこれを採用した。

5) 九星術（『令和3年神宮宝暦』神宮館，2及び10頁）

　1から9までの数字に白，黒，碧，緑，黄，赤，紫の7色に当て，更にこれに木，火，土，金，水の5行を配置し，この数字が場所を変え，解釈するのが，九星である。この九星を八角形の図に当てはめる。中央（中宮）に五黄土星を置き，他の8星を8方向に配置。これを本位という。

　この配列は年にするのが一般的であるが，運勢歴には月と日にも配当されたのが出ている。ここでは年に配列されている場合について説明する。この図形は毎年変化し，9つの変形を繰り返し，9年目に一巡するのである。中央（中宮）には毎年違う星が入れ替わって配置される。中宮に入る星を，その年の「本命星」という。生まれた年の本命星が自分の本命星になるのである。そして毎年の本命星と自分の本命星の相互関係で運勢が決定される，というのがこの九星占術の基本である。相性の良い悪いとはどういう場合をいうのか。五行相生の関係→相性がいい。五行相克の関係→相性が悪い。五行比和の関係→相性がいいとはいえない。

例）本命星Ｘと本命星Ｙとが相性関係は如何に。

　二黒土星の人と九紫火星の人の関係は如何に。→火と土は相生関係→ 相性はいい。

　二黒土星の人と四緑木星の人の関係は如何に。→土と木は相克関係→ 相性が悪い。

6) 年号

　我が国の元号は，「大化」（645年）から始まるが，定着したのは文武天皇

「大宝元年」からであろう。中国では漢の武帝の「建元<ruby>建元<rt>けんげん</rt></ruby>」から始まるとされる。14 世紀，明の朱元璋（洪武帝，太祖）即位の 1368 年から，一皇帝一元号，一世一元の制がはじまった。日本では明治からである。明治以降，平成までは，元号名は何故か儒教経典から採られた。明治は『易』「聖人は南面して天下を聴き，明に郷<ruby>郷<rt>むか</rt></ruby>いて治<ruby>治<rt>ち</rt></ruby>す」（郷明而治），大正は，大畜「能く健に止まり，大いに正し」（能止健大正），昭和は『尚書』尭典「百姓，昭明にして，万邦を協和す」（百姓昭明，協和万邦）。そして平成も『尚書』大兎模「地，平かにして，天，成る」（地平天成）。令和は万葉集（全 20 巻）の第 5 巻「梅花の歌（梅花歌 32 首併せて序)」「初春令月，気淑風和，梅披鏡前之粉，蘭薫楓後之香」。

7）おみくじとお札（道教起源，坂出祥伸『道教とはなにか』）

①御神籤<ruby>御神籤<rt>おみくじ</rt></ruby>

　古代においては国の祭政に関する重要な事項や後継者を選ぶ際に神の意志を占う為に籤<ruby>籤<rt>くじ</rt></ruby>引きをすることがあり，これが御神籤の起源とされる。現在の御神籤の原型は比叡山の元三慈恵大師源上人（912-985）が開始した言われている。

②お札<ruby>札<rt>ふだ</rt></ruby>（横手裕『中国道教の展開』）

　お札は中国では非常に古い起源を持っているが，道教の発祥する後漢時代には，道教と深く結びついている。戦国時代の紀元前三世紀中末，湖北省雲夢県<ruby>雲夢<rt>うんぼう</rt></ruby>睡虎地<ruby>睡虎地<rt>すいこじ</rt></ruby>の墓から，竹簡「日書」の「兎符」なる「符」が出土した。それから，鬼神信仰と深く関わる「符」の使用は道教を特徴づけている。「符」は邪鬼から身を守ったり，また鬼神を使用する等，神秘的な力を持つとされる一見奇妙な図形であり，日本でいうところの「おふだ」に当たる。

8）十二直説（暦中の道教的習俗）

　運勢歴の六曜の下の段には，ひらがなで，たつ（建つ），のぞく（除く），みつ（満），たひら（平），さだん（定），とる（執），やぶる（破），あやぶ（危），なる（成），なる（成），おさん（収），ひらく（開），とづ（閉）と記載されている。括弧内は，本来の漢字である。江戸時代の暦では，「中段の吉凶」と称されて重視されている。どういう占いかを最初の一つのみ解説する。

　たつ　この日は「建」の意を含み，最吉日に当たり，神仏の祭祀<ruby>祭祀<rt>さいし</rt></ruby>，婚姻，開店，

棟上げ，新規の開始等の開始は大吉である。但し，屋敷内の動土，蔵開きは凶。戦国時代の秦国の墓から出土した竹簡にこれが記載されていたので，十二直説は前3世紀にまで遡ることができる。日本では，正倉院にある「具注歴」に十二直の記述がある。江戸時代では，「中の段」として親しまれ，「伊勢暦」では，各日の下に「かのえいぬ」「みつのえね」等の干支の指示の下に，「なる」「おさむ」「ひらく」などと，ひらがなでの十二直の記述がある。それが今日の運勢暦にも残っている。

9) 六曜説・鬼門説（道教的習俗）

　①六曜説は，今日の運勢暦の下段近くに，日毎に記載されている「先勝（せんしょう）」「友引」「先負（せんぷ）」「仏滅」「大安」「赤口（しゃっこう）」の名称のことである。これは各日の吉凶禁忌を示している。この六曜説の基本的なルールは，①先勝→友引→先負→仏滅→大安→赤口の順の繰り返し。②旧暦の正月・七月の朔日（さくじつ）は先勝，二月・八月の朔日は友引，三月・九月の朔日は先負，四月・十月の朔日は仏滅，五月・十一月の朔日は大安，六月・十二月の朔日は赤口。また，旧二月十五日は仏滅（涅槃会（ねはんえ），釈迦入滅），旧四月八日は大安（降誕会，釈迦誕生），旧十二月八日は先勝（成道会（じょうどうえ），釈迦大悟（だいご））。我が国の六曜説と起源とされる中国の栄代の『事林広記』のそれは違いがある。『事林広記』の大安→（日本では）大安。留連→友引，速喜→先勝，赤口→赤口，小吉→先負，空亡→仏滅。大安と赤口のみが共通している。

　②鬼門説は，早くから伝来した道教的辟邪信仰である。「家相八方位吉凶一覧」「家相二十四山の吉凶早見表」に図がある。東北方，つまり寅・ごん・丑（うし）を含む方位，俗に表鬼門の箇所には，「井戸，便所他不浄物，台所，浴室，洗面所等は大凶。階段，神棚，仏壇，大木，凶」等と記され，西南方，つまり未（ひつじ）・坤（こん）・申（さる）を含む方位，俗に裏鬼門の箇所には，「井戸，台所，便所，門，玄関，階段，築山，泉水は凶。神棚，仏壇は大凶」等と記されている。このような鬼門説は日本ではいつから始まったのか。初見は『吾妻鏡』嘉禎（かてい）元年（1235）年正月 21 日幕府の条に鎌倉幕府が五大堂を幕府鬼門の方位に設けたとある。

10) 長岡京・平安遷都（道教に仏教を加えた構想）（高橋徹『道教と日本の宮都』）

　武帝を尊敬し，数奇な運命を辿った桓武天皇（50 代天皇 737-806，在位 781-

806）の母（高野新垣は百済の武寧王の末裔とされる和氏の出身）は渡来系の一族。
長岡京造営長官の藤原種継，それにブレーンの一人の藤原小黒麻呂も渡来人と
深い関係を持つ。長岡京（784-794, 京都府向日市）のある場所は巨大な宮を誇っ
た渡来系族秦氏の勢力圏の一画だった。道教思想によると南に朱宮というもの
があり，そこに天界に通じるとされる。日本の律令国家作りに手本となった，
唐の都長安（現西安）は終南山という聖なる山の北側に造られた。道教では山
は特別の意味を持つ。中国山東半島の泰山には人の寿命を司る東岳大帝という
神が住むと考え，山は神仙の棲み家という思想があった。桓武天皇もまた，道
教思想を背景に（後の長岡京の）交野山を見ていたに違いない。桓武天皇が長
岡京を造ったのは，南に聖なる山を臨む理想の都を求めたからである。聖なる
山は，道教思想によると天界に最も近い場所だからである。理想の都として，
モデルにしたのは，当然ながら中国古代の帝王たちが考えていたように，帝王
が住むのと同じ構造をもつ都であった。桓武天皇は何故平城京から長岡京に都
を移し，更に平安京を造ったのか。桓武天皇は道教思想に仏教思想をプラスし
た思想背景を基に，理想の都プランを練り直し，それに基づいて平安京を造っ
た。続く身内の不幸と天災や東北経営の失敗の躓きで，都プランの再構築を余
儀なくされた。何よりも大きな要素は長岡京には大きな仏寺がないことだった。
最愛の母や后妃に亡くなられ，彼らの死後を考えた場合には仏教は欠かせない。
長岡京は道教思想に基づく理念を優先させた。不老長寿と現世利益を重んじる
宗教の限界でもある。遷都と同時に神泉苑（苑池は聖なる水信仰の道教の神仙思
想）と東寺西寺（仏教）を起工，将軍塚（都の西北に道教の毘沙門天を祀る）を築
いたのは，道教と仏教の双方に比重を置いたことを物語っている。

11）　地鎮祭（道教的習俗）（高橋徹『道教と日本の宮都』）

　1988 年秋から翌年春までの長岡京の発掘調査から地鎮祭の痕跡が見つかっ
た。下級官吏たちの邸宅の敷地の真ん中と思しき所から，30 余りの銅銭が
出土した。銅銭は和同開珎（発行 708 年），万年通宝（同 760），神功開宝（同
765）。銅銭と一緒に埋められたのは，焼けた木切れで，穴の深さも僅かで，
何よりも敷地の中央の建物がない部分に埋められていたことから，この宅地全

部の工事の始まる前の地鎮祭の跡ではないかと推測される。長岡京で地鎮祭が行われたことは，この左京六条一坊の調査でももはや疑いはない。それも仏教ではなく道教思想に基づくものである。銭が埋められていたことが最大の理由である。土地を使わせてもらうのに金銭を使うのは，買地券で見られるようでいかにも道教的である。権利を金で買うという思想である。長岡京時代はまだ，銭は充分に流通しなかった（14)富本銭参照)。

12) 道教の神々 （坂出祥伸『道教とはなにか』中公叢書）

　唯一神を信仰するのではなくて多神教である。しかし，道教は「気の宗教」であるから本来は偶像的な信仰対象を持っていない。けれども，二世紀頃に西から偶像崇拝を伴った仏教が広く普及し始めると，それに刺激されて，道教側でも太上老君（老子の化身）等の神像が造られた。唐代以降は元始天尊，霊宝天尊，道徳天尊の三清にとって代えられ，太上老君が道徳天尊と同一視されることもあった。民間信仰においては，三清の上に玉皇大帝という至高神が位置付けられている。現在の華僑の世界では商売の神である関羽と航海の神である媽祖への信仰がある。関羽の出身地である山西商人の活動範囲が広がるのに伴い，義を重んじる武神兼財神の関聖帝君として広く崇められている。天妃とも呼ばれた媽祖は元々福建省，文昌帝君は四川省の地方神であった。

13) 科挙 （隋から清まで）

　中国で行われた官吏の採用試験。試験科目は四書五経。門地（家柄）や出自や貧富や出身地や卒業学校に関係なく，試験に合格すれば高級官僚になれる。隋（598）に始まり，清朝の末期（1905）に廃止された。元の時代に一時廃止されたがすぐ復活した。この制度により約1300年間官僚制が維持されたことになる。科挙以前の官吏任用制度は前漢(前202-後8)の郷挙里選や魏(220-265)の九品中正法があったが，有力貴族から選抜されたので，不合理なものであった。朝鮮は高麗から科挙制度を採った。中国で科挙が廃止されたのは日清戦争に敗れたほぼ10年後，西太后による。この決定を提案した康有為は「科挙のない日本にも優秀な人は多い」と言ったとされる。日本は明治維新以降(1887-)この制度を採っている。これは歴史の皮肉である。

14) 富本銭（日本最古の貨幣）（『読売新聞』2021.4.20 夕刊）

　日本貨幣史における従来の説では 708（和銅元）年の和同開珎が日本最古の貨幣とされた。1990 年代，奈良県明日香村の飛鳥池遺跡での発掘調査から，天武天皇政権が，680 年代，日本最古の貨幣である富本銭を発行したことが明らかになった。富本銭は飛鳥の宮都や続く藤原京等で使用された。古代の銭貨は従来の12 種類（和同開珎から 10 世紀半ばの乾元大宝まで）から 1 つ増え，13 種類になった。

15) 八卦（はっか）（道教の教義）（『中国歴史文化事典』858 頁）

　『周易』において自然現象を象徴する 8 種類の図形で，「━━」と「━ ━」の2 つの基本符号で構成される。名称と図形は次の通り。

　　乾（☰）　坤（☷）　震（☳）　巽（☴）
　　坎（☵）　離（☲）　艮（☶）　兌（☱）

　これらの区分は，天・地・雷・風・水・火・山・沢等の自然現象を象徴したものであり，中でも乾と坤の両卦は自然界と人間社会のあらゆる現象の原初とされ，そこに唯物論的素朴弁証法の合理的な要素が含まれている。後に道教がこれを吸収・拡大してその教義を説明するようになった。

16) 陰と陽（『宗教学大図鑑』67 頁）

　老子の思想は，宇宙の性質とその成り立ちについて熟考することから始まっている。中国思想においてはこれは陰と陽となる。陰は，闇，湿，柔，寒，女といった性質を持つもので，陽は，光，乾，剛，暖，男といった性質を持つものである。この陰と陽とで成り立っているとされ，そのバランスが保たれている時に調和が生まれるとされる。道教では，精神的にも身体的にも陰と陽のバランスを保つことが大切である。

17) 道（タオ）とは何か（『宗教学大図鑑』66 頁）

　老子の『道徳経』には，「道（タオ）」とは力であ

表 1.4.6　八卦と六十四卦

出所）『中国歴史文化事典』
　　　858 頁。

り原理であり，全てのものの基盤となり，全てのものを持続させ，また，宇宙の秩序の源となると書かれている。

18) 有為と無為 (『宗教学大図鑑』67 頁)

　道自体は永久に続く不変のものである。そして，その道の周りで渦巻いているのが人間の暮しである。道に従って生きる為には，人間は，物質への執着を捨て，野望や怒りといった破壊的感情を消し去らなければならない。自己の衝動ではなく，自然と調和し，生活することである。これが，道に備わっている「無為」。老子は，謙虚，柔順，不干渉，無抵抗，超然，といった徳が無為に繋がり，それらを日常生活で重んじるべきであるとした。

2.　古代中国史 (道教を中心に)

　古代中国思想史では，民衆的・土着的・中国固有の道教，君主的・道徳的・中国固有の儒教，宗教的・哲学的・印度由来の仏教，の三つ巴の切磋琢磨した思想・政治論争が続いた緊張した時代であった。これらの思想は何れも濃淡があるが，日本に渡来した。朝鮮半島を経由したものもあるが，直接海路で伝来した時もあった。上世紀における中国思想は孔子に濫觴（らんしょう）して戦国諸子に氾濫し，漢に入って儒教で統一されるが，中世期に入ると新たに仏教の力が加わって道教の成立を促し，儒仏道の三教が対峙するに至った。そうして近世期に入るに及んで，仏教哲学の影響が儒教に及び，新しく儒教が改造された。そうしてこの改造された儒教の代表的なものは朱子学と陽明学とである（武内義雄）。

(1)歴史区分(武内義雄『中国思想史』岩波全書 1936)

1) 上世紀（前 552 - 後 183）

　紀元前 552 年孔子誕生から紀元後 183 年後漢滅亡の 735 年（春秋末から後漢末）。

①諸子時代（前漢の景帝以前）

　孔子の生誕を振り出しとして，老荘揚墨孟荀韓非等の諸子百家が引つづき現れて各々一家言を立て甲論乙駁蘭菊の美を競うた時代で諸子時代と呼ぶ。

②経学時代（武帝以降）

　前漢の武帝がその即位の初にあたり名儒董仲舒の言を用いて儒教を尊敬し諸子を抑圧して以来，儒教だけが栄えて諸子が衰え，儒教の教説が当時の思想を代表し儒教の経典即ち五経の研究が学問の全体である様な観を呈する様に成った。そうして諸子時代と経学時代とはかなり変った面目を示しているが，何れも中国において中国の民族が案出した思想学説であって，未だ外来思想の影響を受けていない点は同じである。

2) 中世期（後 184 -755）

　三国の初（西紀 184）頃から唐の玄宗の末年（755）までの約 550 年。

　この期間の初に当たって儒教は猶前の期の余生を持続して経学の研究も相当行われていたが，当時を支配した思潮は寧ろ老荘の哲学であって，当時の経注には老荘思想によって儒教の経典を注釈したと思われるものが多い。そうしてこれと同時に後漢の頃中国に入ったと言われている印度思想即ち仏教もこの時期に入ってから頻にその勢力を増し，本当に中国人に理解せられ信奉せられる様に成るとともに，一方当時を風靡した中国固有の思想即ち老荘の思想を刺激して道教と称する一種の宗教の確立を促し，かくしてこの期の後半に至り儒道仏の三教が対立して栄える様に成った。即ち隋唐の際は儒道仏の三教が対立した時代であるが，三教の中最も深遠な哲学を持っていたのは仏教であって，当時第一流の思想家学者は皆仏教者であった様に思われる。

3) 近世期（756 年以降現在に至）

　唐の玄宗（756）以降現在に至る約 1200 年間。4 つの時代に分けることができる。

①宋学の準備時代（中唐から五代に至る 200 余年）

②宋学の時代（北宋の初（963）から南宋末（1279）に至る 320 年間）

③元明両期即ち 1280 から 1661 に至る約 380 年間。

この時代の中心は明にあって，元はその過渡期である。

④清朝

　清朝は所謂考証学の全盛を極めた時代であるが，思想としてはさして発達し

たものがない。蓋し近世期は第二期に栄えた仏教哲学の深遠な点に顧みる所があって，中国固有の儒教を改造して新しい体系を構成することを主な目的としている。

　これを要するに上世紀における中国思想は孔子に濫觴して戦国諸子に氾濫し，漢に入って儒教で統一されているが，中世期に入ると新たに仏教の力が加わって道教の成立を促し，儒仏道の三教が対峙するに至った。そうして近世期に入るに及んで，仏教哲学の影響が儒教に及び，新しい儒教が改造された。そうしてこの改造された儒教の代表的なものは朱子学と陽明学とである。

(2)本編

　中国思想の主な特徴（中村隆文『世界がわかる比較思想史入門』121頁）

　①「天」の思想→全ては天の命令で動く（非人格的実体としての「天」）

　人間は凡て天から生まれたものと古代の中国人は考えた（武内義雄）。そして彼らはまた，帝域は天は，常にその子を地上に降して下民を治めている。彼らが主権者を呼ぶに天子の名を以てしたのはこれがためである。天子とは蓋し上帝の命を奉じて生民を導き治めるために天から降生した人を意味している。

　②「道」の思想→人や物がそうあるべき理を備えた「道」があり，それを理
　　解し，そ　れに沿って生きるべき，という考え方。

　儒家にあっては人倫の道（道徳規範）。道家にあっては道は万物の起因する本源，或いは形而上的な原理を意味し，「易」の天道観と結合しながら中国的宇宙論を構成する。

　③中華思想→世界の中心的文化圏（中華）において，天命を授かった君主（天
　　子）が，天下（現実世界）を治める。

　黄河の中流域一体を天下の中心と考え，その一帯を中原地域と称した。この地域で活動していた民族は主に華族であった為，この地域は中華とも称された。華族の活動範囲は不断に拡大し続け，近隣の兄弟民族と経済・文化等の面で影響し，融合しあって密接な関係の基に中華文化を形成した。最近では，習近平政権の「中華思想」は「新天下主義」と呼ばれている（許紀霖『普遍的価値を求

める』53-86 頁）。新疆ウイグル自治区，尖閣諸島，南シナ海での緊張はこの拡張主義のことを指している。

1）道教（中村璋八『世界がわかる比較思想史入門』121 頁）

①宗教的特徴

　道教は，古来からの雑多な民間信仰を基盤として，それが儒家思想や外来の仏教の影響を受けながら次第に整備されていった中国民族（漢民族）固有の土着的，伝統的な宗教である。しかし，キリストというような明確な教祖，また，開祖をもつ仏教等とは異質な宗教である。

②教理

　そこで，その教理は，長生不死を求める神仙思想を中心に置いて，老荘思想，讖緯説，五行説や，更に占卜，占星の説，本草・経路の原始医術，巫祝の呪術等の多くの要素を包含している。しかし，人間が最も希求する「長生不死」を如何にして実現するかという極めて現実的なものであったと思われる。

③日本への渡来履歴

　紀元前二世紀頃から朝鮮半島を経て中国の漢字によって表現される文化の波が押し寄せていたし，又，五世紀前後（応神・仁徳の頃）にも，多数の半島を中心とする地域から，更に中国揚子江デルタ地域から帰化人が，大陸の文化を携えて渡来した。更に中国の六朝時代中葉から六世紀の始め（日本では雄略朝から欽明朝）には，華北でも江南でも道教教団の組織が固まり，王朝によって認められた頃には，それらの帰化人が急増した。大和朝になると，その人々が中央や地方の各分野で中枢な地位を占め，活躍した。推古・欽明両朝に仕えた王仁の子孫である河内松岡山の王後の古墳や，大和葛城郡の新山古墳等の多くの場所から発掘された神獣鏡には，道教的神である東王父や西王母の名が記され，また，「延年益寿」とか「寿如金石」とかの道教的成句もしばしば見受けられる。これらの神獣鏡は，中国の後漢時代のものである。『日本書紀』や『万葉集』にも道教の痕跡がある。

2) 仏教

①中国仏教の歴史的性格（鎌田茂雄『中国仏教史』）

A) 二大文化圏の交流

　古代アジアに成立した２つの大きな文化圏はインド文化圏と中国文化圏である。この二つの文化圏は同じアジア大陸内にありながら，チベット高原やヒマラヤ山脈によって隔絶された為，全く異質の文化圏を形成した。前1500年頃，インドではヴェーダ文明に対して，中国においては殷周文明は開花した。仏教の開祖釈迦が活躍した前五・四世紀頃，中国では春秋戦国時代に当たり，孔子・老子を始め多くの思想家が百家争鳴していた時代であった。この二つの文化圏が交流するのは，張騫の帰朝（前126）年以降，中国西域経略の結果である。

B) 漢訳『大蔵経』

　中国に伝えられた経典は陀羅尼を除いて全て漢語に訳された。これは文字に優越感と自負を持っていた中国人の中華意識の現れであり，自らの言葉で仏教を理解した結果である。膨大な漢訳『大蔵経』の成立をみた。これにより，中国仏教が成立し，東アジア仏教圏では漢字文化圏の成立と相まって漢訳経典が伝播した。経典の翻訳のみならず，中国の仏教者は多くの仏教典籍を著したのである。

C) 大乗仏教の伝播

　スリランカ（セイロン），ミャンマー（ビルマ），タイ等の南方仏教と最も異なるのは，中国仏教は大乗仏教である。大乗仏教は中国において発達し形成され天台宗や華厳宗の教理を形成し，禅や浄土の実践仏教を生んだ。インド仏教の発展過程から言えば，原始仏教より小乗仏教が発達し，更に大乗仏教が興起したのであるが，中国仏教が受容された時代は，インドにおいて大乗仏教が盛んであった為，インドから中国に齎されたものは，インド仏教の発展過程とは何らかの関わりなく，主として大乗仏教が最初に中国に流入した。中国仏教者は最初から大乗仏教から出発し，専ら大乗仏教の真意義を追求し，遂に大小乗を打って一丸とした一乗仏教の教理を開拓し，更にそれを実践化して中国独自の仏教たる禅宗や浄土教を生みだすに至った。

D) 中国仏教の歴史的意義

　一乗仏教の理想を確立し，漢訳『大蔵経』に基づく中国仏教は東アジア世界に伝播し，特に朝鮮仏教，日本仏教の源流となった。

E) 中国における仏教の影響

　儒教を初め諸子百家の優れた政治・倫理の思想は存在していたが，宗教思想や宗教文化において欠ける面もあった。仏教を摂取することによって中国思想界は深さと広さを増大させ，視野を拡大して，その内容を豊富にした。儒教においては宋学や陽明学を完成させ，道教においては道教儀礼や道教教義を発展させるのに大きな貢献した。仏教は外来宗教としてではなく，中国人の血肉の中に，その大地性を獲得するに至り，中国人の精神生活の糧となったのである。

F) 大乗仏教と小乗仏教の相違

　小乗は「我は空，法は有」を主張し，実在の我は否定したが，客観世界は否定しないのに対して，大乗は「我・法みな空」を主張して，両者を共に否定した点にある。小乗がただ釈迦だけを仏として尊崇するのに，大乗は三世十万〔過去・現在・未来及びあらゆる場所〕に仏があると主張する。小乗がただ自身の解脱を得て阿羅漢果（悟りの最高位）を証得（得悟）することを求めるのに対して，大乗はあまねく衆生を済度し，仏の浄土を建てることを最高の追求目標とする。修行の内容と方法では，小乗が戒・定・慧の三学と八正道（涅槃を求める８種の正道）に対して，大乗は「六度」（六波羅蜜。人を彼岸成仏に到達させる為の６種の方法）を兼修する。

3) 儒教

A) 儒学と儒教

　儒学と儒教はほぼ同じものを指しているが，前者は孔子によって始められた学問体系全般を指すのに対して，後者は孔子以前から中国で伝えられていた敬天思想（宇宙の主宰者である天を敬う）や葬祭等の礼法を重んじる倫理思想・政治思想を指し，儒学よりもやや広い。儒教は四書五経を含み，後に科挙の試験科目となった。

B) 学説

　政治面では「礼楽」を尊び，「仁義」を提唱し，「徳治」と「仁政」を主張し

た。道徳面では「忠恕」の道，即ち「己れ，立たんと欲して人を立て，己れ，達せんと欲して人を達す」「己れの欲せざるところを人に施すなかれ」を提唱。天道観の面では，天命を信じて「死生は命あり，富貴は天にあり」として「天命を畏れ，大人）［為政者］を畏れ，聖人の言を畏れる」を強調。教育面では「教えありて類なし［教育が決定的であり生まれつきではない］」として，丁寧に善導することを主張した。戦国時代，儒家は当時の「顕学［重要学派］」の一つだった。

C) 焚書坑儒と董仲舒

　秦の始皇帝の中国統一後，「焚書坑儒」が行われ，儒家は大打撃を被った。漢の武帝に至って，董仲舒の建議があって「百家を排斥し，独り儒術のみを尊ぶ」ことになり，その後，儒家の学説は次第に中国封建社会の正当思想となった。

D) 朱子学の学説（理気二元論）

　自然観の面では，「理」が宇宙の本体であり，「未だ天地あらざるの先，畢竟これまず理あり」，万物には万理があり，「天地万物の理を総ぶる，便ちこれ太極」とし，封建社会の秩序と倫理道徳も「理」から生ずる，人性には「天理」と「人欲」の対立が，その為「天理を存し，人欲を滅ぼして」て「三綱五常」等の本性を回復しなければならない［天理人欲］，とする。道徳修養の面では，「居敬窮理［内省と真理探究］」を強調し，「居敬窮理」を通じて「仁」を追求した。人の本性は万物と共通の理であって善なるものだが，肉体を構成する気によって乱されており，悪の存在はその乱れに由来する。

E) 朱子学と陽明学の違い

　「理」がどこにあるか。朱子の立場では理は人間の心を含めた万物すべてに宿っている。だから，心を正しくするために一物一物に宿る客観的な真理を研究することが求められる。これに対して王陽明は，理は心の中だけにある。「心の本体は該ね（包括）ざるところなし」とし，「到良知」「知を致すは物を格すにあり」「知行合一」知ることと行うことはいずれも心の働きであって，表裏一体と見なす。朱子学者は客観的な世界の理を求めようとするが，陽明学は，理（真実）はあくまで心の内面にあるとした。正しい行いができるよう絶えず心を磨かねばならないと。

おわりに

　中国思想の道教・儒教・仏教を宗教学の形象面から分析する。宗教の8要件［①性格（世界宗教 / 民族宗教，一神教 / 多神教，（大乗仏教は「万物には神的なものが内在しているとする「汎神教」））②信者③信仰対象④聖典⑤儀礼・戒律⑥行事⑦教会⑧聖地］から見ると，道教と仏教はこの8要件を満たしているが，儒教は①⑦⑧がなく宗教としては疑わしい。紀元前後に中国に齎された仏教は，宗教というよりも，新奇な哲学の一つとして知識層に受け止められた。仏教が伝来した当時の中国には既に儒教と道教という道徳イデオロギーが定着していた。仏教にはこれらと相反する教えが多く，社会的に受け入れられにくい側面があった。そこで，仏教側は，「仏教における出家は，道教の隠棲に通じる」等，儒教・道教との類似を積極的に説いた。一方，儒教・道教側も，時代が下がるに連れ教義が古びていった為，その刷新を図って，仏教思想を取り入れるようになった。仏教・儒教・道教の3つの教えは，互いに国の庇護を争う立場だった。しかし実際には，反発と受容を繰り返しながら，中国社会に適した形へと次第に融合していった（三教合一）。中国は伝統的に家族や社会を重視し，儒教・道教もそれに即している。仏教は目標・手段とも個人的で，受け入れられにくかった。因みに，儒教・道教・仏教の目標は，社会の秩序，不老長寿，悟りと解脱。手段は各自，礼・仁・孝の実践，正しい生活，修行。履行の場所は各自，在家，在家及び隠棲，出家。マックス・ヴェーバーによれば，「世俗内宗教」と「世俗外宗教」，「カリスマ（達人）宗教」と「大衆宗教」といった分類を行った。道教は世俗と世俗外の両方の性質をもっている。ジークムント・フロイトは，全てのもの宗教は無意識化にある性衝動（リビドー）から説明できるとした。彼の弟子であるカール・ユングらは，信者個人の意識，或いは信者諸氏の集団意識といった面から分析を行った。

表 1.4.7　仏教・ウパニシャッド哲学用語

日本語	韓国語	中国語	梵語	英語	英語の説明
仏教	불교 プルギョ	佛教 Fójiào	Buddha-śāsana	Buddhism	teaching of the Buddha *1
釈迦	석가 ソッカ	釋迦牟尼 Shìjiámóuní	Śākya	Shakamuni	founder of Buddhism
大乗仏教	대승 불교 テスンプルギョ	大乘 dàchéng	Mahā-yāna	Great Vehicle	*2
小乗仏教 （上座部仏教）	소승 불교 ソスンプルギョ	小乘 Xiǎochéng （上座部佛教）	Hīna-yāna （Sthavira）	Lesser or Smaller Vehicle (Upper seat)	*3 *4 *5
業 （ごう）	업 オップ	业 yè	Karman	an Act	A deed which is produced by action of the mind
涅槃 （ねはん） （悟りの境地）	열반 ヨルパン	涅槃 nièpán	nir-vāna	nirvana	final goal of Biddhist a spiration and practice where evil passion are extinguished and the highest wisdom attained
悟り	깨달음 ケダルム	醒悟 Xíngwiù	buddha	enlightenment	spiritual, awakening free from ignorance
輪廻 （りんね）	윤회 ユンフェ	轮回 Lúnhuí	samsāra	transmigration	endless circular spiraling chain
解脱 （げだつ）	해탈 ヘタル	解脱 Jiétuō	vi-mukti	emancipation	*6
浄土	정토 チョント	浄土 Jìngtú	Sukhāvatī	Pure land	the pure land of buddha, especially Amida
煩悩 （ぼんのう）	번뇌 ポンニェ	烦恼 Fánnǎo	kleśa	afflictions Illusion	Those mental functions which disturb the mind
我 （ガ）	나 ナ	自我 Zìwó	ātman	atman	self proper,soul,self *7
梵 （ボン）	기자 ポム	梵天 Fàntián	brahman	brahman	fundamental principle of the universe *8
空 （クウ）	공 コン	空 Kōng	śūnya śūnyatā	void, emptiness	the opposite of Yóu 'existence'.
有 （ユウ）	유 ユ	有 Yóu	brava	Being, existence	the opposite of non existence or relativity (mu and cu)
世俗	세속 セソク	非宗教 (性) 的 Fēi zōngjiào (xìng) de	sam-vrti	secular	worldly (contrasted with spiritual or heavenly)，not religious or spiritual

（参照文献）（発行年順）

1. 『英華大辞典(第3改訂版)』A New English-Chinese Dictionary(Third Revised Edition), 北京：商務印書館, 1956 年（北京修正第3版第2次印刷 2000）。
2. Japanese-English Buddhist Dictionary, Tokyo:Daito Shuppansha, 1965.（Revised Edition, Third Printed, 1999）。
3. 愛知大学編『中日大辞典』大修館書店, 1968 年（増訂2版7刷 1999）
4. J. ゴンザ, 辻直四郎校閲, 鎧淳訳『サンスクリット語初等文法』1974 年。
5. Hisao Inagaki, A Dictionary of Japanese Buddhist Terms, Kyoto:Nagata Bunshodo, 1984.（1988 third edition, with supplement）
6. 大阪大朝語研究室編塚本勲他『朝鮮語大辞典2巻補巻付』角川書店, 1986 年。
7. 鈴木学術財団編『梵和大辞典』山喜房佛書林, 1986 年（新訂3刷 2020）。
8. 金洛駿他編著『金星版国語大辞典第2版（全2巻）』ソウル：Kum Sung Publishing, 1991 年（第2版1刷 1999.）（韓国語の百科事典）。
9. 廣松渉他編著『岩波哲学・思想事典』岩波書店, 1998 年（2刷 2003）。
10. 臭景栄他編著『新時代漢英大辞典』New Age Chinese-English Dictionary 北京：商務印書館, 1999 年（第4次印刷（縮印本）2009 年）（中国語）。
11. 夏征衣主編『辞海（全5巻）』上海：上海辞書出版社, 1999 年9月中国語の原色百科事典。
12. 『精選中韓韓中辞典』, 北京：商務印書館, 2002 年（7刷 2004）（中国語・韓国語）。

注（表 1.4.7 の注）

*1 spiritual foundation of Japanese culture
*2 the teaching which conveys all sentient beings to Buddhahood
*3 a derogatory term applied by Mahayanists to various schools of Buddhism which aim at the salvation of one's own self.
*4 there were 20 Hinayana schools about 300 years after the Buddha's death.
*5 today Theravada(school of elders) is popular used for Hinayana.
*6 Freedom from the bonds of illusion and suffering in the three worlds
*7 it is traditionally understood as that which is eternal,ingrated,the controller of the body,and that part of the individual which makes the decision.
*8 The ultimate reality of all things, the supreme being,in non-Buddhist Indian phylosophy, especially in Upanisads and Vedanta.

三 法 印	Seals of three laws.
諸 行 無 常	Nothing is permanent.
諸 法 無 我	All things are selfless.
涅 槃 寂 静	Nirvana is quiescence.

道教思想史文献リスト（発行年順）

1．武内義雄『中国思想史』岩波全書，1936 年。（1976.1220.34 刷）

2．曽景来『台湾宗教と迷信因習』台北・台湾宗教研究会，1938 年。

3．道端良秀「唐朝に於ける道教対策―特に官道観設置と道挙に就いて」『支那仏教史学』第 2 号，1940 年。

4．Max Weber, Konfuzianismus und Taoismus , Gesammmelte Aufsaetze zur Religionssoziologie Ⅰ, S.276~536, Tuebingen, 1947（邦訳マックス・ウェーバー，森岡弘道訳『儒教と道教』筑摩書房，1970 年）。

5．Edwin O.Reischauer, Ennin's Travels in T'ang China, New York:John Wiley & Sons, Inc., 1955（邦訳エドウィン・O・ライシャワー，田村完誓訳『円仁唐代中国への旅』講談社学術文庫，1999 年）。

6．Japanese - English Buddhist Dictionary, Tokyo:Daito Shuppansha, 1965.11.30.(Revised Edition, Third Printed, 1999.1.15.)

7．仁井田隆『東洋とは何か』ＵＰ選書，東京大学出版会，1968 年。

8．柏楊『中国歴史年表』上冊，星光出版社，1977 年。

9．諸橋轍次『中国古典名言事典』講談学術文庫 397，1979 年（2012.10.30.46 刷）

10．鎌田茂雄『中国仏教史』岩波全書 310，1979 年。

11．Wolfram Eberhard, Geschichte Chinas, Alfred Kroener Verlag, 1980（邦訳ヴォルフラム・エーバーハルト，大室幹雄他訳『中国文化史』筑摩書房，1991 年）。

12．武部良明『漢字の用法第 2 版』角川書店，1982 年。

13．福井康順他監修『道教 1～3』全 3 巻，平河出版社，1983 年他。

14．Hisao Inagaki, A Dictionary of Japanese Buddhist Terms, Kyoto:Nagata Bunshodo, 1984.（1988 third edition, with supplement）

15．大阪大朝語研究室編塚本勲他『朝鮮語大辞典 2 巻補巻付』角川書店，1986 年。

16．鈴木学術財団編『梵和大辞典』山喜房佛書林，1986 年（新訂 3 刷 2020.3.31）

17．窪徳忠『道教百話』講談社学術文庫 875，1989 年。

18．東亜出版社編集部編『漢韓大辞典』東亜出版社，韓国ソウル特別市，1990 年。

19．田部井文雄他編著『漢詩・漢文小百科』大修館書店，1990 年。

20．高橋徹『道教と日本の宮都』人文書院，1991 年。

21．楷亜丁他，鈴木博訳『道教故事物語』青土社，1994 年（中大図書館蔵）

22．窪徳忠『道教の神々』講談社学術文庫 1239，1996 年。

23．孟慶遠主編，小島晋治他訳『中国歴史文化事典』新潮社，1998 年。

24．横手裕『中国道教の展開』世界史リブレット 96，山川出版社，2008 年。

25．金文京『漢文と東アジア』岩波新書（新赤版）1262，2010 年。

26．加地伸行『沈黙の宗教―儒教』ちくま学術文庫，2011 年。

29．井ノ口哲也『入門中国思想史』勁草書房，2012 年。

30．小島毅『朱子学と陽明学』ちくま学術文庫，2013 年。

31．The Religions Books, Dorling Kindersley Book, London, 2013（邦訳ドーリング・キンダースリー社編，島薗進他監修豊島実和訳『宗教学大図鑑』三省堂，2015 年）

32. 野中根太郎『全文完全対照版論語コンプリート』誠文堂新光社 2016 年。
33. 平岡昇修『耳から覚えるサンスクリット』山喜房佛書林，2016 年。
34. 小島佑馬『中国思想史』KK ベストセラーズ，2017 年。
35. 佐藤信弥『中国古代史研究の最前線』星海社，2018 年。
36. 森和也『神道・儒教・仏教』ちくま新書，2018 年。
37. 保坂俊司『グローバル時代の宗教と情報』2018 年。
38. 石平『なぜ論語は「善」なのに，儒教は「悪」なのか』PHP 新書，2019 年。
39. 島崎晋『哲学と宗教』徳間書店，2020 年。
40. 許紀霖『普遍的価値を求める』法政大学出版局，2020 年。
41. 神塚俶子『道教思想 10 講』岩波新書（新赤版）1848，2020 年。

表 1.4.8　中国文化（仏教と儒教・道教の違い）

中国は伝統的に家族や社会を重視し，儒教・道教もそれぞれに即している。仏教は目標・手段とも個人的で，受け入れにくかった。

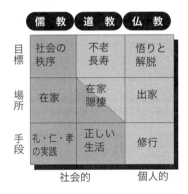

出所）『図解宗教史』成美堂出版，2008 年（2 刷），114 頁。

図 1.4.3　中国文化（仏教と儒教・道教の違い）

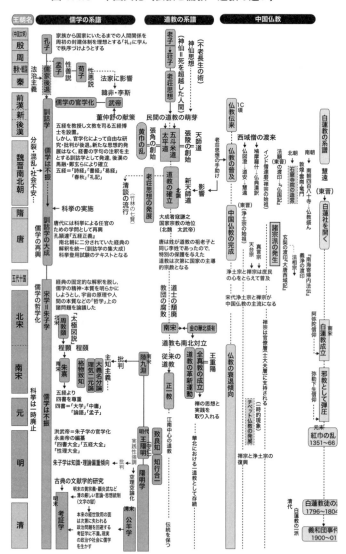

出所）『流れ図　世界史図録ヒストリカ（新訂版）』山川出版, 2017 年（3 刷）,
116 頁。

図1.4.4　道教の多様な教派

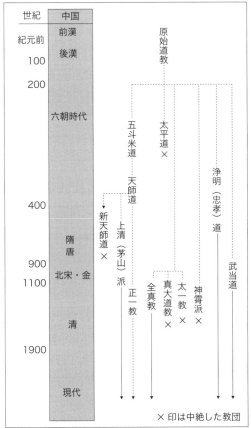

出所）竹光誠『宗教で読み解く世界史の謎』PHP 文庫，2016 年，273 頁。

第 3 節 日本文化

1. 思想史にみる伝統思想と西洋思想の相克

日本の「近代」は明治以降ではなく，江戸時代（近世）に始まったのではないのか。

(1) 社会変動と宗教の変容（図 1.4.5 及び図 1.4.6 参照）

宗教はシステムとして機能するのには種々の条件がある。宗教が，凡ゆる民族，凡ゆる社会に見られる普遍的現象であることは首肯できることである。しかも高度な文明の産物である側面がある。文明が発達し，広範囲に及ぶ社会や国家の集合体を統合することが必須になった段階で，複雑な構造を持ち，超越的な存在の実在を強調する信仰が生み出された。歴史的にみると，宗教が政権の補助的な存在か，政権に対峙する社会的勢力に成ることもあった。

図 1.4.5 日本宗教思想史における各宗教の東・南亜細亜関連図

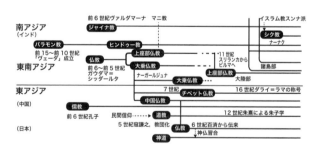

（備考）主な宗教の成立・分裂・他宗教との関連を示している。地域的広がりも示しているが，一部省略した。成立期について諸説あるが，一般に流布されているものを採用した。上座部仏教は小乗仏教とも呼ばれている。なお，小乗仏教は蔑称であるので注意を要する。

出所）『詳説世界史図録（第 1 版）』山川出版社，2014 年，9 頁の「世界史における宗教」の図の日本関連部分のみを筆者が改題した。

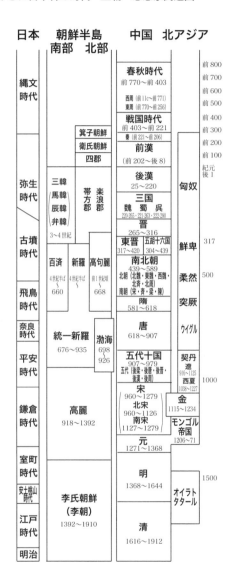

図 1.4.6　日本宗教思想史におけるに日中韓の時代・王朝・思想家関連図

① 孔子 (Kong-zi, Confucius) 前 551-479 山東省生。春秋時代末期の思想家。論語，儒学の始祖。

②儒教・儒学 (Confucianism)。隋・唐に始まり宋で確立された科挙では必須科目。清末の近代化の流れで，清朝（満州人政権）の滅亡ともに，2000 年に渡る教学としての儒教の権威は遂に崩壊した。朝鮮半島では儒教は社会に深く根を下ろし，科挙を通じて政治参画する両班（やんばん）階級を生み出した。

③ガウタマ＝シッダールタ（釈迦 / ブッダ Buddha）(Gautama Siddhartha) 前 463-383（前 564-484）カピラヴァストゥ（ネパール）生。仏教の開祖。

④仏教 (Buddihism)

⑤朱熹 (Zhu Xi,) 1130-1200 福建省生。南栄 (Southern Song) の学者。朱子学の大政者。

⑥朱子学 (Neo-Confucianism) 元朝（モンゴル人政権）以降，官学に採用され，中国（元・明），李氏朝鮮，日本（徳川幕府）の国家理念に影響。

⑦王守仁（王陽明）Wang shou-ren(Wang Yang-Ming) 1472-1528 浙江省生。明中期の学者・政治家。

⑧陽明学 (Philosophy of Yang-Ming) 明治維新の革新派（吉田松陰・西郷隆盛）の理念。

⑨林羅山 1583-1657 京都生 23 歳より4 代将軍家綱（在位 1651-1680）まで，江戸幕府の侍講（政策ブレーン）。朝鮮国との国書は彼が起草した。当時中国・朝鮮・日本間の外交文書は漢文で，四書五経に通じた深い教養が必要で，日本では僧侶がその能力に通暁していた。

出所）石井公成『東アジア仏教史』岩波新書 (新赤版)1758，2019 年，口絵図を基に，日中韓を中心に古代（紀元前）を充実させ改題した。

日本思想は仏教と儒教（朱子学・陽明学）の２つの影響を受けたが，日本式の
アレンジをした。儒教は中国に生まれた宗教だが，仏教はインドで生まれた宗
教である。「神様，仏様，どうぞお願いします」と一般会話にもある。「仏様」
というのはサンスクリット語（梵語）の buddha（ブッダ）のことで「目覚めた人」
「悟った人」という意味である。釈迦というのは仏教の開祖名である。宗教学上
も，仏教は釈迦の「一神教」である。一方，神道は「多神教」と定義されてい
て，「八百万の神」を信仰の対象とする。日本に仏教伝来以前に土着の神道が存
在したものの，神道はあくまで神を祀る為の作法，方法であるにすぎず，明確
な思想や教義を伴っていなかった。神道が教義を形成するのは，仏教の影響を
受けてのことである。因みに，経書とか経学とか「経」と呼んでるが，仏教で
は「経」と実体は同じである。現在，中国ではどちらも jing(チン) と発音し区
別はない。しかし，日本ではある時期から仏教関係の用語は呉音読みをし，儒
教は仏教に対抗しわざと漢音で読むようになった（表 1.4.9 参照。なおキリスト教
用語の宗派による日本語訳の相違は拙著『経済分析手法』第３部第２章表２，96頁）。

表 1.4.9　字音（呉音・漢音・唐音）

	呉音	漢音	唐音
行	諸行（しょぎょう）	行為（こうい）	行灯（あんどん）
外	外題（げだい）	外国（がいこく）	外部（がいぶ）
明	光明（こうみゅう）	明確（めいかく）	明国（みんこく）
和	和尚（わじょう）	和尚（かしょう）	和尚（おしょう）
清	清浄（しょうじょう）	清浄（せいじょう）	清規（しんぎ）
経	経文（きょうもん）	経済（けいざい）	看経（かんきん）
請	起請（きしょう）	請求（せいきゅう）	普請（ふしん）
頭	頭上（ずじょう）	先頭（せんとう）	饅頭（まんじゅう）

（備考）
呉音：古代中国の呉地方（揚子江下流沿岸）から伝来した音。もと和音と呼ばれて
いたが，平安中期以降，呉音とも呼ばれ，北方系の漢音に対して，南方系であると
いわれる。仏教関係の語に多く用いれられる。
漢音：唐代，長安（今の西安）地方で用いた標準的な発音をうつしたもの。遣唐使
等によって奈良時代・平安初期に輸入された。官府・学者は漢音を用いた。
唐音：宋・元・明・清の中国音を伝えたものの総称。禅僧や商人等の往来に伴って
主に中国江南地方の発音が伝えられた。
出所）松村明監修『大辞泉』小学館，1995 年，1141 頁（「字音」）。

　仏教は，7世紀百済や新羅，8,9世紀中国の唐から導入されたもので，大陸の仏教の直輸入，模倣という性格が色濃いものだった。平安時代後期～鎌倉時代，日本の仏教界は今度は新しい宋（Song）の仏教が波状的に伝えられた。それは禅教律と念仏を中心とする仏教であった。やがて15世紀になると，「古典仏教（旧仏教,顕密仏教）」の時代に代わる「新仏教」の時代を迎えた。「新仏教」は鎌倉時代ではなく，応仁の乱(1467-77)以降の戦国時代頃から日本社会に広まったことが明らかになった（内藤湖南）。「古典仏教」が荘園に経済基盤を置いていたのに対して，「新仏教」のそれは檀家・門徒に置くことに大きな違いがあった。新仏教は，檀家の葬式活動をその中心とする所謂「葬式仏教」になっていった。戒律の軽視ばかりではなく，全体として妻帯世襲仏教という，他国の仏教に殆ど見られない形態に進展していった。江戸時代には，幕府の方針によって僧の女犯・妻帯は基本的に禁止したが，ただ一向宗（浄土真宗）は他と異なる肉食妻帯宗と位置付けられており，妻帯が公認されていた。石山合戦(1570-80)の末，本願寺が織田信長に屈服した際，抗戦派であった教如が家康を頼ることになったことに由来する。家康の祖先は浄土宗を信仰したことにより，芝の増上寺を菩提寺したことも伏線上にある。本地垂迹思想（神と仏は一体）が人口に膾炙していた。本地は本体の意であり，垂迹はその本体(仏)が人々を救済する為に具体的な姿(神々)をとってこの世に出現するというものであった。このように中世の神祇信仰観も変容していった。

　湯浅泰雄によれば，儒教にしても仏教にしても，西欧哲学のように観照から実践へという方向ではなく，実践の立場を基本として認識と実践の合一を目指すということ，そして自己修養や禅の修行（自我の背信的没入）のような＜内向的実践＞を通じて超越的世界に対する形而上学的認識に至る方向と，それによって開けて来る社会的な＜外向的実践＞及び世界の形而下的認識との緊張を孕んだ統一が自己の身体という場において保たれていたということになる。言い換えれば道徳（内向的実践）と宗教（形而上的認識）／　政治（外向的実践）と学問（形而下的認識）の四者が緊密な一体関係において統一されておりその中心に自我が存在している構造を持っていたということである。

　仏教の日本化とは，どういう方向性をとるか。仏教は死後は＜浄土＞に行けるとか。日本には＜浄土＞という考え方は全然なかった。本来，仏教哲学というものは彼岸的なもので，全世界を説明する包括的なものである。それが日本に入って彼岸性が少し弱まった。儒教も同様である。

図1.4.7　日本史における宗教の世俗化と信者

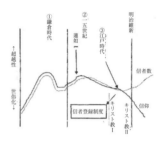

出所）加藤周一『日本文学史序説』補講，
筑摩書房，2012年，117頁。

　17世紀から徳川幕府は公式のイデオロギーとして，朱子学を採用した。関ヶ原の戦い（1600年）に勝利した家康は，室町時代から安土桃山時代に掛けて衰退し，軽んぜられた鎌倉武士の復権を目指すとともに，その目的は朱子学とリンクした武士道を徹底し，全国の支配秩序を再構築することであった。武士道の立ち振る舞いとは，一族郎党を守るために武芸を磨き，質素倹約に勤しみ，名誉と正直を尊び，寛容な精神で弱者を労わることであった。江戸時代の朱子学は，陰陽五行思想を内包しているのだが，平安時代のように陰陽の理をベースに森羅万象の吉凶を占う陰陽道とは異なり，諸子百家の思想の「いいとこ取り」をして，よく言えば総合的に止揚して，儒家の教えを解釈し，自派の居敬窮理（私利私欲を抑え，物事の本質を見極めること）や理気二元論（「理」は万物の性（性質，人間に宿るときは心）を決め，「気」とは万物の形を決める関係にある）を展開した。朱子学の価値観は，戦乱の世に新しい秩序を齎す魅力ある学問であった。阿部吉雄によれば，日本近世儒学の興隆において，秀吉の文禄・慶長の役（1592-1598）によって齎された朝鮮儒学の書物や儒学者李退渓(1501-1570)らの影響が重要な役割を果たしていると。彼らの影響を受けた藤原惺窩（1561-1619）や彼の弟子林羅山(1583-1657)は徳川家康に儒学（朱子学を通した儒学の教え）を講じた。幕府の政策ブレーンになった羅山の基本的考えは「上下定文の理」と「存心持敬」である。前者はこの世は天は上に，地は下にあるのが当たり前で，人の身分も区別があるのが当たり前。社会秩序は上下定文の理によって担保され，

下克上や戦国時代の様相を呈することを抑制した。後者は慎みを持って私利私欲を抑え，心を保つこと。徳川の幕藩体制の管理システムにマッチしていた。

　朱子学は江戸時代に入ってその本来の「天に向かう傾向」が日本化で弱まり，現実の日常生活に立脚し，「個人倫理」と「病気の治療法」に朱子学が変容する。現世に対して抽象的・超越的な外来のイデオロギー（超越性）は，必ず非超越的になって地上的・現世的で具体的・個別的な方向（世俗化）に変容する（図1.4.7 参照）。浄土宗が広まったのは「世俗化」したことが大きい。浄土真宗が出てきたのは鎌倉時代で，世の中が不安定の時，心の隙間を埋める形で大衆に普及した。鎌倉時代は最初のころは＜超越性＞でつまり「どんなに苦しんでも浄土へ行ける」と訴えた。鈴木大拙によれば，日本人の真の宗教意識はつまり日本的霊性（精神の根底）は，鎌倉時代に禅と浄土系思想によって初めて明白に顕現し，その霊性的自覚が現在に及ぶとのことである。日本では儒教と仏教が江戸時代に権力維持のために利用された。＜神仏習合＞という仏教と神道の抱き合わせ民衆執行体系を形成し，徳川幕府が統治の補完として利用した。しかし池田光政の岡山藩における宗教政策が，当時の他の諸藩に比べて，ある特徴があった。神儒一致・神仏分離・神職請である。江戸時代における儒学思想の受容ということで，圧倒的に優位にあった仏教から独立し，日本古来のものと考えられた神道と連合戦線を組んだと考えられる。江戸時代初期の儒教受容の例として，殉死の禁止（追い腹禁止）による文明開化があった。『孟子』の中に「始作俑者其無乎（始めて俑を作る者は其れ後無からんか）」がある（宇野精一『孟子』講談社学術文庫 2019 年，18 頁）。

　江戸幕府は，仏教において本末制度（宗門ごとに本山を中心にハイアラーキーを形成）と触頭制（本山の他に江戸近郊に取次寺を設ける）と寺請制度（日本人はすべて仏教徒化）を用い，統制を強化した。

　神仏習合はそれ程遠い昔のことではない。例えば鎌倉の鶴岡八幡宮では，明治初年まで「別当」と称する僧侶が全てを管理していたし，日光東照宮には現在も五重塔や鐘楼等の仏教施設が残っている。明治政府となると，神仏分離令（1868 年）を発布し，神道を事実上国教扱いし，仏教等を弾圧した。

(2) 近世と近代の連続性（『概説日本思想史』）

近世において，近代への胎動と呼ぶべき，様々な新しい思想の傾向が発生していることはよく知られている。

例えば，荻生徂徠が朱子学の徳治主義を批判し政治と道徳を分離させたことは，近代的な政治意識の発生として評価されている（『孫子国字解』1750 年刊）。また，本居宣長が「もののあわれ」という心情的な働きを肯定的に取り上げたことは，封建道徳によって硬直的になった人間性を解放したものとして評価されている。更に，安藤昌益が封建制度を全面的に否定したり，本多利明が藩と藩の交易を提唱するなど，近代的な思想の萌芽として評価されている。その意味では，近世は既にその内部において自らを否定する原理を成熟させていたということができる。

しかしながら，明治国家が近代化を達成できたのは，陽明学的な志士が（松陰の刑死, 西郷の反乱等）早くに退場し，朱子学的能吏が(大久保暗殺はあったにせよ)政府中枢を占めたことにあるかもしれない。

しかし実際には，日本の近代は，近世において芽生えたそうした新しい傾向の延長線上に成立したのではなかった。

(3) 近世と近代の不連続性

MODERN という言葉は，日本語では「近世」「近代」そして「現代」という三つの言葉に訳し分けられる。これは，ルネッサンス以後の西欧の歴史の展開が MODERN という一つの言葉によってトータルに把握しうるのに対して，日本の場合，そこに大きな断絶が横たわっているということを示している。

近世（江戸時代）と近代（明治以降）の間には,明らかに断絶が横たわっている。例えば伝統的な李朱医学（後世方）の思弁性を批判して成立した古医方は「親試実験」をモットーとして経験を重視し，人体解剖なども実施した。華岡青洲は麻酔の実験にも成功している。しかし，明治の新しい医学は，古医方の延長線上にではなく，ジェンナー，コッホ，パスツールなど西洋医学を受容するところに生まれたのである。

　近世末期に多くの近代的な文化や思想への日本独自の胎動が存在していたことを認めるにしても，そしてその延長線上に日本固有の近代を構想することが決して不可能ではないにしても，日本の近代は，実際には，そのような可能性を薙ぎ倒すように海外から流入した西洋の思想や文化を受容するところに成立したのである。

　古医方による人体解剖の実施が杉田玄白らを刺激して『解体新書』を生み，蘭学の成立を促したように，近世後半における思想の展開が，西洋を受容する主体的な条件を準備したという側面は否定できない。西周において，西洋の法思想が徂徠学をベースとして受容されたという事情もある。しかし，それにしても，日本の近世思想は西洋思想を受け入れるために成熟していたというわけでもないし，また，両者の間に横たわる異質性が容易に乗り越えられたという訳でもない。

(4) 明治思想の二重構造（儒教がベース）

　日本の近代が西洋を受容するところに成立したというそのあり方は，明治思想の全般に渡って看取することができるようになる。まさしく明治の思想は，西洋思想と伝統思想の二重構造をその特質としていたということができる。

　西周，加藤弘之，西村茂樹，中村正直など，明治の初めに西洋思想を日本に紹介した啓蒙思想家たちは，思想形成期において儒教を中心とした近世的教養を身に付け，多くは維新後，明治政府の官僚として近代国家を構築する為に必要な政治や法律や教育に関する西洋の知識を翻訳紹介した。彼らは，新知識の体得者であると同時に，その内奥に儒教の素養を血肉化した人達でもあった。

　また，ルソー（Jean-Jacques Rousseau）の『社会契約論』を翻訳紹介し自由民権運動に多大な影響を与えた中江兆民にしても，その『民約訳解』が荘重な漢文で草されていることはよく知られている。倫敦に留学して英文学を学んだ夏目漱石が優れた漢詩の作り手であったこともまた知られている。更に「教育勅語」や「帝国憲法」などにもそうした時代の特徴を指摘することができる。

☆神々の系図

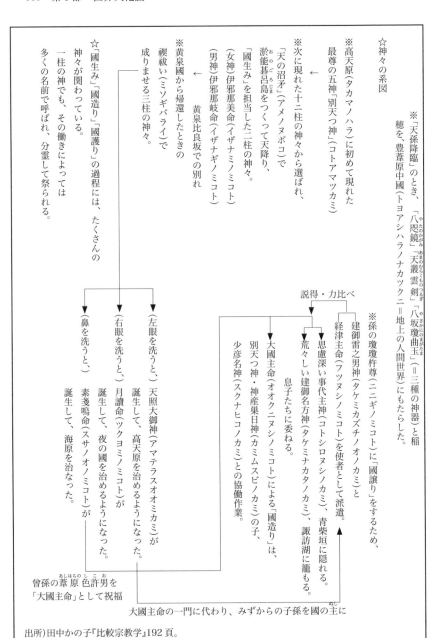

※「天孫降臨」のとき、「八咫鏡」「天叢雲剣」「八坂瓊曲玉」(＝三種の神器)と稲穂を、豊葦原中國(トヨアシハラノナカツクニ＝地上の人間世界)にもたらした。

最尊の五神「別天つ神」(コトアマツカミ)
※高天原(タカマノハラ)に初めて現れた

※次に現れた十二柱の神々から選ばれ、「天の沼矛」(アメノヌボコ)で淤能碁呂島をつくって天降り、「國生み」を担当した二柱の神々。
(女神)伊邪那美命(イザナミノミコト)
(男神)伊邪那岐命(イザナギノミコト)
→　黄泉比良坂での別れ

※黄泉國から帰還したときの禊祓い(ミソギバライ)で成りませる三柱の神々。

☆「國生み」「國造り」「國護り」の過程には、たくさんの神々が関わっている。
一柱の神でも、その働きによっては多くの名前で呼ばれ、分霊して祭られる。

(左眼を洗うと、)天照大御神(アマテラスオオミカミ)が誕生して、高天原を治めるようになった。

(右眼を洗うと、)月讀命(ツクヨミノミコト)が誕生して、夜の國を治めるようになった。

(鼻を洗うと、)素戔嗚命(スサノオノミコト)が誕生して、海原を治なった。

説得・力比べ

※孫の瓊瓊杵尊(ニニギノミコト)に「國譲り」をするため、
経津主命(フツヌシノカミ)と
建御雷之男神(タケミカズチノオノカミ)を使者として派遣。

思慮深い事代主神(コトシロヌシノカミ)、青柴垣に隠れる。
荒々しい建御名方神(タケミナカタノカミ)、諏訪湖に籠もる。

大國主命(オオクニヌシノミコト)による「國造り」は、
別天つ神・神産日神(カミムスビノカミ)の子、
少彦名神(スクナヒコノカミ)との協働作業。

息子たちに委ねる。

曾孫の葦原色許男を「大國主命」として祝福

大國主命の一門に代わり、みずからの子孫を國の主に

出所)田中かの子『比較宗教学』192頁。

祓　詞

掛けまく畏き　伊邪那岐大神筑紫の日向の橘小戸の阿波岐原に
御禊へ給ひし時に生り坐せる祓戸の大神等
諸諸の禍事
罪　穢有らむをば祓へ給ひ　清め給へと白す事を聞こし食せと
恐み恐みも白す

略　拝　詞

祓へ給へ　清へ給へ　守り給へ　幸へ給へ

参拝の作法

二拝　神前に進んで軽くお辞儀をする深く二度お辞儀をする
二拍手　手を二回打つ
一拝　もう一度深いお辞儀をする
　　　最後に軽くお辞儀をして退く

（例えば、竹生島神社［都久夫須麻神社］の寿恵廣には、上段にみられるような祝詞や作法の案内が書かれている。）

① 伊邪那岐命（伊装諾尊）は、火神・軻偶突智（かぐっち）を産み火傷して死んだ妻の伊邪那美命（伊装冉尊）が住む黄泉國へ降りてゆき、その懐かしい声を聞いた。既にここでの食物摂り、穢れを受けてしまった身ではありますが、帰してもらえるように頼んでみましょう。ですから、わたくしの就寝中は、この姿を覗かないでと、まもなく、女神は懇願した。待つ男神は　約束を破るという罪を厭ひとまもなく、櫛の親歯を折って火を点し、その変　わり果てた醜悪なる屍体を見た。恥をかかされ怒り狂う妻の追手を逃れ、黄泉の穢れを洗い清めたのが、阿波岐原の川辺だった。そのとき生まれた多くの神々のなかでも天照大御神、月讀命、素○鳴命は最も重要な任務を与えられた。人間も、神の浄めに倣って罪穢れを祓ふのである。

② 「略拝詞」は、天孫降臨後の地上世界に生きる人間たちの罪穢れを、大海原や地底の國に運び去ってくれる神々に言問ふ「大祓詞」を約めた略式の祝詞。

③ 「二拝二拍手一拝」は、社に鎮まる神々の前に立ち、清々しく敬虔な気持ちでおこなう。「拝」は、背中が大地に対して水平になるまで深々と頭を下げる、最も恭しいお辞儀。「拍」は、両の掌を打ち鳴らすわが國固有ともいえる敬礼の作法。この「拍手」を打った両手をそのまま合わせても、言挙げして願い事を申し上げてもよい。退出の「拝」をしたあとは、おみくじを引いたり、お守りやお礼、奉納用の絵馬などを受けたりする。往き返りの道を踏みしめて聞く玉砂利の音は、山拝者を爽快にする

出所）田中かの子『比較宗教学』193頁。

表 1.4.10　実存的神道と本質主義的神道の比較

特徴	実存的神道	本質主義的神道
他宗教との交流	シンクレティズム，包括性	特殊性，独自性，排他性
組織の形態	地域に中心があり，非常にゆるやかな全国的組織	中央集権的な組織で，全国に配置
教養	重要な概念，思想，価値観の非体系的な集合	体系的で一貫した総合的な教義体系を企画。正典の発達（『古事記』『日本書紀』）
天皇の位置づけ	ゆるやかに組織された宗教の最高祭司としての天皇	最高祭司にして国家元首としての天皇。儀礼的権威の宗教的・政治的文脈への浸透
カミの基本的性質	不可思議で神秘的な存在。伝統的神話や特定の習俗でときに人格化	人格神（とくに天地創造に関連して）。副産物としての全被造物との関連。国家を守護する勢力
タマの基本的性質	万物に存するカミに関連したスピリチャルで活力に満ちたエネルギーないし力。具体的には個人のタマシイあるいはその集合体，より一般的には物質と一体となったエネルギー（ないし生命力）	カミが創造したこの世界に内在する形而上的・超自然的な生命力で，源泉となる場所に凝縮（天皇のタマ，家の祖先のタマ，靖国神社に祀られた死者の集合的なタマ）。源泉が個人の霊魂（ミタマないしタマシイ）に浸透
習俗（プラクシステム）の焦点	形而上的教義体系にも理路整然とした教義体系にも相互に関連しない実践。「伝統」とされる習慣が，人々の日常的なつながりや帰属の意識に寄与。包括的で流動的な習俗	習俗の正当化（メタプラクシス）の強固な発達と，概して整然とした明確な形而上的体系との組み合わせ。教義の意味は，宗教的経験の上に覆いかぶさった正統的実践，正統的教義，異端的教義，異端的実践が重要

出所) トーマス・カスーリス，衣笠正晃訳『神道』ちくま学芸文庫，2014年，243頁。

　日本の近代思想を評価する場合，その内容の進歩性とか反動性といったものは，殆ど評価の基準とはなりえない。たとえどのように進歩的な思想であっても，それが主体の内奥に息づく伝統との対決を経ていなければ，それを優れたものと評価することはできない。逆に，どのように反動的な思想であっても，それが西洋との鋭い対決において主体的に選び取られたものであるならば高く評価すべきであろう。

　新島襄，内村鑑三，大西祝等，明治期においてキリスト教は重要な役割を果たした。というのも，基督教を受け容れることは，主体にとって，自らの内面に血肉化された伝統的な思想と激しく対決することを強いられることを意味する，つまりキリスト教を信じることはこの時期の思想的な課題を深く身に引き受けることなのである。

図1.4.8 日本文化

出所)『図説日本史通覧』帝国書院、2014年、330-331頁。

図 1.4.9 日本文化（日本の宗教）

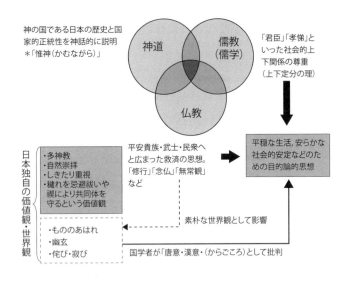

出所）中村隆文『世界がわかる比較思想史入門』ちくま新書，2021 年，145 頁。

表 1.4.11 日本文化（ SHOTOKU'S ANALOGY）

・Shinto :the roots of a tree;imbedded in the very heart of the Japanese
 people

・Confucianism: the trunk and branches;politics, morality, and education

・Buddhism:the flowers; religious feeling bloom as flowers

出所）Roger J. Davies, *Japanese Culture*, Tuttle：Tokyo, 2016, p.134.

(引用文献)

浅見洋編『鈴木大拙と日本文化』朝文社，2010 年。

阿部吉雄『日本朱子学と朝鮮』東京大学出版会，1965 年。

網野善彦『無縁・公界・楽』平凡社，1978 年（増補版，1987 年，平凡社ライブラリー，1996 年）。

網野善彦『日本論の視座　列島の社会と国家』小学館，1990 年（新装版，2004 年）。

石井公成『東アジア仏教史』岩波新書（新赤版）1758，2019 年。

石渡延男監修『まんが韓国史』インターブックス，2002 年。

伊東多三郎『草莽（そうもう）の国学』初版，羽田書店，1945 年（再版，真砂書房，1966/ 増訂版，名著出版，1972 年）。

色川大吉『明治精神史』黄河書房，1964 年／ 1968 年（講談社学術文庫，上下，1976 年）。

色川大吉『色川大吉著作集』全 5 巻，筑摩書房。

マックス・ヴェーバー『宗教社会学』武藤一雄他訳，創文社，1976 年。

宇野精一『孟子　全訳注』講談社学術文庫，2019 年。

小倉紀蔵『朱子学化する日本近代』藤原書店，2012 年。

大谷光見『蓮如さまのプレゼント（蓮如上人の贈り物）』本山東本願寺，2016 年。

大谷光見『慈光 5　天竺随想』本山東本願寺，2017 年。

ヘルマン・オームス『徳川イデオロギー』黒住真他訳，ペリカン社，1990 年。

ヘルマン・オームス『徳川ビレッジ』宮川康子監訳，ペリカン社，2008 年。

大川周明『日本精神研究』文録社，1927 年（明治書房，1939 年）。

大隅和雄『信心の世界，遁世（とんせい）者の心』講座『日本の中世』2，中央公論社，2002 年。

大隅和雄他著『日本思想史の可能性』平凡社，2019 年。

加藤周一『日本文学史序説（上・下）』（ちくま学芸文庫）筑摩書房，1999 年。

加藤周一『日本文学史序説』補講（ちくま学芸文庫）筑摩書房，2012 年。

苅部直『「維新革命」への道』新潮社，2017 年。

岸田知子『空海の文字とことば』吉川弘文館，2015 年。

金文京『漢文と東アジア─訓読の文化圏』岩波新書（新赤版）1262，2010 年。

黒田俊雄『寺社勢力』岩波新書，1980 年。

興膳（こうぜん）宏『仏教漢語 50 話』岩波新書（新赤版）1326，2011 年。

小島毅『儒教が支えた明治維新』晶文社，2017 年。

小林秀雄『本居宣長』新潮社，1977 年（新潮文庫，上下，1992 年）。

子安宣邦『近代知のアルケオロジー』岩波書店，1996 年（増補版『日本近代思想批判』岩波現代文庫 2003 年）。

子安宣邦『江戸思想史講義』岩波書店，1998 年（岩波現代文庫，2010 年）。

子安宣邦編『日本思想史』ブックガイドシリーズ基本の 30 冊，人文書院，2011 年。

西郷信綱『古事記の世界』岩波新書，1967 年。

相良亨『日本人の伝統的倫理観』理想社，1964 年。

佐々木閑『集中講義　大乗仏教』別冊 NHK100 分 de 名著，NHK 出版，2017 年。

佐藤弘夫他編『概説日本思想史』ミネルァ書房，2005 年（8 刷 16 年）

塩尻和子他監修『図解宗教史』成美堂出版，2008 年。

島田裕巳『教養としての世界宗教事件史』河出ブック，河出書房新社，2010 年。

清水馨八郎『裏切りの世界史』祥伝社黄金文庫，祥伝社，2004 年 (旧『破約の世界史』
　　2000 年)。

『神社年鑑 2018 』平成 30 年度，ギャラリーステーション，2018 年。

末木文美士他『鎌倉の古社寺』淡交社，2018 年。

ピエール・スイリ (Pierre Souyri)「日本近代化　儒教が背骨」『読売新聞』，2018 年
　　12 月 21 日付け朝刊。

杉浦寿輝『明治の表象空間』新潮社，2014 年。

鈴木大拙編校『盤珪禅師語録』岩波文庫，1941 年。

鈴木大拙校訂『驢鞍橋』岩波文庫，1948 年。

鈴木大拙『日本的霊性』岩波文庫，1972 年。

鈴木大拙『新版東洋的見方』上田閑照編，岩波文庫，1997 年。

鈴木大拙『対訳　禅と日本文化』北川桃雄訳，講談社，2005 年。

鈴木大拙『無心ということ』末木文美士解説角川ソフィア文庫，2007 年。

鈴木大拙『禅学への道』坂本弘訳，アートデイズ（松ケ岡文庫著作権），2007 年。

鈴木大拙『禅とは何か』吉田紹欽（旧版末木文美士（新）解説，同上 2008 年。

鈴木大拙『日本的霊性（完全版）』末木文美士解説角川ソフィア文庫，2010 年。

鈴木大拙『妙好人，浅原才市を読み解く』東西霊性文庫，2016 年。

鈴木大拙『禅的生活』横川顕正訳，岩波文庫，2016 年。

鈴木大拙『大乗仏教概論』佐々木閑訳，岩波文庫，2016 年。

鈴木大拙『浄土系思想論』岩波文庫，2016 年。

鈴木大拙『アジアの社会倫理の底流と仏教思想』東西霊性文庫，2016 年。

鈴木大拙『東洋的見方』安藤礼二解説，角川ソフィア文庫，2017 年。

稲田（せだ）義行『一気にたどる日本思想』日本実業出版社，2017 年。

高取正男『神道の成立』平凡社選書，1979 年（平凡社ライブラリー，1993 年）。

瀧音能之監修『日本の古代史』宝島社，2019 年。

竹内好『日本とアジア』竹内好評論集 3，筑摩書房，1966 年（ちくま学芸文庫，1993 年）。

竹村牧男『鈴木大拙　日本人のこころの言葉』創元社，2018 年。

武光誠『「宗教」で読み解く世界史の謎』PHP 文庫，PHP 研究所，2016 年。

竹光誠『地図で読み解く日中韓の古代史』ワニ文庫，KK ベストセラーズ，2015 年。

武光誠他監修『日本の歴史（上・下）』小学館，2012 年。

『中央公論（誤解だらけの明治維新)』平成 30 年 4 月号，中央公論新社，2018 年。

陳舜臣・手塚治虫監修『マンガ中国の歴史』全 5 巻，中央公論新社，2008 年。

津田左右吉『神代史の新しい研究』二松堂書店，1913 年。

戸坂潤『日本イデオロギー論』白楊社，1935 年（岩波文庫，1977 年）。

戸矢学『神道入門』河出書房新社，2016 年 1 月 30 日（旧著『ザ・神道』1982 年 9 月）。

テツオ・ナジタ『懐徳堂　18 世紀日本の「徳」の諸相』子安宣邦監訳，岩波書店，1992 年。

松尾剛次編集『日本の寺院』別冊歴史読本，新人物往来社，2003 年。

E・H・ノーマン『忘れられた思想家　安藤昌益のこと』大窪愿二訳，岩波新書，上下，

　　1950 年。

『ハーバード・ノーマン全集』全 4 巻，岩波書店。

野口武彦『江戸の歴史家』筑摩書房，1979 年（ちくま学芸文庫，1993 年）。

長谷川良信『大乗淑徳教本』大乗淑徳学園，1963 年。

林田慎之介『幕末維新の漢詩』筑摩書房，2014 年。

尾藤正英『江戸時代とはなにか』岩波書店，1992 年（岩波現代文庫，2006 年）。

広瀬佳司他編『ユダヤ系文学に見る聖と俗』渓流社，2017 年。

廣松渉他編集『岩波哲学・思想事典』岩波書店，1998 年（2003 年，2 刷）。

松尾剛次編集『日本の寺院』別冊歴史読本 53，新人物往来社，2003 年。

松田彰一『鈴木大拙の金沢』北國新聞社，2017 年。

松村明監修『大辞泉』小学館，1995 年，1141 頁（「字音」（呉音・漢音・唐音））。

丸山眞男『日本政治思想史研究』東京大学出版会，1952 年。

丸山眞男『日本の思想』岩波新書，1961 年。

三品彰英『日本神話論』同論文集第 1 巻，平凡社，1970 年。

源了圓・楊曽文編『日中文化交流史叢書　第 3 巻　思想』大修館書店，1995 年。

源了圓・楊曽文編『日中文化交流史叢書　第 4 巻　宗教』大修館書店，1996 年。

本村凌二監修『英語で読む　高校世界史』講談社，2017 年（7 刷 18 年）。

百瀬明治『最澄［天台宗］』京都・宗祖の旅シリーズ，淡交社，2014 年。

三浦佑之『日本霊（りょう）異記の世界』角川学芸出版，2010 年。

宮川康子『自由学問都市大阪』講談社メチェ，2002 年。

宮崎正勝『地域からみる世界歴史年表』聖文社，1992 年。

村岡典嗣（つねつぐ）『本居宣長』初版，警醒社，1911 年（岩波書店，1928/ 増補版
　　1/2，平凡社東洋文庫，2006 年）。

村上重良『国家神道』岩波新書，1970 年。

茂木誠『世界史で学べ！　地政学』祥伝社黄金文庫，祥伝社，2019 年。

森和也『神道・儒教・仏教』ちくま新書 1325，2018 年。

安丸良夫『近代天皇像の形成』岩波書店，1992 年（岩波現代文庫，2007 年）。

山尾幸久『日本国家の形成』岩波新書，1977 年。

湯浅泰雄『近代日本の哲学と実存思想』創文社，1970 年。

湯浅泰雄『湯浅泰雄全集』ビリング・ネット・プレス。

義江章夫『神仏習合』岩波新書 453，1996 年。

吉田久一『近現代仏教の歴史』筑摩学芸文庫，筑摩書房，2017 年 (旧著 1998 年)。

和辻哲郎『日本古代文化』岩波書店，1920 年（初版，改訂 1925 年，改稿 1939 年，
　　新稿 1951 年）。

2.　近代化以前の日本経済

　本項では日本の近代化について検討する。まず近代への準備段階としての近世日本＝江戸時代（17世紀初頭から19世紀半ば）を，次に体制転換の軸としての明治維新を展望する。そして3.では2.を受けて，明治時代前期における近代化の意味と近代化実現の具体例を検討し，4.ではいよいよ本格的に近代社会に突入した日本の世界史の枠組みにおける位置付けを試みる。

(1)　近代以前の日本―江戸時代

　17世紀初め，織豊政権を引き継いだ徳川家が一応の国家統一を達成し，江戸幕府を開設した。ここに約270年にわたる長い江戸時代が始まり，戦乱のない安定的な政権のもとで市民社会が成熟していった。武家政権による支配として成立していた江戸時代の特徴を整理すると次のようになる。

　1）封建主義統治：江戸幕府は統治の手段として中央集権と地方分権を使い分けた封建主義の方法を採用した。すなわち藩主の任命権は幕府が所有し，各地域（藩）の統治は藩主にまかせるというものであった。この統治法では，それぞれの藩で独自の教育システムをとることが可能であり，結果として日本各地で優れた人材を輩出することとなった。しかし，分権化が進みすぎたことが原因で，例えばある藩で飢饉があったとしても隣の藩が援助を差し向けることができない，など中央集権的な政策がとれなかったという欠点もあった。

　2）産業の発達：戦国時代の混乱からようやく脱却し，安定政権を迎えるとともに産業も安定した生産をあげるようになっていった。肥料の改良や農耕器具の普及，新田開発により，米や麦などの農業生産が増加し，木工製品や金物の製造業，綿製品・絹製品などの織物業も発達した。また幕府や諸藩が積極的に鉱山の開発を行い，佐渡金山や生野・石見銀山，足尾銅山や釜石鉱山などで採掘が行われた。〔17世紀オランダの興隆を支えたのがほかならぬ日本であった。海洋アジアの貿易決裁手段である金銀銅の断突の供給源が日本だった。当時の日本の金銀銅の産出高は世界でトップクラスであった（川勝平太「世界覇権と日本」日本経済新聞社編『歴史から読む現代経済』18頁）〕

3) 商業の発達：農業や鉱工業など産業の発達に伴い商業も発展し，貨幣の流通も活性化した。18世紀初頭，大阪で世界初の米の先物取引市場が機能した。商人階級が力を持ち，商業都市が発展した。

4) 交通網の整備：参勤交代のシステムを実行するための江戸五街道を中心に，全国各地の道路網が整備された。また海運も盛んで，17世紀後半には商品集積地大阪や消費地江戸に年貢米を回送するために東廻り航路や西廻り航路が開通していた。交通網の発達は，商品や人的交流ばかりでなく，為替による金融の流通においても重要な意味を持っていた。

5) 教育システムの充実：商売に必要な読み書き・そろばん等を教える寺子屋教育が普及し，庶民の計数能力も飛躍的に高まっていった。寺子屋は明治維新の頃までに全国で1万を超えて普及していた。藩士の養成を目的とする藩校も200を越えていたとされ，一般庶民に門戸が開放されている場合も少なくなかった。

6) 循環型環境システムの完成：民家から排出される屎尿を回収し，畑に肥料として散布し，農作物を収穫する循環型環境システムが完成していた。因みに当時ベルサイユ宮殿にはトイレがなかった。

これらは江戸時代が育んだ「大いなる遺産」（高い教育水準，商業・金融の発達，交通網の整備，産業の発展等）であり，このなかのいくつかは明治時代以後の近代化を促進するための重要な要因となった。

(2) 明治維新の背景

江戸幕府は徳川家に忠誠を尽くす武士階級を中心とした封建的体制であったが，戦乱もなく長期的安定社会となると，商人階級が貨幣経済の隆盛とともに力を持つようになった。武士階級に失業者が生じ，士農工商という階級制度も形骸化していった。江戸幕府は貨幣経済を十分にコントロールする能力を有せず，様々な社会的混乱を引き起こした。武士階級の弱体化，商人階級の隆盛という社会構造の変化により，商業社会が成熟していった。非生産的な武士を抱えている幕府や藩は苦しい財政状況にあり，民間部門である大商人が幕府や藩

に資金を貸し付け富を得た。このような社会背景のもと，明治維新への準備が
醸成されていったが，この状況を整理してみると次のようになる。

　1）儒教教育の発展：江戸幕府は統治原理として忠誠心を重んじる儒教を重
視し，全国の各藩の藩校でも儒教教育が発展した。江戸時代の庶民は，小説や
歌舞伎（例えば『南総里見八犬伝』『忠臣蔵』）などを通して日常生活のなかでご
く自然に忠信を説く儒教の原理を理解することができた。儒教教育の隆盛に伴
い，儒者や，儒教の影響を受けた国学者によって尊皇思想（天皇および天皇制を
敬う思想）が醸成されていった。

　2）財政政策の限界：ほとんど国内産業にのみ依存して成立していた江戸幕
府の財政は，例えば農産物の生産高が減少すると，忽ちそれに影響を受けてし
まうという脆弱な経済体制でもあった。江戸時代は農産物などの生産が増大し
貨幣の流通量も増え貨幣経済を実現することができたが，その貨幣をコント
ロールする能力を江戸幕府は持ちえなかった。その最大の被害者は，下級武士
であった。

（3）明治維新のプロセス

　明治維新は，海外からの圧力に屈し止むを得なく開国を標榜した江戸幕府軍
と尊皇攘夷（天皇を敬い，外国の敵と対決する）を標榜した京都の公家および地
方の失業武士を中心とする薩長連合軍との対立であり，薩長連合軍がクーデ
ターに成功した。1868年勝海舟や西郷隆盛らの尽力により江戸幕府は被害を
最小に止めたまま政権を薩長連合軍に移譲した。薩長連合軍がかかげた攘夷論
は明治維新後現実に即して撤回された。明治新政府は尊皇思想を中心に据え，
経済については攘夷論を取り消し（或いは保留し），開国政策への政策転換をは
かった。明治政府は，江戸時代末期から明治初期にかけて欧米から摂取した学
問や文化・技術によって，近代化を実現しようとした。また民衆を精神的に統
治するために，天皇制を中心に据えた国家神道による民衆把握を目指し，例え
ば散切り頭にした明治天皇の御影（写真）を公表するなどしてライフスタイル
の西洋化と尊皇思想を同時に民衆に普及させようとした。

(4) 明治維新期の近代化

　明治維新以前，江戸幕府は開国政策に踏み切り，フランスと通商を結ぼうとした。また各藩でも独自に近代化を進めようとする動きは存在した。近代的工業の育成を試みていた薩摩藩などにその兆候を確認できる。しかし明確に政策として国家レベルで近代化を進めようとする動きは明治政府に求められなければならない。明治政府は文明開化により積極的に西洋文明を摂取し，電信・電話・郵便・鉄道・馬車などを政府自身や政府と密接に結びついた民間企業などによって導入していった。こうしてようやく明治時代になって近代化が政府主導により始まったが，では近代化とは何を意味し，どういう状態を指すのか？次節でそれを確認することにしたい。

(引用文献)

1.　浅羽良昌他編『世界経済の興亡 2000 年』東洋経済新報社，1999 年。
2.　ウォーラーステイン，田中治男他訳『世界経済の政治学』同文舘，1991 年。
　　(Imanuel Wallerstein, *The Politics of the World-Economy the State, the Movement, and Civilizations*, NewYork: Cambridge University Press, 1984.)
3.　南亮進『日本の経済発展（第 3 版）』東洋経済新報社，2002 年。

3.　近代化の意味と日本

　前項では日本の前近代における近代化への展開と明治維新期の近代化を検討した。本項では，先ず初めに近代の概念を明らかにしたうえで明治時代の近代化政策を展望する。

(1) 近代化の意義

　富永健一によれば世界史(西欧史)における「近代化」とは，1)政治的近代化(民主化)，2) 社会的近代化（自由と平等の実現），3) 文化的近代化（合理主義の実現）及び 4) 経済システムの近代化からなる（富永健一『日本の近代化と社会変動』講談社，1990 年）。

　1) 政治的近代化とは，政治的意志決定が，市民・大衆により民主主義の手

続きをふまえてなされ，またその決定が高度の能力を持つ専門化された官僚的組織によって実現されることである。

　2）社会的近代化とは，社会集団が，血縁的紐帯からなる親族集団や感情的結合集団（ゲマインシャフト）の段階から脱却し，機能的に分化した目的組織・契約的集団（ゲゼルシャフト）の段階に移行することである。

　3）文化的近代化とは，芸術や科学など，文字や記号によって客観的に表現されている諸文化要素の中で，とりわけ科学分野が発展し，それに伴って科学的・分析的精神が育まれていくことである。それらは教育によっても普及される。迷信や呪術や因習等非合理的な文化要素の占める余地が小さくなっていく。

　4）経済システムの近代化とは，経済活動が自律性を持った効率性の高い組織によって担われて，「近代経済成長」を達成していくメカニズムが確立されていることである。

(2) 市民革命にみる近代化

　世界史における近代化の過程をみると，近代化とは西欧において17世紀から19世紀にかけて育まれた概念であり，政治的には，王様に対する議会の優位性を確立した（ピューリタン革命や名誉革命などの）英国市民革命や，主権在民を明示した憲法を発布した米国独立革命，三権分立や福祉権，教育権などの基本的人権の思想を明確にしたフランス革命により達成されていった。これらは明らかに市民の権利を明確にするための革命であったが，その背景には，大規模資本主義経済の発達とそれに伴う市民社会の成熟による構造的変化が要因として存在した。英国の議会は産業資本家を代表し，産業革命により達成された大規模資本主義経済の主役はいうまでもなく市民であった。

(3) 産業革命の拡大

　西欧における経済面での近代化は，産業革命を転換点として確立されていった。ルネッサンス以来の商業階級の発展に端を発し，産業革命期の技術発展とそれに伴う工業・農業生産の増大により市民社会が権力を獲得した。また産業

の飛躍的発展により大規模資本主義が成立し，力を持った資本家や経営者が出現した。資本主義の拡大競争はまず英国がリードし，後発国としてフランスやドイツが追随していった。西欧諸国は大規模資本主義の拡張を押し進め，欧州からアフリカ，アジアに市場を求め，ついに極東の日本にも進出していった。

(4) 日本の産業近代化

　ここで改めて日本の近代化をみてみよう。明治初期は軽工業に重点が置かれ，絹織物などの輸出が盛んで，また社会のインフラ整備が第一の国家事業であった。まず郵便・電信・鉄道のインフラが整備され，次に生産物・金融・労働の全国市場が 20 世紀初頭に形成された。これらの事業は西欧文明の輸入と江戸時代の知的遺産を引き継ぐことによって実現されていった。しかし大規模な経済発展を期待するには時期尚早であった。日清戦争や日露戦争などを経て産業の中心は重工業に移行し，造船業や海運業の成長が促進されていった。造船業の発展は原動機・電気機械の需要を高め，一般機械工業の発展も促進した。機械工業の基礎は 20 世紀初頭に形成された。1897 年に設立された官営八幡製鉄所 は 1901 年に操業を開始し，工業化に不可欠な鉄鋼の国産化の途を開いた。西欧的な近代化が大規模資本主義を実現する重工業を中心とした産業発展と捉えるならば，日本の（経済的な）近代化はこの時期（20 世紀初頭）にようやく始まったということができよう。また市民社会の観点から近代化を捉えるならば，明治政府は，技術は西洋から思想は日本から，という和魂洋才と呼ぶ

表 1.4.12　近代化の意味

種類	近代化の意味			
	政治的近代化	社会的近代化	文化的近代化	経済システムの近代化
思想	民主主義の実現	自由と平等の実現	合理主義の実現	近代経済成長の達成
組織形態	高度に専門化された官僚集団	ゲマインシャフト（共同社会）からゲゼルシャフト（利益社会）への移行	迷信や呪縛や因習等から非合理的な文化要素の余地が小さくなっている	自律性を持つ効率性の高い組織によって培われている

（備考）富永健一，マックス・ヴェーバー（社会構成員の移動の活発化，機械的連帯から業績的連帯，脱宗教化）等の著書，『現代思想を読む事典』等により木村武雄が作成。

方針を推進したので，欧米式の民主主義がより完全なかたちで日本に導入されるのは第 2 次世界大戦後まで待たなければならなかったといえる。

（引用文献）

1．ウォーラーステイン，田中治男他訳『世界経済の政治学』同文舘，1991 年。
2．金森久雄『日本経済読本（第 16 版）』東洋経済新報社，2004 年。
3．富永健一『日本の近代化と社会変動』講談社，1990 年。
4．正村公宏他『日本経済論』東洋経済新報社，2002 年。
5．南亮進『日本の経済発展（第 3 版）』東洋経済新報社，2002 年。

4.　世界史における近代化と日本

　本項では，全項で定義づけを試みた「近代化」をキーワードとして世界史的な展開を眺めてみる。西欧各国の近代化の問題を取り上げ，それに対する日本の対応という視点から状況を捉えてみたい。

（1）近代世界の把握

　近代化の意味については，前節で触れてみたが，改めて整理してみよう。まず欧州はルッネサンス期，ベニスの商人の時代から，まず大航海時代にスペイン・ポルトガルが，次にスペインを継いだ，オランダ・英国が覇権争いをし，絶対王政（フランス），独立戦争（米国），市民革命（英国）を通過し，産業革命を経て近代化が達成された。西欧各国はアフリカやインド，中国に市場を求めた。西欧の大規模資本は全世界に拡張していった。それに比べ，欧州の植民地政策の犠牲になったアジアやアフリカでは近代化は大幅に遅れた。厳密に議会制民主主義と近代資本主義を実現した国家の出現は 20 世紀まで待たなければならなかった。こうして世界全体を近代化の先進国，後発国として捉えることができる。これをイマニュエル・ウォーラーステインに従って整理してみると次のようになる。

（2）ウォーラーステインによる近代化の構造把握－覇権と周辺

　ここでは，近代世界システム論という理論に沿って歴史をとらえなおしてみ

る。実は世界の諸地域と強く結びついて起こったものが多あった。近代世界シ
ステム論とは，各地域の動きは，世界的な経済分業システムのなかで成り立っ
ていると考え，世界規模の視点で歴史を見ていくものである（『最新世界史図説
タペストリー』(17訂版) 帝国書院，184頁)。

(3) 前近代の展開—オランダの発展

　オランダは1581年スペインに対して独立宣言し，1588年英国によるスペ
イン無敵艦隊撃破などの支援を受け，1648年ヴェスト・ファーレン条約によ
り正式に独立した。1688年英国名誉革命では英国と友好関係を持ち，バルト
海貿易において圧倒的優位を得た。自国の商工業・漁業・農業の発展を実現し，
市場を拡大し東南アジアのモルッカ（香料）諸島，マラッカを支配した。首都
アムステルダムには多くの資金が集中し金融市場の中心となった。欧州で唯一
日本との取引があり，江戸時代にはオランダを通じて西欧文化が輸入されてい
た。オランダの関心は，インドネシアのゴム等の資源であった。

(4) オランダから英国への覇権移譲

　オランダ資金はその後英国産業に投資されるようになった。イングランド銀行
への総投資額（360万ポンド）のうち86%は
オランダからの資金であり，また英国東イン
ド会社への総投資額（76万ポンド）のうち89%
はオランダからの資金だった。しかしオラン
ダの主力商品だったアジア香辛料の人気が落
ち，英国の主力商品だったインド産の綿布（キャ
ラコ）が大流行し始めたころから貿易の覇者は
英国に代わりつつあった。英蘭戦争（1652-54
年，65-67年，72-74年）でオランダは衰退した。
1664年英国はオランダ領のニューアムステル
ダムを占領し，ニューヨークと改称した。

図1.4.10　近代世界システム

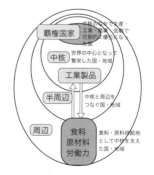

出所) 川北稔監修『最新世界史図説タ
　　ペストリー』(17訂版)帝国書院，
　　184頁

(5) 各国の貿易政策

1）英国の貿易政策

　18世紀，英国の産業は飛躍的発展を示した。1733年ジョン＝ケイの飛び梭以降の技術革命，1765年ワットの蒸気機関の動力革命等の産業革命を実現した。英国はアフリカやアジアに市場を拡大することにより資本主義を巨大化

表1.4.13　近代世界システム

	中核	半周辺	周辺	状況
① 17世紀〜 18世紀半ば	［覇権］ オランダ イギリス フランス	スペイン ポルトガル 南仏	東欧 ラテンアメリカ - 西アフリカ	●北海のニシン漁などにともなう造船や毛織物業などで優位にたったオランダの首都アムステルダムは，東インド会社などのもたらす利益により，バルト海貿易(穀物の中継貿易)や世界貿易・金融の中心地となった。
② 18世紀半ば 〜1917年	［覇権］ イギリス フランス 19世紀末 アメリカ合衆国 ドイツ	ロシア 日本 欧州諸国 カナダ	バルカン諸国 オセアニア 東南アジア インド ラテンアメリカ オスマン帝国 アフリカ	●フランスとの植民地抗争に勝利し，産業革命を経験したイギリスが覇権を確立。蒸気船の普及など交通手段の発達により，大規模な工業製品の輸送や移民が可能となった。 ●この時期に，世界の一体化がほぼ完成。 ●ロンドンのシティが，世界金融の中心地となり，イギリスは「世界の銀行」となった。 ●反システム運動…システム自体の変革を要求の根拠とする社会的・政治的な運動。19世紀以降に中核では社会主義運動，半周辺や周辺ではナショナリズムとして噴出した。
③ 1917年〜 67年	［覇権］ アメリカ合衆国 西欧 日本 ソ連	東欧 韓国 シンガポール	中国 オセアニア 東南アジア インド　中東 アフリカ ラテンアメリカ カナダ	●第一次・第二次世界大戦を経て，アメリカ合衆国がドイツを追い落として覇権を確立した。 ●ロシア革命以降，ソ連を中心とする社会主義陣営が反システム運動を展開した。 ●1968年から，あらたな反システム運動…政治・経済ではなく，文化的(人種差別・性差別・アイデンティティ)・知的側面からの運動がおこる。

出所)『山川詳説世界史図録』帝国2014年, 161頁

し，18世紀後半から19世紀半ばまで欧州をリードした。英国はまずインドを植民地化し，次に中国（当時の清）に三角貿易を強要し，利益を得た。英国は産業革命で優位性のある綿織物をインドへ，インドの阿片を中国へ輸出して，銀の流出の阻止を図った。清の林則徐が阿片を破棄し1840年阿片戦争勃発。清は英国に敗戦し，香港の割譲，広州等の5つの開港，賠償金2,100万ドル等を背負わされた。江戸幕府はこの情報を長崎の出島のオランダ商館を通じて入手していた。英国は日本進出の余裕はなく，日本に対して中国ほど魅力を感じなかった。むしろ英国は19世紀後半，1853年ロシアとのクリミア戦争をはじめとし，インド，ビルマ，エジプト，スーダン，南アフリカなどを植民地化する戦争を続けた。

2) 米国の戦略（巻末付録：米兵の主な戦争別死者）

　米国は西太平洋における捕鯨のための食料補給基地として日本の港を必要とした。1853年浦賀に来港したペリーは開国を迫り，54年日米和親条約を結んだ。その後の対日政策は南北戦争（米国史上最大の死者が出た戦争，1851-65年）などの理由により発展しなかった。米国は南北戦争後に急速に発展し，1870年代英国を抜いて世界一の工業国となった。

図1.4.11　中国と英国の貿易

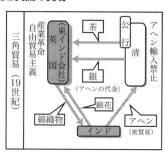

片貿易によって巨大な貿易黒字に潤っていた清朝は，英国がインド産アヘンによる三角貿易を始めると，大量の銀を流失し，深刻な財政難に陥った。
出所）『プロムナード世界史』浜岳書店，2002年，134頁。

3) ロシアの戦略

　ペリーに続いて 1853 年ロシア使節プチャーチンが長崎で国書を江戸幕府へ提出した。米国と同様に 1855 年日露和親条約を締結したが，その後やはり対日政策は発展しなかった。ロシアは「東方問題」で，オスマン・トルコの衰退に伴い，列強との凌ぎあいを強いられた。

4) フランスの戦略

　1804 年ナポレオン帝政，ウィーン反動体制，48 年 2 月革命，51 年ルイ＝ナポレオンのクーデターなどにより，フランスの国内政治は長期間不安定であった。1858 年インドシナ出兵，62 年コーチシナ東部獲得，63 年カンボジア保護国化を実現したが，1870 年プロイセンとの戦争に敗北した。対外戦略は頓挫したが，1881 年チュニジアを，1883 年ベトナムを保護国化し，84 年には清仏戦争（〜85 年），87 年赤道アフリカ地方領有，93 年ラオスを保護国化した。

5) ドイツ

　ドイツはドイツ関税同盟により経済的結束を強化した後，政治的国内統一に向かった。オーストリアがその阻害要因だったが，普墺戦争で勝利した。普仏戦争でフランスに勝利した後，近代化，工業化を一気に進め，英国に次ぐ工業国にまで発展した。しかし植民地獲得に出遅れ，青島，南洋群島領有に止まった。明治以前の日本との結びつきはなかった。

　以上がその概要であるが，ほかの国では，イタリアは圏内統一が愁眉の課題だった。フィリピンは米西戦争により支配権がスペインから米国に移った。

(6) 日本の国家戦略

　江戸幕府は当初対外政策をなるべく穏便に図りたいと考え，開国強行派の英国と対立するフランスと手を結んだ。一方倒幕派の薩摩，長州は英国等と戦争（1863年 7 月薩英戦争，8 月下関 4 国艦隊砲撃）になったが，局地戦に止まった。江戸幕府は開国を認め，1867 年大政奉還を奏上し延命策をはかった。結果的に江戸幕府は，薩長連合と公家勢力を中心とする倒幕派のクーデターにより消滅した。明治政府は外国支配の構図ができあがるのを恐れ，外国支配の及ばない中央集権国家の確

立を目指した。中国・インド・トルコの先例があった（1871 年には伊藤博文ら派欧使節団を派遣し，見聞した）。軍事面，財政面，産業支配面も同様で，明治政府は殖産興業や軍事力強化を推進し，外国から資金援助を嫌った。技術の伝達や各種の近代的制度の確立に尽力する外国人を高給で雇ったが，政府の政策決定をする高官に登用しなかった。当時の日本人の教育水準で習熟可能なものしか技術輸入しなかった。日本の開国前後（19 世紀後半）の列強は，英国も，ロシアも，フランスも米国もオランダも日本に構っていられない事情を抱えていた。ましてや，統一のされていなかったドイツ，イタリアも同様であった。日本が外国支配を恐れていたのは事実であるが，運命の女神は日本に微笑みを浮かべていたに違いない。

（引用文献）

1. 富永健一『日本の近代化と社会変動』講談社，1990 年。
2. ウォーラーステイン，田中治男他訳『世界経済の政治学』同文舘，1991 年。
3. 南亮進『日本の経済発展（第 3 版）』東洋経済新報社，2002 年。
4. 金森久雄『日本経済読本（第 16 版)』東洋経済新報社，2004 年。
5. アンガス・マディソン，金森久雄監訳『経済統計で見る世界経済 2000 年史』柏書房，2004 年。

第II部　文化論各論

第1章 労働文化

第1節 社会システムにおける労働文化

1. パーソンズの AGIL モデル

パーソンズの社会システムは,経済システム (A), 政治システム (G),パターン維持 (L), 統合システム (I) からなる (図Ⅱ.1.1 参照)。

①A (経済システム) は G (政治システム) に対して生産力を提供して, 代わりに資本を得る。

②A (経済システム) は又, パターン維持のため, 消費財及びサーヴィスを提供して, 代わりに労働者サーヴィスを得る。

③G (政治システム) は L (統合システム) に対して緊急調達をするとき, 支持を仰ぐことになる。

④L (パターン維持) はⅠ (統合システム) に対してパターン維持のため, その同調性への動機づけを提供する代わりにパターンの内容を得る。

⑤A (経済システム) はⅠ (統合システム) の目的のため, 新しいアウトプットを提供すると同時に, 組織化 (企業家サーヴィス) が行われる。

⑥ ⑤の過程の際, G (政治シ

図 2.1.1 社会システムの機能分析

出所) 濱嶋 (浜島) 朗他編『社会学小辞典 (新版増補版)』有斐閣, 1977 年 (新版増補版 6 刷, 2018), 36 頁。

ステム）は政治的忠誠を誓わせ，権力の配分に預かる。

2. ハーバーマスの社会システム

（1）社会の下位システムと社会諸科学の関係（図 2.1.2 参照）

　ハーバーマスの社会システムは，パーソンズの AGIL モデルでのパターン維持が文化に，統合システムは社会共同体に代わった。その文化システムと社会共同体システムを学問体系化したのが，それぞれ文化人類学と社会学になる。これによって，社会の諸下位システムと社会諸科学の構図が完成する。

図 2.1.2　社会の下位システムと社会諸科学

	A		G	
経済学	経済	政治		政治学
文化人類学	文化	社会共同体		社会学
	L		I	

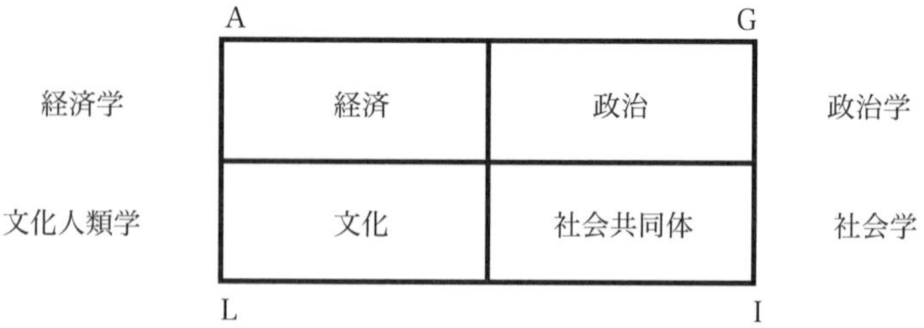

A：適応　　G：目標達成
I：統合　　L：構造パタンの維持

出所）永井彰『ハーバーマスの社会理論体系』東信堂，2018 年，24 頁。

（2）生活世界とシステムの関係（図 2.1.3 参照）

　ハーバーマスの経済システムと行政システムを詳しく分析を見る。生活世界の制度的秩序は私的領域と公共圏に分けることができる。私的領域はメディアにコントロールされたサブ・システムは経済システムになる。労働力という権力メディアの対価として，労働所得の貨幣メディアを得る。財とサーヴィスという貨幣メディアの対価として需要という貨幣メディアを与える。公共圏はメディアにコントロールされたサブ・システムは行政システムになる。税という貨幣メディアの対価として，組織役務の権力メディアを得る。政策決定という権力メディアの対価として，大衆の忠誠心を享受する。

　ここで，経済システムとしての，労働力と労働所得の関係に着目したのが「労

「働システム」である。

図 2.1.3　生活世界とシステムの関係

生活世界の 制度的秩序	交換関係	メディアにコントロール されたサブ・システム
私的圏域	1)　　M' ――――――――→ 労働力 　　　G ←―――――――― 労働所得 2)　　G ←―――――――― 財とサーヴィス 　　　G' ――――――――→ 需要	経済システム
公共圏	1a)　　G' ――――――――→ 税 　　　M ←―――――――― 組織役務 2a)　　M ←―――――――― 政策決定 　　　M' ――――――――→ 大衆の忠誠心	行政システム

　G は貨幣メディア，M は権力メディアをあらわす。
出所)永井彰『ハーバーマスの社会理論体系』東信堂，2018 年，183 頁。

(引用文献)

1.　濱嶋（浜島）朗他編『社会学小辞典新版増版』有斐閣，1977 年（新版増補版 6 刷，2018 年）。
2.　橘木俊詔編著『働くことの意味』ミネルヴァ書房，2009 年。
3.　水町勇一郎『労働法入門』岩波新書 1329，2011 年。
4.　永井彰『ハーバーマスの社会理論体系』東信堂，2018 年。
5.　ピエール・ブルデュー『ディスタンクシオン』岸政彦編，NHK100 分 de 名著，2020 年 12 月号，2020 年。
6.　石井洋二郎『ブルデュー『ディスタンクシオン』講義』藤原書店，2020 年。

第2節　文化と労働観

1.　聖書に見る労働観 ―「罰」として課された労働

　旧約聖書の創世記によれば，最初の人間はアダムである。イブはアダムのあ
ばら骨で造られた。神は「園にある木の実だけはとってはいけない」と言った。
イブにそそのかされたアダムはその禁を犯し，取って食べてしまった。神はイ
ブに言った。「お前のはらみの苦しみを大きなものにする。お前は，苦しんで
子を産む。」神はアダムに言った。「お前は女の声に従い，取って食べるなと命
じた木から食べた。お前は,生涯食べ物を得ようと苦しむ。」(旧約聖書「創世記」
第3章[新共同訳]参照)。禁断の実を食べたイブは神から「苦しんで子供を産む」
と，アダムは「食べ物を得るため苦しんで働くこと」という罰を課された。労
働は「罰」という労働観である。

2.　古代ギリシアの労働観

　自由な市民は労働しないことを徳と考えられていた。市民は大土地所有者で，
働かなくても生活できる人であり，古代の制度はそれを前提としていた。労働
するのは，奴隷だけであり，農業，手工業などの担い手はこれらの人々であっ
た。言わば，市民対奴隷の身分社会だったわけで，現代とは異なる経済基盤が
異なる労働観を生んだのであった。

3.　経済体制と労働観

　18・19世紀資本主義が発達すると，その弊害が喧伝されるようになった。
労働からの搾取の問題である。その解決策として社会主義体制が成立すること
になる。資本家は利潤追求するが，あくまで労働者の権利や給与を保証しての
ことが前提になる。初期資本主義の労働観から，搾取が存在しない経済体制の
出現が待望された。理想とする社会主義国が誕生したが，共産党幹部の国家か
らの「搾取」が存在する。今日の中国の共産党幹部の腐敗は見るに付け明らか

である。

4.　国家分裂と労働観（表2.1.1 参照）

　チトー時代のユーゴスラヴィア連邦国家 (1945 年 11 月〜 1980 年) の中にスロヴェニア共和国とコソヴォ自治州の 2 つの国があった。旧ハプスブルク家帝国領だったスロヴェニアはカトリック教の教育が根付いた勤勉で合理的な思考を持った国民性を有している。それに対して南部のコソヴォは長い間ブルガリアやトルコの圧政に苦しめられた歴史を持つ。したがって，民族性も，建設的というよりも，その日の暮しに満足する，運命を甘受し，現実に妥協する刹那的なものである。他の要因の出生率，政治工場，74 年憲法があるにせよ表2.1.1 に示す通り，この 2 国の一人当たり GNP は 5 〜 8 倍の格差があり，連邦の悩みだった。この格差を調整することで民族対立を生み，延いては連邦解体に至った。

表 2.1.1　旧ユーゴスラヴィア諸国の一人当たり GNP

	55 年	82 年 (72 年価格)	86 年 (指数) ①	②	89 年	90 年	91 年	92 年	93 年	94 年	95 年
	一人当たりの社会的 総生産物(単位；ディナール)		①	②	一人当たり GNP(単位；ドル)						
旧ユーゴスラヴィア	4,629	17,141	100	100	2,490						
新ユーゴスラヴィア連邦(92年4月成立)								2,490			
セルビア共和国(2 自治州含)	3,975	15,655			2,200						
セルビア本国	4,204	16,979	94	101							
コソヴォ自治州	1,969	4,901	36	89	1,100	不詳					
ヴォイヴォディナ自治州	4.1倍 4,333	20,564 6.8倍	133	101	5倍	8倍					
モンテネグロ共和国	3,572	13,097	80	84	1,800						
スロヴェニア共和国	8,094	33,582	179	124	5,500	6,129		6,330	6,680	7,140	8,200
クロアチア共和国	5,666	21,350	117	102	3,200		5,600 (推定)		・・・	2,530	3,250
マケドニア共和国	3,165	11,330	75	80	1,600			972	780		1,813
ボスニア=ヘルツェゴヴィナ共和国	3,852	11,603	80	96	1,600	1,988 (推定)					

(注)①一人当たり社会的総生産物(再分配前)。
　　②一人当たりの純所得(再分配後)格差が 4.9 倍→ 1.3 倍
出所）ユーゴスラヴィア公式統計，世界銀行。[木村武雄『経済体制と経済政策』創成社，2003 年，5 刷(初版 1998 年)198 頁]

5.　仏教的労働観—「知識」の発見

　知識はもともと仏教用語とされる。「知識」とは，人が持っている労働，技術等を良き目的に提供し，多くの人々が1つの目的のために協力して働くことことを意味していた。700年代の聖武天皇は，この「知識」を自発的提供することを世の人に期待し，有名な東大寺の大仏の建設を計画したのであった。その時に天皇が頼りにしたのが，僧「行基」である。行基は仏教を布教だけでなく，各地で貧民救済の事業を行っていた。真言宗の開祖である空海も行基に習った「知識」方式で，寺院，学校，堤防等を作った。禅僧で，曹洞宗の創始者である道元も『正法眼蔵』において，人は働くに当たって修行と作法が大切と説いた。更に，強制でなく，自由に他者に奉仕しうる仕事に就くことが，人間にとっては，最も至福なことを説諭した。

6.　儒教的労働観

　江戸時代に有名な石田梅岩は石門心学によって，士農工商の序列があった時代において，最下位の身分である商人に対して，商売によって利潤を得ることは恥じることではなく，むしろ立派な商人哲学であると説いた。

7.　契約と労働観　一派遣労働は搾取か（派遣か・業務請負か・出向か）（図2.1.4 参照）

　マルクスの搾取労働のトラウマからか，派遣労働と請負労働はなかなか法整備が進捗しなかった。現代において次のようになっている。労働者派遣とは，自社の労働者を他社に派遣して，他社の指揮命令の下に就労させること。図2.1.4のように，他社に派遣される労働者（派遣社員）の雇用主は派遣会社（派遣元）であり，賃金は派遣会社から，派遣会社を利用するユーザー企業（派遣先）は，派遣契約に基づいて派遣社員の利用料を派遣会社に払う。

図2.1.4　労働者派遣と業務請負

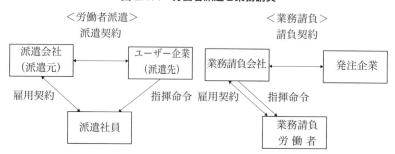

出所）笹島芳雄『労働の経済学』中央経済社，2009年，35頁。

　労働者派遣に類似した労務提供型業務請負が1990年代から急増した。発注企業が，従来自社の従業員で処理していた業務を，業務請負会社に任せる方式（図2.1.4）。つまり，業務請負会社に雇用される請負労働者の作業する現場は，発注企業の中にあるが，指揮命令は業務請負会社の社員から受けることとなる。この業務請負において，発注企業の社員が請負労働者に作業方式を指示すると，労働者派遣法違反となる。この「偽装請負」でトラブルが多くある。出向は，出向者は他社の指揮命令下で働くことは労働者派遣と同じであるが，出向の場合は，ユーザー企業（出向先）と労働契約を締結することが異なる。その際，ユーザー企業が，賃金の全部か一部を支払い，社会保険の加入もユーザー企業で行う（出向はもとの会社に戻れる場合と戻れない場合がある）。これに対して，労働者派遣の場合には，賃金の支払いも社会保険の加入も派遣会社の義務である。

（引用文献）

1.　木村武雄『経済体制と経済政策』創成社，1998年（2003年，5刷）。
2.　笹島芳雄『労働の経済学』中央経済社，2009年。
3.　橘木俊詔編著『働くことの意味』ミネルヴァ書房，2009年。
4.　水町勇一郎『労働法入門』岩波新書1329，2011年。

第3節　労働文化と労働経済学

1．労働経済学（「仕事と暮らし」の経済学）

「労働」と「経済学」　　labor ＋ economics

労働→生活の糧を得るための経済的活動。無償の役務の提供→ボランティア。家事労働を主婦がやる場合と家政婦がやる場合がある。後者は経済活動。

労働経済学→労働市場，賃金，労働時間等の労働条件，労使関係等を研究対象とする経済学の一分野（簗田長世編『研究社ビジネス英和辞典』）。

2．経済学（ミクロ経済学の応用経済学）（図 2.1.5　労働市場の均衡，参照）

英語の経済学は古典ギリシャ語のオイコス（家政）。

ミクロ経済学では，市場均衡（需要と供給）は価格（縦軸）と数量（横軸）である。

労働市場の均衡は，縦軸に労働市場の価格（賃金），横軸は労働量である。

右下がりは需要曲線，右上がりは供給曲線となる。

図 2.1.5　労働市場の均衡

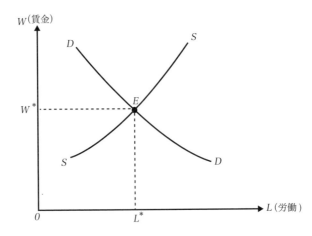

3. 労働経済学の起源（米国の制度派経済学）（巻末付録「経済学の流れと古典」参照）

元々は米国では制度派経済学と言われた。1940 年代にミクロ経済学は現実の労働市場を反映されていないとされ，労働組合の交渉力が賃金を決定するという考え方の労働経済学が誕生した。FRB（連邦準備委員会，米国における日本銀行に相当）は，物価安定化（CPI）ばかりでなく，雇用最大化（失業率）に重要な関心を持っている。（1978 年から法制化されている）

4. 労働に対する英語（work, labor）（梅田修『英語の語源事典』大修館書店）

① Work →古英語（1066 年のノルマン人の征服以前, 700-1100 年）の英語固有語。

② Labor →中世英語（1066 年のノルマン人の征服以降）で，1300 年頃ラテン語由来の古フランス語から英語に入った。

Labor：労働。苦痛を伴うニュアンス→ laboring pains 陣痛, easy labor 安産。

Work: 仕事。やや中立的。

『10 ヵ国語経済・ビジネス用語辞典』の 4-5 頁の日本語「労働」は分業，強制労働，労働争議，労働市場では②，熟練労働者，労働者階級では①。因みに労働組合は①も②も使わない。

労働と余暇：対立概念→労働供給の基本原理。

5. 労働力とその内容（図 2.1.6 参照）

男子・女子労働力比較。女子の労働力が M 字形状なのは結婚・出産・育児等の理由で退職し，育児が一段落すると再び職場復帰することを示している。

6. 日本の労働力構造（図 2.1.7）

総人口→労働力人口と非労働力。労働力人口→労働可能人口（15 歳以上）。労働力人口→就業人口と失業者。就業者→雇用者，自営業主，家族従業者。失業者の定義→①仕事がない，②仕事を探している，③すぐに仕事に就ける。全てを満たす。

図 2.1.6 男女年齢階層別労働力率（2002 年）

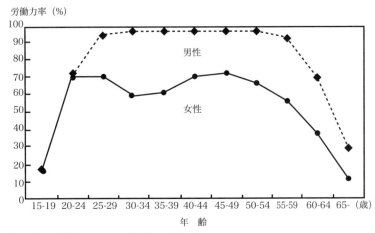

出所）総務省統計局（2002）『労働力調査年報』。

図 2.1.7 日本における労働構造（2004 年）

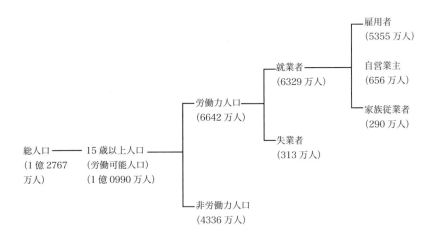

（注）労働力状態等について不詳と答えているケースもあるので，各項目の人数を足し
　　合わせたものと計は必ずしも一致しない。
出所）総務省統計局（2004）『労働力調査年報』。

7.　所得構造(図 2.1.8 参照)

所得→勤労所得と非勤労所得。勤労所得→賃金収入と付加給付。

勤労所得 = 賃金率 × 労働時間

図 2.1.8　個人の所得構造

8.　労働統計(表 2.1.2 参照)

測定できるものだけ対象。

①労働力調査

②毎月勤労統計

③就業構造基本調査

(引用文献)

1.　古郡鞆子『働くことの経済学』有斐閣，1998 年（2004 年，6 刷）。

2.　清家篤『労働経済』東洋経済新報社，2002 年（2015 年，8 刷）。

3.　小巻泰之『入門経済統計』日本評論社，2002 年。

4.　三谷直紀編著『労働供給の経済学』ミネルヴァ書房，2011 年。

5.　井出多加子『グローバル時代の日本の働き方』銀河書籍，2015 年。

表 2.1.2　労働に関する主な統計

属性	統計（調査機関）	調査周期／公表時期	利用のポイント
世帯を通じた調査	労働力調査（総務省統計局）	月次／翌月末	・対象：無作為に選定した約4万世帯に居住する15歳以上の者。 ・失業者の属性（業種、年齢、年齢階層）がわかる。 ・非労働力の動きに要注意。
	労働力特別調査（総務省統計局）	四半期	・2002年より年4回（2、5、8、11月）調査、通常調査へ統合。 ・失業では求職の理由や就職できない理由などの項目を用いることにより、失業者の範囲をアメリカの基準などに近づけられる。
	就業構造基本調査（総務省統計局）	5年ごと／調査年の9カ月後	・ふだんの就業・不就業の状態を調査し、就業構造の実態を明らかにする。 ・就業・不就業の定義が「労働力調査」とは異なる。
事業所を通じた調査	毎月勤労統計調査（厚生労働省）・全国調査・地方調査・特別調査	翌月末　月次／月次　3カ月後／年次　5カ月後	・9大産業別・所定内・所定外の賃金、労働時間、雇用異動がわかる。 ・90年に統計作成上の大幅改訂（5人以上調査の従業員規模30人以上の整備拡充）から、89年以前の計数を利用した時系列比較では従業員規模30人以上の計数を利用のこと。 ・標本事業所の入れ替えによる遡及改訂は指数、増減率、比率に限定されているため、実数での時系列比較には注意を要する。 ・約2カ月遅れ程度で、夏季・年末の賞与の結果についても公表されている。 ・特別調査は、毎月調査でカバーされない常用労働者1-4人規模の調査。
	労働経済動向調査（厚生労働省）	四半期／調査月（5、8、11、2）の1カ月後	・目的：生産、販売活動および労働者の雇用、労働時間などの現状と今後の短期的見通しなどを把握。
	雇用動向調査（厚生労働省）	半期／6カ月後	・目的：事業所における常用労働者の1年間の移動状況などを把握。
	賃金構造基本統計調査（厚生労働省）	年次／翌年3月末	・目的：常用労働者について、その賃金の実態を労働者の種類、職種、性、年齢、学歴、勤続年数、経験年数別に把握。
その他	職業安定業務統計（厚生労働省）	毎月／翌月末	・職業安定所の労働需給等の統計。 ・有効求人倍率は景気動向指数（一致系列）に採用。
	大学等卒業予定者就職内定状況等調査（厚生労働省）	年4回／調査月（10、12、3、4）の1カ月後	・目的：大学、高専、短大、専修学校新卒者の就職内定状況の把握。
	賃金引上げ等の実態に関する調査結果（厚生労働省）	年次／毎年12月頃	・目的：民間企業の賃金引上げ構造を明らかにする。 ・春季賃上げ率も厚生労働省が集計し、公表される。

出所）小巻泰之『入門経済統計』日本評論社、2002年、132頁。

第 4 節　労働供給

1.　労働供給の 3 つの次元(図 2.1.9)

　労働可能な個人→（意思）①働く，②働かない→①→（労働時間）③長時間，④標準時間，⑤短時間→（労働密度）［③，④，⑤それぞれ］⑥密度濃く，⑦ほどほど，⑧のんびりと。

図 2.1.9　労働供給の 3 つの次元

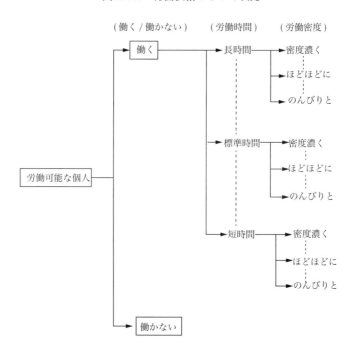

出所）清家，30 頁。

2. マクロの労働供給

（労働可能な）労働力率 = 労働力人口 / 労働可能人口。

2014年総人口1億2,708万人で, 15歳以上(労働可能人口) 1億1,089万人のうち, 労働力人口6,587万人で, 労働力率59.4%。労働人口のピークは1998年の6,793万人。なお, 男女別年齢階層別労働力率では, 女性のM字カーブが特徴（**図2.1.6参照**)。

3. ミクロの労働供給(図2.1.10)

労働と余暇の関係で分析。縦軸に実質所得, 横軸に余暇時間。同じ効用の水準を生む所得と余暇の組み合わせ。無差別曲線の導出。

図2.1.10 所得と余暇の無差別曲線

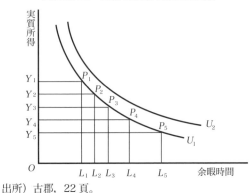

出所) 古郡, 22頁。

4. 無差別の特徴

①原点に向かって凸, ②右上方にある無差別曲線ほど効用が高い, ③無差別曲線同士は交わらない, ④余暇と所得の限界代替率（余暇の増加分に対する所得の減少分）は次第に低下。

図 2.1.11　無差別曲線の性質

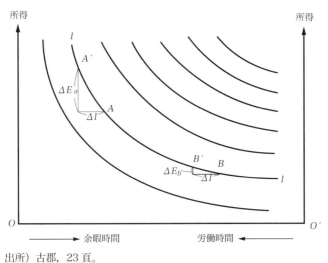

出所）古郡，23 頁。

5.　最適な労働時間（図 2.1.11）

　1 日は 24 時間。労働時間 8 時間→余暇時間 16 時間。縦軸に実質所得（W /
P），横軸に余暇時間。実質賃金率　=　実質所得 / 労働時間。予算線と無差別
曲線の接線の傾きが実質賃金率を示す。

6.　労働供給曲線

（1）　個人の労働供給曲線

　実質賃金率の上昇で労働時間が減少する場合と増加する場合がある。これは
個人の所得と余暇の選好構造，すなわち無差別曲線の位置や形状，資産の有無
等で生ずる。

（2）　所得効果と代替効果（図 2.1.12）

　賃金の変化に対する労働者の対応は所得効果と代替効果の 2 つに分けられる。
　賃金上昇すると所得が増加。所得が増加すれば，より多くの余暇を持とうと
する。すると労働時間が減少する。→所得効果（所得増による賃金線の右へ平行移動）。
　賃金の上昇は余暇の価格を高める。その上余暇は働けば得られる所得を犠牲

図2.1.12　代替効果と所得効果

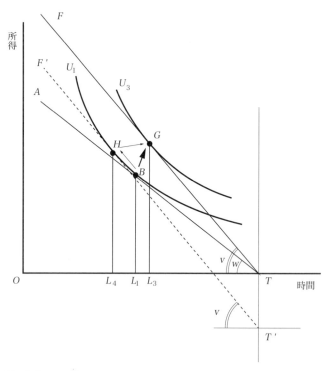

出所）古郡，23頁。

にするので，賃金上昇により余暇は相対的高価になり労働の選択が強まる。→
代替効果（同一効用曲線上のシフト）。

7.　ヒックスのバック・ベンド(後屈)曲線(図2.1.13)

　実質賃金率が低い水準の時は賃金上昇ならば労働時間上昇，しかしながら実
質賃金率がある程度の水準になると労働より余暇を選択（つまり労働時間下降）。

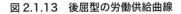

図 2.1.13　後屈型の労働供給曲線

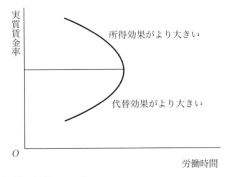

出所) 古郡, 24 頁。

(引用文献)

1.　古郡鞆子『働くことの経済学』有斐閣, 1998 年 (2004 年, 6 刷)。
2.　清家篤『労働経済』東洋経済新報社, 2002 年 (2015 年, 8 刷)。
3.　三谷直紀編著『労働供給の経済学』ミネルヴァ書房, 2011 年。
4.　永野仁『労働と雇用の経済学』中央経済社, 2017 年。

第5節 労働需要

1. 派生需要

　企業の第一目的である財の生産で, その過程で人間の雇用が必要になる。ロボットを使用すれば, 労働者はいらないことになる。その意味で, 派生需要となる。

2. 労働需要の3要素

①生産量

　資本設備の規模, 労働者数等の資本と労働の投入量に依存。

②生産技術

　省力化された生産方式で, 飛躍的生産増大に繋がる。

③生産要素の相対価格

　労働者を雇うより機械化によりコスト低減。国内生産より海外生産の方がコストパフォーマンスが良い。

3. 生産関数(図2.1.14 生産力曲線)

　生産量 ＝ f(資本, 労働)

　縦軸に生産量, 横軸に労働投入量。資本一定で, 労働投入量を増加されると, 生産量がどう変化するか。

　ケース1 逓増, ケース2 逓減, ケース3 一定。

4. 限界生産力逓減の法則(図2.1.15)

　労働を1単位投入すると, 追加生産量は低下する。

5. 短期の労働需要

　企業の労働需要は労働の限界生産力 (技術的情報) に財市場と労働市場の競争条件 (価格情報) に加わって決まる。

図2.1.14　生産力曲線

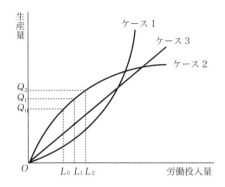

出所）古郡，38頁。

図2.1.15　企業の労働需要

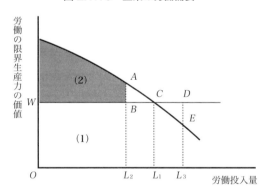

出所）古郡，38頁。

6.　市場形態（完全競争市場）

　完全競争市場は4つないし5つの条件を満たしている。①需要者，供給者とも多数，②財は同質である，③情報の完全性，④市場の参入・退出が自由，及び，⑤売り手・買い手が独立に行動する。詳細は巻末付録（完全競争市場と不完全競争市場）参照。

7.　独占的市場での労働需要(図 2.1.16)

　財市場が独占的なら完全競争に比べ，労働需要が常に小さいので，労働の限界生産力の価値以下の賃金が支払われるが，企業の社会的イメージをよくするため，競争的な賃金率より高い賃金を支払うこともある。

図 2.1.16　独占的な企業の労働需要

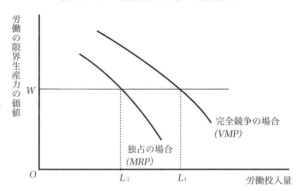

出所）古郡，38 頁。

(引用文献)

1.　高橋泰蔵・増田四郎編『体系経済学辞典（第 6 版)』東洋経済新報社，1984 年。
2.　古郡鞆子『働くことの経済学』有斐閣，1998 年（2004 年，6 刷)。
3.　清家篤『労働経済』東洋経済新報社，2002 年（2015 年，8 刷)。
4.　三谷直紀編著『労働供給の経済学』ミネルヴァ書房，2011 年。

第6節　外国人労働と人手不足

　我が国では, 近い将来, 生産年齢人口が経済成長の足枷となる「人口オウナス (onus, 重荷)」の時代が到来する。そうしたなか人手不足を解消するため, 外国人労働者の受け入れを拡大する為, 改正入管難民法が導入された。それまで, 発展途上国への技術移転を目的とした技術実習生や, 1 日 4 時間, 週28 時間以内のアルバイトが許可される留学生が, 実質的な労働力になってきた。実習生が不法滞在者になるなど, 外国人の受け入れ制度としては歪んでおり, 是正が必要だった。

1.　改正入管難民法(2019 年 4 月 1 日施行)と他国の先例

　日本で働く外国人労働者は,「活動に基づく在留資格」と 「身分・地位に基づく在留資格」の 2 つに分けられる。当該改正法は, 外国人労働者の在留資格「特定技能 1 号」と 「特定技能 2 号」を創設。比較的簡単な仕事に就く 1 号の在留期間は最長 5 年で, 家族は帯同出来ない。2 号は 「熟練した技能」を使って働くことを想定しており, 配偶者と子を帯同できるほか, 事実上の永住を可能とする。EU の右翼政権の擡頭からくる不協和も, 英国の離脱問題も原因は外国人労働者の流入から派生したことを忘れてはならない。独は1960 年代にトルコを中心に大量の労働者を受け入れた。「独は労働力を呼び寄せたが, 来たのは人間だった」という言葉がある。数年後, 労働者を送り返すつもりだった。勿論この政策は機能しなく, 400 万人のトルコ人が独に残った。トルコ人は独社会に溶け込まなかった。韓国は少子高齢化が進む前から外国人労働者を受け入れた。2004 年に雇用許可制を導入した。人手不足は解消されたが, 外国人労働者の需要は増加している。企業は外国人労働者への依存度を強め, 供給不足が不法滞在者の拡大に繋がっている。期間限定で在留を認める制度でも長期的には移民の問題に直面する。特定 2 号では実質的に永住を是認したからなおさらである。外国人労働者の受け入れはどれだけ慎重を期しても当局の思惑どおりいかない。外国人

労働者の受け入れにより, 日本社会が期待する人材不足は緩和される。一度受入れれば増え続ける。ニーズは多様化し, やがては労働力市場全体に影響を与え続ける。

2.　新入管法の残された課題

　当該法は, スケルトン法で骨格しか示されておらず, 不十分である。実際の施行細目は, 厚生労働省の施行法令で詰めることになっている。大きく5つの課題からなる。①受入態勢, ②技能や日本語の検定, ③雇用条件, ④社会保障, ⑤自治体負担への国のバックアップ体制。①は受け入れ業種と人数の正式決定, 受け入れ停止の判断基準の明確化, 特定2号での受け入れを, どの業種で始めるか。②は求める技能や日本語のレベルをどう設定するか。試験はどこの国で, いつ実施するか。語学力の向上をどう支援するか。1990年の入管法改正により, 3世までの日系人（多くはブラジル人）とその家族は事実上, 就労の自由が制度化されたが, 彼らにも日本語検定するのか。③は, 日本人と同等以上の給与をどう担保するか。多くの技能実習生が失踪。不在滞在の防止策は。悪質ブローカーを排除する仕組みの具体策。都市部に人材が集中する可能性。地方への誘導策は。④は, なりすまし受診への対応。外国人労働者の扶養家族に対する公的医療保険の適用は。⑤は, 不納欠損の問題。住所変更をせず引越する外国人が多く, 未納の住民税等の徴収を放棄せざる得ない。住民税は前年の収入に基づくため, 帰国すると, 徴収不可になる。小中学校のバイリンガル教員や日本語指導助手等の給与は自治体負担。

3.　外国人労働者の経済効果（図 2.1.17 参照）

（小崎敏男他編著『キャリアと労働の経済学』）

　図で, 縦軸に賃金率を横軸に雇用量をとる右下がりの労働需要曲線(D_0D_1)と垂直な労働供給曲線（S_0）が描かれると仮定。そこでの国内総生産は, 台形D_1ONE_0で示される。生産者側は$D_1W_0E_0$であり, 労働者側はW_0ONE_0である。ここで, 労働力不足で, 外国人労働者を受け入れると, 労働供給曲線はS_0からS_1へと

図2.1.17　外国人労働者の受入れの経済効果

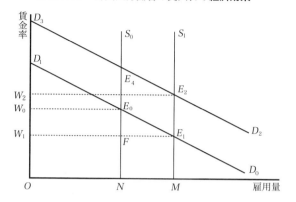

出所）小崎敏男他編著『キャリアと労働の経済学』より223頁。

右側にシフト。その結果，賃金はW_0からW_1に低下する。雇用量はNMの増加。受入れ後の国内総生産はD_1OME_1となり，E_0NME_1の国内総生産の増加を見る。この増加分は，外国人労働者の賃金総額$FNME_1$を控除したE_0FE_1が純粋な国内総生産の増加分（外国人労働者受入れによる余剰＝移民余剰）である。

　外国人労働者受入れによる余剰の純増加部分E_0FE_1は，国内の生産者余剰の増加分。一方国内の労働者の受取りは，OW_0E_0NからW_1ONFとなり，$W_0W_1FE_0$だけ減少。受入れ後，企業側が国内労働者の賃金低下相当分と外国人労働者受入れによる生産者余剰分だけ，生産者余剰が増加する一方，国内労働者の賃金低下が生じることになる。これが外国人労働者受入れの短期的な効果である。他方，長期的には外国人労働者の受入れで利益が増えた企業が，その余剰分を国内で再投資すれば，労働者需要曲線はD_0D_1からD_2D_3へ上方シフトし，国内雇用者の賃金増加や雇用増加を生み出す。

（引用文献）

1．小崎敏男他編著『キャリアと労働の経済学』日本評論社，2011年。

表 2.1.3　　主要国の失業率及

	ILO(1982年決議)の定義・概念	日本	韓国	アメリカ
1. 失業者のデータ収集方法	・経済活動人口データの収集のための設計においては，可能な限り，国際基準を取り入れる努力をしなければならない	実地調査による収集		
		・労働力調査（標本調査）	・経済活動人口調査（標本調査）	・Current Population Survey（標本調査）
2. 調査時期及び期間	・1週間又は1日のような特定の短期間（調査期間）に関して測る	・毎月1回	・毎月1回	・毎月1回
		・1週間（月末）	・1週間（15日を含む）	・1週間（12日を含む）
3. 調査対象年齢	・一定年齢以上の全ての人	・15歳以上	・15歳以上	・16歳以上
4. 失業者の定義	・仕事を持たず（就業者でない） ・現に就業が可能で（調査期間中に就業が可能） ・仕事を探していた（最近の特定期間に仕事を探す特別な手だてをした） ☆　失業者の求職の定義にかかわらず調査期間後のある時点から就業の手はずを整えた者で，現在は仕事がなく，現に就業が可能な者は失業者とみなされなければならない ☆　一時レイオフの場合は，国情によっては，求職の規定を緩和して適用してもよい。その場合には，非求職で失業に区分される一時レイオフ者を別掲しなければならない	・就業者でなく ・調査期間中に就業可能で ・調査期間中（過去1週間）に求職活動を行った者 ☆　仕事があればすぐ就ける状態で過去に行った求職活動の結果を待っている者も失業者とする	・就業者でなく ・調査期間中に就業可能で ・過去4週間以内に求職活動を行った者 ☆　30日以内に新たな仕事を始める予定の者も失業者とする ☆　過去に求職活動を行ったが，不可避の理由で調査期間中に求職活動を行えなかった者も失業者とする	・就業者でなく ・調査期間中に就業可能で ・過去4週間以内に求職活動を行った者
5. 失業率の算出方法	$\dfrac{失業者}{労働力人口} \times 100$	同左	同左	同左
	分母人口	・就業者＋失業者 ☆　無給の家族従業者は，調査期間における就業時間にかかわらず，就業者に含まれるとみなさなければならない ☆　軍隊の構成員は，就業者に含めなければならない	・就業者＋失業者	・就業者＋失業（軍人を除く）	・就業者＋失業者（軍人を除く） ☆　就業時間が15時間未満の無給の家族従業者は就業者から除外
	分母人口のデータ収集方法		・労働力調査	・経済活動人口調査	・Current Population Survey
6. 公表機関			・総務省統計局	・統計庁	・労働省労働統計局

出所）『労働力調査年報　平成27年（2015）』総務省統計局，58-59頁。

び失業者の調査について

カナダ	イギリス	ドイツ	フランス	イタリア
実地調査による収集				
・労働力調査 　（標本調査）	・労働力調査 　（標本調査）	・労働力調査 　（標本調査）	・労働力調査 　（標本調査）	・労働力調査 　（標本調査）
・毎月1回 ・1週間 (15日を含む)	・3か月を1単位と 　し、13分割した調査 　区を毎週調査 ・各1週間	・3か月を1単位と 　し、13分割した調査 　区を毎週調査 ・各1週間	・3か月を1単位と 　し、13分割した調査 　区を毎週調査 ・各1週間	・3か月を1単位と 　し、13分割した調査 　区を毎週調査 ・各1週間
・15歳以上	・16歳以上	・15歳以上	・15歳以上	・15歳以上
・就業者でなく ・調査期間中に就業 　可能で ・過去4週間以内に 　求職活動を行った者 ☆　レイオフ中の 　者は求職活動要 　件に関係なく失 　業者とする ☆　4週間以内の 　就業が内定して 　いる待機者も求 　職活動要件に関 　係なく失業者と 　する	・就業者でなく ・2週間以内に就業 　可能で ・過去4週間以内に 　求職活動を行った者 ☆　2週間以内の 　就業が内定して 　いる待機者も求 　職活動要件に関 　係なく失業者と 　する	・就業者でなく ・2週間以内に就業 　可能で ・過去4週間以内に 　求職活動を行った者 ☆　2週間以内の 　就業が内定して 　いる待機者も求 　職活動要件に関 　係なく失業者と 　する	・就業者でなく ・2週間以内に就業 　可能で ・過去4週間以内に 　求職活動を行った者 ☆　2週間以内の 　就業が内定して 　いる待機者も求 　職活動要件に関 　係なく失業者と 　する	・就業者でなく ・2週間以内に就業 　可能で ・過去30日以内に 　求職活動を行った者 ☆　3か月以内の 　就業が内定して 　おり2週間以内 　に就業可能な待 　機者も失業者と 　する
同左	同左	同左	同左	同左
・就業者＋失業者 　（軍人を除く）	・就業者＋失業者	・就業者＋失業者	・就業者＋失業者	・就業者＋失業者
・労働力調査	・労働力調査	・労働力調査	・労働力調査	・労働力調査
・統計局	・国家統計局	・統計局	・国立統計経済 　研究所	・国家統計局

第 7 節　失業と日本経済

1.　失業の定義(表 2.1.3)

　日本の総務省統計局の「失業者」は①仕事がなく，②すぐ仕事に就け，③仕事を探している人。マクロ的には，労働市場の需給不均衡の１形態が失業。

2.　労働市場における「失業」

　失業とは何か。労働市場の図で確認することにする（図 2.1.18）。

図 2.1.18　失業の定義

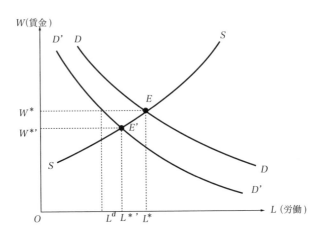

　縦軸に賃金率，横軸に労働を採った労働市場の図。右下がりの労働需要曲線 DD と右上がりの労働供給曲線 SS が描かれている。２つの曲線 DD と SS の交点（均衡点）E で労働の需給は均衡し，市場均衡賃金 W^* と市場均衡雇用量 L^* が決まる。ここで，不況のため労働需要曲線 DD から $D'D'$ へシフトしたと仮定。不況の生産調整で，企業は同じ賃金でも少ない労働しか需要しなくなったわけである。新しい市場均衡点は労働供給曲線 SS と新しい労働需要曲線 $D'D'$ との交点 E' に移動し，新しい市場均衡賃金 $W^{*'}$，市場均衡雇用量 $L^{*'}$ となる。

賃金が W^* のまま変わらなければ，労働供給も L^* のままである。一方，労働需要の方は，シフト後の労働需要曲線 $D'D'$ の下での賃金 W^* の時の労働需要量であるから，L^d に留まる。労働供給量 L^* で労働需要量は L^d であるから，L^* と L^d の差に当たる人数が，働く意思を持っていても雇ってもらえない人数ということになる。すなわち次式の U が失業ということになる。

$$L^* - \quad L^d \quad = \quad U$$

3.　失業の形態とその解決策

（1）構造的失業（需要不足失業）→労働需要曲線 DD から $D'D'$ へのシフト。不況により労働需要の不足のため発生する現象。有効需要を増やせば解決。

（2）摩擦的失業→全体の労働需要は不変で労働需要曲線がシフトしない場合でも発生する現象。北海道の炭鉱が閉鎖し，失業者が発生。一方北九州で大手自動車会社が新しい工場を立ち上げ求人が発生。失業問題が職種変換や地域移動や人数がうまくフィットすれば過不足なく解決する。

（3）自発的失業→求職者が自己の限界生産力に相当する賃金を受け入れないで，より良い賃金を希望し就職しない場合。高い賃金で解決。

（4）非自発的失業→現行の賃金で働きたいと希望するが就職しない場合。自己の希望する賃金を下げれば解決。

（5）自然失業率仮説

ケインズ理論の欠点を補った。長期のフィリップス曲線が垂直になるケース。

4.　失業統計 (図 2.1.19)

失業率，非自発的失業数，自発的失業数，男女比較。

5.　失業に関する経験則・現象・法則

（1）失業者と景気変動（図 2.1.20）

日本の 1955~2000 年。不景気の時，失業者が増えるのは当然であるが，ラ

グがある。

　図のグレー部分は景気後退期で，グレーの左端が景気の山頂，右端が景気の
谷。つまり白い部分は左端の景気の谷から右端の山頂に向かって登る景気上昇

図 2.1.19　失業率と失業理由別失業者数の動き

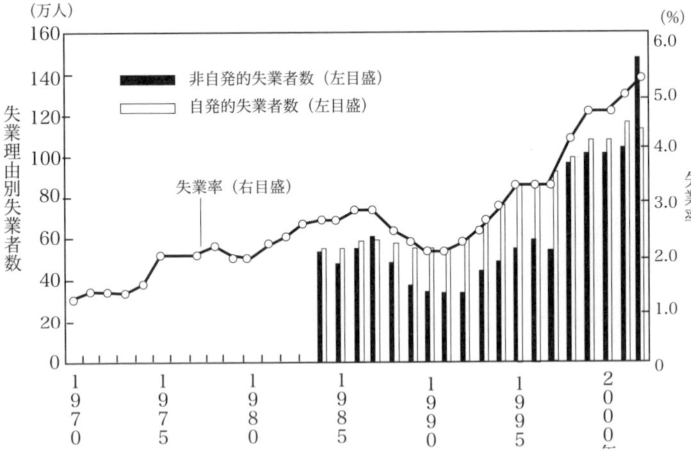

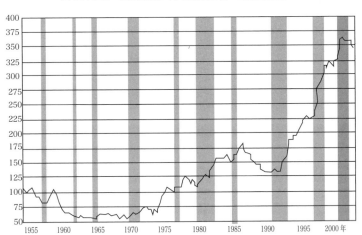

出所）総務省統計局『労働力調査年報』各年版から作成。

図 2.1.20　失業者数（季節調整済）と景気変動

出所）生産性労働情報センター（2004）『活用労働統計』より転載。

期。しかし，景気が良くなっても，失業率は暫く上昇し続け，半年後から下降。
逆に景気後退期になっても失業者は直ぐに増えず，やはり半年くらいから上昇。
失業者数の変動は景気変動に対して一定のラグがある。

（2）フィリップス曲線（失業率と名目賃金率の関係）（図2.1.21）

　縦軸に名目賃金率，横軸に失業率をとる。ニュージーランドの経済学者フィ
リップス（W.Phillips）が1861-1957年間の英国の失業率と名目賃金率上昇率
に右下がりの関係を見出した。失業率が高い時は名目賃金率は低く，逆に失業
率の低い時には名目賃金率は高い。

（3）トレードオフ曲線（失業率と物価上昇率）（図2.1.22）

　米国のサミュエルソン＝ソローはフィリップス曲線の縦軸を名目賃金率か
ら物価上昇率に変えた時，失業率と物価上昇率の関係に二律背反の関係を見出
した。失業率抑制すれば，物価抑制は成立せず。物価抑制すれば，失業抑制は
不成立。失業率の高い不況期に財政・金融政策を緩めると，物価が上昇。景気
の過熱を抑えるため（物価上昇を抑えるため）に財政・金融政策を引き締めると

図2.1.21　フィリップス曲線

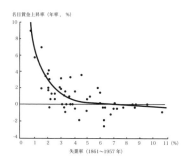

図2.1.22　トレードオフ曲線

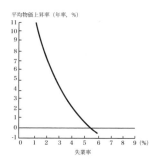

出所）Philips, A.W.（1958），"The
　　　Relation between Unemployment
　　　and the Rate of Change of
　　　Money Wage Rates in the United
　　　Kingdom, 1861-1957", *Econimica,*
　　　Vol.25, No.100.

出所）Samuelson, P. and R.Solow
　　　（1960），"Analytical Aspects
　　　of Anti-Inflation Policy，"
　　　American Econimic Review,
　　　Vol.50, No.2.

景気は悪くなり失業者が増える。米国の 1960 年頃はよく当てはまった。

④オークンの法則（失業率と GNP 増加率）

オークン（A.M.Okun）は 1947-60 年の米国の失業率の 1 ％の減少が GNP の 3 ％の増加と関連付けられる。浜田・黒坂（1985）によると，日本のオークン係数が極めて大きいことを実証し，これを労働保蔵のためとしている。Kurugman（1995）が，日本のオークン係数は 6 であり，米国の 2 を大きく上回ると検証した（脇田成『日本の労働経済システム』107 頁，脚注 2 ）

⑤ UV 曲線（失業者数と欠員数の関係）（潜在成長率，デフレ・ギャップ）

縦軸に失業者（unemployment）数，横軸に欠員（vacancy）数を採って図示。摩擦的・構造的失業と需要不足失業の分析手法。縦軸に失業率，横軸に欠員率をとる。左上は需要不足失業率↑で景気後退。右下は需要不足失業率↓で景気拡大。

（引用文献）

1. 樋口美雄『労働経済学』東洋経済新報社，1996 年（2011 年，13 刷）。
2. 古郡鞆子『働くことの経済学』有斐閣，1998 年（2004 年，6 刷）。
3. 清家篤『労働経済』東洋経済新報社，2002 年（2015 年，8 刷）。
4. 三谷直紀編著『労働供給の経済学』ミネルヴァ書房，2011 年。
5. 井出多加子『グローバル時代の日本の働き方』銀河書籍，2015 年。

第8節　賃金とその決定

　労働市場の取引は，労働サーヴィスの売り手と買い手の鞘当てで決まる。労働サーヴィスの均衡労働価格（賃金）と均衡労働数量（労働量）が決まる。

1.　労働市場の均衡（図2.1.23）

　①縦軸は賃金率，横軸は労働量。均衡賃金が決定。均衡賃金の上は超過供給，下は超過需要。

　労働市場における労働需要曲線（D_0）と労働供給曲線（S_0）を示している。

　○賃金率が高い水準なら労働需要が少ないが低い水準では労働需要が多い。

　　→労働需要曲線は右下がり。

　○賃金率が高ければ高いほど労働供給が増えるので，労働供給曲線は右上がり。

　財価格は一定であるので，２つの曲線を貨幣賃金（従って実質賃金）を表す。

　労働市場が超過需要なら賃金率(価格)は上昇。逆に超過供給なら賃金率は下落。

図2.1.23　賃金決定のメカニズム

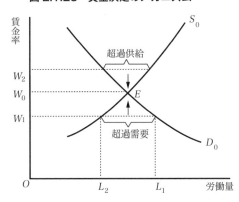

図 2.1.24　労働供給の増加と均衡点の移動

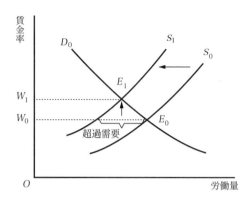

図 2.1.25　労働需要の減少と均衡点の移動

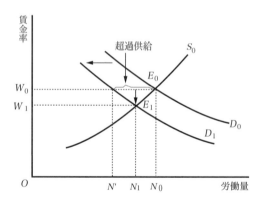

2.　労働供給の増加及び労働需要の減少による均衡点の移動

☆労働人口減少→労働供給曲線の左平行移動（図2.1.24）。→超過需要（労働不足）→賃金上昇。反対に，☆労働人口増加は右シフト（逆の動き）。

☆景気後退→労働需要曲線の左シフト（図2.1.25）。→超過供給→賃金下落。反対に☆技術進歩による場合，労働需要曲線の右シフト（逆の動き）。

3. 労働需給の変化と均衡点の移動(図2.1.26, 図2.1.27)

　均衡賃金は，労働の需要曲線と供給曲線が共に変化した場合はどう変化するのか。(1) 労働需要曲線が左にシフト，次に労働供給曲線が右にシフトした場合。つまり，労働需要の減少と労働供給の増加の場合。均衡賃金率は2度に渡って下落する。(2)労働需要曲線と労働供給曲線が共に左にシフトした場合。つまり労働需要の減少と労働供給の減少する場合。需要の減少が供給の減少より大きければ，揺り戻しがある。しかし供給の減少が需要の減少を上回る時は当初の賃金率を上回る。

図2.1.26　労働需給の変化と均衡点の移動

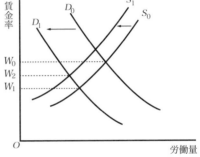

(1) 労働需要の減少と労働供給の増加　　　(2) 労働需要の減少と労働供給の増減少

図2.1.27　不安定な労働市場

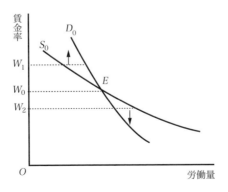

　労働供給曲線が右下がりである不安定の労働市場の場合，均衡賃金率はどう変化するか。

　市場の賃金率が均衡賃金率より高い場合，超過需要が発生し，企業の賃金引き上げ競争を招き，賃金率は更に均衡点から益々離れて上昇。逆に均衡賃金率より低い場合，超過供給が発生し，労働者側が賃金引下げる競争に走り，賃金は更に下落。この場合，労働者が売り急ぎをしないで済むように失業保険制度，賃金低下の歯止めとしての最低賃金制度等が必要。

4.　実際の賃金決定因子及び制度・慣習

①労働組合の影響（図 2.1.28）

　労組の賃金要求が通る（Wu）と，失業者が発生する（N_S-N_u）場合がある。

②最低賃金制（図 2.1.28）

　最低賃金制度によって（N_o-N_u）になり，企業は最低賃金以下で労働者を雇用出来なくなり，生産性の高い労働者を雇用せざるをえないことになり，生産性の低い労働者は排除される可能性がある。

③春闘

　日本は独自の賃金決定交渉で，毎年春に大手企業側とその労組が賃金交渉し，その決定が国全体の賃金体系に影響を与える（脇田成『日本の労働経済システム』23頁）。

図 2.1.28　労働組合や最低賃金が労働市場に与える影響

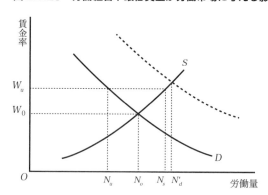

〔引用文献〕

1.　古郡鞆子『働くことの経済学』有斐閣，1998 年（2004 年，6 刷）。

2.　清家篤『労働経済』東洋経済新報社，2002 年（2015 年，8 刷）。

3.　脇田成『日本の労働経済システム』東洋経済新報社，2003 年。

4.　三谷直紀編著『労働供給の経済学』ミネルヴァ書房，2011 年。

第9節　賃金格差と日本経済

1.　賃金体系（図 2.1.29）

（1）現金支給と福利厚生費

　賃金は現金給与と現金給与以外の福利厚生費があり，現金給与は定期給与と臨時給与に別れる。定期給与には所定内給与と所定外給与があり，所定内給与は更に基本給と諸手当からなる。所定内給与は，労働協約や就業規則によって定められた所定内労働時間に対する給与であり，所定外給与は所定外労働（基準外労働）に対する給与（残業手当等）に相当。残業手当はその率が決まっているから，定期給与に含まれる。臨時給与は夏や冬のボーナス等である。

　基本給は算定方式によって，年齢給，勤続給，職務給，職能給（能力給），これらを組み合わせた総合決定給に別れる。

　現金給与以外の給与は法定福利厚生費（社会保険）と法定外福利厚生費（住宅手当等）と退職金等からなる。

図 2.1.29　賃金体系

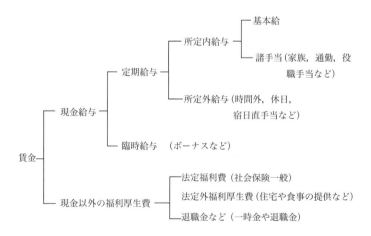

(2) 給与明細

俸給支給額は加給額（扶養，調整，住宅，通勤等）と控除額（共済関連，所得税，住民税等）を加味する。

2.　格差の諸側面と発生因

市場に競争原理が働いているならば，一物一価の法則によって同じ商品に対して同じ市場価格がつく。これを労働に関して言えば，同一労働に対して同一賃金が成り立つ筈である。もしそうでないとすれば，格差が存在することになる。

(1) 賃金格差の諸側面

賃金格差には企業内と企業間に顕著に表れるものがある。

①年齢別賃金格差（図 2.1.30）

年齢別の賃金格差は企業規模が大きいほど大きい。しかし若年層は中小企業の方が大企業より大きい。

図 2.1.30　企業規模別にみた年齢別賃金格差

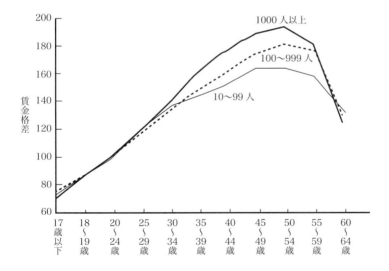

（注）製造業男性生産労働者の所定内給与。20 〜 24 歳の平均賃金＝ 100

出所）労働省『賃金センサス』1995 年。

図 2.1.31　職種別，労歴別，性別にみた年齢別賃金格差

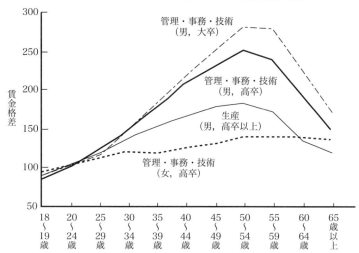

（注）製造業生産労働者の所定内給与。20〜24歳の平均賃金＝100

出所）労働省『賃金センサス』1995年。

図 2.1.32　年齢別賃金格差（会社規模別）の動向

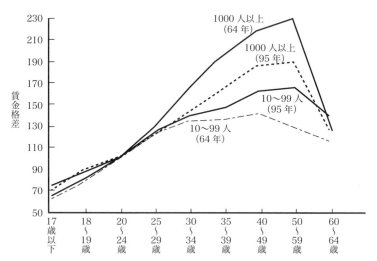

（注）製造業男性生産労働者の所定内給与。20〜24歳の平均賃金＝100

出所）労働省『賃金センサス』1995年。

②職種別賃金格差（図2.1.31）

年齢別賃金格差は，生産労働者より管理・事務・技術労働者，高卒より大卒，女性より男性で急勾配。

③雇用形態別賃金格差（正社員とパートタイマー）

1995年の時点で，正社員の賃金の7割前後がパートタイマーのそれ。

④企業規模別賃金格差（図2.1.32）

1995年賃金格差とその30年前のそれは大企業ほど大幅に小さくなっている。

⑤産業別賃金格差

賃金格差は産業間にも見られる。概して軽工業より重工業が高い。

⑥地域別賃金格差

京阪神・中京地区が高く，東北・南九州等では概して低い。

⑦国際比較の賃金格差（図2.1.33）

図2.1.33　年齢別賃金格差の国際比較

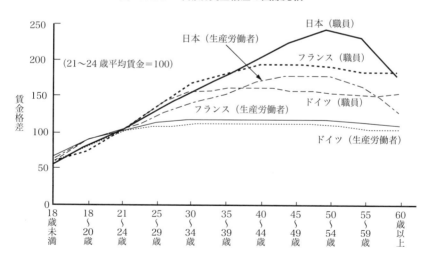

（注）製造業男性生産労働者の所定内給与。日本の賃金は月間定期給与（1993年），その他の国の賃金については，生産労働者の時間当たり実収賃金（1972年）。管理・事務・技術労働者は月当たり実収賃金。

出所）労働省『賃金センサス』。EC, Structure of Earning in Industry, 1972.

　どのような国でも，年齢別賃金格差は，生産労働者より管理・事務・技術労働者で大きくなっている。

(引用文献)

1.　樋口美雄『労働経済学』東洋経済新報社，1996 年（2011 年，13 刷）。
2.　古郡鞆子『働くことの経済学』有斐閣，1998 年（2004 年，6 刷）。
3.　清家篤『労働経済』東洋経済新報社，2002 年（2015 年，8 刷）。
4.　三谷直紀編著『労働供給の経済学』ミネルヴァ書房，2011 年。

第10節 労働者差別と日本経済

1. 経済的不平等と差別

労働市場で起こる種々の格差が差別によるものか判断するのは難しい。先ず何を持って差別というのか。

①差別の定義

二人の労働者の間に生産性の違いがあれば，一方は人的資本として他方に劣ることになるので労働市場で低く評価される。これは当然のことである。これを逆に言えば，経済の世界では同一労働同一賃金の筈である。労働市場における差別は，生産性の同じ労働者を違う「尺度」で測って賃金やその他の待遇で異なる扱いをすることである。

2. 差別の諸側面

①賃金差別

生産性以外の要素で賃金格差を設ける時を指す。例えば，我が国において，戦前で同じ師範卒であっても男訓導（教師）の給与の三分の一が女訓導のそれであった。

②雇用差別

個人やグループが他の個人やグループとは相違した採用状況や失業状態において生ずる。例えば戦前において，同じ大卒でも，帝国大学出（神戸大も含む）と私大では賃金格差があった。

③職業差別

職業差別は，同じように有能な労働者がある職種から除外される時生ずる。例えば，女性には伝統的に「女性の仕事」があった。多くの女性が，その分野で活躍した歴史を持っている。看護師（かつては看護婦と呼ばれた）のような仕事は女性の限られたものとするならば，これは男性排除の逆差別である。現在では、男性の看護師が誕生している。

3.　差別の理論

　「差別」は経済的・社会的な多数派と少数派の間の力関係から生ずる。多数派が「正当」とする理論は差別嗜好理論と呼ばれている。

　①差別嗜好理論（図2.1.34）

　これはベッカー（G.S.Becker）が国際貿易の理論を援用した差別理論。国際貿易では原則として自由貿易を推進しているが，ある種の国内産業に「嗜好」を持ち，経済効率より優先して，関税や数量割当をして自由貿易を遮る。

図 2.1.34　差別嗜好理論

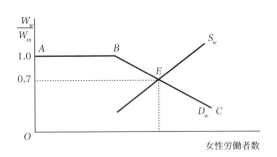

　差別嗜好は，差別者（例えば男性）が被差別者（同女性）との間に，物理的或いは社会的に一定の距離を置きたいと想っている時に起こる。図2.1.34は，ある種の競争市場での男女間の賃金格差を描いた図である。差別の心理的コストを差別係数（d）とする。$d=0$なら，企業の嗜好がなく賃金格差がない。dが無限大である企業は，女性の賃金がどんなに低くても女性を雇用しない。男子労働者賃金（W_m）と女子労働者（W_w）とすると，$W_m = W_w + d_0$

　縦軸に当該格差を（W_w/W_m），横軸に女性労働者の人数とする。男性労働者の人数と賃金は所与。　屈折需要曲線（D_w）は企業を差別係数の低いものから見る高い順に左から右に並べて描いている。水平部分の需要曲線は差別嗜好のない企業を指す。右下がり部分は差別嗜好を持つ企業を指し右に下がるに連れてdは大きくなる。この地部分はW_w/W_mは1.0より小さくなり右に進めば更に小さくなる。一方女性労働者の供給曲線は，賃金格差が縮小するほど供

給が増加して右上がりとなる。需給の均衡点は賃金格差係数と女性労働者数が決定する。図では男女間の賃金格差係数は 0.7 であり，市場賃金は男性 1000 円，女性 700 円。需要曲線 ABE の部分は女性労働者を雇用するが，EC 部分は男性労働者のみを雇用。

4.　差別是正の制度的試み

　①アファーマティヴ・アクション（affirmaive action）（米国）→『10 ヵ国語経済用語辞典』

　同じ能力を持つ多数派と少数派（アフリカ系米国人や女性）がいた時，少数派に一定の採用枠を確保する制度。無能な少数派の人を採用し，有能な多数派の人を不採用にするという逆差別を生む弊害も生じた。本来なら不合格なのに，黒人に扮した白人が合格することを諷した米国映画があった。

　②男女雇用機会均等法→「第 12 節　女性労働者と日本経済」参照。

（引用文献）

1.　古郡鞆子『働くことの経済学』有斐閣，1998 年（2004 年，6 刷）。
2.　清家篤『労働経済』東洋経済新報社，2002 年（2015 年，8 刷）。
3.　三谷直紀編著『労働供給の経済学』ミネルヴァ書房，2011 年。

第11節　若年非正規労働者とサービス産業

　ここでは，若年労働者の多くは非正規労働者でもあり，又サービス産業に従事していることから，非正規労働者とサービス業を取り上げた。

1.　非正規労働者の増加

　①正規労働者→特定の企業や団体に採用され期間を定めずに雇用契約を結んだ人達で休日を除き定常的に毎日一定時間働いている者。

　②非正規労働者→期間を定めた雇用契約や不規則で短期間労働の雇用契約を結んで働く者，或いは正規労働者とは雇用形態の異なる人達。

2.　日本の非正規労働者

　非正規労働者は，一時的・縁辺的・補助的な労働力と見られていたが，産業構造の変化，女性の社会進出，企業の経営戦略等を背景に 1970 年代の後半から急速に増加。今では多くの企業，特にサービス経済化の進んでいる先進国の諸産業にとって不可欠の労働者。

　①パートタイマーの定義→週間労働時間が 35 時間未満の短期間雇用者（非農林業）。パートタイマーに分類された者に正規労働者同様，雇用期間を定めず雇用されて週間 35 時間以上働くものもある。

　②フリーターの定義→就業意思があって定職に就かずに臨時に働く者（表 2.1.4）。

　③ニートの定義→就業意思がない，無就業者（表 2.1.5）。

　④派遣労働者の定義→労働者派遣法に定められた労働者派遣業に従事する者。労働者派遣法（1985 年）→自己の雇用する労働者を，当該雇用関係の下に，かつ，他人の指揮命令を受けて，当該他人のために労働に従事させること（労働者派遣）。

3.　米国のコンティンジェント労働者

　米国労働統計局定義→ contingent work →労働者個人が明示的にも，暗黙

表 2.1.4　「フリーター」の主要な定義一覧

機関等	年	呼称	定義
厚生労働省 (旧労働省)	1991	フリーアルバイター (フリーター)	15-34 歳で ①現在就業している者については勤め先における呼称 　が「アルバイト」または「パート」である雇用者で (i) 男性については継続就業年数が 5 年未満の者, (ii) 女性については未婚の者 ②現在無業の者については家事も通学もしておらず 　「アルバイト・パート」の仕事を希望する者
厚生労働省 (旧労働省)	2000	フリーター	15-34 歳で ①現在就業している者については勤め先における呼称 　が「アルバイト」または「パート」である雇用者で (i) 男性については継続就業年数が 1-5 年未満の者, (ii) 女性については未婚で仕事を主にしている者 ②現在無業の者については家事も通学もしておらず 　「アルバイト・パート」の仕事を希望する者
厚生労働省	2003	フリーター	15-34 歳の卒業者で女性については未婚の者とし, ①現在就業している者については勤め先における呼 　称が「アルバイト」または「パート」である雇用 　者で ②現在無業の者については家事も通学もしておらず 　「アルバイト・パート」の仕事を希望する者
厚生労働省	2010	パート・アルバイト 及びその希望者	男性は卒業者, 女性は卒業者で未婚の者のうち, 以下の者。 ①雇用者のうち「パート・アルバイト」の者 ②完全失業者のうち探している仕事の形態が「パー 　ト・アルバイト」の者 ③非労働力人口で, 家事も通学もしていない「その 　他」の者のうち, 就職内定しておらず, 希望する 　仕事の形態が「パート・アルバイト」の者
		非正規の職員・従業 員及びその希望者	上記定義において「パート・アルバイト」を「非正 規の職員・従業員」に置き換えた もの。
内閣府	2002	フリーター	15-34 歳の若年 (ただし, 学生と主婦を除く) のうち, パート・アルバイト (派遣等を含む) および働く意 思のある無職の人
労働政策研究 ・研修機構	2005b	周辺フリーター	学生でなく, 既婚女性でもないアルバイト・パート 雇用者で, 年間就労日数が 99 日以下か, 週労働時 間が 21 時間以下の者

出所）資料を用いて筆者が作成。フリーター→free Arbeiter（独）〔大辞泉〕〔和製外来語〕定職
　につかないで，アルバイトをしながら気ままに生活しようとする人。

のうちにも長期間の雇用契約を持たずに従事している仕事。Ex. contingent
fee 成功報酬［10 ヵ国語経済・ビジネス用語辞典 137 頁 84］。

表 2.1.5　「ニート」の主要な定義一覧

機関等	年	呼称	定義
厚生労働省	2004	若年無業者	15-34 歳で，非労働力人口のうち，卒業者かつ未婚であり，通学や家事を行っていない者
厚生労働省	2005	若年無業者	15-34 歳で，非労働力人口のうち，家事も通学もしていない者
内閣府	2005	無業者	高校や大学などに通学しておらず，独身であり，ふだん収入になる仕事をしていない，15 歳以上 35 歳未満の個人（予備校や専門学校に通学している場合も除く）
		求職型	上記無業者のうち就業希望を表明し，求職活動をしている個人
		非求職型	上記無業者のうち就業希望を表明しながら，求職活動はしていない個人
		非希望型	上記無業者のうち就業希望を表明していない個人

(注) 内閣府 (2005) は無業者の分類を表しており，このうち「ニート」に相当するのは「非求職型」
　　と「非希望型」である。(NEET：就学，就業，職業訓練のいずれもしない若者)

出所) 資料を用いて筆者が作成。ニート→ Not in Employment, Education or Training

4.　非正規労働者増加の背景

　①産業構造の変化と非正規労働者

　経済構造が，モノの生産からサービスの生産へ。産業のサービス化が非正規労働者を増加させた。サービス産業の特徴として在庫がない。サービス産業については拙著参照（近代化以降の「サービス」の経済的意味合い『経済分析手法』木村武雄他著，237 頁）。

　製造業より「卸売・小売業，飲食業」，サービス業で非正社員の割合が高い。非正社員のなかで最も多いのはパートタイマーで 3 割以上，チェーンストアでは，非正社員が 8 割に及ぶところもある。

　②非正規労働者の供給

　非正規労働者には女性特に主婦が多い。女性のライフサイクルの変化で，少子化の結果末っ子を持つ年齢が若年化→主婦のパートへの供給。

　③非正規労働者の需要

　企業は熾烈な国際競争化で打ち勝つ為にコスト削減が命題。非正規労働者は福利厚生（退職金，社会保険，雇用保険等）の負担がない。労務費の節約には最適の労働力。問題点としてどういうものが考えられるか。非正規労働者の増加が働く側の合理的選択の結果であれば望ましいが，企業側の都合のよいもので労働者が不本意な選択を強いられているとすれば問題である。

5.　非正規労働者の労働条件
　①非正規労働者の賃金
　非正規労働者の賃金は正規労働者の 6 割前後で賃金格差がある。正規労働者は各種手当（家族手当，住宅手当，役職手当，業績手当等）を得ているので格差はさらに拡大。福利厚生（雇用保険，健康保険，厚生年金），勤続年数加算，定期昇給，退職金も殆どないのが現状。
　②初職が非正社員だった人は，生涯非正社員の比率が非常に高いと言われている。女性の場合，初職に就く段階で非正規だった割合は 53% に上り，男性でも 35% を占めている。
　③大卒後正規労働者として雇用された女性労働者が，一旦，結婚・出産等で退職後職場復帰した時，非正規労働者になる場合が非常に多い。

6.　サービス産業論
〔サービス産業とは何か。経済学史における「サービス」の変遷〕
（1）サービス（service）とは
　英語の語源辞典によれば，service はノルマン人の英国征服以前所謂 OE［700-1100］の後期は，「神への奉仕」，1200 年頃，「召使の仕事」，1300 年頃「ミサ，礼拝」，1380 年頃「給仕」，1590 年頃「兵役」，1941 年頃から「サービス業」の意味が敷衍された。つまり，最初キリスト教世界で，神への全体帰依，封建制度の過程で，神から雇主へ，近代国家形成過程の兵役から，国家への全体服従と転化していった。この過程では，役務の対価としての貨幣は，全面に出てこなかった。第 2 次大戦後，経済の発展とともに，第三次産業のサービス業（産業）が確

表 2.1.6 近代以前の service の意味の変遷

サービスの名称	神への奉仕	召使（奉公）	軍務
サービスの対象	神	主人	国家
サービスの内容	全面的	全面的	全面的（絶対忠誠）
	絶対帰依	家事全般（通常住込）	命をも捧げる
受給者の上下関係	神が上	主人が上	国家（国王）が上
サービス有償	無償	一定の期間契約	徴兵制の場合
		主人とともに移動	薄給
需要側の選択権	無	無（雇用者側の配慮があるまで）	無（拒否の場合，刑法適用）

固たる職業として確立されていった（表2.1.6参照）。

(2) サービスの定義

現在日本で発行されている辞典等をもとに定義を確認すると，「サービス」とは，奉公，奉仕，給仕，接待を示す語で，また，生産，製造以外の労働に拘わる機能する労働の汎称でもある。用役，用務とも訳される。

「サービス業」とは日本標準産業分類の一つであり，旅館・下宿等の宿泊設備貸与業，広告業，自動車修理等の修理業，映画等の興行業，医療・保健業，宗教・教育・法務関係業，その他非営利団体等に服務。

(3) 経済学での「サービス」

サービスは「財（財貨），サービス」と対比される。財は空気中に一定の空間を占める物体であり，サービスは目には見えないが，金と交換できる役務である。財は，例えばリンゴとか自動車とか空気中に一定の空間を占める物体である。それに対して，運輸サービス・保険サービス等は経済学上の「サービス」である。

マルクス経済学では，生産概念で捉えている為，財のみを国民生産に算入し，所謂「サービス」は国民生産に算入しなかった。近代経済学では，国民生産概念には，「財・サービス」とセットで考える。貿易収支では「財の輸出入」，貿易外収支では財以外のサービス収支を取り扱う。

(4) 産業の分類での「サービス業」（産業）

SNA の経済活動別分類のうちのひとつ。市場で生産コストをカバーする価格で販売すること（利潤の獲得）を目的に財・サービスを生産する事業所から構成される。民間企業の事業所が中核となるが，類似の財・サービスを生産するものは，価格が生産コストをカバーしなくも，産業に含める。例えば，公社，公団，郵便事業，資金運用部，輸出入銀行，公庫，日本銀行等。他に家計の持ち家住宅も含める（「産業」：金森久雄他編『経済辞典（第3版）』有斐閣，2000年）。

表 2.1.7　近代化以降の「サービス」の経済的意味合い

	サービス	財
名称	貨幣と交換される役務提供一般	貨幣と交換されるもの
形	無形	有形
在庫	無	有
生産と消費	同時性（非可逆性）	異時点
コ・プロダクション	有（その提供に顧客も参加）	無
提供の過程	重要性（例，食堂の雰囲気や眺望）	無
提供者との不可分性	有	無
変動性	有	無
サービスの対象	ユニバーサル（金が出せる人は誰でも）	ユニバーサル＊1
サービスの内容	部分的・個別的（時間帯による変動）	部分的・個別的
需供者の上下関係	上下関係無	上下関係無
有償	有償	有償
需要側の選択権	有（消費者主権）	有（消費者主権）
サービスの定義 （商業サービス限定的）	①他人の為に行う②人の③活動であって④独立に取引の対象となるもの （今枝昌宏＊2）	

＊1:「ユニバーサル」とは①社内サービスではなく，一般の客対象。②顧客対応で人が提供するもの。③飲食サービスは料理だけでなく店の雰囲気や景観も対象。④時間帯で違う価格帯になる。

＊2: 今枝昌弘『サービスの経営学』東洋経済新報社，2010年，23頁。サービスは，他人の為で，自己の為のものはサービスとは呼べない。つまり，社内サービスやグループ内サービスは，経済原理が働かないからである。

コーリン・クラーク(Colin Grant Clark 1905 ～ 1989) の分類では，

第１次産業 農業，牧畜業，水産業，狩猟業等の採取産業，

第２次産業 製造業，建設業等の加工業(クラークは，鉱業もこれに含める)，

　第３次産業 商業，運輸通信業，金融・保険，公務・有給家事サービス等，第１次産業，第２次産業以外のあらゆるサービス業を一括した総称。

　クラークは電気・ガス・水道業を第２次産業に含めたがこれらを第３次産業に含める場合が多い。そして，クラークによれば，経済が発達すれば，産業の高度化を伴い，第１次産業から，第２次産業へ，そして第３次産業のサービス産業への比率が高まるとされた。

　「サービス産業」は，物的生産でなく，流通，金融，知識や情報等の形のない無形財を生産し，或いはその他特定の用役の提供を行う産業。これは更に卸・小売業，金融・保険・不動産業，運輸・通信業，電気・ガス・水道・熱供給業，サービス業，公務の各業種に分類される。

　「サービス業」は，日本標準産業分類による大分類の一つ。個人または法人に対して用役，専門的知識等の提供を行うもの。対個人サービス，対事業所サービス，医療，教育，弁護士，公認会計士，分類されない専門サービス業，その他のサービス業に分類される。近年対個人サービスでスポーツ，レジャー，観光，レンタル等，対事業所サービスで市場調査，広告代理店，ビル・メンテナンス社，物流社等が成長を続けている。

　「サービス経済」は，財の採取や生産に関係する第１次産業や第２次産業に対して，第３次産業はサービス産業と呼ばれる。産業構造の高度化に従って，サービス経済の比率は増加する。サービスは労働生産性が低い，生産と消費が同時である，貯蔵できないので在庫が存在しない等の特別な性質を持つ。

　「サービス経済化」は 第３次産業（サービス産業）の就業者の比率或いはこの産業の名目生産額の比率が増加することをいう。更に製造業の内部において加工部門に対して調査，商品開発，デザイン，広告等の部門の比率が増加することもいう。高付加価値の商品においてはこれらの部門が競争力を強化させるといえる。

　「サービス価格」は，有形財の場合と違って，無形財であるサービスは，心理的・感覚的効用をした商品であり，コスト把握が困難という特性を持つ。サービス価格が適正価格であるかどうかは，買手の満足度に対して決まる。

　「サービス価格指数」は企業間で取引されるサービス価格動向を調べるために日本銀行が作成，公表している価格指数。1996 年時点での採用品目数は 74 あり，電子計算機リース，事務所継続賃貸料，電話等の通信料金，銀行手数料，損害保険料等である。卸売物価指数のサービス版である（金森久雄他編『経済辞典（第 3 版）』有斐閣，2000 年）。

(引用文献)

1.　古郡鞆子『働くことの経済学』有斐閣，1998 年（2004 年，6 刷）。
2.　清家篤『労働経済』東洋経済新報社，2002 年（2015 年，8 刷）。
3.　廣松毅他『経済統計』新世社，2006 年。
4.　小峰隆夫『日本経済の基本」第 3 版』日本経済新聞社，2006 年。
5.　三谷直紀編著『労働供給の経済学』ミネルヴァ書房，2011 年。
6.　木村武雄・江口充崇『経済分析手法』五絃舎，2012 年。
7.　木村武雄『10 ヵ国語経済・ビジネス用語辞典』創成社，2014 年。
8.　全労連・労働総研編『2017 年国民春闘白書』学習の友社，2016 年。

第12節　女性労働者と日本経済

1.　女性労働者の推移と変動要因（表2.1.8）

　女性の職場進出の水準を示すのものとして，労働力率（＝労働力人口/15歳以上人口）がある。この指標の長期的推移を見ると，1960年の55%から75年49%まで低下，その後上昇90年50%に達した。その後横這いで推移し，2007年には49%である。

　女性の労働力率の推移を年齢別に見たのは表8である。この変化をグラフ化すると，M字の形状を示す。これは，結婚，出産，育児等の理由で退職し，育児が一段落すると再び職場復帰することを示している。この形状を示すのは日本に限ったことである。他の先進国には見られない現象である。

　長期的な女性の労働力率の上昇の背景としては，労働需要と労働供給の双方の影響がある。

表2.1.8　年齢階層別労働力率（女性）

（単位：%）

年齢区分	日本			アメリカ	ドイツ	フランス	イギリス
	1990	2000	2007	2006	2005	2005	2006
年齢計 (15-64歳)	50.1 (57.1)	49.3 (59.8)	48.5 (61.9)	− (69.3)	− (66.8)	− (64.1)	− (70.3)
15-19歳	17.8	16.6	16.2	43.7	26.8	11.5	55.6
20-24	75.1	72.7	69.5	69.5	66.3	55.3	71.1
25-29	61.4	69.9	75.8	75.2	73.4	78.7	77.0
30-34	51.7	57.1	64.0	73.6	74.3	79.5	75.9
35-39	62.6	61.4	64.3	74.6	78.7	82.0	75.4
40-44	69.6	69.3	72.0	77.1	83.4	82.9	80.2
45-49	71.7	71.8	75.6	77.2	82.9	83.2	81.4
50-54	65.5	68.2	70.8	74.7	78.2	77.3	77.0
55-59	53.9	58.7	60.8	66.7	64.4	53.4	64.3
60-64	39.5	39.5	42.2	47.0	23.0	13.4	33.0
65-	16.2	14.4	12.9	−	−	−	−

　（注）1. 年齢計の（　）内の数値は15-64歳である。
　　　　2. アメリカは，15歳のところは16歳である。
出所）総務省「労働力調査」および労働政策研究・研修機構『国際労働比較』（2008年）

　労働需要面から見ると，第三次産業における雇用機会拡大が女性への雇用需要の拡大となって現れた。卸小売業（飲食店を含む），金融保険業，医療福祉業，サービス業は女性の占める割合が大きい分野でもあり，パートタイム労働といった短期就業形態，一方で主婦層に適した就業形態でもある。他方，労働供給面から見ると，①出生率の低下と育児負担の減少，②学歴水準の向上と社会参加意欲の高まり，③家事労働を軽減する洗濯機・掃除機・冷蔵庫等の電気器具の発達や冷凍食品，紙おむつ，ベビーフード等の普及が女性の社会的進出に寄与した。

　他の先進国のデータ（OECD）を見ると，概ね女性の労働力率が高い国は出生率も高く，逆に女性の労働力率が低い国は少子化に苦しんでいる。女性が活躍する社会が，同時に希望する子供を持つことができる社会だ（村木厚子，『日本経済新聞』2019.1.10 朝刊）。

2.　女性雇用の実態と男女間賃金格差

①女性雇用の現状

　女性労働者の就業実態を，男性と比較してその特徴を見てみよう。従業上の地位別にみると（2015 年労働力調査年報），自営業主，家族従業者，雇用者の各自の割合は女性 4.9%（男性 11.2%），4.7%（同 0.8%），89.8%（同 87.4%）。女性において家族従業者の割合が多い。また，女性自営業主の 3 割程度は内職者であり，他方，男性の内職者は殆ど存在しない。

　産業別就業状況を見ると，第三次産業従事者の割合が多く，8 割が卸小売業，サービス業に集中している。職業別就業状況では，事務や技能工・生産工程作業者として従事者が多い。雇用別就業状況では，常勤，臨時雇，日雇の各自の割合は女性 89.6%（男性 94.5%），9.9%（同 4.1%），1.3%（同 1.2%）。女性において臨時雇が多い。正規労働者・非正規労働者別就業状況は女性 43.6%（男性 78.1%），56.3%（同 21.8%）。男性の 8 割近くが正規労働者であるのに対して，女性は 6 割近くが非正規労働者である。女性の場合，パートタイム労働や派遣労働者として非正規労働者として働くことが多い。女性の勤続年数も増加して

いる。平均勤続年数は，1980 年 6.1 年から 2007 年 8.7 年に，延びている。

②男女間賃金格差の要因

　厚生労働省「賃金構造基本統計調査」により，女性の賃金は長期に渡って男性の 6 ～ 7 割程度で推移している。医師，教員，弁護士，裁判官といった国家試験や都道府県教育委員会試験合格を必要とする専門職には男女賃金差別はない。戦前において，男性教員 1 人の給与は女性教員 3 人分だった。この差は何か。民間での男女間で就業している産業や企業規模，学歴格差，勤続年数，年齢，職種等が異なるのか。これらの要素が等しい場合に果たして格差が存在するのか。日本の「ジェンダー・ギャップ指数」が 144 ヵ国中 111 位（2016 年度版）。2015 年国税庁調査によると，男女賃金格差は，（平均給与）男性 521 万円，女性 276 万円を前年差 242 万円から 3 万円広がっている。その原因を探ると（2017 年『国民春闘白書』），①女性の 6 割占める女性非正規の賃金が下がったこと。前年比 3 千円減。その結果，女性の賃金は，男性の賃金が前年比 6 万 1 千円増に対して 3 万 8 千円増に留まっている。②女性の非正規は 13 万人増加し 1，345 万人（「労働力調査」2015 年平均）。③女性が第一子の妊娠出産を契機に離職する比率は 5 割と高いこと。職場復帰しても元の賃金より低い非正規労働者になる可能性が高い。④女性労働者の役職比率は 12.5% と依然低いこと。⑤医療福祉の労働者は女性が多く占めているが，保育士・ヘルパー等，他産業と比べて 10 万円程度低い賃金であること。この職種が更に増えたことにより女性が平均賃金を引き下げることになったこと。

3.　男女雇用機会均等法

　1945 年国連憲章に男女平等の実現が盛り込まれている。しかし男女平等の達成実現への本格的な動きは 1975 年国連婦人年以降で，79 年国連総会で，「婦人に対するあらゆる形態の差別の撤廃に関する条約（女性差別撤廃条約）」を採択し，日本は 80 年に同条約に署名した。我が国は 1985 年「雇用の分野における男女の均等な機会及び待遇の確保等女性労働者の福祉の増進に関する法律（男女雇用機会均等法）」を制定，翌年施行。

4.　コース別雇用管理

　男女雇用機会均等法の施行により，男女不問の求人，男女同一初任給の増加，男女別定年制の廃止，女性の従来の補助的業務から，適性に応じた活用に転換等。コース別管理は，基幹的業務に従事し住居の移動を伴う転勤のある総合職と，定形型補助的業務に従事し転職のない一般職に分けて管理。実態として，総合職を望まない女性が多く，結局男性が総合職，女性が一般職を選択することになり，コース別雇用管理制度は形を変えた男女差別であるとの指摘がしばしばされた。

(引用文献)

1.　古郡鞆子『働くことの経済学』有斐閣，1998 年（2004 年，6 刷）。
2.　清家篤『労働経済』東洋経済新報社，2002 年（2015 年，8 刷）。
3.　笹島芳雄『労働の経済学』中央経済社，2009 年。
4.　三谷直紀編著『労働供給の経済学』ミネルヴァ書房，2011 年。
5.　全労連・労働総研編『2017 年国民春闘白書』学習の友社，2016 年。

第13節　高齢者雇用と日本経済

1.　高齢者の就業と雇用

　高齢者の高い就業意思にも関わらず，その雇用を阻んでいるのは何か。それを種々の側面から分析してみることにする。

2.　高齢者の労働力率の推移（図2.1.35，図2.1.36）

　高齢者の労働力は1960年代から，趨勢的に低下傾向。この背景要因は2つある。一つは労働力構造上の問題。農業を中心とした自営業者の減少。もう一つは労働者の労働供給そのものの減退。公的年金の充実が整いつつあったこと。1970年代中盤以降，厚生年金の一人当たり受給額は飛躍的増加。これが雇用者の引退可能性を高め，労働力率を下げた。

3.　高齢者の労働供給の決定要因

　①所得と余暇のどちらを選択するか。

図2.1.35　男子高齢者（60～64歳）の労働力率の趨勢

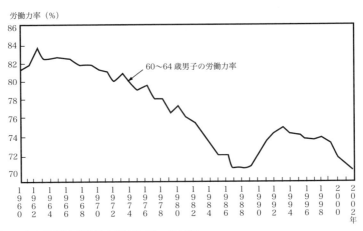

出所）総務省統計局『労働力調査年報』各年版。

図 2.1.36　高齢者の労働力率と 1 人当たり平均実質受給額の対比

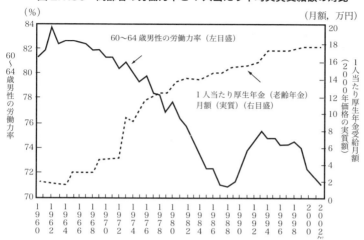

出所）社会保険庁『事業年報』各年版，総務省統計局『消費者物価指数』各年版。

②働く場合に得られる賃金水準

③働かなくても得られる非勤労所得

④労働時間の自由度といった賃金以外の，労働需要側の提示する雇用制度要因

①は健康状態がよくないほど余暇を選択。高等教育を受けたほど，その教育投資を回収しようと，所得獲得にはしる。

②の賃金水準は健康状態や学歴の要因と密接な関係。

③は高齢者にとって，年金所得が最大関心。年金取得は勤労意欲を低下させる。

④は定年退職の経験と大都市圏居住の要素。定年退職を契機の就業をやめる人は少なくない。大都市圏の居住者は雇用機会が多く，就業する確率が高い。

4.　高齢者への労働需要の厳しい実態

30 人以上の従業員のいる企業の 9 割が定年制を実施。

60 歳代前半の求人は 1 割未満。

5. ラジアー理論

　ラジアーの理論。働き盛りに低賃金で働いた分を中高年の高い賃金で埋め合わせる仕組みの下では，収支バランスを合わせるには定年退職が必要。年功序列賃金制度には，定年制の他年功的昇進制度も補完している。

図 2.1.37　ラジアー理論

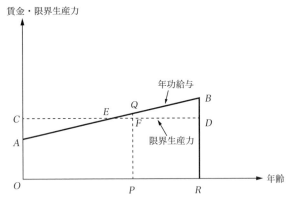

出所）清家篤『労働経済』東洋経済新報社，164頁。

　図2.1.37はラジアー理論を説明する図である。縦軸には年功型賃金とその限界生産力（個人の企業への貢献度），横軸には年齢をとっており，実線 AB はある労働者の年功給与カーヴを，点線 CD はその限界生産力カーヴを示す。労働者は原点 O（例えば大卒なら22歳）で入社し，R（例えば60歳）で定年になるものとしよう。この図からわかるように，年功給与体系というのは，若年では企業への貢献より安い給与（賃金の AE の部分）を獲得し，その代償として中高年になったら貢献より高い給与（年功賃金の EB の部分）を取得する仕組みである。ラジアー（E.P.Lazear）は△ ACE で企業に供託金を預け，それを△ EBD で引き出す仕組みであると説明している（企業は採用時の期待どおりに定年まで真面目に働いているかどうかのモニタリング・コストがかかる）。この供託金がモニタリング・コストを下げることがミソである。労働者がサボタージュして，途中で首になったら，この供託金の一部が未回収になる。図からわかるように，供託金は定年まで勤めあげてはじめて全額回収される。例えば P の時点で解雇

されると，□ *FQBD* 分の供託金は返済されない。こうした年功制給与体系と
同じ効果を齎すものとして定年退職時に支払われる多額の退職金がある。退職
金は給与の後払い的性格をもつので，途中で解雇されると定年まで勤め上げる
ことに比べて満額貰えなく，損をする。

（引用文献）

1. 古郡鞆子『働くことの経済学』有斐閣，1998 年（2004 年，6 刷）。
2. 清家篤『労働経済』東洋経済新報社，2002 年（2015 年，8 刷）。
3. 笹島芳雄『労働の経済学』中央経済社，2009 年。
4. 三谷直紀編著『労働供給の経済学』ミネルヴァ書房，2011 年。

第2章　国際文化

第1節　ルイスの二重経済論と日本

　発展途上国経済について二重構造的発展モデルを提唱したウィリアム・アーサー・ルイスは，1915年，当時英国領であった西インド諸島セントルシア島で生まれ，29年セント・メリー・カレッジ卒業後，下級官吏となった。33年ロンドン大学入学後，同大学講師，博士号取得（40年，ロンドン大学）を経て，48年マンチェスター大学教授。59年西インド大学副総長，63年プリンストン大学ジェームズ・マディソン記念政治経済学講座教授。同時に，英国政府植民省の臨時長官，ガーナ等，アフリカ各国の経済顧問なども兼任した。79年経済開発論研究の先駆的業績により，黒人として初のノーベル経済学賞を受賞。91年6月15日バルバドス島の自宅で逝去。

　1937年ロンドン大学を卒業したルイスは，産業組織を研究，間接費に対するより現実的なアプローチを示し，それに基づいて産業内の価格体系を詳細に調査した。49年これら一連の産業構造分析に関する論文を集めた『間接費経済分析に関する論文集』を出版。以後，研究テーマの関心は次第に経済発展へ移り，54年論文「労働の無制限供給下の経済発展」を発表。開発途上国における経済の二重構造的発展をルイス・モデルと呼ばれるモデルにより理論化し，一躍脚光を浴びた。79年開発途上国の経済発展論に関する一連の研究に対してノーベル経済学賞が贈られた。

1. ルイス・モデル

　ルイス・モデルを簡潔に説明すると「規模に関して収穫一定の生産関数の下

では，賃金率が一定である限り，利潤極大技術に対応した資本生産高比率は一定にとどまる。すべての利潤は貯蓄され投資にまわされるので，利潤率は資本ストックの増加率と等しくなる。もし労働力の増加が資本ストックを下回るならば，やがてすべての労働が完全雇用される「転換点」が訪れる。この点から経済は異なったシステムに移行する」（絵所秀記『開発経済学とインド』日本評論社，2002年，213頁）というものである。

　たとえば東アジア諸国の発展の過程では，生産と雇用の比重が農業から工業へ推移している。この過程をルイス・モデルが模写している。多くの途上国経済は，昔ながらの伝統部門（零細な家族農業）と新たに持ち込まれた近代部門（都市の工業）からなる「二重経済」である。当初その国の労働者全員が農業に従事していると仮定する。農業労働は限界生産性にあり，労働投入が増加すると生産は減少する。この時賃金は慣習により生存水準により決められており，村の作物を農業全員で分け合っている。これ以下の収入では生きていかれず農村が崩壊する。限界的な労働者の生産性がゼロにもかかわらず，すべての人が雇用されているのは，この村が利潤原理でなく共生原則に則って運営されているからである。近代工業が導入されると，そこでの労働は利潤極大条件，即ち「労働限界生産性＝賃金」を満たすように雇用される。工業労働の限界生産性はこの部門の労働需要曲線に等しい。一方，労働供給は，農村に余剰労働が残っている限り，最低賃金で幾らでも雇うことが可能である。この時，特定の労働者だけが農業から工業へ移動する。工業の発展に伴って，労働移動の増加が起こると国全体の農業生産は減少しはじめる。人口を不変とすれば，食料が不足気味になり，食料価格が上昇し，賃金もそれに合わせて上昇しはじめる可能性がある。この問題を克服してさらに工業が拡大すると，やがて労働移動がさらに増加し限界点を越える。この時，農業の限界生産性は賃金に等しくなる。工業が農業からこれ以上の労働者を雇用するためには，賃金水準が農業の限界生産性曲線に沿って上昇しなくてはならない。かくして余剰労働は完全に消滅する。この点を「転換点」と呼ぶ（以上大野健一『東アジアの開発経済学』有斐閣アルマ，1997年22頁を要約）。

2.　ルイスの転換点

　ルイスの転換点については様々な議論がある。ルイスは，経済発展の初期は過剰労働で特徴づけられる段階があると考えた。この段階で賃金は，古典派と同様生存水準で決定されるので，彼の理論は「古典派的接近」と呼ばれる。一方経済発展のどの段階でも過剰労働は存在せず，賃金は新古典派の限界生産力説によって説明されるというのが「新古典派的接近」と呼ぶ。経済発展論にはこの 2 つの理論が対立している。ルイスは 1958 年の論文で，日本経済はここ 10 年ぐらいの間に転換点に達するであろうと予想した。この説に対して反論もあるが，南亮進は 1960 年転換点説を採用している（南亮進『日本の経済発展（第 3 版）』東洋経済新報社，2002 年，213 頁）。

　農業部門の限界生産性が制度的賃金を上回るか否か。即ち転換点以前において，賃金は限界生産性より高いが，転換点以降は賃金は限界生産性によって決定される。(1) 賃金・限界生産性比率，(2) 労働供給の賃金弾力性（近代部門への労働供給増加率 / 近代部門賃金上昇率），(2) は戦前は 1.69 〜 4.91 の範囲，戦後は 0.78 〜 0.86 の範囲，従って戦前では限界生産性を上回る賃金が支払われたが戦後はそれが逆転した。(2) は戦後は 59 年までは 1.3 で，1959 〜 1964 年は 0.1 である。日本の場合，1960 年前後が「転換点」と実証され，社会的観察とも一致する（渡辺利夫『開発経済学（第 2 版）』日本評論社，1996 年（初版 1986 年），72 頁）。

(引用文献)

1.　W. Arthur Lewis, *Theory of Economic Growth*, NY・Harper and Row, 1965.
2.　ルイス，石崎昭彦他訳『世界経済論』新評論，1969 年。
3.　ルイス，原田三喜雄訳『国際経済秩序』東洋経済新報社，1981 年。
4.　ルイス，益戸欽也他訳『人種問題のなかの経済』産業能率大学出版部，1988 年。
5.　W. Arthur Lewis, "Economic Development with Unlimited Supplies of Labor, " *Paradigmas in Economic Development*, Rajani Kanth, ed., Armonk (NY) :M. E. Sharpe, 1994.
6.　W. ブレイト他編，佐藤隆三他訳『経済学を変えた 7 人』勁草書房，1988 年。
7.　渡辺利夫『開発経済学（第 2 版）』日本評論社，1996 年（初版 1986 年）。

8. 大野健一『東アジアの開発経済学』有斐閣アルマ，1997 年。
9. 南亮進『日本の経済発展（第 3 版）』東洋経済新報社，2002 年。
10. ノーベル賞人名事典編集委員会編『ノーベル賞受賞者業績事典（新訂版)』日外アソシエート，2003 年。

図 2.2.1　ルイスの二重経済モデル

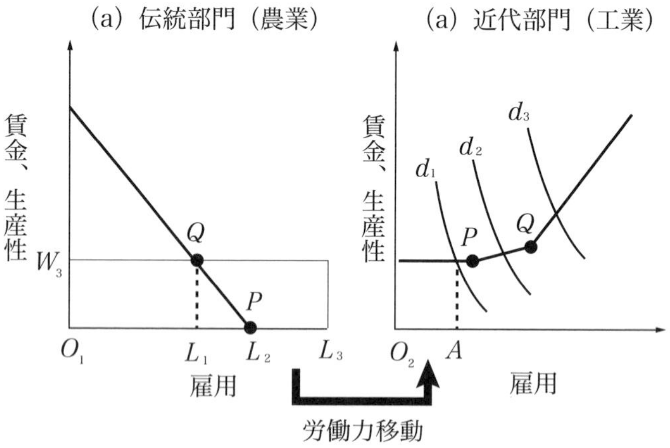
(a) 伝統部門（農業）
(a) 近代部門（工業）
賃金、生産性
W3
Q
P
O1
L1
L2
L3
雇用
賃金、生産性
d1
d2
d3
P
Q
O2
A
雇用
労働力移動

出所）大野健一『東アジアの開発経済学』有斐閣，1997 年，23 頁。

第 2 節　トービンの q 理論と日本

　ジェイムズ・トービンは 1918 年，米国イリノイ州に生まれた。ハーヴァード大学に入学後 J.M. ケインズの『雇用・利子及び貨幣の一般理論』を読み経済学に専心する。39 年同大学を卒業後，同大学院に進学。40 年修士。42 年米国海軍将校として 46 年まで勤務。同年ハーヴァード大学ジュニア・フェローになり，47 年博士号（同大学）取得。50 年エール大学准教授を経て，55 年同大学教授，および同大学コウルズ経済研究所所長に就任。同年 I. B. クラーク賞受賞。58 年米国計量経済学会会長，71 年米国経済学会会長を歴任。その間，61 年から 62 年に掛けて米国第 35 代，故ケネディ大統領の経済諮問委員会委員も務める。81 年金融市場と歳出，雇用，生産，価格との関係の分析によりノーベル経済学賞受賞。2002 年 3 月 11 日逝去。

1.　トービンの q

　投資家がリスク回避的であって，安定資産が存在する時，危険資産の最適組合せは，投資家の効用関数とは独立に決定される。この「分離定理」は，1950 年代にトービンによって示された。この定理は資産価格決定理論を考慮する際，重要な意味を持っている。彼は投資家のある特定の効率的な資産選択と，その投資家の総資産における証券と現金の配分を関連付けた。つまり，リスク回避型の投資家，リスク許容型のそれぞれに向けた複数の効率的資産選択を，どちらのタイプにとっても効率的なひとつの資産選択に置き換えた。日本の場合を例にとって説明すると，「市場には 3 種類の資産しかないと仮定。それらは (1) マイクロソフト (MS) 株，(2) NTT 株，そして (3) 国債とし，それらの時価総額が，300 兆円，200 兆円，500 兆円とする。ある投資家はリスク回避度が市場全体の平均と同じと考えれば，各資産の保有比率は，市場の時価総額と同じ比率となる。その人が 1,000 万円の資産を (1)300 万円，(2) 200 万円，(3) 500 万円を投資をする。一方別の投資家は市場全体の平均値より高く，1,000

万円の総資産のうち（3）に600万円投資するなら，（1）240万円，（2）160万円を投資するだろう。いずれの投資家についても，（1）と（2）の保有比率は3対2になっている」（野口悠紀雄他『金融工学』ダイヤモンド社，2000年，50，51頁）となる。

　ケインズ理論によりその発展が促進された経済成長論は，R. ハロッドとE. ドーマーによりハロッド＝ドーマー・モデルとして定式化された。このモデルでは資本と労働の間の代替性は仮定されていなかったが，これに対してJ. トービン，R. M. ソローらは，資本と労働の代替性が存在する成長モデルを構築した。また初期の経済成長モデルでは貨幣的要因は軽視されたが，55年論文「動学的集計モデル」を発表，新古典派の経済成長モデルに貨幣的要因を導入した。その後，貨幣が均衡成長経路にどのように効果を与える等を研究した。58年論文「危険に対する行動としての流動性選好」において，不確実性下における資産保有者の資産選択の際の危険回避行動を分析した。これによりケインズが『雇用・利子及び貨幣の一般理論』の中で展開した流動性選好理論を資産選択理論へ発展させた。またこの論文は，不確実性下での経済モデルの構築に甚大な影響を与えた。61年ケネディ大統領の経済諮問委員になると，ケインズ経済学と新古典派経済学を総合したニューエコノミックスによる経済政策を主張した。69年に発表した論文「貨幣理論に対する一般均衡アプローチ」ではq理論と呼ばれる投資理論を展開，新古典派的投資理論の欠陥を補った。81年これら一連の業績に対してノーベル経済学賞が贈られた。

　投資理論には，限界効率，加速度原理，ストック調整モデル，調整費用モデルに加え，トービンのq理論がある。実物的な投資の世界における調整は，通常の金融資産取引のように瞬時に金利裁定が行われる世界とは基本的に異なることに着目し，実物資産が取引される資本財市場（調整費用が大きい）と金融資産が取引される金融市場（調整費用は殆ど存在しない）を明白に峻別したところに基本的な立脚点を持っている。ここでいう「調整費用」とは，ある一定の設備投資をして生産能力を拡大する時に，成長率を高くしようとすれば余分に掛かる追加的諸経費のことで，たとえば，短期間に設備を2倍に拡大しようと

すると，専門知識を持つ技術者を大量に育成したり，販売網の拡充，組織の大幅な改造等をする場合に余計に掛かる費用を指す。トービンの q とは「企業の市場価値」と「現存する企業資本ストックを現在の市場価格でそっくり購入する費用」の比率である。q=（企業の市場価値）/（現存資本を買い換える費用総額）。「企業の市場価値」は，株式市場での企業の株価の総額（即ち，一株当たりの株価に発行株式を乗じたもの）と債務の総額を合計したもの。企業の投資の視点からは q が 1 より大きい時，現存の資本設備は過小設備で，投資が必要。q が 1 より小さい時は現在の資本ストックは過大となる。投資家の立場からは，前者の場合つまり，企業の市場価値が資本ストックの価値よりも大きい時，市場がこの会社の成長力を現在の資本ストックの市場価値以上に評価している。今この会社に投資を行えば，1 単位余分に行う時，それに要する費用よりも，そこから得られる予想利益の方が大きいので，投資家にとり有利と判断される。あくまで現行の時点での資料なので，将来のことは誰も予想できない。q 理論は「平均概念」に基づいているが，投資により直接的に関与するのは「限界概念」に基づく q でなければならない。企業は「追加的な」投資をすべきか否かについて決定を迫られているのであって，会社を解散して新たにすべての資産を買い換えるべきかについての決心を迫られた訳ではないからである。林文夫により，ある条件の下での「平均の q（トービンの q）」と「限界の q」が一致することが証明された（中谷巌『マクロ経済学（第 4 版）』日本評論社，2000 年，386 頁より要約）。

2.　日本経済とトービンの q

　日本経済におけるトービンの限界 q と平均 q の時系列を観察してみる。高度成長期が終わりを告げる 1971 年から 73 年の間には，限界 q は 2 を越えており，企業家は設備投資から高い収益を得られると予想していたことが分かる。第一次石油危機の到来とともに，収益性は大幅に低下する。75 年には限界 q は 1.07 と僅かに 1 を越える水準まで低下。75 年を除く 74 ～ 91 年までの期間，限界 q は 1.26（83 年，91 年）から 1.51（80 年）の間を推移する。ところ

が92年以降，限界qは急速に低下しており，98年には0.55と1を大きく割り込んでいる。一方平均qは，80年代中頃迄は1前後で推移しており，その範囲は，0.81（83年）か1.33（73年）である。しかし，87年から90年に掛けて平均qは急上昇しており，90年には1.81にまで至っている。その後は，再び1前後を推移。90年代に入り，限界qが急降下したのとは対照的に，平均qはそれほどの落ち込みを示していない。限界qと平均qの相関係数は0.24とそれほど高くない。これは，バブル以降，株式市場における企業の評価が，利潤率に基づく設備投資の収益性から乖離したことを反映しているかもしれない。因みにバブル期以降を除いて71年から86年までの期間に限定して，両者の相関係数を計算すると0.82まで上昇する（小川一夫『日本経済：実証分析のすすめ』有斐閣，2002年，139頁）。

（引用文献）

1. トービン，間野英雄他訳『国民の為の経済政策』東洋経済新報社，1967年。
2. トービン，矢島欽次他訳『インフレと失業の選択』ダイヤモンド社，1976年。
3. トービン，浜田宏一他訳『マクロ経済学の再検討』日本経済新聞社，1981年。
4. Fumio Hayashi , " Tobin's Marginal Q and Average Q A Neoclassical Interpretation, " *Econometrica*, 1982.
5. W. ブレイト，佐藤隆三他訳『経済学を変えた7人』勁草書房，1988年。
6. 中村洋一「需要・所得面からみた日本経済の姿」，貝塚啓明他監修『日本経済事典』日本経済新聞社，1996年。
7. 中谷巌『マクロ経済学（第4版）』日本評論社，2000年（初版1981年）。
8. 野口悠紀雄他『金融工学』ダイヤモンド社，2000年。
9. 小川一夫他『日本経済：実証分析のすすめ』有斐閣ブックス，2002年。
10. M. ハートマッカーティ，田中浩子訳『現代経済思想』日経BP社，2002年。
11. ノーベル賞人名事典編集委員会編『ノーベル賞受賞者業績事典（新訂版）』日外アソシエート，2003年。

第 3 節　ベッカーの人的資本論と日本

　1930 年，米国ペンシルヴァニア州ポッツビルに生まれ，51 年プリンストン大学卒業，シカゴ大学大学院に進み，53 年修士号。55 年博士号（シカゴ大学）取得。54 年シカゴ大学助教授に就任。57 年コロンビア大学に移り，助教授，准教授を経て，60 年同大学教授。66 年 J.B. クラーク賞受賞。69 年シカゴ大学に戻り，70 年同大学教授。92 年ミクロ経済分析の領域を人間の行動様式や相互作用といった非市場分野に迄敷衍したことによりノーベル経済学賞受賞。恩師は T.W. シュルツ。ベッカーは人的資本の分析を行い，64 年『人的資本』を出版。教育が経済発展に与える影響を考察した。71 年『経済理論』を上梓。経済学的アプローチをあらゆる人間行動に応用し，経済分析の領域を拡大したことに対して，92 年ノーベル経済学賞受賞。2014 年 5 月逝去。

　ベッカーによる社会的要因の経済分析は，犯罪や結婚などにその特徴が表れている。彼は，結婚を政府の干渉を最小限に止めながら，社会厚生を増進するもう一つの自由な意思決定として捉える。また犯罪については他の社会的行動と同様に，期待便益や費用に対するある特定な個人の合理的な反応だと捉える。

1.　ベッカーの人的資本分析

　ベッカーの代表的な研究は，人的資本（human capital）の分析と，その意義の解明にある。その経済効果は以下のとおりである。

　①企業独自の人的投資は，当該従業員の資格や熟練度を高め，企業の生産向上に寄与する。しかし，他社の生産には役立たないので，ヘッド・ハンティングされることはない。

　②企業自身にも役に立つ人的投資なので，その従業員を継続的に雇用する。職業訓練した分，賃金も上がり，企業に継続雇用させる誘因を持っている。

　③職業訓練投資は当該企業が負担するので，その分だけ賃金が低くなる。定年まで雇用する形態の為訓練後はもとの賃金体系に戻る。

④年金体系も職業訓練期間中も勤務期間としたものと見なしている。

2. 日本の終身雇用，年功序列の労働慣行に類似性

ベッカーの人的資本分析は，かつて日本の大企業において主流であった終身雇用，年功序列の賃金体系と類似するものであった。すなわち，①長年勤務することにより，それにみあった高い賃金が支払われる，②生計費は年齢に応じて多く必要になるので，それに応じた賃金が支払われる，③長期間勤務により熟練度が増すので，それに応じて賃金も高くなる，というものである。

3. 犯罪の経済学

ベッカーは経済合理性による社会問題の解明を試みた，その代表が犯罪の経済学である。犯罪を企む者の心理は，犯罪によって期待される収益と，逮捕されるリスクとの比較によって決定されると捉え，経済効果から考慮すれば刑罰の重さよりも逮捕・有罪の可能性に重点をおいた方が合理的である，とした。長い間この犯罪における経済合理性に意義が認められていたが，1980年ころ，犯罪におけるインフォーマルな部門にスポットが当てられるに及び，その意義は薄れていった。

4. ヴァウチャー・システムの教育・福祉サーヴィス

ベッカーは公共サーヴィスについて，ヴァウチャー・システムを推奨している。その利点は，①サーヴィスの負担能力に関係なく配布される，したがって低所得者でもニーズに応じて公平にサーヴィスを購入できる，②需要者に選択の自由がある，③供給者の競争による効率化を促す事ができるというものである。しかし供給者が倒産した場合など，サーヴィスの継続性に問題が出てくる。日本では要介護に応じた介護受給権を得て，自己選択で介護サーヴィス業者を選択（購入）する形になっており，ヴァウチャー・システムの利点①から③が該当する。

5.　教育と賃金(図2.2.2)

①教育投資（もし大学教育を高い賃金を得る為の投資と考えると）

　教育投資と賃金の関係をモデル化したものである。縦軸は賃金と教育投資の費用，横軸は年齢を示している。曲線Aは大学教育を受け22歳で就職する者の賃金ファイル，曲線Bは高校卒業と同時に就職し60歳で退職する者の賃金ファイルを表している。図の（1）に当たる部分は授業料や教科書代等教育の為の直接的費用。図の（2）は大学に進学しないで働けば得られたであろう賃金。これは大学進学によって放棄した放棄所得（機会費用）と呼ばれる。大学教育の為の費用はこの2つの部分の合計である。AとBの2つの曲線で囲まれた（3）の部分は大学教育への投資から生ずる収益を表している。この収益は就業年数が長いほど大きくなる。大学進学を決める為に，収益と教育投資を比較する。投資費用は最初の4年間に支出され，収益は後の長い期間に渡って発生するから，費用と収益を同じ現在時点で比較しなければならない。

②教育と賃金の関係の諸説

（a）人的資本理論説→教育は労働の生産性の向上に寄与すると考える。この生産性上昇は，企業が高学歴者に高い賃金を払う論拠。

（b）スクリーニング理論（選抜機能）説→高等教育，特に銘柄大学の卒業生

図2.2.2　教育投資の費用と収益

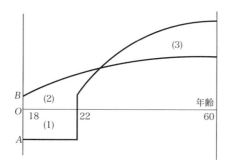

A ＝大学卒業後就職する者の賃金プロファイル
B ＝高校卒業後就職する者の賃金プロファイル

であることは，企業にとっては応募者の能力や質を選別する（スクリーニング）手段であり，応募者にとっては賃金の高い仕事に就く為の切符であるかもしれない。

（引用文献）

1. ベッカー，佐野陽子訳『人的資本』東洋経済新報社，1976 年。
2. ベッカー，鞍谷雅敏他訳『ベッカー教授の経済学ではこう考える　教育・結婚から税金・通貨問題まで』東洋経済新報社，1998 年。
3. Gary Becker, "Altruiam, Egoism, and Genetic Fitness, "*Journal of Economic Literature* 14, No.3(Sep. 1976).
4. Gary Becker, *The Economic Approach to Human Behavior*, Chicago: University of Chicago, 1976. ［宮沢健一訳『経済理論人間行動へのシカゴ・アプローチ』東洋経済新報社，1976 年］
5. 樋口美雄『労働経済学』東洋経済新報社，1996 年（2011 年，13 刷）。
6. 古郡鞆子『働くことの経済学』有斐閣，1998 年（2004 年，6 刷）。
7. 清家篤『労働経済』東洋経済新報社，2002 年（2015 年，8 刷）。
8. 三谷直紀編著『労働供給の経済学』ミネルヴァ書房，2011 年。

第 4 節　世界企業と日本

　低成長時代からバブル期にかけて，日本の企業は不況時代に対応するための企業努力と競争力をつけるための技術革新を怠らずに努力を続け，その結果ソニーやトヨタなどの世界企業を輩出した。本節ではこれらの世界企業の変遷を検討する。

1.　経済成長率

　1980 年代後半から 90 年代に掛けて日本の経済成長率を展望すると次のとおりである。1）バブル崩壊後日本の経済成長率は年平均 4% 台から 1% 台へ急速に低下した。特に電気機械産業など製造業の落ち込みが大きかった。2）その対策として利益に直結した技術開発の必要が望まれた。収益性を見誤ると莫大な損害を蒙る可能性がある。外部との適切な連携による基礎的研究推進の必要性が高まった。3）日本企業は閉鎖的で外部の企業や研究機関との連携に欠けていた。技術革新について特許出願数等は問題ないが技術開発プロジェクトが大企業に偏り，企業内で技術資源や情報を独占する傾向にある。4）日本企業の総資本営業利益率（ROA）と総資本回転率を分析すると 1980 年以降ほぼ一貫して日本企業の収益力が低下している。日本企業の病的な収益率体質はバブル以前から存在していた。5）日本的経営の特質がかえって企業成長の足枷となった。長期雇用は経営の不効率性を助長した。品質管理の適応的導入は利益率の上昇にはそれほど貢献していなかった。品質第一主義は時として，コスト，開発期間，環境配慮，製品機能への配慮を欠くことになった。6）その欠点を補うべく，管理会計による分析が重要になった。

2.　日本企業の競争力

　日本企業の競争力を確認してみよう。1）ダボス会議を主催している「世界経済フォーラム（WEF）」が毎年発表している『世界競争力報告』2003 年版

では，日本は世界 102 ヶ国・地域の順位付けで 11 位となっている。2）IT の
分野では，日本の競争力は徐々に上昇している。WEF による IT の分野に限っ
た競争力の順位づけも 11 位となっている。3）経済財政白書によれば，日本
の競争力は 90 年から 2002 年に掛けて 43% 下落したが，その 8 割は円高要
因，2 割は労働生産性の伸び率の低下と分析している。4）日本企業の国際競
争力は，製造業，金融，サーヴィス等の業態によって競争力要因が異なる。製
造業でも，素材（鉄鋼，石油化学等），機械（産業機械，自動車等），電子（家電，情
報，電子部品等）といった各産業での国際競争力のあり様は異なる。(1) 鉄鋼業
は需要産業の自動車や家電の海外生産の影響を受け，粗鋼生産減少を余儀な
くされ，トップの座も韓国のポスコに奪われた。しかし先端製品での先行性
は依然維持している。(2) 石油化学産業はグローバル化が遅れ従来から規模
の面で欧米企業に劣っている。液晶等の電子産業向けの特殊な分野も韓国の追
撃を受けている。(3) 機械分野において日本企業は，総じて強い国際競争力を
維持している。工作機械や金型の普及品では韓国や台湾等のアジア企業の追い
上げが著しいが，自動車や電子部品で必要とされる高精度加工用工作機械で
は依然として優位性を維持している。(4) 自動車産業の場合，最強のトヨタに
あっても部品のモジュール化，日本型経営の海外移植，中国で現地生産化等の
課題は多いが強い国際競争力は一貫して維持されている。(5) 電子産業の場
合は 90 年代に入って先ずパソコンが，そして後半携帯電話が急速に世界市場
を形成するのに呼応して，所謂情報通信機器市場の勃興期に世界標準に乗り
切れず日本企業の競争力は大幅に低下した。PC，携帯電話，半導体のような
先端分野では，新たなデファクトスタンダードやビジネスモデルが誕生した
が，スピード経営が求められ，効率的な水平統合型生産システム（設計や組立
生産の外部発注）が支持され，垂直統合型生産システムの物作りを得意とする
日本企業は意思決定タイミングを誤るという致命的な経営判断ミスを犯した。

(引用文献)

1. 特集「競争力の検証　日本企業は本当に復活したのか？」『一橋ビジネスレビュー』
   2004年冬（52巻3号）。
2. 加登豊「日本的品質管理を鍛える」『一橋ビジネスレビュー』2004年冬号，52-61頁。
3. 軽部大「データで振り返る日本企業のパフォーマンスと経営課題」『一橋ビジネスレ
   ビュー』2004年冬号，24-35頁。
4. 元橋一之「「失われた10年」に日本の産業競争力は低下したか？」『一橋ビジネスレ
   ビュー』2004年冬号，7-23頁。
5. 日本経済新聞社『日本経済100の常識（2005年版）』2004年。
6. 御手洗久巳「日本の国際競争力は落ちたか」『経済セミナー』2005年，18-21頁。

図 2.2.3　日本企業の国際競争力マップ（相対的位置付け）

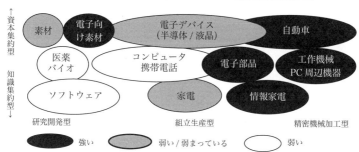

出所）「我が国製造業の生産改革と国際事業展開」（国際協力銀行審査部産業調査リポー
ト），御手洗久巳「日本の国際競争力は落ちたか」『経済セミナー』2005年，19頁を
参考に作成。

第5節　国際協定と日本

1.　通商協定と日本

　1) 日米修好通商条約と自主権放棄：江戸時代後期，西欧は市場開放と植民地政策を実現すべくアジア諸国に対し通商を迫った。日本も例外ではなく1853年米国のペリーが浦賀に来港し開国を迫った。安政の五ヶ国条約に始まる一連の通商条約に基づき，日本は1859年長崎，神奈川(横浜)，箱館(函館)，1868年兵庫(神戸)，大坂(大阪)等を開港した。関税自主権がなく，貿易港が限定され海港場での取引は自由であったという「不平等」条約で外国貿易を営むことになった。この間の貿易収支は，1860〜65年出超，1866〜81年入超，1882〜86年出超，1887年以降は91，92年を除いて再び入超であった。日本は対外的には銀本位制を採用していたので，1870〜90年代にかけて銀貨が下落し，そのため生糸・茶等欧米市場向けの輸出にとって有利だった。1897年金本位の採用により，日本の通貨は国際通貨体制にリンクすることになる。

　2) 関税自主権の部分的回復：1899 (明治32) 年の関税自主権の部分的回復によって関税率が上昇し1911年全面回復が達成された。関税率上昇は第1次世界大戦中・戦後を除いて1930年代初頭まで続いた。関税構造は原料の輸入は0〜5%の低税率で，完成品の輸入は比較的高い税率を課し，国内の加工製造業を保護するシステムになっていた。戦前の貿易の特徴は，欧米貿易で原料・半製品輸出と工業品輸入という後進国型の構造と，アジア貿易では工業品輸出・一次産品輸入という先進国型のそれとの併存タイプであった。

　3) 1902-1921年の日英同盟：条約改正と金本位制の確立によって，日本は貿易において欧米列強と対等の位置に立ったが，日清戦争以降の東アジア情勢は日本の対外政策を大きく転換させた。日清戦後経営，日露戦争の戦費調達，日露戦後経営のために国債・地方債等の外債の募集や技術提携による外資の導入が図られ，外資輸入現在高は1905年には14億円，13年には約20

億円に増加し，国際収支は危機的状況になった。第 1 次世界大戦により欧州への物資や東南アジア植民地への代替品供給によって日本の輸出は激増し，特需を迎え国内的には重化学工業が発展し輸入代替化が進展し，債務国から債権国へ転化した。それと同時に大戦は，外国債の購入等日本からの資本輸出を促進し（第 1 次資本輸出期），資本輸出額は 1914 年 5.3 億円から 19 年 19.1 億円に増加し，資本収支も 1915 ～ 18 年には計 14.3 億円のマイナスを記録した。

　4）戦間期の貿易：第 1 次世界大戦期が終了し西欧経済が復興すると輸出が停滞し貿易収支は赤字になり，関東大震災復興のため資材輸入増が加わり，入超構造が定着した。1920 年代は第 2 次資本輸入期ともいわれ，財源の確保や正貨流出阻止のために積極的に外資導入が図られた。しかし 1929 年の株価暴落に始まる世界的な不況の拡大で，国際貿易の基調は自由貿易から保護貿易に転換し，日本の輸出は米国向け生糸輸出額の急減により大きな打撃を受けた。しかし，綿織物業を中心とする輸出が「企業努力」により国際競争力を強め，さらに金輸出再禁止以降は高橋財政の低為替政策に支えられて輸出を拡大した。この急拡大は欧米各国との貿易摩擦に発展し，世界の保護貿易化を促進させ，世界貿易を縮小均衡へ導いた。しかし日本の綿織物の輸出は原料である綿花に依存するため，入超構造を転換させるには至らなかった。1930 年代は，満州・朝鮮等の植民地への資本輸出が増加したが，外資導入は為替管理の強化によって難しくなった。1937 年国際収支の危機が表面化したため輸入為替管理令による直接的な経済統制が成された。38 年には指定商品の輸出と原材料輸入権を関連させる輸出入リンク制が導入され，鉱油，鉄鉱石，機械等の軍需資材の輸入が増加し，繊維品輸出は減少。円ブロックの形成により貿易決済は円貨決済圏と外貨決済圏に二分され，対円ブロック貿易における出超，対第三国貿易における入超という構造は外貨不足を誘発し国際収支の危機を招いた。円ブロック経済圏も日満支から次第に南方諸地域を含む「大東亜共栄圏」構想に拡大し，1941 年に米国の対日資産凍結，石油禁輸措置により，その傾向は一層顕著になった。

　5）ガリオア・エロア協定：ガリオア資金（Fund for Government and Relief in

Occupied Areas, 占領地域救済資金）は，第 2 次世界大戦後，米国が占領地域の疾病・飢餓による社会不安を防止し，占領行政を円滑にする目的で支出した救済資金。日本向けは 1945 年 9 月〜51 年 6 月に計上され，食糧・医薬品等の購入に充てられた。エロア資金（Fund for Economic Rehabilitation in Occupied Areas, 占領地経済復興援助資金）は，第 2 次世界大戦後，米国が占領地の経済復興を援助する目的でガリオア予算から支出した資金。対日エロアは 1948 年 7 月〜50 年 6 月に計上され，主に綿花，羊毛等の工業原料の輸入代金に充てられた。ガリオア資金（1949 年以降はエロア資金）援助下で，米国の余剰小麦，余剰綿花が日本へ供給された。当初政府も国民も，これらは「贈与」だと思い込んでいたが，後年になって米国はこれらの援助は「貸与」であると通告し，日本の対米債務として 22 億ドル（7,920 億円）を通告してきた。返済額は交渉の結果，最終的には 1962 年，当時のカネで 4 億 9,000 万ドル（1,964 億円），年利 2 分 5 厘，15 年賦払いと決まった。

　6）自由貿易協定〔FTA〕と日本：日本との FTA 締結は，シンガポールとは 2002 年 11 月に既に発効している。日本の国内の農業が障害となっていたが，シンガポールは農業国ではないので，懸案事項は少なかった。今後締結に当たって農業問題が焦点となる。日本の農業は 3 つのカテゴリーに区別できる。(1) 国内政策や制度が構造的に絡み合った問題。米が当たる。(2) 日本全体からみれば規模の小さい問題だが，産地や関連団体の政治力が極めて大きいもの。群馬県の蒟蒻イモ等。(3)既にガットによって貿易障害がかなり低い場合。多くの野菜，果物，水産物。通常 (1) は WTO 交渉になっている場合が多いので，(2)，(3) の自由化の程度問題に終始する場合が多い（つまり交渉力如何にかかって，政治問題である）。人の移動の問題がある。3 種類の外国人労働者がある。(1) ハイテク技術者，(2) 看護師，介護師等の免許を持った人，(3) 非熟練労働者。(1) は障害はない。(2) はケースバイケース。(3) はごく僅かしか門戸が開かれていない。中国は積極的に東南アジア諸国を中心に FTA 戦略を行っている。

　7）TPP（Trans-Pacific Partnership Agreement, 環太平洋経済連携協定）：2015

年 10 月 5 日，日米豪等 12 ヵ国が TPP 大筋合意した。米国が離脱し，2018
年 12 月 30 日 TPP11 が発効した。次のことが誕生する。

①世界最大の自由貿易圏が出現する。

ア）TPP11 は，人口 5 億人で，世界経済のシェアは 13%（2014）。EU（28
　ヵ国）は，同 5 億人，23.9 %。ASEAN（10）は，同 6.2 億人，3.2%。
　NAFTA（3 ヵ国）は，同 4.7 億人，26.5%。

イ）医薬品のデータ保護期間は，8 年で合意した。

　　製薬企業を抱える米国は，12 年を主張したのに対して，豪州は 5 年を
　求めていた。日本の国内法は，元々 8 年であった。

ウ）乳製品の市場開放について，ニュージーランド（NZ）が求めていたが，
　日米等が受け入れた。

　　NZ 経済の屋台骨を支えるのは，生産性の高い乳製品産業。NY 乳業大手
　フォンテラ社の圧力がある。TPP により，日本のバターは，年間 3,188 ト
　ン（6 年目 3,719 トン）の輸入枠が設定された。年間国内需要 7 万〜 8 万ト
　ンの 5% 程度。最近では年間 1 万トン強が国産だけで不足しており，この 3
　〜 4 割を補うことになる。

　　現在は外国産バターが国産より高いが，「TPP 枠」だと安くなりそうだ。
　国内対策として，2016 年度より，試験的に（牛乳用途を除く）生乳の入札
　制度を導入。

エ）自動車の関税撤廃条件で，部品の 55% を域内調達すれば，輸出にかか
　る関税ゼロに。（原産地規則）

オ）著作権の保護期間を 50 年から原則 70 年に延長。

カ）国有企業に対する優遇を規制する。国内市場を外国企業に開放。

キ）ISDS 条項（Investor - State Dispute Settlement）企業の投資先国が投資協
　定に違反した場合，企業が国を相手どって投資仲裁を申したてられる条
　項。日揮が 2015 年 6 月スペイン政府を「現地企業と組んだ太陽熱による
　発電事業に対して，買い取り価格の当初約束を破り，投資家に不利な条件
　に追い込んだ」として，世界銀行の傘下の投資紛争解決国際センターに仲

裁を訴えた。TPP では，この仲裁裁定の公開による透明性確保が担保された（日経 2015.8.24 朝刊）。

ク）①輸出工業製品は関税撤廃率 99.9%，②輸入工業製品は関税撤廃率 100%。③輸入農産品は関税撤廃率 81.0%，④輸出農産物は関税撤廃率 98.5%（日本の場合）（日経 2015.10.21 朝刊）。

ケ）③で発効時即時撤廃品目は，ぶどう，キウイ，えび，かに，まぐろ缶詰め等。

コ）①で発効時即時撤廃品目は，NZ，メキシコ，ペルー向け乗用車，②で同，自動車用揮発油を除く石油つまり軽油，重油，灯油，プラスチック原料・製品，化合繊製オーバーコート等を除く繊維・繊維製品は全て。④で，米国・カナダ向け即席麺，イチゴ，日本酒。カナダ，メキシコ向け醤油。

8) OECD および G 20（2015.10.9）多国籍企業の租税回避地対策の国際課税新規則採択。

ア）タックスヘイブン（租税回避地）で稼得した利益にも適切な課税。

イ）特許を子会社に格安で譲渡した親会社に追徴課税。

ウ）子会社への利払いに対する税優遇を制限。

エ）国内に倉庫があるネット通販会社に課税。

オ）税理士に節税策の報告義務。

カ）2 年を目安に二重課税の課税を目途。

（日経 2015.10.9 夕刊）

9) 日欧 EPA（2019 年 2 月 1 日発効）（表 2.2.1 参照）

10) RCEP（アールセップ）地域的な包括経済連携

Regional Comprehensive Econimic Partnership Agreement

①概要

i) 人口 23 億人。貿易実績（2019）

（輸出）　日本→（他国）　　　　33 兆円。

（輸入）　他国→日本　　　　　　39 兆円。

ii) 関税　参加国全体で工業品，農林水産物含め 91% の品目で段階的に

表 2.2.1　日欧 EPA

電子商取引や知的財産などのルール整備

■ソースコードの開示要求を禁止

■データ送信への関税賦課の禁止

■「シャンパン」「神戸ビーフ」などの
　名称を保護（GI 兼備）

■著作権物の保護期間を死後 70 年
　などに延長

■政府調達の対象を相互に拡大

EU の関税＝日本の輸出　　　　　　　　　　　日本の関税＝日本の輸入

品目	現在の関税	発効後	品目	現在の関税	発効後
しょうゆ	7.7%		ワイン	15% または 1 リットルあたり 125 円	即時ゼロ
緑茶	無税〜3.2%		ナチュラルチーズ	29.8%	輸入枠内で 16 年目にゼロ
牛肉	12.8%+100 キログラム当たり 141.4〜304.1 ユーロ	即時ゼロ	アイスクリーム	21〜29.8%	6 年目までに 63〜67% 削減
水産物	無税〜26%		チョコレート菓子	10%	11 年目にゼロ
アルコール飲料	無税〜100 リットル当たり 32 ユーロ		衣類	4.4〜134.%	即時ゼロ
乗用車	10%	8 年目にゼロ	かばん, ハンドバッグ等	2.7〜18%	11 年目にゼロ

出所）日本経済新聞「2019 年 2 月 1 日朝刊より筆者修正。

　　撤廃。

　ⅲ）ルール　知的財産→投資企業への技術移転要求を禁止。

　　　　　　　デジタル→国境を超えた自由な流通の確保

　　　　　　　　　　基幹機器（サーバー）国内への設置要求の禁止。

　　　　　　　人の移動→一時滞在許可の義務付け。単純労働者受入義務は

　　　　　　　設けず。

②調印発効（調印 2020 年 11 月 15 日。発効 2022 年 1 月 1 日）

　　ASEAN6 カ国，その他 3 カ国の手続き完了時に発効する規定。

③参加国（15）ASEAN10（タイ・インドネシア・フィリピン・カンボジア・ラオス・

ミャンマー・ベトナム・マレーシア・ブルネイ・シンガポール日韓中豪ニュージーランド（インドはいつでも加入できる特別規定））

④日本が関わる通商協定

RCEP（15）25 兆ドル，日米貿易協定 26 兆ドル，TPP（11）11 兆ドル，日 EU・EPA20 兆ドル，日英 EPA7 兆ドル

⑤関税の特筆事項

関税は 15 カ国全体で撤廃率 91%(品目ベース)

☆日本からの輸出（撤廃率 83 〜 100％）

EV 用電池素材　　中国（現在 6%）撤廃時期 16 年目。

車軸　　　　　　中国（6%）16 年目，韓国（8%）15 年目。

牛肉　　　　　　インドネシア（5%）即時または 15 年目。

ホタテ　　　　　中国（10%）11 年目または 21 年目。

日本酒　　　　　中国（40%）21 年目。韓国（15%）15 年目。

☆日本への輸入（撤廃率 81 〜 88％）

コメや麦，牛・豚肉，乳製品，砂糖製品の「重要 5 品目」は見直し対象外。

冷凍惣菜　　　　中国産かき揚げ（9%）11 年目撤廃。

マツタケ　　　　中国産（3%）11 年目。

酒　　　　　　　中国産・紹興酒，韓国・マッコリ（関税共にする 1ℓ 42.2 円）21 年目。

(引用文献)

1. 杉山伸也「貿易と資本移動」 西川俊作他編『日本経済の 200 年』日本評論社，1996 年。
2. 西川俊作他編『日本経済の 200 年』日本評論社，1996 年。
3. 林直道『現代の日本経済（第 5 版）』青木書店，1996 年。
4. 南亮進『日本の経済発展（第 3 版）』東洋経済新報社，2002 年。
5. 渡辺健一『日本経済とその長期波動 21 世紀の新体制』多賀出版，2003 年。
6. 木村福成「自由貿易協定と日本の戦略」『経済セミナー』600 号，2005 年 1 月。
7. 『日本経済新聞』2015 年 8 月 24 日付朝刊，10 月 9 日付夕刊，10 月 21 日付朝刊。
8. 『読売新聞』2020 年 11 月 16 日付朝刊。

巻末付録

研究課題

第 I 部　世界文化論
第 1 章　文化論の分析手法
1–1　文化と文明を定義し，異同を問う。

1–2　アラブ文化圏，欧露文化圏，アジア文化圏の異同を問う。

1–3　文学からみた文化を論じよ。

第 2 章　アラブ文化
2–1　イスラムが注目される理由は何か。

2–2　回教拡大の理由は何か。

第 3 章　欧露文化
3–1　欧露文化の論争について記せ。

3–2　ギリシャ正教とローマ・カトリックを比較せよ。

3–3　第 3 ローマ論について記せ。

3–4　ニーコン改革と古儀式派について記せ。

3–5　ロシアに於ける普遍主義（スラブ派と西欧派）について記せ。

3–6　現代に於ける普遍論争について記せ。

3–7　日露関係史について記せ。

3–8　ポーランド史について記せ。

第 4 章　アジア文化
4–1　何故仏教は文明の起こったインダス河流域でなく，ガンジス河流域で誕生したか。

4–2　何故インドで濫觴した仏教が衰退したか。

4–3　カンボジアの世界遺産「アンコールワット」は 12 世紀ヒンズー教文化及び仏教文化の遺跡であることを論評しなさい。

4–4　仏教は何故キリスト教や回教と違い，普遍的宗教なのか。梵天勧請を使って説明せよ。

4–5　中国民衆史に於ける道教について記せ。

4–6　中国仏教に於ける歴史的意義について記せ。

4–7　中国史に於ける儒教について記せ。

4–8　中国では，何故正月を 1 月と呼ぶのか（始皇帝）。

4–9　日本文化に於ける伝統思想と西洋思想の相克について記せ。

4–10 日本の仏教について記せ（本地垂迹，神仏習合，殉死の禁止，百済，宋，禅，世俗，新仏教，妻帯世襲，一向宗）

4–11 日本の思想（儒教，仏教）と西洋哲学を比較論評せよ（テオリア，形而上的認識，超越的世界，内向的実践，道徳，禅，政治，自我，学問，形而下的認識）

4-12　徳川幕府と朱子学について記せ（陰陽五行思想，居敬窮理，理気二元論，武士道，諸子百家，李退渓，林羅山，上下定文，存心持敬，天に向かう傾向）

4-13　日本の近世（江戸時代まで）と近代（明治維新以降）の連続性について記せ。（朱子学，荻生徂徠，もののあわれ，徳治主義，政治，忘れられた思想家，本居宣長，陽明学的志士，本多利明，大久保利通）

4-14　日本の近世と近代の不連続性について記せ（MODERN，古医方，近世，近代，蘭学，現代，華岡青洲，荻生徂徠，コッホ）

4-15　明治思想の二重構造について記せ（儒教，加藤弘之，明治政府の官僚，教育勅語，倫敦，終戦の詔（みことのり），社会契約論，新島襄，中江兆民，基督教）

4-16　徳川政権の宗教政策について記せ（キリシタン，仏教，触頭，本末政策，寺請制度，神仏習合，儒教，追い腹，神道，上下定文の理）

4-17　実存的神道と本質的神道の異同を問う。

4-18　伊勢神道，唯一神道，垂加神道，復古神道の異同を問う。

4-19　神々の系図について説明しなさい。

4-20　近代化以前の日本について記せ。

4-21　明治維新の背景について記せ。

4-22　明治維新の過程と近代化について記せ。

4-23　近代化の意義について記せ。

4-24　日本の近代化について記せ。

4-25　近代経済成長とは何か。それは工業化とどういう関係にあるのか。

4-26　ウオーラーステインの近代経済システムとは（覇権，中核，周辺）。

4-27　① 17C ～ 18C 半ば　② 18C 半ば～ 1917　③ 1917~67 の中核，半周辺，周辺，状況を各自について記せ。

4-28　英国の 19 世紀の近代経済システムを阿片戦争前後で，変遷を記せ。

4-29　幕末から明治維新にかけて，日本は何故西欧列強の世界戦略に組み込まれずに済んだのか。

第 II 部　文化論各論
第 1 章　労働文化

1-1　パーソンズの AGIL モデルを説明せよ。

1-2　バーバーマスの下位システムと社会諸科学について記せ。

1-3　ハーバーマスの生活世界とシステムの関係について記せ。

1-4　聖書に見る労働観について記せ（「罰」としての労働）。

1-5　古代ギリシアの労働観について記せ。（労働は奴隷の仕事で市民のではない）

1-6　経済体制と労働観（資本主義の搾取という労働観から社会主義体制が誕生）

1-7　国家分裂と労働観（労働観の違いから民族対立，連邦国家分裂へ）

1-8　仏教的労働観（労働はボランティア活動から）

1-9　儒教的労働観 (商業活動は立派な労働)

1-10　派遣労働，業務請負労働，出向労働の異同を問う。

1-11　労働経済学について記せ。

1-12　日本の女子労働力構造を検証せよ。

1-13　失業者の定義を述べよ。

1-14　労働可能人口は何歳以上か。

1-15　労働統計を纏めよ。

1-16　労働市場の需要・供給バランスを人の移動の観点から図示せよ（井出多加子『グローバル時代の日本の働き方』7 頁）。

1-17　日本における労働力構造を説明せよ（2004 年）。

1-18　個人の所得構造を説明せよ。

1-19　日本銀行と米国連邦準備委員会（FRB）の機能について，異同を問う。

1-20　英語の work と labour について比較せよ。

1-21　労働経済学の起源について記せ。

1-22　米国の中央銀行に当たる FRB について論ぜよ。

1-23　日本のマクロの労働供給の特徴は何か。

1-24　賃金の変化を 2 つの要素に分解し説明せよ。
　　①所得効果とは何か。②代替効果とは何か。（永野仁，後掲書 29 頁）

1-25　ヒックスのバック・ベンドを説明せよ。

1-26　日本の人口のピーク及び労働人口のそれは何年で，何万人か。

1-27　労働供給の 3 次元を説明せよ。

1-28　労働需要の 3 要素を説明せよ。

1-29　限界生産力逓減の法則とは何か。

1-30　完全競争市場とは何か。（巻末付録参照）

1-31　コブ・ダグラス型生産関数とは何か（高橋泰蔵編『体系経済学辞典（第 6 版）』379 頁）。

1-32　CES 生産関数とは何か（同上）。

1-33　規模に関して収穫不変は数学的には何と言うか。

1-34　独や韓国での外国人労働者の導入の種々の影響について記せ。

1-35　改正入管難民法（2019 年 4 月 1 日施行）と他国の先例について述べよ。

1-36　新入管法の残された課題について記せ。

1-37　外国人労働者の経済効果を図で説明せよ。

1-38　高度技術者のみ外国人労働者として受入れる経済合理性について記せ（小崎223 頁）。

1-39　少子化対策として外国人労働者を受入れるデメリットを分析せよ(小崎224 頁)。

1-40　日本の統計上の「失業者」の定義を述べよ。

1-41　G5 の失業率の定義を比較検討せよ。

1-42　失業者と景気変動に何故ラグがあるのか。

1-43　フィリップス曲線とは何か。

1-44　日本のフィリップス曲線を図示せよ（栗林世「日本経済の政策課題」『経済学論　纂（中央大学）第 57 巻第 5・6 合併号（中野守教授古稀記念論文集）』2017 年 3 月，　169 頁）。

1-45　オークンの法則を説明せよ。

1-46　UV 分析を英国とポルトガルでせよ（井出多加子，引用書 16 頁）。

1-47　日本の UV 分析（1967-2015）を図示せよ（栗林世，前掲書 167 頁）。

1-48　オークンの法則を実証せよ。

1-49　米国 1960 年代のトレード・オフ曲線を図示せよ。

1-50　完全失業率 G7（1980-2012 年）を図示せよ（井出多加子，前掲書 6 頁）。

1-51　自然失業率仮説とは何か（樋口美雄『労働経済学』東洋経済新報社, 285-290 頁）。

1-52　労働市場における失業を図示せよ（横軸に労働量，縦軸に賃金率）。

1-53　労働市場における賃金決定メカニズムを図示説明せよ（賃金率，労働量，超過供　給，超過需要，上昇，下落，右下がり，右上がり）。

1-54　①労働人口増加，②労働人口減少，③景気後退，④技術進歩がある場合。①から　④までの変化で，労働市場の均衡点はどのように推移するか。各場合を図示説明せよ。

1-55　労働市場において，⑤労働需要曲線が左に，次に労働供給曲線が右にシフトした　場合，均衡賃金率はどのように変化するか図示説明せよ。

1-56　労働市場において⑥労働需要曲線と労働供給曲線が共に左にシフトした場合，均　衡賃金率はどのように推移するか図示説明せよ。

1-57　不安定な労働市場では，均衡賃金率はどう変化するか図示説明せよ。

1-58　労組や最低賃金が労働市場に与える影響を図示説明せよ。

1-59　日本の春闘は，西欧諸国に比べて特異なものか（脇田成，引用書 23 頁）。

1-60　賃金格差の諸側面とその発生原因を挙げて分析しなさい。

1-61　OJT（on-the-job training）と Off JT（off-the-job training）　を説明せよ。

1-62　補償賃金仮説とは何か（樋口美雄『労働経済学』229 頁）。

1-63　ヘドック賃金関数とは何か（同上）。

1-64　賃金ファイルとは何か。

1-65　賃金体系を述べよ。

1-66　差別の諸側面について記せ。

1-67　差別的嗜好理論を使用し，男女雇用機会均等法の問題点を挙げて分析しなさい。

1-68　アファーマティヴ・アクションを説明し，合わせて弊害も論じなさい。

1-69　労働者の差別の定義について記せ。

1-70　パートタイマーの問題点を挙げて分析しなさい。

1–71 正規労働者と非正規労働者の定義は何か。

1–72 非正規労働者の問題点を挙げよ。

1–73 日本の非正規労働者を４つに分類し，説明せよ。

1–74 経済学上の財とサービスを比較せよ（表8-3)(木村武雄・江口充崇『経済分析手法』237 頁）。

1–75 経済サービス化の統計資料を検証せよ（廣松毅他『経済統計』174-175 頁，永野仁『労働と雇用の経済学』9 頁）。

1–76 米国のコンティジェント労働者とは何か。

1–77 フリーターとは何か（木村武雄『10 ヵ国語経済・ビジネス用語辞典』123 頁 99，小峰隆夫『日本経済の基本　第 3 版』37 頁）。

1–78 ニートとは何か（木村武雄同上書同頁 100，小峰隆夫同上箇所）。

1–79 英語の「サービス」の語源に照らして，意味の変遷を述べよ（木村武雄・江口充崇『経済分析手法』235-239 頁）。

1–80 男女雇用機会均等法の問題点を挙げて分析しなさい。

1–81 男女賃金格差の原因を分析せよ。

1–82 間接雇用（派遣契約と業務請負契約）を説明し，問題点を指摘しなさい。

1–83 表 8 を用いて，日本の国内変化及び各国の女性労働力率・年齢層別比較をせよ。

1–84 コース別雇用管理について記せ。

1–85 第 2 節 7. 契約と労働観において，「派遣労働，業務請負労働，出向労働の異同を問う。」

1–86 高齢者の労働力率の長期的トレンドの規定要因を挙げて分析しなさい。

1–87 高齢者の労働需要の規定要因を挙げて分析しなさい。

1–88 高齢者の就職促進のための公的制度改革について述べなさい。

1–89 ラジアーの理論(定年退職性の正当化理論)を説明しなさい(清家篤引用書 164 頁)。

1–90 嘗て，日本の美徳とされた年功序列賃金制度がある。これは，定年制とセットであったことを例証しなさい。

1–91 高齢者の労働供給の決定要因を 4 つ掲げ説明せよ。

第 2 章　国際文化

2–1 ルイスの二重構造的経済発展論を説明せよ。

2–2 転換点とは何か。

2–3 日本に於ける転換点を説明せよ。

2–4 トービンのポートフォリオ分離定理を説明せよ。

2–5 トービンの q 理論を説明せよ。

2–6 日本経済に於けるトービンの限界 q と平均 q の時系列を説明せよ。

2–7 ベッカーの人的資本論の経済効果を 4 つ掲げて説明せよ。

2–8 ベッカーの人的資本論で日本の終身雇用と年功序列を説明せよ。

2-9　日本の介護保険に於けるヴァウチャー制度を説明せよ。

2-10　教育を人的投資と考え，大学教育を生涯賃金額と教育投資の観点から分析せよ。

2-11　失われた 10 年に日本の産業競争力は低下したか（ROA，総資本回転率）。

2-12　「世界競争力報告」での日本の競争力を分析せよ。

2-13　日本企業の国際競争力での産業別強弱を説明せよ。

2-14　日本企業の弱点である，経営判断・戦略性・人知財に関して説明せよ。

2-15　日米修好通商条約は，どういう性格の条約か。

2-16　戦間期の貿易の特徴を説明せよ。

2-17　ガリオア・エロア協定について記せ。

2-18　日本の FTA・EPA 戦略について記せ。

2-19　TPP について記せ。

2-20　OECD 及び G20 が，2015 年 10 月に採択した，多国籍企業の租税回避国対策の要旨を述べよ。

2-21　日欧 EPA について記せ（農産物の GI, GDPR, 輸入，輸出）。

2-22　RCEP（アールセップ）について記せ。

キーワード

世界の諺（ことわざ）

出所）日本ことわざ文化学会編『世界ことわざ比較辞典』岩波書店，2020 年等を参照。

日本	**1. 時は金なり** 注 1）時間は金と同様に貴重なものだから無駄にはしてはならないという譬え	韓国	시간은 돈이야 . 時は金だ（西欧）
アラビア	لامِلا وه تقول 時は金でできている كمِطق متيس ، مِطِقت مِل اذإ ، لامِلا وه تقول 時は剣，斬らねば斬られる	フランス	Le temps, C'est de l'argent. 時は金だ
ロシア	Время - деньги 時は金だ	イタリア	Il tempoe denaro. 時は金だ
ドイツ	Die Zeit ist Geld 時は金だ	スペイン	El tiempo es oro. 時は金だ
中国	一寸光明一寸金，寸金雅実寸光明 時は金なり，金で時は買えない	英米	Time is money. 注 2）Nothing is more precious than time.
日本	**2. 子は親の鏡（この父にしてこの子あり）** 注 3）子供には親の人柄が反映されるという譬え。	韓国	이 아버지로서이 아이가 있습니다 . この父にしてこの子あり
アラビア	هِافطأ نم مِهِوارسأ ذخ 彼らの秘密は子供たちからとれ	フランス	Tel pere, tel fils. この父にしてこの子あり
ロシア	Таков отец, таков и сын 父親がそうなら，息子もそう	イタリア	Tale pardre, tale figlio. この父にしてこの子あり
ドイツ	Da ist dieser Vater und dieses Kind この父にしてこの子あり	スペイン	De tal parre, tal hijo. この父にしてこの子あり
中国	有这个父亲和这个孩子 この父にしてこの子あり 勤劳的妈妈有勤奋的女儿 働き者の母には勤勉な娘，怠け者の父に太政な息子	英米	Like father, like son. この父にしてこの子あり 注 4）Children resemble parents.

日本	**3. 恋は盲目（痘痕（あばた）も笑窪（えくぼ））** 注5）相手に強く好意を持つと欠点も長所に見えるという譬え。	韓国	시간은 돈이야. 気に入った人には憎いところがなく，憎い人には気に入るところがない。
アラビア	‏اذ كانت هناك صداقة، الف كنكمي يؤر عيوب الآخر.‏ 友情があれば相手の欠点は目につかない。	フランス	L'amour est avengle. 恋は盲目
ロシア	Любая девушка, которая любит себя, прекрасна 誰でも自分野好きな娘が美人 Любовь делает дураками даже умных 恋はお利口さんをも馬鹿にする	イタリア	L'amore è cieco. 恋は盲目
ドイツ	Liebe macht blind. 恋は盲目	スペイン	El amor es ciego. 恋は盲目
中国	爱情是盲目的 恋は盲目 情人眼里出西施 恋人の目には西施に見える	英米	Love is blind. 恋は盲目 注6）Love covers many infirmities.
日本	**4. 雨垂（あまだ）れ石を穿（うが）つ。** 注7）微力ではあるが，毎日根気強く努力すれば，成功への道が開かれるという譬え。	韓国	물방울 돌을 입는다 点滴石を穿つ
アラビア	‏قطرة ماء واحدة تقسم الصخور‏ 水の一滴一滴は岩をも裂く ‏تم تدمير جبل التوابل بأطساوطة شرف المكايا‏ コフルの山も化粧筆で崩される	フランス	La goutte creuse la pierre. 点滴石を穿つ
ロシア	вода пробивает камень 水は石をも穿つ	イタリア	A goccia a goccia s'incava la pietra. 点滴石を穿つ
ドイツ	Steter Tropfen bohrt den Stein. 滴（したた）り続けて石穿つ	スペイン	Continua gotera horada la piedra. 点滴石を穿つ
中国	滴水穿石 点滴石を穿つ	英米	Constant dropping wears away the stone. 滴（したた）絶え間なく石を穿つ 注8）Falling drops of rain will soon wear away a stone.

日本	5. 急がば回れ。 注9）焦って危険な近道を行くより遠回りでも安全な道を行くほうがよいという譬え	韓国	시간은 돈이야. 急ぐほど回って行け
アラビア	خذ بطبك وتكون آمنا ، وأسرع وستندم ゆっくりやれば安全，急ぐと後悔	フランス	Hâte-toi lentement. ゆっくり急げ
ロシア	Если вы идете медленно, вы можете пойти далеко ゆっくり行けば遠くまで行ける	イタリア	Affrettari adagio. ゆっくり急げ
ドイツ	Eile mit Weile. ゆとりをもって急げ。	スペイン	Cnanto mas deprisa, mas despacio. 急ぐほど，なおゆっくり
中国	绕路是捷径 遠回りが近道 十个安全步骤胜过危险步骤 危険な一歩（近道）より，安全な十歩（遠回り）だ	英米	Make hasta slowly. 慌てず急げ 注10）When in haste, make a detour.
日本	6. 朱に交われば赤くなる。 注11）付き合う人や環境によって人は影響されるという譬え	韓国	먹을 가까이하면 검게된다. 墨を近づければ黒くなる
アラビア	تنتشر العدوى بسرعة من المريض على الأصحاء 病人の病が健康な人に移るのは早い إذا خالطت قوما أربعين يوما صرت منهم، فأما أن تنكر عليهم وأما أن يصحبوك 人々と四十日付きあえば彼らの一員となる	フランス	Les mauvaises compagnies corroment les bonnes moeeurs. 悪い交わりは良い習わしを損なう
ロシア	Те, кто спит с собаками,просыпаются с блохами 犬と眠るものは蚤と一緒に起きる	イタリア	Chi va con lo zoppo, impara a zoppicare. 跛（ちんば）とともに歩めば，跛行を覚える
ドイツ	Boese Gesellschaft verdirbt gute. Sitten. 悪い交わりは良い習わしを損なう	スペイン	El que se acuesta con perros, amanece con pulgas. 犬と眠るものは蚤と一緒に起きる
中国	近朱者赤，近墨者黑 朱に近づくものは赤くなり，墨に近づくものは黒くなる 挨金似金，挨玉似玉 金に近づけば金に似，玉に近づけば玉に似る	英米	Evil communications corrupt good manners. 悪い交わりは礼節を失う 注12）If you associate with good friends, you will become good.

日本	**7. 捕らぬ狸の皮算用。** 注 13）非現実的なことを当てにして希望的な計画を立てることの譬え。	韓国	너구리의 구멍을보고 피부 대금을 낸다 . 狸の穴を見て皮の代金を出す 노로시카를 잡기 전에 손가락을 준비 ノロシカを捕まえる前に指ぬきを用意する
アラビア	ال بيتاع يعمكل ال تانا ال ةلاتفيف رحبلا まだ海にいるのに魚を売るな ال لقت باحص كنع يضتقعا بس ثتينب حباص ال かごに入れるまでブドウと言うな	フランス	Il ne faut jamais vendre la peau de l'ours qu'on ne l'ait mis par terre. 熊を倒す前にその皮を売ってはならない
ロシア	Не считай утят до вылупления яиц 卵が孵らぬうちから子鴨を数えるなかれ Не продавай шкуру, пока не застрелишь медведя 熊を撃つ前にその皮を売るな	イタリア	Non contare I polli prima che siano usciti. 卵が孵らぬ前に雛を数えるな
ドイツ	Kuemmere dich nicht um ungelegte Eier. 産んでいない卵に気にかけるな	スペイン	No cuentes los pollos antes ＜ de ＞ que nazcan. 生まれる前にヒヨコの数を数えるな
中国	没抓到熊不谈劈皮 熊を捕まえないうちから皮を分ける話をするな 不打私心算盘 手前勝手なソロバンを弾くな	英米	Don't count your chickens before they are hatched. 生まれていないヒヨコの数を数えるな　注 14）It is of no use to estimate the value of uncertain things before obtaining them.
日本	**8. 虎の衣を借る狐　（戦国策）** 注 15）他人の権勢を頼りにして威張ることの譬え	韓国	호랑이의 위협을 빌리는 여우 虎の威を借る狐 호랑이의 위엄을 여우가 빌린다 . 虎の威厳を狐が借りる
アラビア	ث لطق ةطفق يتلا تت ثت دحبش خيري اسمد ライオンの鼻息で話す猫のよう	フランス	L'anse vetu de la peau du lion. ライオンの皮をまとったロバ（ラ・フォンテーヌ）
ロシア	Если лошадь бьет копытами, рак поднимает ножницы 馬が蹄を蹴り立てて行けば，ザリガニが鋏を立てていく	イタリア	L'asino nella pelle del leone. ライオンの毛皮の中のロバ
ドイツ	Ein esel in Loewenhaut. ライオンの皮をまとったロバ	スペイン	Asno vestido ＜ con piel ＞ de leon. ライオンの皮をまとったロバ
中国	借虎之威的狐狸 虎の威を借る狐 驴披虎皮 ロバが虎の皮を被る	英米	An ass in a lion's skin. ライオンの皮をまとったロバ（イソップ） 注 16）An arrogant man who backs in the support of his master's authority.

日本	**9. 二兎を追う者は一兎も得ず** 注17）同時に二つのことをやってもどちらも上手く行かないという譬え	韓国	두 토끼를 쫓는 사람은 토끼도 얻지 못합니다 . 二兎を追う者は一兎も得ず
アラビア	الذي يأكل على طاولتين سوف يختنق 二つの食卓で食べる者は窒息する الشخص الذي يطارد أرنبين لا يمسك أي منهما 二兎を追う者は一兎も得ず	フランス	Qui court deux lièvres n'en attrape aucun. 二兎を追う者は一兎も得ず
ロシア	Тот, кто погнался за двумя зайцами, не поймает ни одного 二兎を追う者は一兎も得ず	イタリア	Chi due lèpri caccia, l'una non piglia e l'altra lascia. 二羽の兎を追うものは，一羽は取り損ね，もう一羽には逃げられる
ドイツ	Wer zwei Hasen auf einmal jagt, faengt keinen. 二兎を追う者は一兎も得ず	スペイン	Galgo que va tras dos liebres, sin ninguna vuelve. 二兎を追う猟犬は一羽も捕らえずに戻ってくる
中国	追两只兔子的人连一只都抓不到 二兎を追う者は一兎も得ず 乘坐两艘船 二艘の船に跨る	英米	He who chases two hares catches neither. 二兎を追う者はどちらも得られない 注18）If you pursue two things at a time, you will obtain neither.
日本	**10. 猫に小判** 注19）価値あるものも値打ちの分からない者には無駄だという譬え。	韓国	돼지 오두막에 황동 자물쇠 豚小屋に真鍮の錠 개 발에 버선 犬の足に足袋
アラビア	أعط الحمار وردة. لن يأكل سوى لكأ ロバにバラをあげてみなさい。食べてしまうから	フランス	Les perles aux pourceaux. 豚に真珠を投げる
ロシア	метать бисер в свиней 豚に真珠を投げる	イタリア	Non si damo le perle ai porci. 豚に真珠を与えてはならない
ドイツ	Perlen vor die Saene werfen. 豚に真珠を投げる	スペイン	Echar margaritas a los cerdos. 豚に真珠を投げる
中国	将宝石扔进黑暗中 宝玉を暗闇の中に投げる（価値を理解していないことや才能が認められていなことの喩え）	英米	Cast pearls before swine. 豚に真珠を投げる（新約聖書マタイ 7:6）注20）You should never give precious things to a person who cannon appreciate their value at all.

日本	**11. 窮すれば通ず（『易経』）** 注21）絶体絶命の窮地に追いつめられると，案外，名案が浮かび，切り抜けられるという譬え	韓国	익히면 통하지 않고 窮すれば通ず
アラビア	السهولة تأتي بعد القلق 悩み抜いて楽が来る	フランス	Necessite est mere d'industrie. 必要は発明の母
ロシア	бедные люди изобретательны 貧乏は考案上手 Когда я голоден, я думаю о возможных мерах 腹が空けばありつく策を考える	イタリア	La necessite e la madre dell'invenzione. 必要は発明の母
ドイツ	Not machat erfindersich. 必要は工夫させる	スペイン	La necesidad es madre de la invencion. 必要は発明の母
中国	当你遇到麻烦时，改变你的方式 窮地になれば，やり方を変える。やり方を変えれば道は開く 急中生智 苦しくなれば名案浮かぶ	英米	Necessity is the mather of invention. 必要は発明の母　注22）Even if you are driven to extremity, there is some solution to the hard problem.
日本	**12. 火に油を注ぐ（プラトン）** 注23）勢いを倍加させることの譬え。	韓国	화사장에서 불을 부채 火事場で火を扇ぐ
アラビア	أضف الماء على الوحل 泥に水を増す	フランス	Jeter de l'huile sur le feu. 火に油を注ぐ
ロシア	подливать масла в огонь 火に油を注ぐ	イタリア	Gettare olio sul fuoco. 火に油を注ぐ
ドイツ	Öl ins Feuer giessen. 火に油を注ぐ	スペイン	Echar lena al fuego. 火に油を注ぐ
中国	火上加油 火に油を注ぐ	英米	Add fuel to the fire. 火に油を注ぐ 注24）Misfortunes never come alone. 不幸は単独では来ない

日本	**13. 類は友を呼ぶ（アリストテレス）** 注 25）似たものはそれなりに自然と寄り集まるという譬え	韓国	왕새우는 게에 아군 ザリガニは蟹に味方する 같은 깃털 새는 무리 同じ羽の鳥は群れる
アラビア	حتى الطيور في المكان الذي يناسبه من أسه 鳥は自分の似合った所に止まる	フランス	Qui se ressemble s'assemble. 似た者は集う
ロシア	Рыбаки могут узнавать рыбаков на расстоянии 漁師は漁師を遠くからでも見分けられる	イタリア	Ogni simile ama il sno simile. 似た者は似た者が好き
ドイツ	Gleich und gleich gesellt sich. 似た者同士は仲間になりたがる	スペイン	Pajaros del mismo pluma je. 同じ羽の鳥は群れで飛ぶ
中国	物以类聚，人以群分 物は類をもって集まる，人は群れをもって分ける	英米	Birds of a feather flock together. 同じ羽の鳥は群れをなす 注 26）Those of the same mind are drawn to one another.
日本	**14. 天は自ら助くる者を助く（エラスムス）** 注 27）自ら努力する者には天の加護があるという譬え	韓国	하늘은 스스로 돕는 자를 돕는다 天は自ら助ける者を助ける（西欧）
アラビア	يعينني ما دام العبد يداوي واصل ملع عاده أخيه アッラーは，僕（しもべ）がその兄弟を援助し続ける限り僕を援助する	フランス	Aide-toi, et le Ciel t'aidera. 自らを助けよ，そうすれば天が助けてくれる
ロシア	Бог защищает тех, кто защищает себя 自ら身をまもる者は神もまもってくれる Верь в Бога, но будь сильным сам 神を信じよ，だが自らもしっかりやれ	イタリア	Aiutati che il ciel t'ainta. 神は自らを助くる者を助く
ドイツ	Hilf dir selbst so hilft dir Gott 自らを助けよ，そうすれば神が助ける	スペイン	Gott.Dios syuda a quienes se ayudan a si mismos. 神は自らを助くる者を助く
中国	天助自助者 天は自ら助けるものを助ける 天不会背叛奋斗的人 お天道様は苦労している人を裏切らない	英米	God helps those who help themselves. 神は努力する者を助ける 注 28）Heaven helps those who help themselves.

日本	**15. 溺れる者は藁をもつかむ** 注29）危急の時にはどんなものでも頼りにするという譬え	**韓国**	물에 빠지면 짚이라도 잡는다 水に溺れれば藁でも掴む
アラビア	ميسك الرجل الغارق بالشحاف 溺れる者は，枯れ草を掴む	**フランス**	Um homme qui se noie s'accroche a tout [a un brin de l'aille] 溺れる者は何にでも［藁一本にも］しがみつく
ロシア	Утопающий ловит даже за соломинку 溺れる者は藁をも掴む	**イタリア**	Chi affoga s'attaccherebbe ai rasoi. 溺れる者は剃刀（かみそり）にでもしがみつく
ドイツ	Der Ertrinkende klammert sich an einen Strohhalm. 溺れる者は藁をもつかむ	**スペイン**	Los apurados se agarran a un clavo ardiendo. 困っているものは焼け釘（くぎ）をも掴む
中国	病急乱投医 重病になるとやたらに医者に掛かる 不要在饿的时候选择食物 飢えたときは食べ物を選ばず	**英米**	A drowing man will catch at a straw. 溺れつつある者は藁をも縋（すが）る 注30）Anybody asks for anything when in trouble.

アラブ文化 100（イスラーム世界研究マニュアル）

1. Ahyan　アーヤーン　18世紀以降のオスマン帝国の在地の有力者層
2. aga　アガ　在地有力者や有名宗教者，オスマン帝国の軍司令官の称号
3. Achaemenid Persia(前550-前330)　アケメネス朝ペルシャ（都スサ）
4. Abbasid dynasty (749-1258)　アッバス朝（都バグダッド）（回教徒平等主義）
5. Allah　アッラー　回教に於ける唯一神の称号
6. ‘asabiya　アサビーヤ　集団に於ける連帯意識を意味する
7. Azan　アザーン　一日5回の礼拝告知．
8. Ajam　アジャム　回教勃興前後にアラブ人以外の人々を指した名称．「異人」
9. Ashkenazi　アシュケナジー　東中欧を中心とするヨーロッパ系ユダヤ人
10. Ache　アチェ　インドネシアのスマトラ島西北部の回教徒アチェ人の特別州385万
11. Akkadian　アッカド語（セム祖語で最も古い，アラビア語よりも）
12. Amir(Emir)　アミール　原意は司令官や総督．転じて，支配者や王族の称号
13. Alexandoros Ⅲ世(前356-323)　アレクサンドロス大王バクトリア，ソグディアナ東征
14. ‘id イード（回教の祭日）
15. Iqta’　イクター制　軍人に対して，与えられる徴税権を国家が分与する制度
16. ‘iftar　イフタール（断食後の初めての食事）
17. Ijuma　イジュマー　回教法源の一つ
18. Ijtihad　イジュテイハード　努力するから，聖典の解釈法
19. Islam　イスラーム　もともと S-L-M を語根の派生動詞 aslam（委ねる）の動名詞
20. Islamic law　イスラーム法 (sharia, シャリーヤ)
21. ‘idda　イッダ　待婚期間（夫と死別，又は離婚した女性が再婚するまでの）
22. Ibn Battuta　イブン・バットゥータ 1304-68/9　ベルベル人旅行家で著名な法学者
23. ‘Iman, イーマーン）6信　アッラー，マラーイカ，クトゥブ，ルスル，アーヒラ，カダル
24. imam　イマーム　指導者
25. ‘Ibada, イバーダート）5行　シャハーダ，サラート，サウム，ザカート，ハッジ。
26. In sha’a Allah　イン・シャー・アーラー　アラーがお望みであったなら
27. ‘ilm　イルム　学問
28. Intifadah　インティファーダ　反イスラエル住民蜂起
29. Uyghur　ウィグル　中国西北部　トルコ系回教徒800万人
30. ‘ushr　ウシュル（10分の1税）「ディーワーン diwan 官庁帳簿アラブ人至上主義」
31. Umayyad dynasty　ウマイヤ朝(661-750)(都ダマスカス)　ミスル，アター，アー

ミル

32. 'ulama' ウラマー　知者 'alim の複数形. 回教知識人

33. Umma ウンマ　回教共同体

34. Effendi　エフェンディ　トルコで資産家・役人・知識階級者の敬称

35. Jerusalem　エルサレム　猶太教，基督教，回教の聖地

36. Ottoman Empire オスマン帝国 (1299-1922)（都イスタンブール）

37. Qawmiya　カウミーヤ　（民族主義）←→（wamiya ワタミーヤ愛国主義）

38. Al-Ka'ba　カーバ（聖殿）

39. Khahfa カリフ (/ ハリファー)（預言者の後継者）

40. Karwan キャラバン（隊商）ラクダを使い砂漠等を通過する都市間の贅沢品の取引

41. Zakat ザカート（喜捨）経済的余裕のあるムスリムの特定義務（五行の 4 番目）

42. Idol worship 偶像崇拝

43. qutb クトゥブ　聖者のヒエラルキーにおいて頂点にいる人間

44. al-quran　クルアーン　回教の聖典

45. Mustafa Kemal Ataturk　ケマル・アタチュルク (1881-1938) トルコ近代化の父。

46. Spanish Umayyards　後（こう）ウマイア朝（756-1031)(都コルドバ）

47. Sayyid サイイド　預言者ムハンマドの血を引く者

48. Sykes-Pico Agreement　サイクス・ピコ協定（1916.5.16)

49. dhawq ザウク（味得）　スーフィーの直接的神秘体験

50. Sasanian Persia ササン朝ペルシャ (226-651)（都クテシフォン）　拝火教が国教

51. Sama' サマーウ　聞くこと→音楽・舞踊を伴うスーフィーの修行法

52. Salah al-Din Yusuf サラディン (1138-93)　反十字軍の英雄。人道主義者

53. Jahiliyah ジャーヒリーヤ（無明時代）　回教布教以前の時代

54. Shahadah シャハーダ（信仰告白）（アッラーの他に神はいない）

55. Sumer シュメル　世界最古の文明

56. Dhikr ズィクル（唱名）　神を思い，讃える宗教的行

57. dhimma ズィンマ（庇護）　回教支配下で納税で信教の自由生命財産が保障される

58. Scarf problem スカーフ問題　2004 年仏で公立校でのヒジャーブ禁止法

59. Tasawwuf スーフィズム，タサッウフ　回教神秘主義 回教で内面を重視する思想

60. Zuhd ズフド（禁欲）　修行の途中で必要とされる現世放棄・禁欲を意味

61. sultan スルタン (世俗的権力者)・khifa カリフ（宗教的権威者）

62. Sunnah スンナー派 (回教多数派)・Shi'ah シーア派（回教少数派）

63. Seljuds セルジューク朝トルコ (1038-1194)(都エスファハーン）

64. Zoroastrianism　ゾロアスター教（前 1200 年代頃？成立）　3 世紀ササン朝国教

65. dar- al-Islam　ダール・アル＝イスラーム　回教の家（回教法適用地域）

66. Tawhid タウヒード　原義一つにすること　神の唯一性←→ Shirk シルク　神が複数

67. Tariqah　タリーカ（修行道）　神秘主義教団

68. Darwish　ダルウィーシュ　托鉢僧

69. du'a' ドゥアー（個人的祈願）（五行に属さないお祈り）

70. 'abd（宗教上の）奴隷　「回教上で, 他人に依存し, その指示によって行動する存在」）

71. nahda　ナフダ　「目覚め・復興運動」アラブ文芸復興運動。

72. al-Hizb al-Ba'th al-'Arabi al-Ishtiraki　バース党（アラブ社会主義復興党）

73. Kharaj　ハラージュ　土地税　Jizya　ジズヤ　人頭税

74. Pashtun　パシュトゥーン　アフガニスタンの最大の民族名

75. Basmachilik　バスマチ運動　露革命時, 中央アジアでの回教徒抵抗運動

76. basmala　バスマラ　慈悲あまねく慈愛深きアッラーの御名によって御前にあること）

77. Baraka バラカ　本質的には神に由来する聖なる力

78. halal　ハラール（許容されている行為）　回教徒の食事可能な食品

79. Palestine Liberation Organization(PLO)　パレスチナ解放機構（1964.5 月〜）

80. Harem ハレム（禁じられた）　オスマン帝国の後宮　西欧の誤解

81. Hijab ヒジャーブ　頭髪をしっかりと覆うヴェール

82. hijra ヒジュラ　移住　622 年ムハンマドがマッカからマディーナで移住

83. Bid'a　ビドア（逸脱）　回教の正しい教えから逸脱した考え方

84. Fana' ファナー　消滅　忘却・恍惚　Tawakkul タワックル　信頼

85. Guardianship of the jurisconsult 法学者の統治　イラン革命で採られた政治体制

86. Maqamat　マカーマート（神秘階梯）神に近づく為の体系化された諸段階

87. Makka　マッカと al-madina マディーナ　回教の聖地

88. madrasa　マドラサ　回教を学ぶ寄宿制高等教育施設

89. mamluk　マムルーク　トルコ系白人奴隷

90. millet　ミッレト　オスマン帝国で, 同じ宗教共同体（基督教・猶太教）　ムスハフ

91. mushaf　ムスハフ　書物となっているクルアーン

92. Muslim　回教に帰依した者

93. Muhammad　ムハンマド　唯一神信仰の系譜, 猶太教, 基督教, 回教の最後の預言者

94. Masjid　マスジド（モスク）

95. Nabiy (ナビーユ) 預言者　アッラーのメッセージ, 言葉を預り, 他の人に知らせる者

96. Salat (サラート)　礼拝「アッラーは偉大なり」

97. 6 信（'Iman, イーマーン）5 行（'Ibada, イバーダート）

98. waqf（ワクフ）寄進財　回教法では, 最初, 財産を第三者の所有となることを守る

99. wahda(ワフダ) 統一的一者　Oneness of witnessing

100. Waliy (ワリーユ) 聖者

ペルシャ文化 100

1.　Persian(Persian Islamic) Culture　ペルシャ（波斯）文化

　　Persia は前 600 年頃，イラン南西部 Fars ファールス地方に Pars パールス地方に
居住していたアーリア人の一支派 Parsa 族に由来。なお国名 Iran は正確にはイラー
ンと発音するが，近世波斯語形。先祖のアーリア人が語源。インド・イラン系民族が
自称したアリア Arya，アーリアン Aryan は"高貴，勇武"を意味する民族名から転
訛。1935 年パフラビー王朝の時により自他共にペルシャと呼ばれた国名を正式にイ
ラン王国とした。1979 年 4 月 1 日に共和国となった。本書では文化の分析からアラ
ブ文化圏の一翼をなすペルシャ文化とする。

　　なお，ペルシャ語はインド・ヨーロッパ語族（印欧語族）。

2-3.Neolithic Era（前 5000-3000）　新石器時代．Colored earthenware 彩文土器（前
　　4500-4000)

4-5.Bronze Age（前 3000-1000) 青銅器時代　Polished earthenware　磨研土器（前
　　1200)

6-7.lron Age（前 1200-700) 鉄器時代　pot with long bill 長嘴壺

8.　cow with hump on the back earthenware　コブ牛形土器（前 1200-1000)

9-10.　rhyton　リュウトン酒器　scrollwork　渦巻模様　guilloche(braided design
　　組紐文

11. Media Kingdom（古代ペルシャ紀元前 8 世紀末 - 前 550)　メディア王国

12. faience　ファイアンス焼

13. Arsaces Parthia　アルサケス朝パルティア（安息国）（前 247- 後 224)

14. animal earthenware　形象土器

15. Achaemenid Persia(550-330B.C.)　アケメネス朝ペルシャ

16. glazed brick　彩釉煉瓦

17. rhyton　リュウトン（酒器）　griffin　グリフィン（有角有翼の獅子）

18. Sasanian Persia(226-651)　ササン朝ペルシャ

19-23.Arabian Nights　アラビアンナイト　Shahriyar　シャフリヤール（ペルシャ語
　　で王）　Sahrzad シャハラザード王妃　misogynic persian prince Kamal　女嫌いの
　　ペルシャのカマル王子　ebony horse　黒檀の馬（ペルシャ）　Ali Baba and forty
　　thieves　アリババと 40 人の盗賊（ペルシャ）

24-29.lapislazuli 瑠璃　agate 瑪瑙　simurgh　シムルグ（巨大な賢鳥）Pegasus　ペ
　　ガサス（有翼天馬）　Ahura Mazda　アフラ・マズダ（ゾロアスター教の最高神）
　　flower eating bird　花喰鳥　pearl-circle pattern　連珠文　arboreal animals　樹
　　下動物

Divine Tree and Lion　聖樹と獅子　Two Headed design　双獣文

30. Kizilbas　キジルバーシュ（トルコ語で紅頭）　サファヴィー朝を支えた土系遊牧民軍団

31-33.Flying Beast　有翼獣　One Head Twin Torso　一頭双胴　Gholam　ゴラーム（主に基督教徒から集められたサファヴィー朝常備騎兵）　Parthian Shot　狩猟文

34. persian bureaucracy　ペルシャ人官僚（セルジューク朝 1038-1194）

35. Tusi　トゥースイ『被造物の驚異と万物の珍奇』（ペルシャ語）1194 年百科全書　Geometric pattern　幾何学模様

36-41.Persian Gulf　ペルシャ湾　Strait of Hormuz　ホルムズ海峡　Zagros Mountains　ザグロス山脈　Indian Ocean　インド洋　Arabian Peninsula　アラビア半島　Khorasan　ホラサン地方　Lorestan　ロレスタン　Saveh　サーヴェ　Yazd　ヤズド　Qum(Ghom)　クム（ゴム）

42. checker　市松模様　Curly lion　巻毛の獅子

43. Ancient Egypt(-300B.C.)　古代エジプト

44. lotus 蓮華模様　snake　蛇

45. Cleopatra(69-30B.C.)　クレオパートラ

46. Mesopotamia　メソポテイミア

47-49. palmette　パルメット（棕櫚の葉を模った扇形の文様）　rosette　ロゼット（円花飾り）

50. Ancient Greece (-200)　古代ギリシャ

51. acanthus　アカンサス（鋸歯状の葉を持つ植物）

52-57.Ancient Roma (-476)　古代ローマ　festoon　フェストゥーン（花綱）cornucopia　コーヌコウピア（豊穣な角）　bullcranium　ブークラニウム（牛の頭蓋骨）　trophy トロフィー（戦勝記念品）　putto（童子）　candelabrum キャンデラブラム（燭台）　Empire style アンピール様式

58-63.Romanesque (1000-1200)　ロマネスク様式　ceramics　陶磁器　textile 織物　taffeta タフタ（ペルシャ語の taftah 紡ぐ）　Damask　ダマスクス（シリア産）．tapestry　綴織　Coptic コプト織（エジプト）　satin　繻子（中国 Tzuting）

64-66.Byzantine Empire　ビザンチン帝国(-1453)　mosaic　モザイク　icon　イコン（希臘語 eikon 肖像）　iconoclasm 偶像破壊活動　イコノクラスム　idol worship　偶像崇拝　ビザンツ帝レオ 3 世　726 年偶像禁止令。

67-68. Romanesque(11-12 世紀)　ロマネスク　devil　悪魔

69. Gothque (12-15 世紀)　ゴシック　flamboyant　フランボワイアン（火炎式）

70. Renaissance(14-16 世紀) ルネサンス　grotesque　グロテスク

71. pomegranate　ポメグラネイト（柘榴文）　floret print　小花プリント

72. Ismayil I（在位 1501-23）　イスマーイール 1 世（サファヴィー朝第 1 代）

73. Abbas I（在位 1587-1629）　アッバス1世（サファヴィー朝第5代）

74-75. サファヴィー朝領内地名 Chaldiran チャルディラーン（アナトリア東部）の戦い，1514 年。Baghdad（イラク）Basra バスラ（イラクペルシャ湾沿い港），Herat（アフガニスタン西部），Tabriz タブリーズ（イラン北西部）Gilan ギーラーン（カスピ海南西岸）Merv メルヴ（トルクメニスタ）Nishapur ニーシャプール北部，Qazvin カズビーン（北西部）Kandahar カンダハール（アフガニスタン），Tiflis ティフリス（現 Tbilisi トビリシ，グルジア）Baku バクー（アゼルバイジャン），Edessa エデッサ (260 年)，Nahavand ナハバンド (642 年)，Shiraz シラーズ Khorramshahr ホラムシャール，Hamadan ハマダン Bandar Khomeini バンダールホメイニ，Sura スーラ，Damgham ダームガーン北部（前 5000）Kashan カーシャーン Gorgan ジュルジャーン。

76. Safavid Dynasty(1501-1722) サファヴィー朝/シーア派主流派（十二イマーム派）
Upon the Timur dynasty's decline, a mystical religious group which organized Turkish soldiers occupied Tabliz, and established the Safavid dynasty in 1501. After the unification of Iran this dynasty established the Shia sect as a national religion, and adopted the Shah, the Iranian traditional title of the king.

シーア派主流派（十二イマーム派）
Shia Islam(particularly Twelver Shiism).Twelver Shiism is the largest school of Shia Islam, with many believers in Iran and Iraq.They believe that the twelfth imam is in occultation and will return some day to bring justice to this world.

77.lsfahan イスファハーン（英語 estfan）芸術都市
Persian Miniature 建築カリグラフィー Abbas I established Isfahan as the capital and decorated the city with gorgeous mosques, schools and gardens.He placed the Royal Square at the center of Istafan.It is 150m wide and 500m long, and was used for troop inspection, games of polo, etc.The Royal Mosque stands in the black.Its surface is covered with tiles in an arabesque pattern. He brought such prosperity. Visitors from Europe lauded its prosperity as "Isfahan is half of the world".

78. masjit i sha(マスジット・イ・シャー）世界の半分（ネスフェ・ジャハーン）
It was during the time of Abbas I when Iran concluded diplomatic and trade relationships with European countries for the first time.After this period, silk made in Iran was brought to European markets and was treated as a valuable commodity.

79. brocade patterned with flowers and birds 花鳥文 錦

80. noble man with flowers 花樹貴人文 錦

81. Cuerda seca tiles クエルダ・セーラ（乾いた綱（西語））

82. lslamic Design イスラム文様 lustre tiles 光沢タイル Kashan tiles カシャンタイル

83. Tiles with under-glaze decorations　下絵装飾タイル　Iznik tiles　イズミックタイル

84. Kubachi tiles　クバチ・タイル　Ka'ba tiles　カバ・タイル

85. Kubachi　クバチ（ダゲスタン）

86. lbn Sina　イブン・スイーナー (980-1037)　哲学者

87. Persian literature reviba(アラブ文字文体で 10 世紀)

88. Persian three-color glazed ware　ペルシャ三彩（白地多彩刻線文）

89. Transoxiana（トランスオクシアナ，オクサス（アム川）の向側の地）中央アジア南部 オアシス地域　Ma-wara an-Nahr（アラビア語マーワラーアンナフル，川の向うの地）Turan

90. Sah namah『シャー・ナーメ』Firdausi フィルドウスィーの民族叙事詩 1010 年。

91. Art revibal（中国様式の影響，モンゴル以降権力を持ち）13 世紀。

92. Persian culture and political forms and often Persian language were used for centuries by Turkish and Mongol elites from Balkan to India.

93. Persian mystics from Rumi（1207-73）to Jami（1414-92）promoted Sufism in their poetry　頌詩　カシーダ

94. Persian tiles ofth e Qajar period　カジャール朝ペルシャ (1795-1925)

95. Baroque(1580-1730)　バロック　lace　紐（ひも）→透し模様（レース）。

96. Neoclassicism (18 世紀中 -19 世紀初頭)　新古典主義　Art Nouveau(1880-1910) アールヌーボー（蔓草風の有機的曲線）　Art Deco(1920-30 年代)　アールデコ（直線風の幾何学模様）　Bauhaus(1919-1933 年代)　バオハウス（合理的なデザイン）

97. sikbaj　シクバージ（ペルシャ王宮料理）　Semites セム語族（ノアの長兄セム）アラビア人，バビロニア人，アッシリア人等。Hamites ハム語族（ノアの第 2 子ハム）エジプト人，ベルベル人等。

98. Sogdian(ソグド人)　The Iranian Sogdians merchants made oasis cities of Silk Road, such as Samarkand.They built a trade network connecting to the east and west of Euraia.

99. Tajik（タジク人）　イラン系（紀元前 2000-1000 年現在の地に移住）

100. chintz　更紗　cotton cloth, usually with patterns of flowers, that has a slightly shiny appearance.　ペルシャ絨毯「クム産のシルク」Qum(Ghom) クム（ゴム）

トルコ文化 100

1. Turkish(Turko-Islamic) culture　トルコ（トルコ回教）文化

   トルコ（土耳古）文化はアラブ文化圏の一翼をなす。

   なお，トルコ語はウラル・アルタイ語族でインド・ヨーロッパ語族（印欧語族）ではない。ケマル・パシャ以前は（右読みの）アラビア文字，以降はアルファベット文字を使用。

2. Crossroad of cultural exchange between East and West　東西文化交流の十字路

3. The Empire's official language was Turkish written in Arabic characters.It was used not only in administration but also in science and literature. Because of this, Islamic culture throught he use of Turkish became more widespread. In scholastic field, practice sciences such as engineer, astronomy and mathematics developed, and voluminous literary works of geographical reviews and natural histories were published.

4. Topkapi Sarayi　トプカプ宮殿　Ceddin Deden　ジェッディン・デデン　軍楽メフテル　miniature　ミニアチュール（写本の挿絵）　calligraphy　カリグラフィー絵画の書道的表現

5. Seljuk (1038-1194)　セルジューク朝

6. Ottoman Empire　オスマン帝国 (1299-1922)

   第 1 代 Osman I (在 1299-1326), 3 代 Murat I (在 1362-1362), 4 代 Beyazit I(在 1389-1402), 7 代 Mehmet II（在 1432-1481), Yavuz Sultan Selim セリム 1 世 (1467?-1520), 9 代 leader of the Islam イスラムの盟主。

7. Dawla al-Mamalik(Mamluk Dynasty)　マムルーク朝 (1250-1517)　エジプトスンナー政権

8. military slave　軍人奴隷（イスラーム世界の）モンゴル軍に捕らわれた遊牧民

9. horse riding nomads　騎馬遊牧民　Oghus　オグズ中央アジアのチュルク系騎馬遊牧民

10. Sultan Suleymsn (the Magnificent)　スレイマン 1 世（壮麗王）(1494-1566)10 代

11-13.Caffa　カッファ（現クリミア半島のフェオドシア), executive official　行政官（カーディー）（司法官職), Nisanci　ニシャンジュ（国璽尚書）御前会議参加の政府高官。

14. Katip Celebi(l609-57)　キャーティプ・チェレビー『正選択の為の真実の天秤』

15-17.Evliya Celebi(l611-84)　エヴリヤ・チェレビー『旅行記』　Nedim(l680-1730) ネディーム　オスマン朝の詩人，頌歌　Efendi(?-1732) レヴニー・エフェンディー

細密画の至宝

18. lbrahim Pasa　ネヴシェヒルリ・イブラヒム・パシャ (1660-1730)　文芸奨励の大宰相

19. brahim　イブラヒム・ミュテフェッリカ (1674-1745)　回教徒初の印刷技術者ハンガリー人

20. Bursa　ブルサ（最初の首都）

21. Anatolia　アナトリア　Asia Minor　小アジア

22. Safranbolu　サフランボル　香料, サフランの集積地　Smyrna スミルナ　現 Izmir イズミル

23. Byzantion　ビュザンティオン（紀元前 7 世紀ギリシャ人入植者ビュザスに因んで）(330 年ローマ皇帝コンスタンチヌスの都, Constantinople コンスタンチノープル)(1453 年オスマン帝国の都 Istanbul イスタンブール) /(3B 政策（Berlin, (Byzantium ビザンティウム), Bagdad)。

24. Aya Irini Kilisesi(Hagia Irene Church)　アヤイリニ教会

25. Galata　ガラタ塔 (1348) ジェノヴァ人作製　Minaret　ミナレット（塔）

26. Valens　ヴァレンス水道橋　Hippodrome　ヒポドローム（二輪馬車競技場）

27. Aya Sophia　アヤソフィア (532-537)　Yeni Camii　イェニ・モスク (1597-1603)

28. Rustem Pasha　リュシュテム・パシャ・モスク (1561-63)　Konya　コンヤ

29. Sultan Ahmed Camii Blue Mosque　スルタン・アフメト・モスク（1609-l7）

30. Suleymanie　スレイマニエ・モスク (1550-1557)

31. Aksaray　アクサライ　Sultan　スルタン・ハン (1229)

32. Uc Serefeli　ユチュシェレフェリ・モスク (1437-47)　Selimiye　セリミエ (1568-75)

33. Mawlana Jalai al-Din al-Rumi　メタレヴィー教団 (1270 年代, 1512-20)

34. Sherikej　シェリケイ　Valide Camii　ヴァリデ・新皇太后モスク (1661-1663)

35. Cappadocia　カッパドキア (Rock Sites)　岩石群　Goreme National Park　ギョレメ国立公園　dhow　ダウ船（回教商人が利用した大型木造帆船）　Zanzibar(奴隷貿易)

36. Administractive structure of the Ottoman Empire were built, which divided the state into eyalet(provinces), sancak(districts), and kaza(subdistricts).

37. Divrigi　ディヴリー　Great Mosque and Hospital　大モスクと施療院

38. Hattssha　ハットゥシャ　Bogazkale　ボアズキョイ　Sfenksli Kapi　スフィンクス門

39-41.Nemrut Dag　ネムルト・ダア トゥムルス（墳墓）Hierapolis-Pamukkle　ヒエラポリスとパッムカレ（綿の城）　Xanthos-Letoon　クサントスとレトーン（リュキヤ）

42. Old Stone Age（前 50 万年）　人類生息（カライン洞窟）

43. New Stone Age（前 1 万年 -6500 年）　Troy で文明的生活

44-46. H.Schliemann(1822-1890)　シュリーマン　Homer　ホメロス　epic poem
叙事詩　Iliad and Odyssey　イリアスとオデュッセイア　Trojan horse　トロイの
木馬　Helen of Troy　ヘレネー

47. Bronz Age（前 17 世紀）

48. Hittite　ヒッタイト（前 1680-1180）　鉄器使用で覇権　Hattusas　ハットウシャ
ス（首都）

49. Phrygia　フリギア（前 750 ）　Assyria　アッシリア（前 2000-1750）　Luvians（前
1600）

50-53. Mesopotamia　メソポタミア　Sumerias　シュメール人　Malazgirt (1071)
マラズィギルト　Ertugrui Firkateyni　エルトゥールル号 (1890.9.16) 事件　山田
寅次郎 (1866-1957)　Ionia　イオニア　Miletos　ミレトス　Delos　デロス島
Thales'theorem

54. Smyruna(Izmir)　スミルナ（現イズミル）　Smyruna stetch　スミルナステッチ
（刺繍）

55-61.Smyruna fig　スミルナ・白無花果　Thracia　トラキア（バルカン半島南東部）
Illyricum イリュリア　Ghazi　ガージィ（信仰戦士）Warrior　Akhi　指導者（ア
ヒー）　dervis　デルヴィーシュ（修道者）　Sipahi　スィパーヒー（兵士）　Nikaia
ニカイア（ニケーア，イズニク 1331）　Nicomedia　ニコメディア（現 izmit,
1337）　Dardanelles(Canakkale Bogazi)　ダーダネルス海峡　Bosporus　ボスポ
ラス海峡　Rumeli　ルメリア（トルコの欧州部分）　Devsirme デヴシルメ　オスマ
ン帝国の占領地子弟徴用制度

62. Yeni ceri　イェニチェリ（近衛歩兵）　The Ottoman Empire required Christian
sons in the Balkan peninsula to receive Islamic education. Then they installed
as bureaucrats or regular armies(Yeni ceri) under the Sultan.

63. Sultan スルタン　The sultans of the Ottoman Empire, who were the successors
of the Caliphate government, then became the central figures protecting Sunni
Islam. It has been claimed that the sultan of the Ottoman Empire inherited the
title of caliph, and that the Sultan Caliphate system was established at the
time;however, this assertion is fictitious and developed in the 18th century to
reforce the sultan's authority.

64. Assassins　アサッシン教団 (12c. シーア派分派過激殺戮教団→ assassination　暗
殺の語源)

65. Millet ミレット制　Ciftlik チフトリキ　Vakif ワクフ「停止」→寄進　In order
to coexist the Muslims, it was stipulated by law that religious communities

(Millet) of Christians (Greek, Armenian, Syrian, and Copt) and Jews residing in the territory be autonomous. While expanding their own trading network, cooperating with Muslim merchants.

66. Capitulatin　カピチュレイション (1535)　オスマン帝国への外国人の経済活動等の特権　This privilege was later given to England and the Netherlands.As the Ottoman Empire declined　toward the end of the 18th century,　the Euroean countries used this privilege to expand their power within the Ottoman territory.

67. Ijtihad　イジュティハード（の門は閉じたか）　回教法で理性に基づく自由で独立した思考

68. Aleppo　アレッポ（シリア）　Nazar boncugu　ナザルボンジュ（邪視よけ）

69. Timar　ティマール制　Timar was taxation from the land given by the sultan. The timar system　succeeded the iqta'system and was given to members of the cavalry to compensate them for their militery service.

70. karagoz　カラギョズ（影絵劇）ortaoyunu　オルタオユヌ（即興劇）meddah メッダーフ（語り師）asik アーシュク（吟遊詩人）

71. Hacivat　ハジワト劇のオスマン人役　Mevlenvilik Sema　メヴレヴィ教団セマー（踊り）

72. Tulip Age(l718-30)　チューリップ時代　Ahmed Ⅲ（在位 1703-1730）アフメト 3 世

73. Fountain of Ahmed Ⅲ　アフメト 3 世（23 代）の噴水

74. Golden Horn(Altin Boynuz)　金角湾　Saz　サズ　長いネックを持つリュート撥弦楽器

75-78.Egyptian Bazaar(Misir Carsisi)　エジプシャン・バザール　Lepanto(l571)　レパントの海戦　Kosova(1389.6.15)　コソヴォの戦い　I Murat Hudavendigar　ムラト 1 世 (3 代)

79. Adrianople　アドリアノープル（現 Edirne エディルネ）

80. Hadrianus(76-138 在位 117-138)　ハドリアヌス帝五賢帝の 3 番目

81. Dingling(丁零前 3c-5,　Gao-che ; Kao-che（高車）　5c,　Tujue（突厥）6-8c

82. Great Voyage Age　大航海時代　Karlowitz A.D.1699　カルロヴィッツ条約

83. Gelali　ジェラーリ（16c 末 -17c 前の反乱）　Hatt-iSharif of Gurhane　ギュルハネ勅令

84. Ciftlik　チフトリキ（非合法な私的大土地所有者）　Kutahya　キュタヒヤ陶器

85. Ayan　アーヤーン（地方有力者）　Tanzimat（恩恵改革）1839-1878.

86-88. In the early 18th century, Orientalism spread in Europe and the culture of the Ottoman Empire was held in high regard. But at the same time,　the Empire showed interests in European culture as represented by France and introduced

European culture in arts and crafts actively. As a result, the luxury Court culture emerged.

89. Kurdisatan　クルド人（トルコ (24%)1370 万人，イラク (24%)440 万人，イラン (12%)660 万人，シリア (9%)130 万人，アルメニア・アゼルバイジャン 30 万人（クルド人 3000 万人中東地区））

90. Abdullah Ocalan　アグドゥラー・オジャラン (1948-)　サラディン (1138-1193)

91. Partiya Karkaren Kurdistan(PKK)　クルディスタン労働者党

92. Kafes　鳥籠制度（兄弟殺し）fratricide カフェス　Mahmud II（在位 1808-1839）マフムト 2 世 (30 代)

93-95. Phoenicia（フェニキア）Byblos　現シリア　Carthage（カルタゴ）　現チュニジア　Treaty of Balta Liman　バリタ・リマン条約 (1838)　II.Abdulhamid アブデュルハミド 2 世（在位 1886-1909)(34 代)

96. Ijtihad　イジュティハード　決定者が独自の解釈理論を援用して法的決定を行う。

97．アラブ連盟 (22 国，1945-)　Arab League マシュリク (5 国)，ジャジーラ (7 国) ナイル文化圏 (2) マグレブ (5) 東アフリカ (3)

98. Mashrik : Syria, Iraq, Lebanon, Palestine, Jordan. Jazirab : SaudiArabia, Kuwait, Bahrain, Qatar, UnitedArab Emirates(UAE), Oman, Yemen. Nyle : Egypt, Sudan. Maghreb 　: Morocco, Algeria, Tunisia, Libya, Mauritania, Eastern Afria : Djibouti, Somalia, Comoros.

99. Mashrik　アラビア語で「日が昇るところ」シリア，イラク　Jazirah　アラビア語で「島」「半島」特にアラビア半島　Levant（日の昇る方向）　レバント地方　地中海東岸（シリア，レバノン，ヨルダン，パレスチナ，イスラエル）　Maghreb　マグレブ（日の沈む地）地方, アフリカ北西部モロッコ, アルジェリア, チュニジアと（時に）リビア　Moor 人の支配した時代にはスペインも含めた　Cyrenaica(Barqah) キレナイカ（バルカ）地方，リビア東部　Berber ベルベル人，マグレブ地方のハム系と黒人の混血人種　モロッコ美人　イブン・バットゥータ

100. Ibn Battuta　イブン・バットゥータ (1304-1369)　裁判官，地理学者，旅行者（モロッコ）旅行——それはあなたの言葉を失わせるが，あなたを語り手に変える

ムガル（回教）文化 100

1. Mogul(Mughal) culture　ムガル文化（ペルシャ語で「モンゴル」の意味）15-17c
ムガル文化 (Indo-Islamic culture) はアラブ文化圏の一翼をなす
Islam spread over the whole of India,　and being influenced by Hindu culture,
Indo-Islamic culture developed.Persian was official language,　but people in
North India spoke Hindu,　and Urdu was formed by incorporating Persian
words into Hindu.「Urdu ウルドゥー」　トルコ語の陣営の意味　アラビア文字。　ペ
ルシャ語・ヒンドゥー語・ウルドゥー語はインド・ヨーロッパ（印欧）語族

2. Early Modern (previous Modern)　近世（前近代）16c-18c

3. Three Islamic Empire (Mogul,　Safavids and Ottoman)　鼎立する3イスラム系
帝国

4. Mogul Empire(1526-1858)　ムガル帝国

5-7. Akbar(1542-1605)　第3代君主アクバル大帝　Jahahngil (1569-1627 在位 1605-
27在位)　ジャハーンギール（4代）　Sha Jahan(1592-1666 在位 1628-58)　シャー・
ジャハーン（5代）

8. Aurangseb (1618-1707 在位 1658-1707)　アウラングゼーブ（第6代非妥協的ス
ンナ派）

9-26. Safavids Empire(1501-1722)　サファヴィー朝 Ottoman Empire(1299-1922)
オスマン帝国／ムガル帝国 (1526-1858)．三大回教王朝の Common Factors 共通要
素（① - ⑮）① Islamic Culture イスラム文化 (15c-17c) ② Persian literary culture
ペルシャ文語文化 ③ widespread teritorry 広範領土 ④ centralized buereaucratic
system 中央集権官僚体制 ⑤ effective government 効果的統治 ⑥ Multiracial and
Multi-religious society 多民族・多宗教社会 ⑦ excellent military power 卓越し
た軍事力 ⑧ infantry 歩兵, weapon(heavy guns and rifles) 火器（大砲と銃）を
持った歩兵 ⑨ mounted corps 騎馬軍団 ⑩ excellent tactics combinatin 効果的組
み合させた戦術 ⑪ regular army under direct control of king 王直属の常備軍 ⑫
nativeplace of Turkish nomad チュルク系遊牧民の出身（そして多くは政治権力と
軍事力を持っていた。Political and Military Power 政治権力と軍事力), サファヴィー
朝のペルシャでさえ, 支配者一族はもとを辿ればトルコ系であり, キズィルバーシュ
の多くはトルコ系だった。 ⑬ spirit of Islamic Tasawwuf 回教神秘主義信奉者 ⑭火
薬大国 ⑮対欧州貿易・外交大国

27. Taj Mahal　タージマハル（アグラ, 1632-54 シャー・ジャハーン王の妃マハ
ル墓廟庭園）A mausoleum built by a Mugal Emperor Shar Jahan for his wife
Mumtaz Mahal.It has a well-balanced and symmetrical design and is decorated

with marble reliefs and walls inlaid with precious stones. It is representative of lndo-Islamic architecture.

28. Lar Qal'a, Red Fort　赤い城（アグラ，1565）と（デリー城，1639-48）

29. Great Mosque, Jama Masjid（アフマドーバードの大モスク，1423）

30. Qutb, Quwwat al Islam　クトゥブ・ミナール，クトゥブ・モスク，Delhi, 1193-1316

31. Bibi ka Maqbara　皇妃廟，Aurangabad, 1661

32. Fatehpur Sikri　勝利の都，1571-79　Panch Mahal　五層宮，同左，1571-79

33. Diwan-i-Khass　私的謁見の間，同上，1571-79

34. Hushang Shah　フーシャング・シャー廟，Mandu, 1435

35. Great Mosque, Jama Masjid　マンドゥーの大モスク，Mandu, 1454

36. Babur (1483-1530)　バーブル　Babur excelled not only as a ruler but also in Persian and Arabic literatures. He is also known for his literary works, including his memoir Babur-nama. ムガル帝国 帝国創始者，初代君主。「虎」の意味。父はトルコ系のティムール4代目の子孫，母はチンギスハンの次男の子孫。ウズベキスタンのフェルガナ生まれ。アフガニスタンのカブールを1504年攻略，印度に軍を進め，回想録執筆。

37. Mogul Literature　ムガル文学 市井の神秘家が口誦文学に根差した情熱的抒情詩を生み出す。宮廷のお抱え詩人が複雑な形而上学的様式のペルシャ語の詩を練り上げた。『バーブル・ナーム』トルコ文学史上の傑作。

38. Mogul Arts　ムガル芸術 ムガル帝国の芸術家は色鮮やかな「ペルシャ」細密画と挿絵入り写本の技法を消化吸収して，より力強いインド独自のムガル細密画を発展させた。

39. Babur・Namah　バーブル・ナーマ，チャガタイ語で書かれた散文　回想録

40. Akbar・Namah　アクバル・ナーマ (1551)

41. Faisi(1547-95)　アクバル時代の文人　ファーイズィー　『ナル・ダマン』

42. Abr Faisi(1551-1602)　歴史家　アブル・ファーイズィー　『アクバル・ナーム』

43. Jamalden Husain(?-1625/6)　ペルシャ語辞典『ジャハーンギール辞典』

44. Chandra Ban (?-1670)　ペルシャ語詩人　書記官『ペルシャ語書記』

45. Abdsamad (1505-15 1600-05)　画家。『ハムザ物語』の写本挿絵。

46. Tan Sen(?-1589)　ヒンドゥースターニー音楽の楽匠・歌手『アーイーニ・アクバリー』

47-48. Jahahngil (1569-1627)　ジャハーンギール　Sha Jahan(1592-1666) シャー・ジャハーン

49. Aurangseb (1618-1707)　アウラングゼーブ

50. Mansab　マンサブ　アラビア語の「位階」ムガル帝国の官僚の位階。

51. Mansabdar　マンサブダール　位階制　給与額は騎兵・騎馬の数。(1573) Akbar created a structure for the ruling class by classifying them into ranks. Each rank was to supply a certain number of cavalry and horses and was paid a corresponding salary. This system is called the Mansabdari system.

52. Panipat の戦い (1526 年 4 月 21 日) でムガル朝開始　パーニーパト　バーブルはカブール（アフガニスタン）の王であった

53. Musket マスケット銃　アクバルの 1 万 2 千名のマスケット銃兵歩兵隊

54-59. Mahdi マフディー（アラビア語で導かれた者）救世主　「聖性」Sahib サーヒブ（アラビア語で主人）Killarn キラーン　Legitimacy of Royal authority 王権の正当性．Rajput ラージプト　インド北西部　（サンスクリット語の王子）Jaipur ジャイプル ラージャスターン州の州都　Bairam Khan(1501-1561)
バイラム・ハーン ムガル帝国宰相

60. Athariq アタリク　後見役 guardian. Arakan（ビルマ西部，旧ムガル帝国領）

61-63. In reign of the Emperor Akbar (1556-1605) アクバル帝の治世　Jizyah ジズヤ　非イスラム教徒の成人男子に課せられた税　Abolition of Jizyah(1564) ジズヤの廃止

64. Land Surveying(1575) 検知 土地を土質と作物で 4 等級に分け，その生産物を査定

65. Nimudin Afmad(1551-94) ニザームッディーン・アフマド 官僚『アクバル諸章』

66. Maurana Abdram（生年月日不詳）マウラーナー・アブドゥル書家『真理の園』の筆耕。

67. Bda Uni（生年月日不詳）ブダウニー 歴史家

68. Dara Shko（生年月日不詳）ダーラー・シュコー {ウパニシャッド} をペルシャ語翻訳

69. Trucy Das(1532-1623) 叙事詩「ラーム・チャリット・マーナス」清らかなラーマ王子の讃歌で，北インド中に広まった。Kabir(1440-1518) 盲人の詩人カビール

70.Jagir ジャギール封土　分与地　Harissa ハーリサ国有地　Inahm イナーム寄進地

71.Religion takes advantage of political use　宗教の政治的利用

72. India-cotton, Persion-silk, South America-silver　インド綿　ペルシャ絹　南米の銀

73. Ottoman Empire-Armenian merchants, Jewish merchants アルメニア・ユダヤ系商人

74. Safavids Empire-Armenian merchants, Indian(Hindu, Jaina)merchants アルメニア・インド（ヒンドゥー教徒・ジャイナ教徒）商人「Silver Coin Rupee 銀貨ルピー」

75. Mogul Empire-Indian(Hindu, Jaina)merchants インド（ヒンドゥー教・ジャイナ教徒）商人　ペルシャ系商人　イエメン系商人

76. Surat スーラト インド西部，英国の最初の拠点　(1612 年) 英国商館　綿←→銀

77. Masrippatenam マスリッパッティナム (1570) 英商館・和蘭商館・ペルシャ系商人

78. Goa (1510) インド西部　ポルトガルの拠点

79. サファヴィー朝の絵入り写本挿絵→オスマン帝国　ムガル帝国

80. サファヴィー朝のペルシャ語詩→オスマン帝国　ムガル帝国

81. Vijayanagar Dynasty(1336-1649) ヴィジャヤナガル朝　Sati（寡婦殉死）制度

82. ペルシャ語 行政・外交・教養用語→オスマン帝国　ムガル帝国

83. トルコ語宮廷用語。オスマン帝国→サファヴィー朝・ムガル帝国 (先祖の言葉)

84. Industrial arts 工芸品　3 帝国の工芸品→欧州への輸出品

85. オスマン帝国陶器・絨毯（植物文様)サファヴィー朝植物文様絨毯　ムガル帝国高
　 級織物

86. Rajput ラージプト族　ヒンドゥー教　Din-i Ilahi ディーネ・イラーヒー太陽信仰

87. Sikh シク教徒　インドではヒンドゥー教に比べて少数派だが，富裕層で知識階級
　 ナートクは開祖　インド全般に分布しているが，総本山のあるハリマンディルのある
　 パンジャブ地方に多い。ターバン着用が戒律上の義務

88. Miniature ミニアチュール（細密画）（写本挿絵）Ibadat イバーダート儀礼的規範

89. Calligraphy カリグラフィー（アラビア文字の書道）Karna カルナ 不死身の英雄

90. Aibak アイバク (1206 年) インドの最初の回教政権の初代スルタン（トルコ系奴
　 隷王朝）　チュルク語で月アイ (ay) と部族長 (beg) の合成語アイベグのアラビア語化
　 した人名

91. Dekhi-Sutan (1206-1526) デリー＝スルタン朝（回教を奉じたデリーを拠点の 5 王
　 朝)

92. 奴隷王朝（1206-90)　ハルジー朝 (1290-1320)　トゥグルク朝 (1320-1413)　サ
　 イイド朝 (1413-51)　ロディ朝 (1451-1526) の 5 つの回教軍事政権ロディ朝がアフ
　 ガン系の他は土系

93. Ghaznaviyan カズナ朝 (955-1187) アフガニスタンのカズニーを首都とした回教王
　 朝

94. Ghuriyan ゴール朝 (1117-1215) アフガニスタン中部のゴール地方で起こった回教
　 王朝　Zaidism ザイド王朝 イエメン (yemeni) シーア派回教王朝　13 世紀

95. Chaul チャウル (1661)　Diu ディウ (1535)　Kocci コーチン (1663)　Quilon ク
　 イロン (1661)

96. Paradise パラダイス（天国）古代ペルシャ「囲まれた庭」に由来　ムガル帝国の幾
　 何学庭園（チャハールバーグ）は，4 という数字を重視するペルシャ人の思想で，こ
　 の様式をインドに持ってきたのはバーブルである。タージマハルの庭園のも 4 とい
　 う単位

97. Lal Quila ラール・キラ　貝殻模様で飾られた砂岩のアーチが並ぶ。英語で Red
　 Fort（赤い砦）呼ばれ，1648 年に王宮として使われ始め，ムガル帝国の行政中枢

98. Mogul Achitectures ムガル建築 オスマン様式の堂々とした威厳とサファヴィー様
式の優雅な軽快さを結合した建築 タージマハルの建設事業全般を細部に至るまで監
督したのは皇帝シャー・ジャハーンその人だった。 彼には名匠の眼識があった。

99. Mogul Pictures ムガル絵画 絵の中にペルシャのミニアチュール（細密画）の要素
を含んでいるのが特徴 君主の保護を受け発展した。多くは人物や宮廷の出来事が題
材

100. Rajput Pictures ラージプト絵画 ムガル絵画と比べて，宗教的・庶民的であり，ヴィ
シュヌ神やシヴァ神等のヒンドゥー教の神々が描かれることが多い。

印欧語

下宮忠雄編著『ドイツ語語源小辞典』同学社，1992年4月。飯島一泰「印欧語としての英語とドイツ語」『一橋論叢』第109巻第4号，平成5年（1993年）4月号，564頁，図表3。筆者が追加・修正した。†は古語。下線部は現代ヨーロッパの言語。

系統			人口		言語名	性	数	格
1 ゲルマン語派（約10憶）	①東ゲルマン語：ゴート語 †				ゴート語 †	男女中	単複	5
	②北ゲルマン語＝ノルド語	(a)デンマーク語	550万		アイスランド語	男女中	単複	4
		(b)スウェーデン語	850万		デンマーク語	共中	単複	2
		(c)ノルウェー語	410万		英語	一	単複	2
		(d)アイスランド語	24万		オランダ語	共中	単複	2
		(e)フェーロー語	4万		アフリカーンス語	一	単複	
	③西ゲルマン語＝ノルド語	(a)英語	5〜10憶		ドイツ語	男女中	単複	4
		(b)オランダ語	1850万					
		(c)フリーランド語	440万					
		(d)ドイツ語	1憶					
2 ロマンス語派（約3憶）	①東グループ	(a)イタリア語			ラテン語 †	男女中	単複	6
		(b)ルーマニア語			ロマンス諸語	男女	単複	―
	②北西グループ				（ルーマニア語以外）			
		(a)プロヴァンス語			ルーマニア語	男女中	単複	5
		(b)フランス語			**[参考] ウラル語族**			
	③南西グループ				ハンガリー語		単複	27
		(a)スペイン語			フィンランド語		単複	14
		(b)ポルトガル語			エストニア語		単複	14
3 スラヴ語派（約3憶）	①東スラヴ語	(a)ロシア語	キリル文字		古代教会スラヴ語 †	男女中	単双複	7
		(b)ウクライナ語	キリル文字		ブルガリア語	男女中	単複	―
		(c)ベラルーシ語	キリル文字		スロヴェニア語	男女中	単双複	6
	②西スラヴ語	(a)ポーランド語	ラテン文字		ロシア語	男女中	単複	6
		(b)チェコ語	ラテン文字		ウクライナ語	男女中	単複	7
		(c)スロヴァキア語	ラテン文字		ベラルーシ語	男女中	単複	6
		(d)ソルブ語	ラテン文字		ポーランド語	男女中	単複	7
	③南スラヴ語	(a)スロヴェニア語	ラテン文字		チェコ語	男女中	単複	7
		(b)クロアチア語	ラテン文字		セルビア・クロアチア語	男女中	単複	7
		(c)セルビア語	キリル文字		マケドニア語	男女中	単複	―
		(d)マケドニア語	キリル文字		スロヴァキア語	男女中	単複	7
		(e)ブルガリア語	キリル文字		ソルブ語（上・下）	男女中	単複	7
4 バルト語派（約500万）	(a)リトアニア語				古プロシア語 †	男女中	単複	4
	(b)ラトビア語				リトアニア語	男女	単双複	7
5 ケルト語派（約300万）	(a)アイルランド語				古アイルランド語 †	男女中	単複	5
	(b)スコットランド語				現代アイルランド語	男女中	単複	2
	(c)ウェールズ語							
	(d)ブルトン語							
6 古代ギリシャ語 † （約1000万）					古代ギリシャ語 †	男女中	単双複	5
現代ギリシャ語		ギリシャ文字			現代ギリシャ語	男女中	単複	4
7 アルバニア語 （約300万）					アルバニア語	男女	単複	7
8 アルメニア語 （約350万）					アルメニア語	一	単複	7
9 インド・イラン語派（約6憶）	サンスクリット語 †				サンスクリット語 †	男女中	単複	8
	(a)ヒンディー語				ヒンディー語	男女	単複	2
	(b)ウルドゥー語				アヴェスタ語 †	男女中	単複	8
	アヴェスタ語				ペルシア語	一	単複	―
	(c)ペルシア語				トカラ語 †	男女中	単双複	4
	(d)クルド語				ヒッタイト語 †	男女中	単複	8

出所）木村武雄『欧州におけるポーランド経済』創成社，1999年12月，17頁を修正。

比較宗教（8宗教間の比較）

	ゾロアスター教	ユダヤ教	キリスト教	イスラーム
ゾロアスター教からの積極的影響（▽）・消極的影響（▼）／との共通点（△）・相違点（▲）	———	▽世界の終末における応報思想 △唯一神の啓示に拠る預言者の宗教 △「救世主」信仰 △偶像否定	▽東方の三賢者（マギ）の伝説 △唯一神の啓示 △聖霊の重視 △神に起源する良心の声を傾聴	△唯一神の啓示に拠る預言者の宗教 △偶像否定 ▲多神教的背景を厳格に排除した一神教
ユダヤ教からの積極的影響（▽）・消極的影響（▼）／との共通点（△）・相違点（▲）	△迫害に因る移民 △堅い結束。勤勉 △聖典の言語の学習と朗誦を重視 ▲多神教的背景を排除しない一神教	———	▽同一の唯一神。聖典の継承と解釈 ▽人間は神の似像 ▼神殿祭儀を批判 ▼三位一体の神への神学的展開	▽族長アブラハムの信仰を復興 ▽人間は神の似像 ▼ラビ（「我等が主」）の権威を批判 △厳格な一神教
キリスト教からの積極的影響（▽）・消極的影響（▼）／との共通点（△）・相違点（▲）	△学校教育 △救世主信仰 ▲原罪の否定 ▲預言者は人間 ▲新生に満ちた万有歓喜の終末論	▼三一神に対する唯一神の主張 ▲「メシア」の解釈 ▲原罪を否定し、神に立ち帰る個人自らの贖罪を説く	———	▽預言者イエスの言動を評価 ▼修道院制度を批判。聖俗不分 △唯一神の啓示 ▲原罪の否定
イスラームからの積極的影響（▽）・消極的影響（▼）／との共通点（△）・相違点（▲）	▼多神教的起源の神霊たちを天使と改称すべき状況 △一日五回の礼拝（⇒▲終始、起立） ▲祭司の宗教	△厳格な偶像否定 △聖典の言語の学習と朗誦を重視 △聖典の法制化 ▲神の名を唱えるのを畏れ、禁じる	▽東方イスラーム哲学のスコラ哲学への影響 ▼聖画像破壊運動（イコノクラスム）の一因 △聖俗不分に非ず	———
シーク教からの積極的影響（▽）・消極的影響（▼）／との共通点（△）・相違点（▲）	▲神の主宰する世界の終末を待望 ▲業報輪廻の思想を否定（この他の「インド宗教」に対しても同様）	△霊魂の肯定 △聖典を尊崇して奉祀する文化 △神の主宰する「歴史」の観念 △終末思想	△霊魂の肯定 △讃美歌の発展（⇒▲和声による合唱） △洗礼式の重視（⇒▲信徒全員の受洗） △終末思想	▽スーフィーのグルたちとの交流 △聖典の肯定 △聖典の言葉の音楽性を重視 ▲終末思想
ヒンドゥー教からの積極的影響（▽）・消極的影響（▼）／との共通点（△）・相違点（▲）	▲多神教的起源を保持したままで一神教統合を実現・維持・発展 ▲聖なる火の祭祀 ▲口承伝誦の重視	△個人の自由より共同体の連帯と繁栄を重要視 △神殿時代の供犠。祭司を至高とみなす階級社会	▽ヴェーダ時代以来の万物帰一的思想は、神学者の宗教多元主義を促した一因 ▲終末思想	▽多神教的な社会環境との対立 △神の名を唱えることを奨励 ▲終末思想 ▲厳格な偶像否定
ジャイナ教からの積極的影響（▽）・消極的影響（▼）／との共通点（△）・相違点（▲）	△散逸した聖典の集成と出版の努力 △少数派としての結束の強さ。勤勉 ▲（唯一）神信仰 ▲終末思想	△食事を含む生活習慣の一切に清浄さを求め、心身の浄化をはかる戒律 ▲（唯一）神信仰 ▲終末思想	▽インド独立運動にも影響を与えたアヒンサーの思想 △禁欲・独身の徳 ▲（唯一）神信仰 ▲終末思想	△断食の奨励 △清浄さを尊ぶ生活習慣 ▲（唯一）神信仰 ▲終末思想 ▲巡礼中の供犠
仏教からの積極的影響（▽）・消極的影響（▼）／との共通点（△）・相違点（▲）	△倫理の枢要として、善思・善語・善行を奨励 ▲（唯一）神信仰 ▲実体ある霊魂 ▲終末思想	▲（唯一）神信仰 ▲実体ある霊魂 ▲終末思想 ▲メシアは弥勒仏と異なり、先ず特定の民に到来	▲（唯一）神信仰 ▲実体ある霊魂 ▲終末思想 ▲キリスト復活による死の滅亡 ▲聖典増補の禁止	▼仏像破壊 ▲実体ある霊魂 ▲終末思想 ▲神の全知全能にもとづき、因果律（縁起説）を否定

出所）田中かの子『比較宗教学（新装改訂版）』北樹出版，2013 年，170-171 頁。

シーク教	ヒンドゥー教	ジャイナ教	仏　教
△唯一神を様々な呼称をとおして信奉 △偶像否定 ▲聖職者の不在 ▲自発的な瞑想に拠る覚者の宗教	▽／△原インド・イラン語族時代に遡る精神文化の共有 △祭司主導の宗教 ▲一元論的多神教 ▲業報輪廻の思想	△生命尊重の行為（アヒンサー）を最高善とする思想 △不滅の霊魂 ▲神の啓示に拠らない覚者の宗教	△身口意の三業の浄化を呪術的にも祈念する（三密の加持祈祷）、護摩 ▲神の啓示に拠らない覚者の宗教
△唯一神信仰 △聖典の言語の学習と朗誦を重視 ▲聖職者の不在 ▲自発的な瞑想に拠る覚者の宗教	△聖典の言語の学習と朗誦を重視 △浄・不浄の観念 △民族宗教の傾向 ▲一元論的多神教 ▲業報輪廻の思想	△食生活に関する諸規定の遵守 △不滅の霊魂 ▲神の啓示に拠らない覚者の宗教 ▲業報輪廻の思想	△死後の応報よりも生前の生き方を最重視する現世志向 ▲神の啓示に拠らない覚者の宗教 ▲業報輪廻の思想
△唯一神信仰 △為政者の迫害に対抗した教団形成 △殉教の歴史 ▲覚者の宗教 ▲業報輪廻の思想	▽最高神の化身或いはグルとしてキリストを受容 △三神一体の観念 ▲一元論的多神教 ▲業報輪廻の思想	△不滅の霊魂 △修道者と在俗者の強固な二層構造 ▲神の啓示に拠らない覚者の宗教 ▲業報輪廻の思想	▼福音の宣教活動に対抗する弘法・教化 △創唱者の一生涯に帰拠する教義内容 △仏像・キリスト像不在の初期美術
▽唯一神信仰 ▽偶像否定 ▽スーフィーの神秘思想を継承 ▲覚者の宗教 ▲業報輪廻の思想	△不二一元論や無属性ブラフマンの思想において唯一神を志向 ▲一元論的多神教 ▲業報輪廻の思想	▽ジナ像供養の批判を一因とする分派 △不滅の霊魂 △神信仰せず、自己の霊魂の浄化に専念 ▲業報輪廻の思想	△縁起・空・無自性の思想は実体のない偶像を解消する ▲神の啓示に拠らない覚者の説いた深信因果の宗教
———	▽グルたちとの交流 △唯一者への帰入 △覚者の宗教 ▲多神教（輪廻に介入しない神々） ▲聖像崇敬の繁栄	△業報輪廻の主体としての霊魂を肯定 △覚者の宗教 ▲神信仰しないため、グルは、専ら先達の僧尼たち。	△輪廻解脱を志向 現世での救いを重視 △覚者の宗教 ▲神信仰しない ▲業報輪廻の主体としての霊魂を否定
▽グル崇敬の文化 ▽輪廻解脱を志向 ▽瞑想による啓発を天啓として信奉 ▽バクティの思想運動を継承	———	▽輪廻解脱を志向 ▽通過儀礼を委託 ▼動物供犠を含む祭儀の権威を否認 ▲神信仰しない ▲多我説	▽輪廻解脱を志向 ▽神々を仏法の守護者として受容 ▼祭儀の権威や沐浴による浄罪を否認 ▲霊魂否定の無我説
△瞑想による啓発を智慧の源とする △少数派としての結束の強さ。勤勉 ▲（唯一）神信仰 ▲出家者の不在	▽アヒンサーを第一の法とする思想の形成 △霊魂の肯定 ▲祭儀の神聖視 ▲梵我一如説	———	△神信仰しない △輪廻解脱を志向（⇒ ▲生前解脱） △出家者の修道道徳 ▲苦行を否む中道説 ▲霊魂否定の無我説
△瞑想に拠る啓発を智慧の源とする △覚者の説法を代行する聖典読誦 ▲（唯一）神信仰 ▲出家者の不在	▽ヴィシュヌ神の化身としての仏陀 △異教徒を殊更に迫害しない寛容性 ▲神信仰 ▲梵我一如説	▼仏像の形式との相違を示すジナ像 △霊魂の浄化をはかる苦行の奨励 ▲霊魂の個別的永存を説く多我説	

米兵の戦争別戦死者

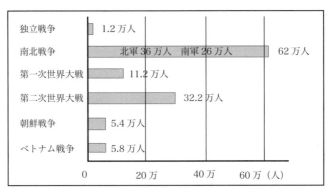

出所)『最新世界史図説　タペストリー（17 訂版）』帝国書院，2019 年，207 頁。

西アジア諸地域の独立

エジプト	トランスヨルダン	シリア・レバノン
1914 **英，保護領化** 19 **ワフド党**による反英運動 22 **独立**（外交権・軍事権・などの権利は保留） 36イギリス・エジプト条約で**完全独立**（英，**スエズ運河地帯を除き撤兵**）	1920 英委任統治領（セーヴル条約） 23 ヨルダン川の東側がトランスヨルダン首長国として成立 28 **ヨルダン王国**独立（軍事権などは保留） 46 委任統治終了，完全独立	1920 仏委任統治領（セーヴル条約） 26 レバノンとシリアが分離 41 仏，委任統治終了宣言 46 **レバノンとシリアが完全独立**
イラク	**ペルシア（イラン）**	**アフガニスタン**
1920 英委任統治領（**セーヴル条約**） 21 ファイサル(ハーシム家)が王位に 32 委任統治終了，**完全独立**	1919 英，**カージャール朝**を保護国化 25 **レザー＝ハーン**，王位に（**パフラヴィー朝**） 35 **国名を「イラン」に改称**	1880 英、保護国化 1919 第3次アフガン戦争→独立 26国名をアフガニスタン王国に改称（〜1973）

出所)『最新世界史図説　タペストリー（17 訂版）』帝国書院，2019 年，244 頁。

漢字と韓国語漢字と「ひらがな」「カタカナ」

［平仮名］平仮名の字源

あ「安」の草体
い「以」の草体
う「宇」の草体
え「衣」の草体
お「於」の草体
か「加」の草体
き「幾」の草体
く「久」の草体
け「計」の草体
こ「己」の草体
さ「左」の草体
し「之」の行書体
す「寸」の草体
せ「世」の草体
そ「曾」の草体
た「太」の草体
ち「知」の草体
つ「川」の略体からか
て「天」の草体
と「止」の草体
な「奈」の草体
に「仁」の草体
ぬ「奴」の草体
ね「祢」の草体
の「乃」の草体
は「波」の草体

ひ「比」の草体
ふ「不」の草体
へ「部」の旁の草体
ほ「保」の草体
ま「末」の草体
み「美」の草体
む「武」の草体
め「女」の草体
も「毛」の草体　または「毛」の草体
や「也」の草体
ゆ「由」の草体
よ「興」の略体「与」の草体
ら「良」の草体
り「利」の草体
る「留」の草体
れ「礼」の草体
ろ「呂」の草体
わ「和」の草体
ゐ「為」の草体
ゑ「恵」の草体
を「遠」の草体
ん「无」の草体

［片仮名］平仮名の字源

ア「阿」の偏から変化
イ「伊」の偏
ウ「宇」の冠
エ「江」の旁
オ「於」の偏から変化
カ「加」の草書体の楷書化
キ「幾」の省画
ク「久」の初二画
ケ「介」の初二画
コ「己」の初二画
サ「散」の初三画の変化
シ「之」の草体の変化
ス「須」の末三画の行書体の変化
セ「世」の初二画の行書体
ソ「曾」の初二画
タ「多」の初三画
チ「千」の全角
ツ「州」の略体からか
テ「天」の初三画
ト「止」の初二画
ナ「奈」の初二画
ニ「二」の全画
ヌ「奴」の旁
ネ「祢」の偏の初画
ノ「乃」の初画

ハ「八」の全画
ヒ「比」の旁
フ「不」の初二画
ヘ「部」の旁の草体
ホ「保」の末四画
マ「万」と「末」の初二画の混合からか
ミ「三」の全画
ム「牟」の初二画
メ「女」の末二画
モ「毛」の初二画
ヤ「也」の末二画の楷書化
ユ「由」の略体の変形「与」の末三画
ヨ「興」の略体「与」の末三画
ラ「良」の初二画
リ「利」の旁
ル「流」の末三画
レ「礼」の終画
ロ「呂」の初三画
ワ「和」の全画の変形「口」の草体
ヰ「井」の全画の変形
ヱ「恵」の草体の変形か
ヲ「乎」の初三画
ン「レ」はねる音を象徴的に示す記号「√」から転じたものか

出所）松樹明監修『大辞泉』「平仮名」「片仮名」。

アルファベットは如何に世界へ広がったか

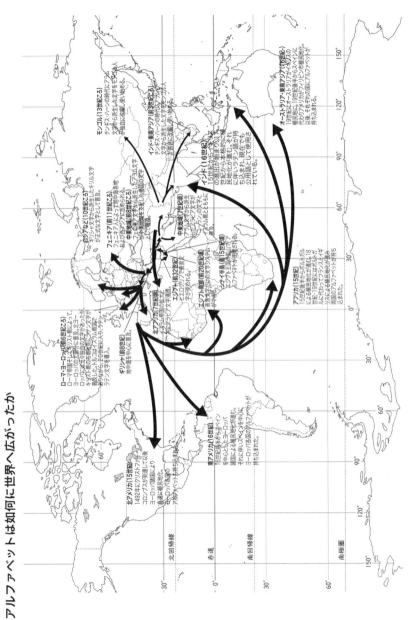

ヒエログリフから現代文字まで（アルファベットの"進化"）

角形ヘブライ文字（前3世紀ごろ）

アラビア文字（7世紀ごろ）

アラム文字（前8世紀ごろ）

様々な言語で追加された文字

キリル文字（遅くとも10世紀～）

6. ラテン文字から派生したアルファベット

5. ラテン文字（前6世紀ごろ）

4. ギリシャ文字（前8世紀ごろ）

3. フェニキア文字（前11世紀ごろ）

2. 原シナイ文字（前16世紀ごろ）

1. ワディ・エル・ホル碑文の文字（前20世紀ごろ）

0. ヒエログリフ（前32世紀頃）

ウガリトの楔形文字（前14世紀半ば）

出所）『Newton』2008年5月号、44-45頁を筆者修正。

世界の神々 (日本の仏様，如来，神様，ギリシャの神々)

日本の仏様の種類 (高野山金剛峰寺霊宝館)

①如来

元々，「ほとけ」とはこの如来だけを指していた。冠や首輪等を身に着けず，一枚の布だけを着けた。如来には仏教を開いた釈迦，薬師，阿弥陀，大日等がある。密教では大日如来が最高の存在とされ，宇宙の中心にいる。大日如来だけは，冠や首輪をつけた菩薩のような姿で表される。

②菩薩

如来になる為に，人々を救う修行をしている仏様である。若い頃のお釈迦様を偶像にしているので，頭には冠をのせ，首輪や腕輪等を付けている (お釈迦様は元々，印度の王族でおられました)。聖観音，十一面観音，弥勒，勢至，文殊，普賢等，沢山の種類がある。如来のお付きの役割もあるので，脇侍として如来の横に控えていることもある。

③明王

明王は特に密教で信仰される仏様で，怒った表情をしている。悪者を懲らしめ，必死に人々を守り救おうとする姿である。不動，降三世，金剛夜叉，軍荼利，大威徳を一括りとした五大明王や孔雀に乗った孔雀明王等色々な種類がある。

④天部

天部は印度の神様が仏教に取り入れられて仏様を守るようになった。四天王や，お寺等の門に立っている仁王（金剛力士），天女である弁財天や吉祥天，ずっと阿修羅と戦っていた帝釈天，お釈迦様に説法をしてくれるようお願いした梵天等，多くの種類がある。

⑤羅漢

羅漢は，お釈迦様のお弟子さん達のことである。その中で特に優れた 10 人を十大弟子と言う。十六羅漢や五百羅漢といった例もある。

⑥高僧

高僧とは昔の偉いお坊さん達のことで，この高野山を開いた弘法大師空海や，戒律を日本に伝えた鑑真和上，天台宗の伝教大師最澄 等がそうである。

如来の種類（高野山金剛峰寺霊宝館）

①釈迦如来

釈迦は，紀元前 6 世紀,印度の王族(シャカ族)に生まれた人で，名前をゴータマ・シッダールタと言った。若い時に人の悩み（四苦）について考え，苦しい修行の末，悟りを開き，その後亡くなるまでその教えを説いた。これが仏教として広まっていく。この教えを書いたものがお経である。釈迦如来は，右手を施無畏印 [「畏れなくていい

ですよ，安心しなさい。」], 左手を与願印 [「願いを叶えましょう。」] としている姿が多く見られる。

②薬師如来

薬師如来は，阿弥陀如来の西方極楽浄土に対して，東方浄瑠璃浄土に住んでいる。「医王如来」ともいい，心と身体の病を救ってくれる仏様である。多くは，右手を施無畏印，左手に薬壺 [人々を病や苦しみから救う薬の入った壺を持っている] を持っているが，古い像では持っていないこともある。

③阿弥陀如来

阿弥陀如来は，西方極楽浄土に住む仏様である。浄土教では，生きてるうちに善い行いをした人は，死ぬと極楽浄土へ行けると考えられた。姿は釈迦如来と殆ど同じで，一枚の布しか着けていない。手の形は，必ず指で輪っか [①来迎印 (あの世に行く人を極楽から迎えに来る時の形), ②説法印 (人々に説法する時の形), ③弥陀の上印 (瞑想に入っている時の形)] を作っているのが特徴である。

④大日如来

密教では，金剛界と胎蔵界という二つの世界があって，各自の頂点と中心に大日如来がいらっしゃる。この世界は曼荼羅として表される。手の形は金剛界が智拳印，胎蔵界が法界定印を結んでいる。その姿は如来でありながら首輪と腕輪等を着けた菩薩のようなで姿である。

日本の神様（神社年鑑 2018）

①天照大神
太陽の神で，高天原を統治する。
②日本武尊
第 12 代景行天皇の皇子で，第 14 代仲哀天皇の父君にあたる。熊襲征伐・東国征討を行ったとされる日本古代史の伝説的英雄である。
③伊邪那岐
日本神話で最初の男神。伊邪那美の夫。天照大御神の父。
④伊邪那美
日本神話で最初の女神。伊邪那岐の妻。天照大御神の母。火の神であるカグツチを産んだため，黄泉の国へ去ってしまう。
⑤須佐之男命
天照大御神の弟。猛々しい乱暴な神で，天照大御神を天の岩戸に隠す大事件を起こす張本人。ヤマタノオロチ人岐大蛇伝説では英雄となる。
⑥大国主神
出雲に大社を作った国づくりの神。須佐之男命の子孫で，因幡の白兎を助けた心優しき神。葦原中国の支配者になった。
⑦天宇受売
日本最古の踊り了。歌舞の始祖神。天岩戸の神隠れの際に神々を笑わせたことから，

芸人の神としても知られている。

⑧木花咲耶姫
<ruby>このはなさくやひめ</ruby>

桜の如く華やかに咲いた，桜のように散った絶世の美女。美人薄命の神。天照大御神の子孫。瓊瓊杵尊に一目惚れされ，妻となったとされる。

⑨瓊瓊杵尊
<ruby>ににぎのみこと</ruby>

天照大御神の孫。天照大御神の命を受け葦原中国を治める為に高天原から日向国の高千穂に天降した。

⑩猿田彦命
<ruby>さるたひこのみこと</ruby>

瓊瓊杵尊が天孫降臨を果たす時，道案内役をかって出た神。

ギリシャ神話の神々と英雄（オリュンポス神話の神々など）

（下線は女神）			ローマ神では	（英語表記）
ゼウス	Zeus	最高神，クロノスとレアの子	ユピテル（ジュピター）	Jupiter
アフロディテ	Aphrodite	愛・美，豊穣の女神	ビーナス	Venus
アポロン	Apollon	音楽・詩・医術・弓術・予言の神	アポロ	Apollo
アレス	Ares	軍神，嵐と雷雨の神	マルス	Mars
アルテミス	Artemis	月の女神，アポロンの双生の妹	ディアナ	Diana
アテネ	Athena	知恵の女神，アテネの守護神	ミネルヴァ	Minerva
デメテル	Demeter	穀物・大地の生産物の女神	ケレス	Ceres
ヘパイストス	Hephaestus	火・鍛冶の神	ウルカヌス	Vulcan
ヘラ	Hera	ゼウスの妻，女性と結婚の守護神	ユノ	Juno
ヘルメス	Hermes	神々の使者，通行・商業の神	メルクリウス（マーキュリー）	Mercury
ヘスティア	Hestia	炉・かまどの女神	ウエスタ	Vesta
ポセイドン	Poseidon	海・泉・馬・地震の神	ネプトゥヌス	Neptune
ディオニュソス	Dionysus	ブドウ酒・豊穣の神	バッカス	Bacchus
ハデス	Hades	冥界の主神	プルトン	Pluto
クロノス	Cronus	巨人神，収穫豊穣の神	サトゥルヌス	Saturn
レア	Rhea	クロノスの妻，大地の女神	オプス	Ops
オデュッセウス	Odysseus	トロヤ戦争でのギリシャの英雄	ウリッセス　ラテン語で	Ulysses
ヘラクレス	Hercules	ギリシャ神話で最大の英雄		Heracles
ウラノス	Uranus	天の神，クロノスら6男6女の巨人神（タイタン）の父		Uranus
ガイア	Gaea	大地の女神，ウラノスを生み，その妻となる		Gaia

ギリシャ神話用語

日本語	ポーランド語	ロシア語	ドイツ語	中国語
ギリシャ神話	mit grecki	Фревнегре́ческие Мифы	griechischen Mythen	希腊神话
ゼウス	Jowisz	Юли́ер	Jupiter	宙斯
アフロディテ	Afzodyta	Афроли́та	Aphrodite	阿芙罗狄特
アポロン	Apóllo	Аполло́н	Apollo	阿波罗
アレス→マルス	Mars	Марс	Mars	玛尔斯
アルテミス	Diana	Диа́на	Diana	戴安娜
アテネ	Minerwa	Мине́рва	Minerva	米诺瓦
デメテル→ケレス	Ceres	Цере́ра	Ceres	火与锻冶之神
ヘパイストス	Wulkan	Вулка́н	Vulkan	谷（类女）神
ヘラ	Junona	Юно́на	Juno	朱诺
ヘルメス	Merkury	Мерку́рий	Merkur	墨丘利
ヘスティア	Westa	Ве́ста	Hestia	赫斯堤
ポセイドン	Neptunówy	Непту́н	Neptun	尼普顿
ディオニュソス	Bachus	Вакх	Bacchus	酒神
ハデス	Pluton	Плуто́н	Pluto	冥王
クロノス	Szatan	Сату́рн	Satan	农神
レア	Rhea	Ре́я	Rhea	宙斯的母亲
オデュッセウス	Odysensz	Одиссе́й	Odyssus	奥德修斯
ヘラクレス	Herakles	Гера́кл	Heraklit	赫尔克里斯
ウラノス	Uran	Ура́н	Uranos	优拉纳斯神
ガイア			Gaia	盖娅
アキレス	Achilles	Ахилле́с	Achill	阿基里斯
エーゲ	ege	Эге́й	Ägäis	爱琴
アイギス	egiba	Эги́да	Ägide	神盾
アマゾネス	Amazonka	Амазо́нка	Amazone	亚马逊族女战士
アトラス	Atlas	Атла́с	Atlas	阿特拉斯
カオス	Chaos	Ха́ос	Chaos	浑沌世界
クリオ	Klio	Кли́о	Klio	克莱奥
エロス	Eros	Эрос	Eros	爱神厄洛斯
エウローペー	Europa	Евро́ла	Europa	欧罗马
ヘリオス	Helios	Ге́лиос	Helios	赫利俄斯
ヤヌス	Janus	Янус	Janus	看守门户的两面神
レダ	Leda	Ле́да	Leda	勒达
ミノス	Minotaur	Минота́вр	Minos	迈诺神
パンドラの箱	Pandory puszka	Я́щик Пандо́ры	die Büchse der Pandora	潘朵拉之盒
アキレスの踵	pięta Achillesa	ахилле́сова пята́	Achillesferse	唯一致命的弱点
プロメティウス	Prometeusz	Промете́й	Prometheus	普罗米修斯
サイケ	Psychika	Психе́я	Psyche	爱神所爱的美女
スフィンクス	Sfinks	Сфинкс	Sphinx	斯芬克斯
テーミス	Temida	Феми́да	Themis	特弥斯（司法律,正义的女神）
アガメムノン	Agamemnon	Агаме́мнон	Agamemnon	阿加迈农
タルタロス	Tartar	Та́ртар	Tartarus	大恶人，冥府
アスクレピウス	Asklepios	Аскле́пий	Äskulap	阿斯克勒庇俄斯
ピグマリオン	Pigmalion	Пигмало́н	Pygmalion	皮格梅隆
エリニュエス	Egynie	Эри́ннии	Erinnye	伊莉妮丝
ゴルゴン	gorgona	Горто́на	Gorgonen	三个蛇发女怪之一
ムネモシュネ	Mnemosyme	Мнемоси́на	Mnemosyne	记忆女神
ニケ	Nike	Ни́ке	Nike	胜利的女神
ペネロペ	Penelopa	Пенело́па	Penelope	彭妮洛佩
ラビュリントス	labirynt	Лабири́нт	labyrinth	迷宫
イリアス	Iliada	Илиа́да	Ilias (Iliade)	伊利亚特
アリアドネ（の糸）	Ariadna	Нить Ариа́дны	Ariadnefaden	
オケアノス	Okeanos	Океа́ц	Okeanos	
イカロス	Ikar	Ика́р	Ikarus	伊卡洛斯

韓国語	フランス語	イタリア語	スペイン語	英　語
	mythe de la Grèce	mitología greca	mitología griega	Greek myth
제우스신	Jupiter	Giove	Júpiter	Jupiter
아프로디테	Aphrodite	Afrodite	Afrodita	Aphrodite
아폴로	Apollon	Apollo	Apolo	Apollo
마르스	Mars	Marte	Marte	Mars [南雲堂人名]
다이애나	Diane	Diana	Diana	Diana
미네르바	Minerva	Minerva	Minerva	Minerva
케레스	Cérès	Cerere	Ceres	Ceres
불카누스	Vulcain	Vulcano	Vulcano	Vulcan
주노	Junon	Giunone	Juno	Juno 南雲
머큐리신	Mercure	Mercurio	Mercurio	Mercury
헤스티아	Hestia	Vèsta	Vesta	Hestia
바다외신	Neptune	Nettuno	Neptuno	Neptune
바커스	Bacchus	Bacco	Baco	Bacchus
플루톤	Pluton	Plutone	Plutón	Pluto
농암외신	Satan	Satana	Satanás	Saturn
레아	Rhéa	Rea	Rea	Rhea
오디세우스	Odyssée	Ulisse	Ulises	Odysseus
헤르클레스	Héraclite	Eraclito	Heráclito	Heraclitus
우라누스신	Ouranos	Urano	Urano	Uranus
가이아	Gê	Gea	Gea	Gaea
아킬레스	Achille	Achille	Aquiles	Achilles
에게해	Egée	Egèo	Egeo	Aegeus
신의방패	égide	ègida	égida	Aegis
아마존	Amazones	Amàzzoni	amazonas	Amazon
아틀라스	Atlas	Atlas	Atlas	Atlas
카오스	Chaos	Càos	Caos	Chaos
역사의여신	Clio	Clio	clío	Clio
에로스	Eros	Eros	Eros	Eros
에우로페	Europe	Europa	Europa	Europe
헬리오스	Hélios	Elios	Helios?	Helios
양면신	Janus	Giano	Jano	Janus
레다	Léda	Lèda	Leda	Leda
미노타우로스	Minos	Minosse	Minis	Minos
판도라외궤	la boîte de Pandore	scàtola di Pandora	caja de Pandora	Pandora's box
유일한 약점	tendon d' Achille	il tallone di Achille	tendon de Aquiles	Achilles' heel
프로메테우스	Prométhée	Promèteo	Prometeo	Prometheus
사이키	Psyché	Psiche	Psique	Psyche
스핑크스	Sphinx	Sfinge	Esfinge	Sphinx
테미스	Thémis	Temi	Temis	Themis
아가멤논	Agamemnon	Agamènnone	Agamenón	Agamemnon
타르타로스	Tartare	Tartaro	Tártaro	Tartarus
아스클레피오스	Asclépios	Esculapio	Esculapio	Asclepius
피그말리온	Pygmalion	Pigmalione	Pigmalión	Pygmalion
에리니에스	Erinnyes	Erinni	Erinias	Erinyes
고르곤	Gorgone	Gorgoni	Gorgonas	Gorgons
므네모시네	Mnémosyne	Mnemosine	Mnemosina	Mnemosyne
니케	Niké	Nike	Niké	Nike
피넬러퍼	Pénélope	Penelope	Penélope	Penelope
라비린토	labyrinthe	labirinto	labirinto	labyrinth
일리아드	Iliade	Iliade	Iliada	Iliad
아리아도네	fil d' Ariane	filo d' Arianna	el hilo de Ariadna	Ariane's clew
오케아 노스	Océan	Ocèano	Océano	Oceanos
이카도스	Icace	Icaro	Icaro	Icarus [aikaras]

ギリシャ文化100 （ギリシャ文字をラテン文字に翻字している）

1　Carthago delenda est カルタゴは滅亡しなければならない
2　Pyrrhic victory ピラスの勝利
3　Gordian knot ゴルデイアスの結び目
4　Damon and Pythias ディモンとピテイアス
5　the sword of Damocles ダモクレスの剣
6　sub rosa サブ・ローザ(秘密裏)
7　hubris 傲慢
8　kudos 称賛
9　thesis 論文
10　pathos 哀感
11　ethos 精神
12　genesis 機嫌
13　colossus 巨像
14　charisma カリスマ性(特別な魅力)
15　dogma 教義
16　stigma 汚名
17　trauma 心的外傷(トラウマ)
18　delta 三角州
19　eureka わかった(Archimedes)
20　pantheon パンテオン(神殿)
21　acme 頂点
22　ambrosia 神々の食べ物
23　apathy 無感動
24　pachyderm 厚皮動物
25　nectar 神々の酒
26　mnemonic 記憶を助けるもの
27　hoi polloi 民衆(庶民)
28　Titan テイタン(巨大)
29　Cyclops キュクロプス(一つ目の暴れん坊)
30　Hera ヘラ(嫉妬深い女神，ゼウスの正妻)
　　(前頁ギリシャ神話用語参照)
31　Poseidon ポセイドン(海と地震の神)同上
32　Athena アテナ(知恵，戦略の処女神)同上
33　Cronus クロノス(権力を奪う人)同上
34　Artemis アルテミス (ゼウスの娘で，アポロンと双子)同上
35　Dionysus デイオニュソス(ワインの神)同上
36　Morpheus モルペウス(夢の神)
37　Muse ムーサ(芸術の神)

38　Nemesis ネメシス(復讐の女神)
39　Pan パン(羊飼の神)
40　Venus ウエヌス(愛と美の女神)
41　Cupid クピド(恋，情欲の神)
42　Minotaur ミノタウロス(乱暴で力強い怪物)
43　Theseus'ship テセウスの船 (元の構成材料で製作したものが同一かどうかの疑問を提示すること)
44　Daedalus ダイダロス (発明家かつ巧みな職人)
45　apple of discord 不和の林檎 (不和を招くもの)
46　Helen of Troy トロイのヘレン (戦争を引き起こす程の美女)
47　Ajax アイアース(強靭な大男，功績が報われなかった人)
48　Iphigenia イフィジナイア(生贄)
49　Electra エレクトラ(母親に対する嫌悪感を抱く人)
50　Menelaus メネラーオス(妻に浮気された夫)
51　Trojan Horse トロイの木馬(敵地へ送り込まれた逆スパイ)
52　Cassandra カサンドラ (真実を言っても信じてもらえない人)
53　Laocoon ラオコーオン (真実を言ったせいで罰せられる人)
54　Beware of Greeks bearing gifts 贈り物を携えたギリシャ人に気をつけろ
55　Myrmidon ミュルミドーン人 (上司に忠実な部下)
56　Odyssey オジュセイア(波瀾万丈の長旅)
57　Lotus eater ロータス・イーター(気楽な暮らしを貪る人)
58　Siren セイレーン(誘惑的なもの)
59　Scylla and Charybdis スキュラとカリュブディス(板挟みで立ち往生)
60　Calypso カリュプソ (既婚者を誘惑する美女)
61　Mentor メントル(信頼できる相談相手)
62　Nemean lion ネメアーの獅子(非常に強いも

の)

63　Hydra ヒュドラー(手に負えない難題)

64　Augean stables アウゲイアス王の牛舎(長年に渡る腐敗)

65　Cerberus ケルベロス(恐ろしい番犬)

66　Jason ジェイソン(勇敢な冒険家)

67　Argonauts アルゴナウタイ (何かを探しに遠方まで旅する冒険家)

68　Medea メデイア(復讐心の強い女)

69　Orpheus オーフィアス (人を感動させるミュージシャン)

70　Centaur ケンタウロス(好色)

71　Chiron カイロン(ケンタウロスの賢者)

72　Prseus ペルセウス(怪物を殺す英雄)

73　Gorgon ゴルゴーン (怪物三姉妹, 見た人を石に変えてしまう)

74　Medusa メドゥーサ (ゴルゴーン三姉妹の三女, 醜女)

75　Oedipuskomplex エディプス・コンプレックス(男児の父親に対する敵意)

76　Jocasta complex イオカスタ・コンプレックス(母親が息子への性的欲求)

77　Antigone dilemma アンテイガニ・ジレンマ (裁判官の法遵守か人道的判決の葛藤)

78　nymph ニンフ(性的魅力のある若い女性)

79　Echo エーコー (こだま, 恋煩いで食事が喉に通らない人, 弱体化)

80　Narcissus ナルキッソス(水仙, 自己愛)

81　Chimera キマイラ(怪物)

82　Argus アルゴス (百の目を持った巨人, 厳しい見張り)

83　Procrustes bed プロクルステスの寝台(無理矢理押し付ける方針)

84　Sphinx without a riddle 謎のないスフィンクス(虚勢を張るだけで中身がない人)

85　Phoenix フェニックス(灰から蘇る不死鳥)

86　Midas touch ミダス(大金持ち)に成る能力

87　Pygmalion 女性を自分の思い通りに作り上げようとする男性 (ヒギンズ教授) (マイフェアレディ)

88　Pygmarion effect ピグマリオン効果(教師に大きな期待を掛けられた学習者は成績向上)

89　Sisyphean task シーシュポスの仕事(徒労を強いられた人)

90　Tantalus タンタロス(欲しい物がすぐそこにあるのに手に入れられないジレンマ)

91　Adonis アドニス(肉体美の美男子)

92　Endymion エンジュミオーン(美しい寝姿)

93　Ganymede ガニュメーデス(同性愛の男性に包れ込まれる美少年)

94　oracle of Delphi デルポイの神託 (蓬解で分かりにくい例え)

95　Mount Parnarssus パルナッソス山 (芸術・文化の中心地) [フランスのモンパルナス]

96　Elysian Fields エリューシオンの野 (フランスのシャンゼリゼ)

97　Styx ステユクス(三途の川)

98　pay Charon 地獄行きの船に乗る(他界する)

99　Tartarus タルタロス(地鸞)

100 Elysium エリューシオン (英雄・善人が死後に住む極楽)

ラテン文化 100

1 e.g. [exempli gratia] 例えば (for example)

2 i.e. [id est] 即ち (that is)

3 q.v. (qui vive) 〜 を参照せよ (see this as well)

4 et al. [et alibi] 及びその他の人 (and others)

5 circa (キルカ) 凡そ(およそ) (approximately)

6 id.[idem] (イバイデム) 同著者による (the same as the previous cited sourse)

7 etc. [et cetera (エトケテラ)] 等(など) (and so forth)

8 viz. [videlicet (ウィディリケット)] 即ち (namely)

9 cf. [confer] 比較せよ (compare)

10 ib. [ibidem] 同じ箇所に (前掲書参照)

11 sic 原文のママ (quoted exactly)

12 in flagrante delicto 現行犯の (red-handed)

13 sine qua non (without which not) 必須条件 (requisite,proviso)

14 modus operandi 犯罪の手口，常套手段 (MO,method)

15 bona fide (ボウナファイディ) 善意 (法律用語，ある事実を知らない，genuine)

16 de jure (according to the law) 法律上

17 pro bono (プロボノ) 無料法律相談 (for the public good)

18 pro tem 臨時の (temporary)

19 pro forma(as a matter of form) 見積の，仮の，形式的の

20 pro rata (レイタ)比例して (correlatively)

21 alias (エイリアス) 別名，通称 (aka) (also known as)

22 non compos mentis(lunatic) 心神喪失の

23 in loco parentis 親代わりに (in the place of a parent)

24 alibi (elsewhere) 現場不在証明(アリバイ)

25 onus probandi 立証責任

26 ex post facto(post factum) 事後の

27 corpus delicti(material of the crime) 罪体 (法律用話，犯罪を構成する事実)

28 financial affidavit 財務証明

29 affidavit（アフィデイヴィット）宣誓供述書 (oath, testimony)

30 lex scripta 成文法 (written law)

31 lex non scripta 不文律，慣習法 (unwritten law)

32 jus sanguinis(right of blood) 血統主義(出生の子供は，親の国籍と同じ)

33 jus soli（ジャスソウライ）出生主義 (その国で出生した子供は，その地の国籍取得)

34 casus belli（ケイサス・ベライ）開戦事由 (incitement, root of the matter)

35 persona non grata 外交的に好ましくない人物 (unwelcome person)

36 ad interrim（アド・インタデム）臨時の (temporary)

37 ex officio（エクス・オフィシオウ）兼務 (by right of office)

38 in situ(in its original place) 本来の位置で

39 in vitro(in a test tube) 生体内で

40 IVF(in vitro fertilization) 体外受精

41 in toto(as a whole) 全体として

42 in utero(in the uterus) 子宮内で

43 id (instinctive force) イド (本能的エネルギー)［精神分析用語］

44 libido(sexual urge) リビドー (性的衝動) 同上

45 thanatos タナトス(破壊への衝動)同上

46 ego(self, personality) 自我 (自尊心，プライド)同上

47 de novo(from the new) 新たに(デノボ)

48 postmortem(after death) 検死解剖

49 rigor mortis(stiffening) 死後硬直

50 impetus(stimulant) 誘因(切掛)

51 neurosis(hysteria,breakdown) 神経症

52 alter ego(alter idem) 第二の自我 (哲学用語，他の持つ自我)

53 a fortiori（ア・フォルテイオーリ）まして (all the more,still more)

54 opus(oeuvre) 芸術作品

55 a priori 先験的に (deductive,deductively)

56　a posterior 帰納的に (inductive,inductively)

57　magnum(chef d'oeuvre) 最高傑作

58　memento mori 死の警告(reminder of death)

59　in medias res 事件の中心 (in the middle of things)

60　tabula rasa(blank slate) 白紙状態，経験主義

61　non sequitur(fallacy) 不条理

62　Deo gratias(Thanks be to God) 有難いことに

63　vice versa(the other way around) 逆も同じ

64　vox populi(public opinion) 世論

65　mea culpa（メイア・クルパ）罪は私に有ります (my fault)〔告白・懺悔の句〕

66　in memoriam(in memory of) 〜を悼 (いた) んで，追悼

67　vs.(versus) 対 (against)〔裁判・ボクシング等の個人間の対抗〕

67'　ditto(likewise) 同じく（〃）

68　status quo(current situation) 現状（反対語 → status quo ante 以前の状態）

69　alma mater(place of matriculation) 母 校（アールマ・マータ）

70　curriculum vitae(re'sume') 履歴書 (cv)（カリーキュラム・ヴィータイ）

71　suma cum laude(with the highest honor) 首席で(スマ・クム・ラウデ)graduate 〜

72　trial in absentia 欠席裁判

73　in extremis（イクストリーミス）臨終で

74　terra firma（テラ・ファーマ）大地，陸地 (terrain)

75　terra incognita（テラ・インコグニータ）未知の土地 (unknown)

76　per se（パーセイ）それ自体 (intrinsically)

77　per diem（パー・デイーアム）1 日に付き (daily)

78　per pro(by proxy) 代理で

79　ad infinitum（インフィナイトウム）無限に (endlessly, without limit)

80　ad nauseam（ノ ー ジ ア ム） 過 度 に (excessively,at length)

81　ad hominem（ハーミネム）個人攻撃の (blackening)

82　ad vebatim（ヴァーベイテイム）逐語的（一字一句変えず）(word for word)

83　ad libitum(ad lib) 自由に (→即興的に)，アドリブで

84　gratis(for free,for nothing) 無 料 で (complimentary 好意的な)

85　nota bene(NB) よく見よ(→注意)

86　atrium（エイトリアム)中庭 (open space)

87　referendum(ballot, plebiscite) 国 民 投 票（← refer (言及)されるべき問題）

88　opprobrium（オプロウブリアム）汚名 (stigma)

89　ultimatum（アルテイメイタム)最後通牒

90　sicut patribus sit Deus nobis (May God be with us,as He was with our fathers)

91　sit tibi terra levis(S.T.T.L.)（May the earth lie light upon thee.）

92　sic transit gloria mundi（So earth glory passes away.）

93　quicunque vult sevari（Whosoever will be saved(Athanasian Creed)

94　auribus teneo lupum（I hold a wolf by the ears)

95　abusus non tollit usum（abuse does not destroy the use)

96　ad majorem Dei gloriam（to the greatr glory of God)

97　homines nihil agendo discunt malum agree（By doing nothing,men learn to do ill)

98　excelsior (higher(NY 州のモットー)，ever upward)より高く！さらに上を目指して！

99　epluribus unum(one out of many)（1956 年以前の)（米国のモットー)多数から 1 つへ

100 Deus vult（God wills it（第 1 回十字軍のモットー))神これを欲したもう

索引（事項）

[著者紹介]

木村武雄（きむら・たけお）

1953 年　1 月 29 日，鎌倉生まれ。
1977 年　青山学院大学経済学部経済学科卒業。
1979 年　青山学院大学大学院経済学研究科修士課程修了。
1984 年　桜美林大学経済学部非常勤（近代経済学）
　　　　以降現在に至るまで，以下何れかの大学で途切れなく非常勤を歴任。
　　　　青山学院大学（一部二部［計画経済論，各国経済論 A，外書講読］，二部演習［**比較経済体制論のゼミを 17 年間担当。ゼミ卒業生は 200 余名（共著者の江口君も）。夜間のゼミには珍しく 1 期生から大日本印刷，テルモ等の東証一部上場企業に就職した例もあり，年度によっては 3 年定員 10 名を超えて 20 名近くの時もあった**］，東洋大学（一部二部短期大学，［経済学，経済体制論，比較経済体制論 A・B，移行期経済論 A・B］），麗澤大学［ロシア研究，東欧研究，ロシア経済論，東欧経済論，国際地域研究総論］，富士短期大学（現京富士大学）［必修，経済政策論，経済入門］，通信教育［必修，経済政策論］），高崎経済大学［現代経済思想，外書購読］，筑波学院大学（旧東京家政学院筑波女子大）［日本経済論，国際経済論］，中央大学［経済計画論，サービス産業論，日本経済論］，淑徳大学［労働政策論及び経済構造と経済政策 C］。（最終 2 大学の最終科目のみ現在に至る）。
1985 年　青山学院大学大学院経済学研究科博士課程経済政策専攻単位取得。
1997 年　アテネ・フランセ（御茶ノ水）古典ギリシャ語修了。
2003 年　中央大学経済研究所客員研究員（現在に至る）。

[学術業績]
（単著）『社会システム論』五絃舎，2021 年 10 月。
　　　　『地方創生と社会システム』五絃舎，2019 年 10 月。
　　　　『地方創生と労働経済論』五絃舎，2017 年 10 月。
　　　　『地方創生と日本経済論』五絃舎，2016 年 9 月。
　　　　『10 カ国語経済・ビジネス用語辞典』創成社，2014 年 11 月。
　　　　『欧露経済研究の新地平　普遍主義を切り口として』五絃舎，2009 年 10 月。
　　　　『EU におけるポーランド経済』創成社，2009 年 5 月。
　　　　『ポーランド経済（最新第 2 版）』s 創成社，2003 年 4 月（2 刷 05 年 3 月）。
　　　　『欧州におけるポーランド経済』創成社，2000 年 2 月（2 刷 00 年 10 月）。
　　　　　☆書評①　香川敏幸「木村武雄著『経済体制と経済政策―体制転換国の経済分析を中心に』『欧州におけるポーランド経済（Gospodarka polska w europie)』」『公共選択の研究』第 34 号 107-109 頁，2000 年 4 月。
　　　　　☆書評②　箱木真澄「木村武雄著『欧州におけるポーランド経済』」『広島経済大学経済研究論集』第 23 巻第 1 号 107-108 頁，2000 年 6 月。
　　　　　☆書評③　小山洋司「木村武雄著『欧州におけるポーランド経済』」『新潟大学経済論集』第 73 号 17-22 頁，2002 年 9 月。

『経済用語の総合的研究（第 7 版）』創成社, 2009 年 7 月（初版 2001 年 4 月）。
　　［2 刷 2001 年 4 月，2 版 02 年 9 月，3 版 03 年 4 月，4 版 05 年 3 月，5 版，
　　06 年 4 月，6 版 08 年 5 月，7 版 09 年 7 月］。☆書評③　22 頁。
『EU と社会システム』創成社，2008 年。
　　☆書評④『ヨーロッパ』2008 年秋号（通巻 255 号）27 頁，駐日欧州委
　　員会代表部
『戦略的日本経済論と移行期経済論（第 2 版）』五絃舎, 2008 年（初版 05 年 9 月）。
『経済思想と世界経済論（第 2 版）』五絃舎，2007 年（初版 04 年 4 月）。
『経済体制と経済政策』創成社，1998 年 12 月（初版），2003 年 3 月（5 刷）
　　☆書評①及び☆書評③ 21 頁。
（共著）（江口充崇氏と）『経済分析手法』五絃舎，2012 年 10 月。
　　飯島大邦・谷口洋志・中野守編著『制度改革と経済政策』中央大学出版部，
　　2010 年 3 月。
　　中野守編『現代経済システムと公共政策』中央大学出版部，2006 年 12 月。
（単著論文）
　　［市場流通定期刊行物雑誌論文］
　　「ソヴィエト刺激システム」『科学技術と経済政策』勁草書房，1984 年。
　　「ソ連の財政トリックの解明」『経済往来』第 36 巻第 9 号，1984 年。
　　「ロシア財政赤字の起源」『海外事情』第 42 巻第 5 号，1994 年。
　　「波蘭経済 CEFTA の問題点」『国際経済』第 48 巻，1997 年。
（共著論文）
　　（日向寺純雄氏と）「欧州におけるポーランド経済（Ⅰ・Ⅱ）『青山経済論集』
　　第 49 巻第 4・5 号，1998 年。
（所属学会）
　　ロシア東欧学会（旧ソ連東欧学会）1977 年筆者修士課程 1 年入会，学会報告
　　1984 年 9 月）
　　日本経済政策学会（1979 年筆者博士課程 1 年入会，学会報告 83 年，2002 年
　　5 月，部会報告 97 年 1 月）
　　日本財政学会（1979 年筆者博士課程 1 年入会，学会報告 84 年 10 月）
　　日本経済学会（旧理論・計量経済学会）（1979 年筆者博士課程 1 年入会）
　　日本国際経済学会（旧国際経済学会 1979 年筆者博士課程 1 年入会，学会報告
　　96 年 10 月）
　　比較経営学会（旧社会主義経営学会）（1979 年筆者博士課程 1 年入会，幹事
　　（履歴書・学術業績目録は当時の文部省提出義務），学会報告 97 年 3 月，部会
　　報告 85 年 1 月）
（木村武雄ゼミナールのゼミ員との共作）
　　『木村武雄ゼミナール活動報告書 1990 年 4 月～ 2006 年 3 月』青山学院大学
　　図書館蔵
　　『青山学院大学経済学部第二部木村武雄ゼミナール卒論レジュメ 1997，98，

99, 03, 04』同
『青山学院大学経済学部第二部木村武雄ゼミナール卒論質疑応答集』同

大学教官歴 30 年超シリーズ

①大学教官歴 30 周年記念著作
『10 ヵ国語・ビジネス用語辞典』創成社，2014 年。
②大学教官歴 33 周年記念著作
『地方創生と日本経済論』五絃舎，2016 年。
③大学教官歴 35 周年記念著作
『地方創生と労働経済論』五絃舎，2017 年。
④大学教官歴 37 周年 記念著作
『地方創生と社会システム』五絃舎，2019 年。
⑤大学教官歴 40 周年 記念著作
『社会システム論』五絃舎，2021 年。
⑥大学教官歴 42 周年・30 冊目 記念著作
『世界文化論』五絃舎，2023 年。（本書）

著作本インターネット検索（　キーワード　→　木村武雄，　経済　）

NACSIS（全国大学図書館ネット），日本国国会図書館及び WORLDCAT（世界大学図書館ネット）。
WORLDCAT には，米国議会図書館 (Library of Congress)，ハーヴァード・プリンストン・イェール・シカゴ・ケンブリッジ・クインズランド（豪）・エラスムス（蘭）ブリュッセル（白）の各大学図書館。早大・慶大・中大は NACSIS 加盟大学でなく，直接当該大学図書館に。

社会的活動

鎌倉市役所講演「ＥＵの東方拡大とコソヴォ問題」1999 年 5 月 28 日。
市民大学講座（於麗澤大）「ロシアの歴史と文化」「EU 拡大と現代ポーランド」等 2000 年 4 ～ 12 月

教員免許

中学 1 級・高等学校 2 級社会科教員免許，1977 年 3 月。東京都教育委員会
高等学校 1 級社会科教員免許，1979 年 3 月。東京都教育委員会。

世界文化論 —アラブ文化を含めて—

2023 年 5 月 30 日　第 1 刷発行

著　者：木村武雄

発行者：長谷雅春

発行所：株式会社五絃舎

　〒173-0025　東京都板橋区熊野町 46-7-402

　電話・ファックス：03-3957-5587

組　版：office five strings

印刷所：モリモト印刷

ISBN978-4-86434-170-7